Studientexte zur Soziologie

Reihe herausgegeben von

Dorett Funcke, Institut für Soziologie, FernUniversität in Hagen, Hagen, Deutschland

Frank Hillebrandt, Institut für Soziologie, FernUniversität in Hagen, Hagen, Deutschland

Uwe Vormbusch, Institut für Soziologie, FernUniversität in Hagen, Hagen, Deutschland

Sylvia Marlene Wilz, Institut für Soziologie, FernUniversität in Hagen, Hagen, Deutschland

T0349822

Die „Studientexte zur Soziologie" wollen eine größere Öffentlichkeit für Themen, Theorien und Perspektiven der Soziologie interessieren. Die Reihe soll in klassische und aktuelle soziologische Diskussionen einführen und Perspektiven auf das soziale Handeln von Individuen und den Prozess der Gesellschaft eröffnen. In langjähriger Lehre erprobt, sind die Studientexte als Grundlagentexte in Universitätsseminaren, zum Selbststudium oder für eine wissenschaftliche Weiterbildung auch außerhalb einer Hochschule geeignet. Wichtige Merkmale sind eine verständliche Sprache und eine unaufdringliche, aber lenkende Didaktik, die zum eigenständigen soziologischen Denken anregt. Herausgegeben vom Institut für Soziologie der FernUniversität in Hagen, repräsentiert durch Dorett Funcke, Frank Hillebrandt, Uwe Vormbusch, Sylvia Marlene Wilz, FernUniversität in Hagen, Deutschland

Weitere Bände in der Reihe https://link.springer.com/bookseries/12376

Sylvia Marlene Wilz
(Hrsg.)

Geschlechterdifferenzen – Geschlechterdifferenzierungen

Ein Überblick über gesellschaftliche Entwicklungen und theoretische Positionen

3. Auflage

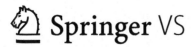

Hrsg.
Sylvia Marlene Wilz
FernUniversität in Hagen
Hagen, Deutschland

Studientexte zur Soziologie
ISBN 978-3-658-32210-6   ISBN 978-3-658-32211-3   (eBook)
https://doi.org/10.1007/978-3-658-32211-3

Die Deutsche Nationalbibliothek verzeichnet diese Publikation in der Deutschen Nationalbiblio-
grafie; detaillierte bibliografische Daten sind im Internet über http://dnb.d-nb.de abrufbar.

Planung/Lektorat: Cori Antonia Mackrodt
Springer VS ist ein Imprint der eingetragenen Gesellschaft Springer Fachmedien Wiesbaden GmbH und
ist ein Teil von Springer Nature.
Die Anschrift der Gesellschaft ist: Abraham-Lincoln-Str. 46, 65189 Wiesbaden, Germany

Inhaltsverzeichnis

Geschlechterdifferenzen – Geschlechterdifferenzierungen

Sylvia Marlene Wilz

Es gibt Fragen, an denen man nicht vorbeikommt. Die Frage zum Beispiel, warum Männer nicht zuhören und Frauen schlecht einparken, hat viele so sehr beschäftigt, dass ein gleichnamiger Buchtitel monatelang auf den Bestsellerlisten stand. Sowohl für das alltägliche Handeln jedes und jeder Einzelnen als auch für sozialwissenschaftliche Erklärungen gesellschaftlicher Phänomene ist es in der Tat unbedingt nötig, eine Vorstellung davon zu haben, ob und wie die Geschlechter sich unterscheiden. Und auch für die sozialwissenschaftliche Erklärung gesellschaftlicher Phänomene ist es wichtig zu wissen, wie Geschlechterdifferenzen zustande kommen und welche Rolle sie in den verschiedenen Bereichen des gesellschaftlichen Lebens spielen. Zwischen den populären Antworten auf die Frage, ob diese Differenzen immer und überall bedeutsam sind oder ob sie heutzutage an Bedeutung verlieren, und dem Stand der akademischen Debatte herrscht jedoch unter Umständen eine große Diskrepanz.

„In der heutigen Gesellschaft", so schreiben beispielsweise die Autoren des genannten Bestsellers, „will man mit aller Macht daran glauben, dass Frauen und Männer genau die gleichen Fähigkeiten, Talente und Potenziale haben, und das ironischerweise zu einem Zeitpunkt, da Wissenschaftler die ersten unwiderlegbaren Beweise dafür gefunden haben, dass genau das Gegenteil der Fall ist. (…) Frauen und Männer sind unterschiedlich. Nicht besser oder schlechter, sondern unterschiedlich. Außer, dass sie der gleichen Spezies angehören, gibt es keine nennenswerten Gemeinsamkeiten zwischen ihnen. Sie leben in

S. M. Wilz (✉)
FernUniversität in Hagen, Hagen, Deutschland
E-Mail: sylvia.wilz@fernuni-hagen.de

unterschiedlichen Welten, haben andere Wertvorstellungen und gehorchen anderen Gesetzmäßigkeiten. Das wissen alle, aber nur sehr wenige – vor allem Männer – sind bereit, es auch zu akzeptieren." (Pease & Pease, 2001, S. 20 ff.). Vor allem Sozialwissenschaftler/innen, so möchte man korrigieren, werden kaum dazu bereit sein, solche Aussagen zu akzeptieren. Auf den ersten Blick hat der Befund, den Geschlechtern sei grundsätzlich so gut wie nichts gemeinsam, immerhin eine gewisse Alltagstauglichkeit. Die Komplexität der Welt in Sachen Geschlechterfragen wird dadurch erheblich reduziert, dass soziale Phänomene radikal vereinfacht und zudem auf biologische, also nicht direkt und aktiv beeinflussbare Vorgänge, zurückgeführt werden. Das kann mit Blick auf individuelle Handlungsmöglichkeiten und -grenzen durchaus beruhigende Wirkung entfalten (man hat es immer schon gewusst, dass Männer nicht gleichzeitig ihre Zähne putzen und dem Kind die Flasche geben können; man wird nie verstehen, was die Frauen eigentlich wollen; man kann es sowieso nicht ändern und sollte es auch nicht). Auf den zweiten Blick taugt der zitierte Befund für die alltägliche Praxis aber ebenso wenig wie für die Wissenschaft. Wenn bereits vorausgesetzt wird, was eigentlich erst untersucht werden soll (wir wissen, dass die Geschlechter unterschiedlich sind, also untersuchen wir, dass sie unterschiedlich sind), werden Erkenntnismöglichkeiten und Handlungsoptionen von vornherein eingeschränkt. Darüber hinaus kann nicht erklärt werden, wie sozialer Wandel zustande kommt und es kann nicht verstanden werden, wie Prozesse der Geschlechterdifferenzierung ablaufen.

Bestsellerautor/innen oder solche Soziobiolog/innen, die von ersteren als Gewährsleute herangezogen werden, haben, um den Vergleich noch einmal zuzuspitzen, also ganz klar parat, dass und wie Männer und Frauen immer schon Unterschiedliche *sind.* Geschlechterdifferenzen werden als fraglos gegeben erachtet, weil sie zugleich als Basis und als Folge differenter genetischer, anatomischer, neuronaler und hormoneller Grundausstattungen der Spezies Mensch gelten. Vom Ausgangspunkt der Verteilung von x- und y-Chromosomen an werden zwei und nur zwei Geschlechter unterschieden, deren körperliche Ausstattung sie zu grundsätzlich unterschiedlichen Gehirnleistungen, Wahrnehmungen, motorischen Fertigkeiten u. a. befähigt. Geschlechtsspezifisch differentes Verhalten und Handeln ist daher von vornherein eindeutig zugeordnet und direkt und (zunächst einmal) unveränderbar verknüpft mit somatischen Vorgängen – und nicht etwa ein im Prinzip variables Produkt von gesellschaftlichen Strukturen, von Lernprozessen und Zuschreibungen, Erwartungen und (Re)Präsentationen in der sozialen Interaktion.[1] In der soziologischen Dis-

---

[1] Vgl. hierzu bspw. zusammenfassend Villa (2000).

kussion hingegen steht die Frage im Mittelpunkt, wie Männer und Frauen Unterschiedliche *werden*. Weil die Differenzierung nach Geschlecht als etwas sozial Gemachtes und daher grundsätzlich Variables und Veränderbares verstanden wird, wird versucht, Differenz *und* Gleichheit wahrzunehmen und zu analysieren und die Prozesshaftigkeit der Herstellung von Differenzen zu verstehen. Anders formuliert: Es geht nicht um (mehr oder weniger fest stehende) Differenzen, sondern um Prozesse der Differenzierung, es geht weniger um Unterschiede als um Unterscheidungen. In der Analyse von Geschlechterdifferenzen und -differenzierungen sind daher drei Perspektiven besonders wichtig:

1. die Frage nach der *Omnipräsenz und Omnirelevanz* von Geschlecht. Ist, so muss erst einmal geklärt werden, Geschlecht eine allgegenwärtige Kategorie (schließlich durchzieht es alle gesellschaftlichen Bereiche, gesellschaftlichen Strukturen, Institutionen, Interaktionen, Identitäten, Kognitionen, Emotionen)? Kann die Differenz zwischen den Geschlechtern überhaupt ,nicht-gegenwärtig' werden in den Praxen und Deutungen von gesellschaftlichen Akteuren? Kann sie, so ist dann weiter zu fragen, möglicherweise zwar präsent, aber irrelevant sein, von anderen Kategorien überlagert werden, sich mit anderen (wie Alter, Status, ethnische Herkunft, Religionszugehörigkeit o. a.) überkreuzen? Und das ,gleichberechtigt' oder immer hierarchisch geordnet?[2]

2. die Frage nach *Gleichheit und Differenz*. An diesem Punkt kann man noch einmal an alltäglichen Erfahrungen und Alltagswissen ansetzen: Ein jeder und eine jede weiß um die Differenzen zwischen den Geschlechtern und kann sie sowohl ,verdeckt', habituell, nicht-intentional ,ausüben' als auch explizit, bewusst und intendiert ausführen. Ebenso weiß aber auch jede/r um die Bandbreite und um die Abweichungen von diesen Differenzen, um die Möglichkeit, anders zu sein und zu handeln als gewohnt oder erwartet. Entsprechend kann regelmäßig jede/r zu jedem denkbaren Beispiel eines ,typisch männlichen' bzw. ,typisch weiblichen' Sachverhalts auch ein Gegenbeispiel vorbringen (man kennt eben doch auch ein bis zwei Männer, die zuhören können, oder eine Frau, die einparken kann). Empirisch kann ganz unschwer belegt werden, dass ,typische' Differenzen auch ,untypisch' auftreten und dass es Situationen gibt, in denen keine Unterschiede zwischen den Geschlechtern auszumachen oder in denen

---

[2] Mit dieser Perspektive haben sich vor allem konstruktivistische Ansätze befasst (,doing' und ,undoing gender', vgl. exemplarisch: Gildemeister & Wetterer, 1992; Hirschauer, 1989, 2001; West & Zimmerman, 1987), aber auch die Debatte um die Klasse, Geschlecht und Ethnizität (exemplarisch: Gümen, 1998) oder die neuere Diskussion um ,intersectionality' (vgl. Knapp in diesem Band).

sie egal sind. Diese Spannung zwischen Differenz und Gleichheit zieht sich auch durch die theoretische Debatte (ob eher ein ‚Gleichheits-' oder eher ein ‚Differenzansatz' verfolgt wird) und durch die empirische Forschung; sie wird aktuell häufig als ‚Gleichzeitigkeit von Egalität und Differenz' thematisiert.[3]
3. die Frage nach den *Orten* und den *Formen* der (Re)Produktion von Geschlechterdifferenzen. Geschlechterdifferenzierungen können in soziologischer Perspektive verstanden und analysiert werden als Prozess der Interaktion, als diese rahmende und aus dieser folgende Institutionalisierung, sie können als Element grundlegender gesellschaftlicher Strukturen aufgefasst werden, als Herrschaftsverhältnis, als Norm, als Bestandteil der subjektiven Identität.[4] Die Frage, wo und wie Geschlechterdifferenzen bedeutsam (oder bedeutungslos) werden, wie sie hergestellt werden und wie sie in der Gesellschaft verankert sind, ist entsprechend ein dritter zentraler Fluchtpunkt der Analyse von Geschlecht und Gesellschaft – und das immer vor dem Ausgangspunkt: Per se gegeben sind Geschlechterdifferenzierungen *nicht.*

Perspektiven der Analyse von Geschlecht
In der soziologischen Debatte wird die Frage nach der Bedeutung, der Entstehung und dem Wandel von Geschlechterdifferenzen in unterschiedlichen Strängen des Faches bearbeitet, z. B. in der Ungleichheitsforschung, der Sozialstrukturanalyse, der Familienforschung, der Frauen-, Männer- und Geschlechterforschung, in der Geschlechtersoziologie, der allgemeinen Theorie, der Arbeits-, Industrie- und Organisationssoziologie, der Biographieforschung – um nur einige zu nennen. Das bedeutet, dass Geschlecht als Untersuchungsgegenstand in unterschiedlichen theoretischen Perspektiven analysiert und auf unterschiedliche Begriffe gebracht wird, und es bedeutet natürlich auch, dass seine Analyse mit unterschiedlichen Forschungsinteressen, theoretischen Überzeugungen und politischen Haltungen verbunden ist. Innerhalb der Frauen- und Geschlechterforschung und der Geschlechtersoziologie hat die aktuelle Diskussion um den Stellenwert und den

---

[3]Vgl. exemplarisch: Gildemeister et al. (2003), Heintz et al. (1997), Kuhlmann et al. (2004), Wilz (2002).
[4]Knapp hat das in einem viel beachteten und häufig übernommenen Vorschlag die „Mühsal der Ebenen" genannt (vgl. Knapp, 1992). Ihr Modell umfasst die analytischen Ebenen des Herrschaftssystems, der symbolischen Ordnung, der Institutionen, der Interaktionen und der Sozialpsychologie des Geschlechterverhältnisses.

möglichen Bedeutungswandel von Geschlecht bereits zu verschiedenen Bestandsaufnahmen geführt.[5]

Ein weiterer Beitrag hierzu ist das vorliegende Studienbuch. Hier wird
zunächst die Bandbreite der empirischen Phänomene und des sozialen Wandels
mit Blick auf Geschlecht an einem zentralen gesellschaftlichen Teilbereich –
Erwerbsarbeit und Hausarbeit – ausgeführt.[6] Im Anschluss daran kommen verschiedene theoretische Positionen zu Wort. Die einzelnen Beiträge stellen jeweils
eine theoretische Perspektive der Analyse von Geschlecht vor. Dabei nehmen
sie sowohl Bezug auf aktuelle Diskussionslinien als auch auf Traditionen der
Geschlechterforschung und die auf die jeweils damit verbundenen Ansätze der
allgemeinen soziologischen Theorie. Alle Texte lassen sich im Rahmen der oben
skizzierten Fragenkomplexe lesen: Hat in der Perspektive der Autorin (bzw. in
dem von ihr vorgestellten theoretischen Rahmen) die ‚Kategorie Geschlecht' an
Bedeutung verloren oder nicht? Wie wird die Spannung zwischen Omnipräsenz/-
relevanz und Irrelevanz und zwischen Gleichheit und Differenz thematisiert? Wie
werden die Orte und Formen der (Re)Produktion von Geschlecht beschrieben?

Die Reihe der Beiträge startet mit einem Blick zurück. Einer der Meilen-
steine der Diskussion um die Bedeutung von Geschlecht in der modernen Gesellschaft ist *Elisabeth Beck-Gernsheims* 1983 erschienener Aufsatz: „Vom ‚Dasein
für andere' zum Anspruch auf ein Stück ‚eigenes Leben'". Dieser Beitrag wird
hier noch einmal abgedruckt und den weiteren Beiträgen vorangestellt, weil er
als Vergleichspunkt sehr anschaulich zeigt, wie viel (oder wenig) sich empirisch
für Frauen und Männer geändert hat und wie schwierig es ist, eine eindeutige
Beurteilung des Wandels der Bedeutung von Geschlecht abzugeben. Im Mittelpunkt steht das zentrale modernisierungstheoretische Argument des gesellschaftlichen Strukturwandels, der mit einer zunehmenden Individualisierung aller
Gesellschaftsmitglieder und einer Ent-Traditionalisierung der Geschlechterverhältnisse verbunden ist. Beck-Gernsheim stellt dem Vergleich der Lebenslagen
von Männern und Frauen (in dem Frauen als ‚Nachzüglerinnen' der Entwicklung
der Männer angesehen werden) den Vergleich unter Frauen an die Seite. Mit

---

[5] Z. B. Gildemeister und Wetterer (2007), Heintz (2001), Knapp (1998) oder Knapp und
Wetterer (2001).

Wichtige Einführungen in bzw. Bestandsaufnahmen der Frauen- und
Geschlechterforschung sind außerdem beispielsweise Becker und Kortendiek (2004),
Becker-Schmidt und Knapp (1995), Gottschall (2000), Knapp und Wetterer (1992) und
Lorber (1999).

[6] Andere Bereiche hätten sich, mit gleichem Recht, ebenso angeboten (z. B. die Perspektive
auf Gewalt, Körperlichkeit, Rechtsverhältnisse o. a.).

Blick auf den Wandel über mehrere Frauengenerationen macht sie deutlich, dass Frauen sich am Ende des zwanzigsten Jahrhunderts in einem Zustand des „Nicht-mehr" und „Noch-nicht" befinden: In der Tat haben sich ihre Lebenslagen deutlich verändert und ihre Wahlmöglichkeiten zwischen verschiedenen Lebensformen so verbreitert, dass ihre Lebensorientierungen nicht mehr nahezu ausschließlich auf die Familie fokussiert sind. Der Prozess der Vervielfältigung von Lebenschancen für Frauen (verbunden mit erhöhten Bildungschancen, mit einer verstärkten Berufstätigkeit und einer Pluralisierung von privaten Lebensformen) verläuft jedoch keineswegs gradlinig und ungebrochen. An vielen Stellen entstehen Ambivalenzen, Widersprüchlichkeiten und neue Risiken und Ungleichheiten, die den ‚Individualisierungsschub' von Frauen sehr unterschiedlich zu dem der Männer ablaufen und immer wieder prekär werden lassen.

Zwei Beiträge setzen sich, mit einem zeitlichen Abstand von gut zwanzig Jahren, dann ebenso wie Beck-Gernsheim mit der empirischen Realität von Arbeit, Familie und Geschlecht auseinander. Sie zeigen die ungebrochene Aktualität von Beck-Gernsheims Befunden und sie belegen, dass der Prozess der Annäherung der Lebenslagen von Frauen und Männern zwar weiter voran geschritten ist, aber kaum an Ungleichzeitigen, Widersprüchlichkeiten und Paradoxien eingebüßt hat. *Karin Jurczyk* schließt mit ihrem Beitrag direkt an die modernisierungstheoretische Diskussion an und führt sie, vor allem in Begriffen der aktuellen arbeitssoziologischen Entstrukturierungs- und Entgrenzungsdiskussion, aus und weiter. Empirisch sind für Jurczyk, ebenso wie für Beck-Gernsheim, Veränderungen in der alltäglichen Lebensführung von zentraler Bedeutung. In dieser Hinsicht erörtert sie z. B. den Fortgang der Pluralisierung und Dynamisierung von Lebensformen, die hohe Bedeutung von Paarbeziehungen (bei gleichzeitig geringerer Stabilität) und den Stand der Dinge in Sachen geteilter Arbeit und Verantwortung in Familie und Haushalt. Mit Blick auf die Entwicklung im Bereich der Erwerbsarbeit weist Jurczyk vor allem auf die vielfältigen neuen Formen der Entgrenzung von Arbeit in räumlicher und zeitlicher Hinsicht und mit Blick auf Beschäftigungsverhältnisse und Berufsverläufe hin. Diese Entwicklungen betreffen beide Geschlechter, aber in sehr unterschiedlicher Weise, und sie schaffen – neben Annäherungen, aber auch Fortführungen der Ungleichheiten zwischen Männern und Frauen – vor allem neue Ungleichheiten innerhalb der Gruppe der Frauen.

Juliane Achatz legt im Anschluss daran einen breiten Überblick vor über die Integration von Frauen in Arbeitsmärkte und Arbeitsorganisationen. Auch sie richtet den Blick zunächst zurück und vergleicht die Entwicklung der Frauenerwerbsarbeit seit den 1960/1970er Jahren in der ehemaligen Bundesrepublik bzw. DDR und den alten und neuen Bundesländern. Sie skizziert die quantitative

Integration von Frauen in die jeweiligen Arbeitsmärkte, die jeweiligen sozio-politischen Rahmungen und die Ausprägung der beruflichen Segregation. Im Anschluss daran diskutiert sie die hohe Bedeutung von Arbeitsorganisationen als „zentrale Schaltstellen" der Einbindung von Männern und Frauen in den Erwerbsbereich. Achatz zieht sowohl struktur- als auch handlungstheoretisch orientierte Analysen der Bedeutung von Geschlecht in Organisationen heran um deutlich zu machen, wie über Segregationsmuster, die auf Normierungen und Stereotypisierungen von Geschlecht beruhen, einerseits immer wieder Differenzierungen und Ungleichstellungen zwischen den Geschlechtern her-gestellt werden. Andererseits, so Achatz zusammenfassend, lässt sich mit gutem Grund aber auch davon sprechen, dass Geschlechterdifferenzen in Organisationen nicht durchgängig relevant gemacht werden. Im Ergebnis kommt sie damit zur gleichen Einschätzung wie Jurczyk: Ein eindeutiger Befund darüber, ob Geschlechtergrenzen durchgängig werden und Geschlechterdifferenzierungen an Bedeutung verlieren, lässt sich nicht erstellen: in Arbeitsmärkten und Organisationen sind sowohl Integrations- als auch Re-Segrationstendenzen nach-weisbar.

Brigitte Aulenbachers Beitrag ist dann der erste in der Reihe der folgenden Beiträge, die einen theoretischen Standpunkt vertiefen. Sie erklärt, dass und warum Geschlecht als ‚Strukturkategorie' zu verstehen ist. Damit stellt sie eine in der Frauenforschung wichtige Theorietradition vor, die an die Marxsche Gesellschaftstheorie und/oder an die Kritische Theorie anknüpft. Zunächst zeigt Aulenbacher mit den Arbeiten von Ursula Beer, wie die „Wirtschafts-" und die „Bevölkerungsweise" moderner kapitalistischer Gesellschaften untrenn-bar miteinander verbunden sind. Die beiden gesellschaftlichen Sphären sind wechselseitig aufeinander bezogen und führen die Kategorie Geschlecht in ihrer Funktionsweise mit, weil das Arbeits- und Fortpflanzungsvermögen von Männern und Frauen ungleich ‚genutzt' wird. Damit entsteht eine stabile geschlechts-spezifische Arbeitsteilung, die zu Ungleichstellungen (zum Nachteil für Frauen) zwischen den Geschlechtern führt. Auch Regina Becker-Schmidts Theorem der „doppelten und widersprüchlichen Vergesellschaftung" von Frauen in die Sphären von Beruf und Familie fokussiert, wie Aulenbacher anschließend zeigt, diesen Punkt: Frauen sind ebenso wie Männer in beide gesellschaftlichen Sphären ein-gebunden. Da aber grundsätzlich ihnen die Arbeit in Haushalt und Familie zugeordnet wird, sind sie stärker mit der strukturell begründeten Widersprüch-lichkeit der jeweiligen Anforderungen und Erwartungen konfrontiert. Geschlecht ist also Strukturkategorie, weil es im inneren Zusammenhang der Gesell-schaft verankert ist; es ist inhärenter und essenzieller Bestandteil der modernen kapitalistischen (und sozialistischen) Gesellschaftsform. Daher ist es als ein den

Akteuren vorgängiges Strukturprinzip der Gesellschaft anzusehen und nicht als ein erst und/oder nur in der Interaktion handelnder Akteure relevant werdendes Merkmal von Personen.

Regine Gildemeister beginnt ihren Beitrag augenzwinkernd mit „Doing gender ist die Antwort – aber was war die Frage?" Sie führt damit einen zweiten zentralen Ansatz in der Geschlechterforschung ein, der ‚in Reinkultur' der strukturtheoretischen Perspektive ziemlich direkt entgegengesetzt ist: die Perspektive der sozialen Konstruktion von Geschlecht. Gildemeister klärt die Entwicklungsschritte der Diskussion um das, was ‚soziale Konstruktion' im weiteren und ‚soziale Konstruktion von Geschlecht' im engeren Sinne meint, sie erläutert verschiedene Strömungen und Traditionen interaktionstheoretischer Soziologie und geht verbreiteten Missverständnissen in der Rezeption dieser Perspektive nach. Die Leserinnen und Leser können dabei – über Erkenntnisse aus der Transsexuellenforschung, der Arbeits- und Berufssoziologie und der Kinder- und Jugendlichenforschung – Schritt für Schritt nachvollziehen, dass konstruierte soziale Wirklichkeit ‚wirklich' ist. Geschlecht gilt in dieser Perspektive als prozesshafte Kategorie: es wird (erst und nur) in der Interaktion zwischen Personen (re)produziert. Diese Sicht des ‚Doing gender' ergänzt Gildemeister mit einer institutionentheoretischen Perspektive: Das ‚Machen', das ‚handelnd erst Hervorbringen' von Geschlecht geschieht keineswegs beliebig, sondern im Rahmen institutionell verfestigter gesellschaftlicher Arrangements; soziale Strukturen „erhärten" sich durch menschliches Handeln, und dieses Handeln ist wiederum in eine „objektivierte gesellschaftliche Wirklichkeit" eingebunden.

Die Bedeutung von Geschlecht ist also durchaus variabel und sie ist kontextabhängig – das heißt aber nicht, dass Geschlecht ‚bloß konstruiert' (im Sinne von: ‚gar nicht echt' oder ‚sozial folgenlos') wäre.

Paula-Irene Villa bearbeitet dann eine Debatte, die vielleicht noch mehr Zündstoff in die Analyse der Bedeutung von Geschlecht gebracht hat als die traditionelle Auseinandersetzung zwischen struktur- und handlungstheoretischen bzw. sozialkonstruktivistischen Ansätzen. Sie diskutiert die Begriffe ‚Postmoderne', ‚Dekonstruktion' und ‚Poststrukturalismus' vor dem Hintergrund der feministischen Perspektivenentwicklungen (vor allem) der 1990er Jahre. Diese Begriffe werden, wie Villa belegt, vielfältig und uneindeutig verwendet, und das nicht erst mit Blick auf die Kategorie Geschlecht. Villa arbeitet zunächst die Gemeinsamkeiten und die Unterschiede der verschiedenen Perspektiven heraus. Im Rahmen ihrer begrifflichen Klärungen beleuchtet sie dann anhand der Arbeiten von Judith Butler die zentrale Bedeutung von Diskursen und von Sprache als Ort und Modus der (Re)Produktion von Geschlecht. Villa zeigt dabei, dass Butler sowohl „diskurstheoretisch und damit eher poststrukturalistisch" als auch „bedingt postmodern", sowohl dekonstruktivistisch als auch in Teilen konstruktivistisch argumentiert. Die Konstitution von Geschlecht, von Subjekten und von Identitäten ist, so machen Villas Erörterungen deutlich, ganz und gar nichts ‚Natürliches' oder ‚Naturgegebenes'. Geschlecht wird vielmehr diskursiv produziert – und durch hegemoniale Diskurse, performative Prozesse und die „zirkuläre Konstitutionslogik von sex, gender und Sexualität" erzeugt und aufrechterhalten.

Ist unsere Gesellschaft heute, nach wie vor, durchgängig geschlechtlich differenziert? Oder ist die These der Geschlechterungleichheit überholt und in der modernen Gesellschaft nicht mehr haltbar? „Weder noch", antwortet *Bettina Heintz*, die diese Fragen aus differenzierungstheoretischer Perspektive diskutiert, direkt zu Beginn ihres Beitrags, „bzw. beides". Geschlechtliche Differenzierung und Ungleichheit zeigen sich heute in vielfältiger Gestalt und Intensität. In einigen Bereichen, wie z. B. der Bildung lässt sie sich nicht oder kaum mehr nachweisen, während bspw. Einkommensverhältnisse oder die Zuständigkeit für Hausarbeit nach wie vor ungleich verteilt sind. Inwiefern und warum dies so ist, dem geht Bettina Heintz in drei Schritten nach. Zunächst beschreibt sie im Rückbezug auf institutionentheoretische Ansätze, dass und wie Prozesse der De-Institutionalisierung von Geschlecht für moderne Gesellschaften kennzeichnend sind. Damit werden Differenzierungen nach Geschlecht zunehmend illegitim – und auf die Ebene der Interaktion verlagert: Geschlecht ist, so führt Heintz dann im Rückbezug auf Ridgeway aus, ein sichtbares Merkmal, das (unter Umständen auch gegen die Intentionen der Beteiligten) in der Interaktion von Personen nicht ignoriert werden kann und – nahezu zwingend – mit Stereotypisierungen verbunden ist. Diese gehen wiederum mit Statuszuweisungen einher, an denen (auch gegen ‚die Sachlage') festgehalten wird. Auf Geschlechterdifferenzierung beruhende Ungleichheiten können so auf der Interaktionsebene reproduziert werden. Am Beispiel der Wissenschaft zeigt Heintz abschließend die Verquickung von Institutionalisierung, De-Institutionalisierung und Interaktion: Sie skizziert, wie unterschiedlich Geschlecht in unterschiedlichen Bereichen und Situationen zum Tragen kommt und belegt so die These von der ‚kontextuellen Kontingenz' der Geschlechterdifferenz.

Veronika Tacke diskutiert die Frage nach der Bedeutung von Geschlecht schließlich in einer systemtheoretischen Perspektive. Auch sie konstatiert, ähnlich wie Heintz, dass Geschlecht in modernen, funktional differenzierten Gesellschaften einerseits keine systematisch differenzierende Kategorie ist, weil partikulare Zugangsweisen in modernen Gesellschaften strukturell aufgehoben sind. Andererseits wirkt es empirisch aber sehr wohl differenzierend. Am Beispiel von Netzwerken in Organisationen führt Tacke aus, wie das theoretisch zusammengebracht werden kann. Die Ebene der Interaktion als hoch bedeutsam anzunehmen ist für sie plausibel, aber nicht ausreichend. Es ist, so argumentiert sie, vielmehr auch die Ebene der sekundären Strukturbildung (da Geschlecht auf der Ebene der primären Strukturbildung, der Herausbildung und Funktionsweise von gesellschaftlichen Teilsystemen und Organisationen keine Rolle spielt), die zur Aktualisierung von (Geschlechter)Differenzen genutzt werden kann: Netzwerke – und zwar unabhängig davon, ob es sich um Männer- oder Frauennetzwerke handelt – sind beispielsweise eine solche Form der Strukturbildung, die auf Partikularismus beruht und in der Geschlecht als soziale Adresse (mit den damit verbundenen je spezifischen Erwartungen und Stereotypisierungen) relevant werden kann. In Organisationen, so Tacke weiter, können personale Netzwerke stillschweigend oder offen genutzt werden. Mit diesem Beispiel zeigt sie, wie sekundäre Formen der gesellschaftlichen Struktur- und Ordnungsbildung Geschlechterdifferenzierungen fortschreiben können. Die Paradoxie, dass Geschlecht faktisch differenzierend Wirkung entfaltet, obwohl es gerade nicht in gesellschaftlichen Grundstrukturen verankert ist, kann auf diese Weise geklärt werden.

Die Reihe der Texte schließt ein Beitrag ab, der sowohl die Traditionen als auch die ganz aktuellen Debatten der Frauen- und Geschlechterforschung aufgreift. *Gudrun-Axeli Knapp* erörtert den Sachverhalt, dass auch innerhalb der feministischen Frauenforschung selbst (und nicht nur als Kritik ‚von außen') ein Bedeutungsverlust der Kategorie Geschlecht diskutiert wird. Sie spricht von einem ‚Krisendiskurs', in dem vom „Überholt sein" und der „Dezentrierung" des Geschlechterbegriffs die Rede ist. Knapp rekonstruiert zunächst beispielhaft grundlegende Argumente von in dieser Debatte viel zitierten Autorinnen (Rosi Braidotti, Joan Scott, Judith Butler und Donna Haraway), und filtert zentrale – zutreffende und nicht zutreffende – Aspekte der Kritik heraus. Anschließend setzt sie sich mit einer ‚externen Kritik', der systemtheoretisch gestützten These der ‚De-Thematisierung von Geschlecht' (Pasero), auseinander. Zum Abschluss erläutert sie neue Entwicklungen der Theoriebildung: In der aktuellen Diskussion um ‚intersectionality' geht es darum, strukturierte soziale Ungleichheit und kulturelle Differenz zu erklären, indem Geschlecht und Sexualität, Klasse und Ethnizität übergreifend analysiert werden. Von einem Bedeutungsverlust der Kategorie Geschlecht – und auch der feministischen Frauenforschung – kann, so Knapp resümierend, also nicht ohne Umschweife gesprochen werden, im Gegenteil.

Dieser Überblick über verschiedene theoretische Perspektiven der Analyse von Geschlecht spannt einen weiten Bogen. Leserinnen und Leser können damit einen Eindruck davon gewinnen, wie vielschichtig Geschlechterdifferenzen und

-differenzierungen erklärt werden; sie können Theorien vergleichen und Verbindungslinien zwischen Theorie und Empirie ziehen – und damit, theoretisch fundiert, zu eigenen Positionen finden, welche Bedeutung Geschlecht in modernen Gesellschaften beizumessen ist.[7]

Literatur

Becker, R., & Kortendiek, B. (Hrsg.). (2004). *Handbuch Frauen- und Geschlechterforschung.* VS Verlag.

Becker-Schmidt, R., & Knapp, G.-A. (Hrsg.). (1995). *Das Geschlechterverhältnis als Gegenstand der Sozialwissenschaften.* Campus.

Gildemeister, R., & Wetterer, A. (1992). Wie Geschlechter gemacht werden. Die soziale Konstruktion der Zweigeschlechtlichkeit und ihre Reifizierung in der Frauenforschung. In G.-A. Knapp & A. Wetterer (Hrsg.), *Traditionen Brüche. Entwicklungen feministischer Theorie* (S. 201–254). Kore.

Gildemeister, R., & Wetterer, A. (Hrsg.). (2007). *Erosion oder Reproduktion geschlechtlicher Differenzierungen? Widersprüchliche Entwicklungen in professionalisierten Berufsfeldern und Organisationen.* Westfälisches Dampfboot.

Gildemeister, R., Maiwald, K.-O., Scheid, C., & Seyfarth-Konau, E. (2003). Geschlechterdifferenzierungen im Berufsfeld Familienrecht: Empirische Befunde und geschlechtertheoretische Reflexionen. *Zeitschrift für Soziologie, 32*(5), 396–417.

Gottschall, K. (2000). *Soziale Ungleichheit und Geschlecht.* Leske + Budrich.

Gümen, S. (1998). Das Soziale des Geschlechts. Frauenforschung und die Kategorie ‚Ethnizität'. *Das Argument. Zeitschrift für Philosophie und Sozialwissenschaften, 224,* 187–202.

Heintz, B. (Hrsg.). (2001). *Geschlechtersoziologie.* Westdeutscher Verlag.

Heintz, B., Nadai, E., Fischer, R., & Ummel, H. (1997). *Ungleich unter Gleichen. Studien zur geschlechtsspezifischen Segregation des Arbeitsmarktes.* Campus.

Hirschauer, S. (1989). Die interaktive Konstruktion von Geschlechtszugehörigkeit. *Kölner Zeitschrift für Soziologie und Sozialpsychologie, 29,* 100–118.

Hirschauer, S. (2001). Das Vergessen des Geschlechts. Zur Praxeologie einer Kategorie sozialer Ordnung. In B. Heintz, (Hrsg.), *Geschlechtersoziologie* (S. 208–235). Westdeutscher Verlag.

Knapp, G.-A. (1992). Macht und Geschlecht. In G.-A. Knapp & A. Wetterer (Hrsg.), *Traditionen Brüche: Entwicklungen feministischer Theorie* (S. 287–325). Kore.

Knapp, G.-A. (Hrsg.). (1998). *Kurskorrekturen. Feminismus zwischen Kritischer Theorie und Postmoderne.* Campus.

Knapp, G.-A., & Wetterer, A. (Hrsg.). (1992). *Traditionen Brüche: Entwicklungen feministischer Theorie.* Kore.

---

[7] Für ihre Unterstützung und viele wichtige Hinweise beim Erstellen dieses Sammelbandes danke ich Katrin Herbert, Gudrun Hilles und Ilka Peppmeier.

Knapp, G.-A., & Wetterer, A. (2001). *Soziale Verortung der Geschlechter. Gesellschafts-theorie und feministische Kritik.* Westfälisches Dampfboot.

Kuhlmann, E., Kutzner, E., Müller, U., Riegraf, B., & Wilz, S. (2004). Organisationen und Professionen als Produktionsstätten der Geschlechter(a)symmetrie. In E. Schäfer et al. (Hrsg.), *Geschlechterverhältnisse im sozialen Wandel* (S. 221–249). Leske + Budrich.

Lorber, J. (1999). *Gender-Paradoxien.* Leske + Budrich.

Pease, A., & Pease, B. (2001). *Warum Männer nicht zuhören und Frauen schlecht ein-parken* (12. Aufl.). Ullstein Taschenbuch.

Villa, P.-I. (2000). *Sexy bodies. Eine soziologische Reise durch den Geschlechtskörper.* Leske + Budrich.

West, C., & Zimmerman, D. H. (1987). Doing gender. *Gender and Society, 1*(2), 125–151.

Wilz, S. M. (2002). *Organisation und Geschlecht. Strukturelle Bindungen und kontingente Kopplungen.* Leske + Budrich.

Vom „Dasein für andere" zum Anspruch auf ein Stück „eigenes Leben": Individualisierungsprozesse im weiblichen Lebenszusammenhang

Elisabeth Beck-Gernsheim

1 Frauen im Individualisierungsprozeß: zwischen „Nicht-mehr" und „Noch-nicht"

Der Versuch, die soziale Lage von Frauen in unserer Gesellschaft einzuschätzen, gleicht der Frage, ob ein zur Hälfte gefülltes Glas „halbleer" oder „halbvoll" ist. Auf der einen Seite sind, darauf weist die Frauenbewegung immer wieder hin, in der Bundesrepublik wie in anderen Industrieländern die sozialen *Ungleichheiten* zwischen Männern und Frauen keineswegs aufgehoben, sondern bestehen auf vielen Ebenen fort; ja sie werden sich in Zukunft möglicherweise noch verschärfen im Zuge der wirtschaftlichen Probleme, der steil ansteigenden Arbeitslosigkeit und der Krise des Wohlfahrtsstaates. Auf der anderen Seite, und ohne diesen Hintergrund ist auch das Entstehen der neuen Frauenbewegung gar nicht zu begreifen, haben während der letzten Jahrzehnte grundlegende Veränderungen im weiblichen Lebenszusammenhang stattgefunden – in der Familie ebenso wie in Bezug auf Ausbildung, Beruf, Rechtssystem, Öffentlichkeit usw. –, die *Annäherungen* zwischen weiblicher und männlicher Normalbiographie eingeleitet haben. Beide Sichtweisen – der Vergleich mit den Männern wie der historische

Dieser Aufsatz entstand im Rahmen des DFG-Projekts „Elternschaft und gesellschaftliche Individualisierungsprozesse" (Antragsteller Prof. Dr. K. M. Bolte). Von der Verfasserin genehmigtes Reprint aus Soziale Welt, 1983, Heft 3, S. 307–340.

E. Beck-Gernsheim (✉)
FAU Erlangen-Nürnberg, Erlangen, Deutschland
E-Mail: elisabeth.beck-gernsheim@soziol.phil.uni-erlangen.de

© Der/die Autor(en), exklusiv lizenziert durch Springer Fachmedien Wiesbaden GmbH, ein Teil von Springer Nature 2021
S. M. Wilz (Hrsg.), *Geschlechterdifferenzen – Geschlechterdifferenzierungen*, Studientexte zur Soziologie, https://doi.org/10.1007/978-3-658-32211-3_2

Vergleich – beinhalten je für sich genommen charakteristische Verkürzungen und Einseitigkeiten:

Nimmt man die Lage von Männern zum Maßstab, dann besteht die Gefahr, die Besonderheit der Veränderungen im weiblichen Lebenszusammenhang zu verkennen und damit auch die Entwicklungsdynamik und den sozialen und politischen Sprengstoff, die in der Bewußtwerdung von Fraueninteressen entfalten sind. Und in gewisser Hinsicht werden damit paradoxerweise auch jene Maßstäbe übernommen, die die Frauenbewegung als Ausdruck einer einseitigen und ökonomisch verengten „Männerwelt" kritisiert hat: das Denken in den Kategorien von Status, Einkommen, Karriere. Schließlich kann diese Sichtweise auch einer Neigung entgegenkommen, die in einigen Frauengruppen nicht ganz unbekannt ist: nämlich das *„ewige Elend"* der Zurücksetzung, Benachteiligung, Diskriminierung zu beklagen, statt danach zu schauen, wo Ansätze zur Veränderung vorhanden sind und wie diese sich ausweiten und aktiv nutzen lassen.

Umgekehrt besteht beim Vergleich der Frauengenerationen die Gefahr, daß die fortbestehenden materiellen und sozialen Ungleichheiten zwischen Männern und Frauen eingeebnet werden: verdrängt vom wohlwollenden Bild eines *ständig fortschreitenden „Fortschritts"*. Dies mag jene „Dankbarkeit für die kleinen Gunsten" nahelegen, die Bestandteil der traditionellen Frauenrolle ist und zu Anpassung und Einfügung erziehe und es kann schließlich sogar denjenigen Argumente liefern, die die Explosivität des Frauenthemas und der Frauenansprüche immer wieder einzähmen wollen mit dem Hinweis auf die Segnungen des „schon Erreichten".

So hat jede dieser Vergleichsperspektiven eine unterschiedliche *politische Valenz* im sozialen „Interpretationskampf" um die Verharmlosung oder Dramatisierung von Frauenproblemen. Indem nun die in der Frauenforschung tätigen Frauen ihre wissenschaftlichen Analysen auch verstehen als Moment in dem sozialen Lebenszusammenhang, dem sie selbst angehören – als Beitrag zur Erweiterung der Entfaltungsmöglichkeiten von Frauen –, reagieren sie besonders sensibel auf den theorie- und gesellschaftspolitischen Stellenwert der unterschiedlichen Vergleichsmaßstäbe und betrachten eine nur auf Frauen bezogene, generationsvergleichende Perspektive oft mit Mißtrauen.

Dennoch geht es im folgenden um „Frauengenerationen im Wandel", und der Blick wird bewußt auf die unauffälligen Alltagsveränderungen der weiblichen Normalbiographie gelenkt, die heute selbstverständlich sind und manchen unerheblich erscheinen. Denn hier liegt ein Terrain, das die Frauenforschung bisher wenig entdeckt hat – oder vielleicht auch, dem sie ausgewichen ist. Aus verständlichem Grund: Diese Alltagsveränderungen sind ihrem Charakter nach ambivalent. Sie enthalten auf der einen Seite ein Moment der Anpassung, aber sie besitzen auch eine eigene und schwer zähmbare Kraft, die auf Herausforderung der bestehenden Verhältnisse drängt. Das Motto für diese zweite Seite könnte ein Satz von *Ebner-Eschenbach* sein: „Als eine Frau lesen lernte, trat die Frauenfrage in die Welt."[1] In freier Übersetzung heißt das: Nicht die großen Systemveränderungen, Machtkämpfe, Revolutionen, auf der sich Geschichtsschreibung und Soziologie lange konzentriert haben, sondern die *vielen kleinen Schritte* im Bereich von Bildung, Beruf und Familie – sie sind es, die der Frauenbewegung in den letzten Jahrzehnten Antrieb und Durchsetzungskraft gegeben und die Gesellschaft spürbar verändert haben. Denn sie setzen eine Bewußtwerdung von traditionellen Ungleichheiten in Gang, die – bemessen an den Gleichheitsprinzipien der Gesellschaft selbst – kaum legitimierbar und damit politisch explosiv sind. Deshalb wird im folgenden vorwiegend von „Unerheblichkeit" die Rede sein; von Unerheblichkeit allerdings – das ist die These –, die Geschichte und Gesellschaft machen. Der historische Bezugsrahmen, der dabei entwickelt wird, läßt sich folgendermaßen skizzieren:

Im Zeitraum eines Jahrhunderts und insbesondere in den letzten beiden Jahrzehnten haben sich im weiblichen Lebenszusammenhang rapide Veränderungen vollzogen. Sie verliefen nicht gradlinig und gleichmäßig, sondern in eigentümlichen Wellenbewegungen zwischen „Fortschritten" und „Rückschritten". Aber wenn man ihre biographischen Konsequenzen betrachtet, wird dennoch eine Grundlinie erkennbar: seine *Entwicklung vom „Dasein für andere" zu einem Stück „eigenen Leben".* Damit ist ein vielschichtiger, komplexer, nicht zuletzt in sich widersprüchlicher Prozeß gemeint, dessen Bedeutung hier von verschiedenen Seiten eingekreist werden soll. Zunächst eine anschauliche Beschreibung:

> „Mit dem Zusammenbruch der traditionellen Gesellschaftsordnung tauchte ein Schimmer von etwas wie Wahlmöglichkeiten auf – freilich für die meisten Frauen noch aus der Ferne ... Die Einbeziehung in den Markt, die Erwerbstätigkeit als Frau mochte niedrigen Lohn und miserable Arbeitsbedingungen bringen, Einsamkeit und Unsicherheit. Aber sie brachte auch eine Möglichkeit, die in der traditionellen Gesellschaftsordnung unvorstellbar war – die Unabhängigkeit vom Zugriff der Familie".[2]

Abstrakter formuliert heißt das, indem Frauen aus der unmittelbaren Bindung an die Familie zunehmend herausgelöst wurden, hat die weibliche Normalbiographie

---

[1] Zit. nach Brinker-Gabler (1979, S. 5).
[2] Ehrenreich und English (1979, S. 12).

einen „*Individualisierungsschub*" durchgemacht.[3] Damit verbindet sich, was in der Sprache der funktionalistischen Theorie Übergang von „zugewiesenen" zu „erworbenen" Rollen heißt. Er bringt, das ist unbestreitbar, die Öffnung neuer Handlungsräume, neue Entscheidungsmöglichkeiten und Lebenschancen für Frauen. Aber erbringt ebenso offensichtlich auch neue Unsicherheiten, Konflikte und Zwänge. Denn zum einen brechen nun auch in die weibliche Normalbiographie jene Risiken ein, denen zuvor nur die Männer ausgesetzt waren. Darüber hinaus entstehen zusätzliche Risiken, weil der Individualisierungsprozeß für Frauen „unvollständig" bleibt, in einem eigentümlichen *Zwischenstadium* befangen. Denn Frauen heute sind nicht mehr so selbstverständlich wie früher über das Familiendasein und den Mann als Ernährer definiert; aber sie sind immer noch weit mehr als Männer für die Familienaufgaben zuständig, weit weniger durch eine eigene Arbeitsmarkt- und Berufsexistenz abgesichert. Dieses „Nichtmehr" und „Noch-nicht" erzeugt zahlreiche Ambivalenzen und Widersprüche im weiblichen Lebenszusammenhang. Während alte Beschränkungen zurücktreten und manche Entwicklungsmöglichkeiten sich öffnen, entstehen gleichzeitig neue Abhängigkeiten und Zwänge, deren Folgen noch nicht abzusehen sind. Die Lebensperspektiven von Frauen sind „vorbildlos" geworden – offener *und* ungeschützter als früher.

2　　Umbrüche im weiblichen Lebenszusammenhang: der Anspruch auf ein Stück „eigenes Leben"

Im 19. Jahrhundert, das soll als Hintergrund nur kurz in Erinnerung gebracht werden, ließ der weibliche Lebenszusammenhang kaum Raum für eigene Gestaltungsmöglichkeiten.[4] Denn in der Unterschicht waren die materiellen Zwänge so hart, daß praktisch alle Anstrengungen und Energien auf das eine Ziel ausgerichtet sein mußten, das tägliche Überleben zu sichern. Und im Bürgertum, wo es der Möglichkeit nach einen Freiraum gegeben hätte, war es das neu entstehende Leitbild einer ganz auf den häuslichen Innenraum beschränkten Frauenrolle und die damit verbundenen Erwartungen und Abhängigkeiten, die der Frau kaum eine eigene Entwicklung zugestanden. Ihre Bestimmung war das leise und

---

[3] Zur theoretischen Entwicklung dieser Individualisierungs-These Beck (1983).

[4] Abgesehen von den „Listen der Ohnmacht" (Honegger & Heinz, 1981) und passiven Rückzugs- und Verweigerungsstrategien wie der „Flucht in die Krankheit" (Ehrenreich & English, 1976).

immer bereite „Dasein für die Familie", und sein oberstes Gebot hieß: *Selbstzurücknahme und Selbstaufgabe.*

„Des Weibes Ausartung ist Selbständigkeit und männliches Wesen; ihre größte Ehre ist einfältige Weiblichkeit und das heißt, sich unbeschwerten Herzens unterordnen, sich bescheiden, nichts anderes, noch etwas mehr sein wollen, als sie soll ... Der Mann ist vor dem Weibe und zur Selbständigkeit geschaffen; das Weib ist ihm beigegeben um seinetwegen" (Löhe, geb. 1808, zit. nach Ostner & Krutwa-Schott, 1981, S. 25).

„Der Frauen Bestimmung von Jugend an ist ein einziges großes Opfer Sie entäußert sich ihres eigenen Selbst, sie hat keine Freuden und keine Schmerzen als die der Ihrigen" (Feuerbach, 1839, zit. nach Behrens, 1982, S. 69 f.).

Die Situation heute sieht deutlich anders aus. Zwar sind es immer noch zuallermeist die Frauen, die die Verantwortung für die Aufgaben in der Familie tragen. Aber gleichzeitig werden bei immer mehr Frauen Erwartungen und Wünsche sichtbar, die über die Familie hinausreichen. Das fängt an bei den „kleinen Freiheiten" des Alltags, ein bißchen mehr Unabhängigkeit und Ungebundenheit, und führt hinein bis in die großen Worte von Selbständigkeit, Selbstverwirklichung, „Emanzipation". Solche Erwartungen werden je nach Schichtzugehörigkeit und Bildungsstand mehr bis minder deutlich bewußt, unterschiedlich gefüllt und ausgedrückt. Aber sie tauchen durchgängig auf, in Alltagsgesprächen wie in wissenschaftlichen Befragungen, nicht nur bei den sogenannten „Karrierefrauen", sondern auch bei der Arbeiterin und der „durchschnittlichen" Hausfrau in der Vorortsiedlung.

„ ... durch die Ehe dann ... habe ich dann das alles [eigene Interessen] aufgegeben ... Was dumm ist, das würd ich heut nimmermehr tun ... Eigentlich nimmermehr das sein, was man ist, ich bin nunmehr das gewesen dann, was alle anderen wollen haben, und nimmermehr das, was ich selber ..." (Hausfrau; Interview-Ausschnitt aus Münz & Pichler, 1982).

„In zehn Jahren, gut dann bin ich siebenundvierzig. Aber dann bin ich noch nicht alt... zu alt, um überall hinfahren zu können, wo ich gern möchte. Dann genieß ich mein Leben erstmal... Praktisch kann man sagen: Zwanzig Jahre... jedes Wochenende, jede Freizeit nur für die Kinder eingeplant. Und das ist dann vorbei, dann komme ich!" (Industriearbeiterin; Interview-Ausschnitt aus Becker-Schmidt et al., 1982, S. 67).

Es ist dieser tiefgreifende Wandel im weiblichen Lebenszusammenhang, der hier interessiert. Grob zusammengefaßt, auf seine Pole verkürzt: vom „Dasein für andere" zur kleinen oder großen Hoffnung auf ein Stück „eigenes Leben". Die folgenden Ausschnitte sollen untersuchen, wie dieser Wandel zustande kam. Ihre Ausgangsfrage heißt: Wie hat sich in der Zeitspanne von ungefähr einem

Jahrhundert, in drei bis vier Frauengenerationen ein solcher Anspruch herausbilden und zunehmend ausbreiten können, der freier kaum vorgesehen, erlaubt,
möglich war? Welche gesellschaftlichen Entwicklungen stehen dahinter, haben
ihn ausgelöst, unterstützt, weiter vorangetrieben? Eine solche Frage führt hinein in
die verschiedensten Bereiche – von Arbeit und Recht, Erziehung und Ausbildung
bis hin zu den in Öffentlichkeit, Politik, Werbung vorherrschenden Maßstäben –,
wobei die einzelnen Entwicklungstendenzen sich überlagern, verstärken und zu
Wechselwirkungen verbinden. Um dies komplizierte Geflecht faßbar zu machen,
sollen im folgenden drei Schwerpunkte gesetzt werden: *Bildung; Beruf; Sexualität und Partnerbeziehung.* Dabei wird diejenige Phase der weiblichen Normalbiographie im Mittelpunkt stehen, in der zentrale Weichenstellungen stattfinden: die
Lebenssituation der *weiblichen Jugendlichen und jungen Frauen.*

Das *methodische Vorgehen* folgt einem unkonventionellen Grundmuster, das
zwei Ebenen der Betrachtung systematisch zu verbinden versucht.[5] Im ersten
Schritt werden jeweils in Form eines Überblicks bekannte Materialien auf-
gearbeitet, die die „objektiven" Entwicklungen in den drei genannten Bereichen
dokumentieren. Im zweiten Schritt setzt dann eine charakteristische Blickwende
ein. Die vorliegenden Daten werden gewissermaßen „umgedreht" und daraufhin
untersucht, *was unter ihrer Oberfläche liegt:* die „subjektiven" Folgewirkungen
im weiblichen Lebenszusammenhang, die bisher noch wenig erforscht sind. Die
Ausgangsfrage dieses „zweigleisigen" Verfahrens heißt stets: Inwiefern haben
sich in diesem Bereich – in Bildung, in Beruf, in Sexualität und Partnerbeziehung
– die objektiven Grunddaten verändert, die das äußere Gerüst des weiblichen
Lebenszusammenhanges abstecken. Das führt dann hinein in die eigentlich
interessierende Frage: Wo sind damit im Wechsel der Frauengenerationen neue
biographische Entwicklungslinien entstanden, die hineinführen in ein neues
Stadium der weiblichen Normalbiographie: in die Hoffnung, aber auch den
Zwang zu einem Stück „eigenen Leben"?

3   Veränderungen im Bildungsbereich

Bis gegen Ende des 19. Jahrhunderts konnte von „Bildungschancen" im eigentlichen Sinn für Mädchen kaum die Rede sein. Die Mädchen der Unterschicht
bekamen ein dürftiges Minimalwissen in Lesen, Schreiben, Rechnen. Die Töchter

---

[5] Siehe dazu die Entwicklung eines „subjektorientierten" Ansatzes bei Bolte (1983).

des Bürgertums, im Reservat der Höheren Töchterschulen untergebracht, wurden vor allem auf schöngeistige Bildungsinhalte eingeübt. Das Lernziel war nicht auf die Person des Mädchens bezogen, auf die Förderung seiner Interessen und Fähigkeiten, sondern aufs Dasein für die Familie[6] und den künftigen Ehemann.[7] Wichtig war Aneignung der „standesgemäß" erwarteten Fertigkeiten[8], um die Aussichten auf eine „passende" Heirat zu fördern. Jeder Anflug eigenständiger Interessen war verdächtig, weil für die Heiratserwartungen schädlich: Mädchenbildung hörte auf, wo die selbständige Erfassung eines Gebietes begann.[9]

Erst gegen Ende des 19. Jahrhunderts kamen Anzeichen einer Veränderung. 1889 wurden in Deutschland die ersten Kurse eingerichtet, die Mädchen zum Abitur hinführen sollten;[10] 1896 gab es die ersten Abiturientinnen;[11] im gleichen Jahr wurden an einigen Universitäten Gasthörerinnen zugelassen, freilich noch unter äußerst diskriminierenden Bedingungen;[12] 1900 wurde in Baden den ersten Frauen die volle Immatrikulation gewährt.[13] Doch die zaghaft sich anbahnende Ausweitung der Bildungschancen wurde in Deutschland schon bald wieder abgeblockt: Sofort nach der nationalsozialistischen Machtübernahme wurden Maßnahmen gegen das Frauenstudium erlassen.[14] Auch in den Jahren nach dem Zweiten Weltkrieg verbesserte sich die Bildungssituation für Mädchen zunächst nur wenig. Auf den weiterführenden Schulen waren sie deutlich unterrepräsentiert[15],

---

[6] Siehe z. B. das Stichwort „Unterricht der künftigen Mütter im Volke", das Mitte des 19. Jahrhunderts der zuständige preußische Minister als Leitgedanken für die höhere Mädchenerziehung formulierte (Bäumer, 1902, S. 104).

[7] Siehe den vielzitierten Satz aus einer Denkschrift von 1872, die eine Förderung der Höheren Mädchenschulen einleiten sollte: „Es gilt, dem Weibe eine der Geistesbildung des Mannes... ebenbürtige Bildung zu ermöglichen, damit der deutsche Mann nicht durch die geistige Kurzsichtigkeit und Engherzigkeit seiner Frau ... gelangweilt und in seiner Hingabe an höhere Interessen gelähmt werde ..." (Zit. nach ebd., S. 111).

[8] Zinnecker (1973, S. 54).

[9] Bäumer (1902, S. 105).

[10] Ebd., S. 123.

[11] Ebd., S. 124.

[12] Schenk (1980, S. 29).

[13] Es folgten Bayern 1903, Württemberg 1904, Sachsen 1906, Thüringen 1907, Hessen 1908, Preußen 1908, Elsaß-Lothringen 1908/1909, Mecklenburg 1909 (Nave-Herz, 1972, S. 107).

[14] Schenk (1980, S. 73).

[15] Pross (1969).

und das Klima an der Universität war überwiegend frauenfeindlich, von Vorbehalten und Vorurteilen geprägt.[16]

Die große Wende setzte erst mit der Bildungsexpansion der 60er Jahre ein. Die Pflichtschulzeit wurde verlängert.[17] Während früher Schulgeld und Studiengebühren bezahlt werden mußten, wurden jetzt zunehmend Ausbildungsbeihilfen und Stipendien eingeführt.[18] Die Bildungsbenachteiligung der Mädchen, lange Zeit selbstverständlich, wurde nun als soziales Problem erkannt.[19] Mädchen wurden zu einer der bevorzugten Zielgruppen der neuen Bildungsmaßnahmen.[20] Und die Erfolge blieben nicht aus: Die Zahl derer, die keine Ausbildung erhielten, sank deutlich.[21] Und umgekehrt stieg schnell und in einem alle Erwartungen übertreffenden Ausmaß der Anteil der Mädchen bzw. Frauen auf weiterführenden Schulen und Hochschulen.[22] Das Ausmaß des Wandels wird besonders offensichtlich im Generationenvergleich: Mädchen heute bleiben weitaus länger im Bildungssystem als die Mädchen vor zwei Jahrzehnten.[23] So kann man sagen, die Veränderungen, die hier stattgefunden haben, kommen fast einer „stillen

---

[16] Siehe Anger (1960).

[17] „In den 60er Jahren wird allmählich ein neuntes Schuljahr eingeführt, das sich, bis zum Ende des Jahrzehnts verbindlich durchgesetzt hat. In den 70er Jahren lautet das entsprechende Thema: Einführung eines zehnten Schuljahres. Ende der 70er Jahre erlange das neue Pflichtjahr für alle allmählich Verbindlichkeit" (Zinnecker, 1981, S. 111).

[18] 1971 wird BAföG eingeführt. Im Jahr 1978 erhalten BAföG: 26 % aller Oberschüler, 37 % aller Studenten (Zinnecker, 1981, S. 84).

[19] Symptomatisch für das neue politische und forschungspolitische Interesse z. B. die Studie von Pross (1969).

[20] Die umfassende Bildungsreform, die Willy Brandt 1969 in seiner Regierungserklärung versprach, sollte insbesondere auch Frauen zugute kommen.

[21] Bei den 65- bis 69jährigen Frauen sind 71 % ungelernt, bei den 20- bis 21jährigen Frauen dagegen nur noch 34 % (die entsprechenden Vergleichszahlen für Männer: 29 % bei den älteren, 25 % bei den jüngeren) (Gottleben, 1981, S. 102).

[22] Anteil der Mädchen/Frauen an:

Gymnasien (Oberstufe) Hochschulanfängern Hochschulstudenten

1960: 36,5, 27,0, 23,9 %

1970: 41,4, 28,8, 25,6 %

1981: 49,7, 41,6, 37,6 %

Quelle: Grund und Strukturdaten (1982/1983, S. 34, 116 f.).

Zusammengestellt aus: Schmarsow (1982, S. 33); Schmid-Jörg (1981, S. 413 und 415).

[23] 1960 waren von den 18jährigen jungen Frauen nur noch 26 % im Bildungssystem, 1979 waren es dagegen 64,5 % (Seidenspinner & Burger, 1982, Bericht S. 12).

Revolution" gleich (Seidenspinner & Burger, 1982, Bericht S. 9): *Während in den 60er Jahren noch ein ausgeprägtes Chancengefälle zwischen den Geschlechtern bestand, ist heute eine beinahe gleiche Chancenverteilung beim Zugang zu den allgemeinbildenden Schulen erreicht.*[24]

Darüber hinaus haben auch qualitative Veränderungen eingesetzt, die zwar den „Sexismus in der Schule" noch keineswegs abgeschafft haben[25], aber im *Vergleich zu vorher auf ein Mehr an Gleichbehandlung und Gleichberechtigung* hinauslaufen: mehr Koedukation statt Aufteilung in Jungen- und Mädchenschulen; im Grundprinzip ein einheitlicher Lehrplan statt Abgrenzung nach „männlichen" und „weiblichen" Wissensangeboten; mehr Problembewußtsein gegenüber traditionellen Rollenklischees im Lehrmaterial; mehr Bereitschaft auf seiten der Lehrer, Jungen und Mädchen gleich zu behandeln bzw. Mädchen nicht weniger zu fordern und fördern.

So viel zu den „objektiven", an empirischen Daten belegbaren Entwicklungen. Aber die eigentlich entscheidende, freilich erheblich schwerer zu beantwortende Frage steht noch bevor: Welches biographische, soziale, politische Potenzial ist darin angelegt? Die Antwort läßt sich nicht anschaulicher formulieren als in den knappen Worten von *Mary Harris Jones,* einer amerikanischen Suffragette des 19. Jahrhunderts: „Setz dich hin und lies. Bereite dich vor für die kommenden Konflikte".[26] Anders gesagt, die objektiven Veränderungen im Bereich von Bildung sind eine zentrale Voraussetzung, um Bewußtwerdungsprozesse in Gang zu setzen, die einen aktiven Umgang mit der eigenen Lage erlauben. Dabei gewinnen sie ihre eigentliche Brisanz gerade daraus, daß sie nicht isoliert verlaufen, sondern *historisch zusammentreffen mit umfassenden Veränderungen der weiblichen Normalbiographie.* Pointiert auf einen Nenner gebracht: Früher waren Frauen ganz aufs „Dasein für andere" verwiesen, und sozialstrukturell waren ihnen die Möglichkeiten *verwehrt,* sich ihrer Lage bewußt zu werden. Heute löst sich die Einbindung ins Familiendasein teilweise auf, und mit der Erweiterung der Bildungschancen gewinnen Frauen mehr Möglichkeiten, die Besonderheiten und Beschränkungen im weiblichen Lebenszusammenhang zu erkennen. Genau hier, im Schnittpunkt dieser Entwicklungslinien, kann ein neues *privates und politisches Selbstbewußtsein von Frauen* entstehen. Es geht – bezeichnend

---

[24] Dabei ist freilich nicht auszuschließen, daß es in Zukunft wieder zu einer Verschlechterung kommen wird durch die Kürzungen im Bildungsetat, denn solche Maßnahmen treffen vor allem die sozial schwächeren bzw. „bildungsferneren" Gruppen.

[25] Brehmer (1982); Schulz (1979).

[26] Zit. nach Basler Magazin, Nummer 22, 4. Juni 1983, S. 11.

genug – von den bildungsmäßig privilegierten Frauen aus, aber es gewinnt
auch Signalcharakter, nicht zuletzt deshalb, weil es in greifbare Aktionen sich
umsetzt: von Selbsterfahrungsgruppen über Frauenliteratur und Frauenverlage
bis hin zum Aufbau eigener Arbeitsgruppen in Parteien, Gewerkschaften, Berufs-
organisationen.

Betrachten wir nun – nach dieser sehr globalen Perspektive – einzelne Aspekte
der Angleichung von Bildungschancen genauer. Zunächst zur Verlängerung der
Pflichtschulzeit: Gemessen an idealen Lernbedingungen mag die Verschulung
der Gesellschaft zwar „weder befreiend noch bildend" wirken (Illich, 1973).
Aber gemessen am frühen Eingespanntwerden etwa in die Zwänge der Fabrik-
arbeit stellt die Verlängerung der Schulzeit einen Schonraum dar: Freisetzung
von frühzeitigem physischen und psychischen Verschleiß; Abwehr gegenüber
einem Druck, der alle Entwicklungsmöglichkeiten praktisch zunichte macht.[27]
Dann der wachsende Anteil von Mädchen im Bereich mittlerer und höherer
Bildung und die Abkehr vom Getto sogenannt „weiblicher" Bildungsinhalte:
Damit ist das Lehrangebot nun nicht mehr vorwiegend auf die Erziehung zur
Gattin-und-Mutter zugeschnitten, sondern bricht den Radius der Familie auf
und führt in andere Erfahrungsbereiche, Denkformen, Traditionen hinein. Auch
sind die neuen, „höheren" Bildungsinhalte nicht auf bloßes Nachvollziehen
angelegt, sondern erlauben und fordern ein eher „aktives" als „passives" Lernen.
Und schließlich ist damit auch eine Einübung in Sprach- und Denkformen verbunden, die Abstraktion und Reflexion zulassen, soziologisch formuliert: Ein
stillschweigender Übergang vom „restringierten" zum „elaborierten Code" (Bernstein). Denn hier ist nicht mehr eine vielfach vorsprachlich ablaufende, stark
kontextgebundene Ausdrucksweise ausreichend, die auf dem Konsensus einer
gemeinsamen Lebenswelt aufbaut; stattdessen müssen jetzt Denk- und Sprach-
formen entwickelt werden, in denen die Bedeutungen bewußt herausgearbeitet
und individuell ausgeformt werden. Das setzt mehr *Eigenleistung* vonseiten
der Person voraus, und nicht zuletzt auch eine Distanz zwischen Person und
Umwelt:[28] Das alles zusammengenommen heißt, daß im weiblichen Lebenszusammenhang die Verbesserung der Bildungschancen eine wichtige Funktion
hat, trotz aller Mängel des gegenwärtigen Schulsystems. Denn sie öffnet den
Zugang zu Bildungsinhalten, die aktive Auseinandersetzung mit der eigenen Lage
ermöglichen und Selbständigkeit herausfordern.

---

[27] Scharmann (1974).
[28] Bernstein (1972).

Aber die Verbesserung der Bildungschancen wird nicht nur auf der unmittelbar kognitiven Ebene spürbar, sondern darüber vermittelt auch in vielen Bereichen der alltäglichen Lebenswelt. Sie hat zunächst einmal zur Folge, daß das durchschnittliche Bildungsniveau der jungen Mädchen und Frauen heute erheblich über dem ihrer Eltern, insbesondere über dem ihrer Mütter liegt.[29] Sie verlassen damit in vielerlei Hinsicht den Erwartungs- und Erfahrungshorizont ihrer Sozialschicht und der bisher üblichen Frauenrolle. Ihr Lebensweg und -entwurf wird anders als der der Eltern und insbesondere der Mütter. *Die Erfahrungskluft zwischen den Generationen fordert eigenes Planen und Handeln,* eigene Zukunftsvorstellungen, immer mehr ohne den sichernden Halt von Vorbild und Tradition.

Auf der anderen Seite bedeutet die Verbesserung der Bildungschancen auch *Zuwachs an Wissen und damit an Macht auf den zahlreichen Kampfschauplätzen des Alltags.* So büßen die ungleichen Berufschancen mit Angleichung der Bildungschancen ihre Legitimation ein: Bildungsexpansion für Frauen hat einen Politisierungseffekt im Beschäftigungssystem und in Karrierehierarchien. Wer über Informationen und flexible Sprachfähigkeiten verfügt, kann sich wehren gegen Regelverletzungen anderer und auch aktiv die eigenen Interessen durchsetzen, ob gegenüber Arbeitgeber oder Vermieter. Und nicht zuletzt auch im Umfeld der Privatbeziehungen: Die Angleichung der Bildungschancen heißt auch Abbau des Bildungsvorsprungs, der dem Mann Überlegenheit garantierte und die Unterlegenheit der Frau immer wieder von neuem zementierte („Davon versteht du nichts."). Schließlich ist die Frau dann auch nicht bedingungslos angewiesen auf die Ehe als schnellstmögliche Lebensziel. Denn je besser die Ausbildung, desto größer die Chance, eine inhaltlich befriedigende Tätigkeit zu finden, die den eigenen Lebensunterhalt auch finanziell einigermaßen sichert. Dagegen erscheint ungelernten Frauen, festgeschrieben auf Positionen am unteren Ende der Hierarchie, die Ehe oft als einzig möglicher Ausweg aus einer monotonen, noch dazu miserabel bezahlten Arbeit. Aber auch in anderer Hinsicht hat die Entwicklung im Bildungssystem einen Individualisierungsschub ausgelöst, und zwar insbesondere seit den 60er Jahren.

---

[29] Siehe hierzu folgende Tabelle aus Seidenspinner und Burger (1982, Bericht S. 10), wo der Bildungsstand 15–19jähriger Mädchen mit dem ihrer Eltern verglichen wird:
Schulbildung, Vater, Mutter, Befragte Volks-/Hauptschule 679 (61 %) 785 (71 %) 369 (33 %) Weiterführende Schule ohne Abitur 240 (22 %) 252 (23 %) 370 (34 %) Abitur/ Hochschule 166 (15 %) 56 (5 %) * 361 (33 %) ohne Angabe 20 (2 %) 8 (1 %)
*Diese Zahl bezieht sich auf angestrebte Abschlüsse.

Auch vorher schon war das Ausbildungssystem stark auf *individuelle Leistung* bezogen: Die entscheidenden Hürden des Ausbildungswegs, also Prüfungen und Noten, waren nach dem Prinzip von Einzelleistungen, nicht Gruppenleistungen organisiert; und die Bewertung der Leistungen diente nicht nur dazu, dem einzelnen seine Lernfortschritte oder Schwächen deutlich zu machen, sondern ordnete ihn immer auch als Individuum in eine sozial sichtbare Hierarchie ein.

Seit den 60er Jahren kommt nun aber noch eine zusätzliche Verschärfung hinzu.[30] Denn mit der Einführung des numerus clausus an den Hochschulen, der Verknappung der Lehrstellen, der wachsenden Arbeitslosigkeit, mit dem Heranwachsen der geburtenstarken Jahrgänge und ihrem Hineindrängen in die engen Kanäle von Bildungs- und Beschäftigungssystem – mit all diesen Entwicklungen hat ein Verteilungskampf um die rar werdenden Ausbildungs- und Arbeitsplätze eingesetzt, der bekannte „Verdrängungswettbewerb" von oben nach unten. Dieser schlägt sich im Bildungssystem nieder als *zunehmender Leistungsdruck und frühe Konkurrenzsituation:* Noch mehr als zuvor wird die Schule zu einem Ort, wo jeder lernen muß, sich als einzelner zu behaupten und gegen die anderen durchzusetzen. Damit werden die Sozialisationsbedingungen der nachwachsenden Generation entscheidend verändert, zunächst einmal allgemein, für Jungen wie Mädchen. Doch für die Mädchen trifft dies zusammen mit einer anderen Veränderung: Waren sie früher abgestellt in ein Sonderreservat „weiblicher" Ausbildungsgänge, wo wenig geboten, aber auch wenig gefordert wurde, so werden sie jetzt ähnlichen, ja zunehmend gleichen Anforderungen ausgesetzt wie die Jungen. Beides zusammengenommen ergibt einen „Doppeleffekt", einen tiefen Riß zwischen damals und heute: *in wenigen Jahrzehnten der Umschlag vom Schonraum abgehobener Mädchenbildung zum frühen Leistungsdruck des gegenwärtigen Bildungssystems.*

Hinzukommt die alle Industriegesellschaften kennzeichnende Tendenz zur *Durchrationalisierung, Technokratisierung und Verrechtlichung* immer weiterer Lebensbereiche und zur Normierung nach standardisierten Erfolgszielen und Effektivitätsmaßstäben, die die Schule auf vielen Ebenen erfaßt[31], dabei auch manch eigentümliche Verbindung mit der Bildungseuphorie und Bildungsreform der späten 60er Jahre eingeht. Die Beispiele sind bekannt: Standardisierte Lehrpläne und Verwissenschaftlichung der Lernstoffe; Abschaffung der kleinen Nachbarschaftsschulen zugunsten zentralisierter Mittelpunkt- und Großschulen;

---

[30] Siehe z. B. Lempp (1981); Reiser (1981).
[31] Siehe z. B. Elkind (1981); Hengst (1981).

Übergang zum Fachlehrerprinzip bereits in der Primarstufe; Auflösung des Klassenverbands zugunsten wechselnder Gruppierungen je nach Fächerverbindung. Im Zuge all dieser Entwicklungen verändert sich allmählich der innere Charakter der Schule. Wo sie früher ein vergleichsweise familienähnlicher Raum war, in bestimmter Hinsicht eine Art „Verlängerung der Familie", werden jetzt ihre Regeln und Anforderungen, Umgangsformen und Beziehungsmuster viel stärker unpersönlich abstrakt, *gleichen sich denen der Erwachsenenwelt an: „Arbeitsplatz Schule"*.[32] Und auch hier gilt, daß dieser Wandel der Sozialisationsbedingungen zwar Jungen wie Mädchen betrifft, aber im Rahmen der weiblichen Normalbiographie einen viel stärkeren Umbruch bedeutet. Denn weil Mädchenbildung früher weit mehr eingeschränkt und familienverhaftet war als die der Jungen, in gewissem Sinne immer eine Stufe „kindlicher" blieb – deshalb ist es hier ein um so größerer Schritt, wenn das Schulsystem heute zu „früher Erwachsenheit" erzieht.

4   Veränderungen im Berufsbereich

Mit der Auflösung der vorindustriellen Einheit von Arbeit und Leben entstand das Leitbild einer neuen Arbeitsteilung zwischen den Geschlechtern: der Mann als Ernährer, die Frau freigestellt für den privaten Binnenraum und seine Pflege. Aber in dieser neuen Arbeitsteilung existieren von vornherein Brüche, die gegen Ende des 19. Jahrhunderts schon deutlich hervortreten. In den Unterschichten ist das bürgerliche Rollenmodell von vornherein unerreichbar, weil der Lohn des Mannes kaum zum Familienunterhalt ausreicht. So müssen auch Frau und Kinder mitverdienen[33], die Frau entweder direkt durch außerhäusliche Erwerbsarbeit oder durch die vielfältigen Formen eines Nebenerwerbs, die sich in den „Beschäftigungsnischen"[34] jenseits des offiziellen Arbeitsmarktes bieten.

Aber auch im Bürgertum, wo die Arbeit in der Familie zunehmend ihre produktiven Funktionen verliert, kann sie den unverheirateten Frauen immer weniger Beschäftigung und Lebensunterhalt bieten. Es wächst die Zahl vermögensloser Frauen, die auf eigenen Erwerb angewiesen sind. So bilden sich im

---

[32] Hengst (1981, S. 33 ff.).

[33] Siehe z. B. Brinker-Gabler (1979); Gerhard (1978); Honegger und Heintz (1981); Tilly und Scott (1978); Wilbrandt und Wilbrandt (1902).

[34] Honegger und Heintz (1981, S. 22).

ausgehenden 19. Jahrhundert an verschiedenen Orten Vereine, die die Bildungs-
voraussetzungen für Frauen verbessern wollen und deren Recht auf Arbeit
fordern.[35] Doch bleibt im Bürgertum die Berufstätigkeit befristet, fixiert bis zum
Zeitpunkt der Heirat: Der Platz der verheirateten Frau ist weiterhin im Haus.[36]

Diese Rollenzuweisung ist in manchen Berufsfeldern sogar formell festgelegt durch rechtliche Regelungen, wonach die Frau mit der Heirat aus dem
Beruf ausscheiden muß, und sie zeigt ihre Wirksamkeit insbesondere während
der verschiedenen Krisen in den ersten Jahrzehnten dieses Jahrhunderts. Zwar
kommt es während des Ersten Weltkriegs zu einem sprunghaften Anstieg der
Frauenerwerbstätigkeit[37], aber er wird rasch wieder beendet durch staatliche
Entlassungsverordnungen, die vor allem verheiratete Frauen treffen;[38] auch von
der Arbeitslosigkeit in der Wirtschaftskrise der 20er Jahre sind in erster Linie
die verheirateten Frauen betroffen, die noch zusätzlichen diskriminierenden
Maßnahmen ausgesetzt sind;[39] eine verschärfte Polemik gegen Frauen-Erwerbs-
tätigkeit im allgemeinen und gegen „Doppelverdienerinnen" im besonderen
setzt in der Depression nach 1929 ein;[40] 1933 legen die Nationalsozialisten ein
Maßnahmen-Paket zum Abbau weiblicher Erwerbstätigkeit vor;[41] doch durch
Rüstungskonjunktur und Zweiten Weltkrieg kommt es zu Arbeitskräftemangel
und Wiederanstieg der Frauenerwerbstätigkeit.[42]

Aber erst seit den 50er Jahren zeigen sich deutliche Anzeichen für eine neuer-
liche Veränderung der weiblichen Normalbiographie, und zwar in zwei Stufen.

Zunächst einmal wird – in Deutschland wie in anderen Industrieländern
– eine sehr starke *Zunahme der Erwerbstätigkeit verheirateter Frauen* ver-

---

[35] Siehe z. B. Brinker-Gabler (1979) und Schenk (1980, S. 26 ff.). Einige Daten zur
Illustration: 1865 Gründung des Vereins zur Förderung der Erwerbstätigkeit des weiblichen
Geschlechtes und des Allgemeinen Deutschen Frauenvereins; 1872 erstes Seminar für
Kindergärtnerinnen in Leipzig; 1889 Gründung des Kaufmännischen Verbands für weib-
liche Angestellte; 1890 Gründung des Allgemeinen Deutschen Lehrerinnenvereins.

[36] Die vorherrschende Einstellung wird symptomatisch sichtbar in einem Satz aus Meyers
Großem Konversationslexikon von 1908: „Die F. [Frauenfrage] betrifft vorzugsweise die
Unverheirateten, da den Verheirateten Unterhalt und Wirkungskreis in der Familie geboten
ist" (zit. nach Hausen, 1983, S. 9).

[37] Schenk (1980, S. 63 f.).

[38] Ebd., S. 66.

[39] Ebd., S. 66.

[40] Ebd., S. 66 f.; Glass (1979); Lüders (1979).

[41] Schenk (1980, S. 68 ff.); Reichenau (1979).

[42] Schenk (1980, S. 74 ff.).

zeichnet[43]: Immer mehr Frauen bleiben nicht mehr nur bis zur Heirat, sondern bis zur Geburt des ersten Kindes berufstätig[44], und einige kehren ins Berufsleben zurück, wenn die Kinder groß geworden sind. In dieser Zeit wird die Vorstellung eines „Drei-Phasen-Modells" (Mydral & Klein, 1956) geboren: die weibliche Normalbiographie aufgeteilt in Berufstätigkeit bis zum ersten Kind, dann eine 10 bis 15 Jahre dauernde Familienphase, danach Wiederaufnahme der Berufstätigkeit. Was damals noch wie ein programmatischer Entwurf zum Umdenken der Frauenrolle erscheint, wird in den darauf folgenden Jahren von der Realität vielfach schon überholt. Denn in einer zweiten Stufe kommt es – wiederum in der Bundesrepublik; wie in anderen Industrieländern – zu deutlichen *Verschiebungen im Verhältnis zwischen Mutterschaft und Erwerbstätigkeit,* die sich nicht zuletzt in einem Anstieg der Müttererwerbstätigkeit[45] niederschlagen: Frauen warten länger mit der Geburt des ersten Kindes[46] und bekommen weniger Kinder als früher;[47] sie bleiben teilweise über die Geburt des ersten Kindes hinaus berufstätig und scheiden erst dann aus, wenn sie ein zweites erwarten; und diejenigen, die unterbrechen, tun dies nur für eine relativ kurze Zeitspanne.[48] So ist für immer mehr Frauen Berufstätigkeit heute weit mehr als nur eine Zwischenphase: „Nicht erwerbstätig zu sein wird für Frauen zur Ausnahmesituation, immer deutlicher begrenzt auf die Phase der Erziehung kleiner Kinder" (Willms, 1983, S. 111).[49]

---

[43] In der Bundesrepublik hat sich der Anteil der erwerbstätigen verheirateten Frauen von 34,6 % im Jahr 1950 auf 60,9 % im Jahr 1979 beinahe verdoppelt (Frau & Gesellschaft, 1981, S. 17). Für weitere Daten siehe Schwarz (1982).

[44] Müller (1983).

[45] Höhn (1982).

[46] Beck-Gernsheim (1981, 1983) und Höhn et al. (1981).

[47] Z. B. Schmid (1982, S. 63).

[48] Siehe z. B. Friedrich et al. (1973); siehe auch den Bericht der Study Commission on the Family (1983): „In recent decades, successive groups of women have returned more quickly to work after the birth of their children. Whereas the 1971 Census showed that only 9% of mothers with new babies were economically active twelve months after the birth, the national survey of ... 1979 showed that nearly one quarter were economically active by the time their babies were eight months old" (S. 17 f.).

[49] In Zahlen ausgedrückt: „Etwa ein Drittel aller Frauen ist bis zum Ruhestand durchgehend erwerbstätig, ein weiteres Drittel unterbricht die Erwerbstätigkeit wegen Familienaufgaben, und ein Drittel beendet die Erwerbstätigkeit: wegen der Geburt eines Kindes endgültig" (Bundesministerium für Jugend, Familie, Gesundheit, 1980, S. 16).

Dabei spricht viel dafür, daß sich dieser Trend zur Berufstätigkeit auch in der jüngeren Generation fortsetzen wird. Erstens die Verbesserung der Bildungschancen, denn je höher der Bildungsabschluß, desto stärker die Berufsmotivation. Zweitens die Reform des Ehe- und Familienrechts: Während noch im Jahre 1957 die sogenannt traditionelle Arbeitsteilung vom Gesetzgeber zur Norm erklärt wurde – der Mann als „Ernährer", die Frau das „Herz der Familie"[50]–, wurde 1977 dies Leitbild durch das Prinzip einer „Wahlfreiheit" ersetzt, wonach Mann und Frau die Aufgaben in Beruf und Familie nach eigener Absprache aufteilen.[51] Gleichzeitig wurde die Versorgung im Scheidungsfall neu geregelt: Dem Grundprinzip nach soll die Frau jetzt durch eigene Berufstätigkeit für ihren Lebensunterhalt aufkommen. Drittens weisen neueste Untersuchungsergebnisse darauf hin, daß junge Frauen heute eine der Grundrichtung nach lebenslange Berufstätigkeit planen, freilich mit einer Unterbrechung während der ersten Zeit der Kinderbetreuung und einer Beschränkung auf Teilzeitarbeit während der anschließenden Jahre (Seidenspinner & Burger, 1982).[52] An all diesen Punkten wird sichtbar, wie in einer Spanne, die kaum mehr als ein Jahrhundert umfaßt, die Berufsarbeit sich immer weiter in den weiblichen Lebenszusammenhang „hineinschiebt", zunehmend stärkere biographische Bedeutung gewinnt, pointiert zusammengefasst: *von der Beschränkung auf den familialen Innenbereich, dem Leitbild des 19. Jahrhunderts, zu einer immer längeren und oft tendenziell lebenslangen Berufstätigkeit gegen Ende des 20. Jahrhunderts.*

Diese zunehmende Berufstätigkeit hat zunächst einmal zur Konsequenz, daß immer mehr Frauen *selbstverdientes* Geld haben. Dabei sind im historischen Vergleich drei Punkte besonders bemerkenswert. Wenn man an der Situation gegen Ende des 19. Jahrhunderts mißt, in der die Frauenlöhne extrem niedrig

---

[50] Siehe die Einführung zum *Gleichberechtigungsgesetz* vom 18.06.1957, wo es heißt: „Es gehört zu den Funktionen des Mannes, daß er grundsätzlich der Erhalter und Ernährer der Familie ist, während es die Frau als ihre vornehmste Aufgabe ansehen muß, das Herz der Familie zu sein."

[51] § 1356 BGB: „Die Ehegatten regeln die Haushaltsführung im gegenseitigen Einvernehmen ... Beide Ehegatten sind berechtigt, erwerbstätig zu sein."

[52] Welche erhebliche Einstellungsänderungen hier innerhalb weniger Jahre stattgefunden haben, wird deutlich, wenn man vergleicht, was Helge Pross noch aufgrund ihrer Untersuchungen über Arbeitnehmerinnen (1971) und Hausfrauen (1973) schrieb: „daß auch die jungen Mädchen ... sich überwiegend an einem Zukunftsbild orientieren, daß die Familie als ihren Hauptberuf und den Erwerbsberuf als Nebenberuf enthält ... Daran hat sich seit Großmutters Zeiten grundsätzlich kaum etwas verändert. Infolgedessen ist auch nicht mit einer breiten Abkehr von der Hausfrauenrolle zu rechnen."

waren[53], so ist das Realeinkommen von Frauen erheblich gestiegen, und zwar insbesondere im Zuge des wirtschaftlichen Aufschwungs der 60er Jahre. Darüber hinaus bestand früher die Entlohnung in einigen typischen Bereichen der Frauenerwerbstätigkeit (häusliche Dienste, Landwirtschaft, Krankenpflege) zum überwiegenden Teil aus Sachleistungen, die nur durch einen vergleichsweise geringen Barlohn ergänzt wurden.[54] Und schließlich mußten die jungen Frauen früher ihren Lohn oft als Beitrag zum Dasein für die Familie verwenden[55], während sie ihn heute mehr für die eigene Person zur Verfügung haben.[56] Dies alles zusammen heißt, die Berufstätigkeit bringt den jungen Frauen heute *nicht nur mehr Geld, sondern auch mehr „eigenes" Geld.*

Welches Potenzial an biographischen Folgewirkungen darin angelegt ist, wird sichtbar, wenn man sich folgendes vor Augen hält: Gemessen an der finanziellen Abhängigkeit von Eltern oder Ehemann *ermöglicht und erzieht Geld zu Selbständigkeit.* Dies gilt vor allem für Gruppen, die qua Alter und Geschlecht in Abhängigkeit eingebunden sind, also Jugendliche und insbesondere weibliche Jugendliche. Für sie ist dieser Zusammenhang ein wesentlicher Teil ihrer Zukunftsplanung: „Durch Arbeit finanziell unabhängig bleiben zu können ... ist ein allgemeines Lebensziel der Jugendlichen" (Fuchs, 1981, S. 197). Verfügung über Geld schafft die Voraussetzung, um sich aus der Kontrolle der Eltern zu lösen. Es ist die Eintrittskarte zur „Welt draußen", zu Erfahrungen und Kontaktmöglichkeiten jenseits der Familie, zu den Angeboten der Konsum- und Freizeitgesellschaft (und sei es auch nur für einen Kinobesuch oder die Cola im Jugendclub). Geld erlaubt auf die eigene Person bezogene Planungen und Wünsche; es verlangt aber auch Einteilung und damit Abwägen, Bedürfnisaufschub, Selbstdisziplin. Und umgekehrt: Arbeitslos sein, ohne Geld sein, das heißt, wie eine Untersuchung über „Entwicklungsprozesse arbeitsloser Mäd- chen" (Diezinger et al., 1982) zeigt, Eingebundenbleiben in den familialen Innenraum, Einschränkung von Kontaktmöglichkeiten, Abhängigkeit von Eltern oder

---

[53] Siehe z. B. Brinker-Gabler (1979); Gerhard (1978); Wilbrandt und Wilbrandt (1902).

[54] Siehe z. B. Müller (1981) (Dienstmädchen); Ostner und Krutwa-Schott (1981) (Krankenpflege); Sauermann (1979) (Landarbeiterinnen).

[55] Tilly und Scott (1978, S. 114 f.); Schulte (1983); Wierling (1983).

[56] Zwar fehlen genaue Vergleichsuntersuchungen, aber bereits „1975 haben die 15–24jährigen real mehr als zweimal soviel Geld zur freien Verfügung wie die Generation 1953" (Zinnecker, 1981, S. 80), und die aus den neueren Jugenduntersuchungen verfügbaren Daten bestätigen diesen Trend (Fuchs, 1981, S. 198; Seidenspinner & Burger, 1982, Bericht S. 58 und Tabellen S. 91 f.).

Freund, damit „Rückfall" oder genauer wohl: Nie-Aussteigenlernen aus dem traditionellen Modell weiblicher Normalbiographie.[57]

„… wo ich kein Geld gehabt hab, da mußte ich immer mit ihm [Freund] wegfahren … Wenn ich gesagt hab, fahren wir da woanders hin: Nee, ich mag da nicht hin, kannst alleine fahren! Da hab ich kein Geld gehabt und mußte mitfahren." (Interview-Ausschnitt aus Diezinger et al., 1982, S. 213).

Darüber hinaus ist Geld auch eine Art „objektiver Indikator" für die Wichtigkeit des eigenen Tuns. Während die Arbeit in der Familie unsichtbar ist, hat die Berufsarbeit ein handfest-materielles Ergebnis, das monatlich ablesbar wird auf dem Kontostand. Das selbstverdiente Geld demonstriert auf ganz unmittelbar praktische Weise den Wert der eigenen Arbeit und Leistung, *gibt Selbstbestätigung und Selbstbewußtsein, verleiht Anerkennung* nach den vorherrschenden Maßstäben.

> „Wenn du arbeitest, dann weißt du, du hast dein ganzes Geld verdient. Wenn du nicht arbeitest, dann weißt du ganz genau, du mußt vom Staat ernährt werden, auf gut deutsch. Und das würde mich gar nicht aufbauen … Wenn ich mir denke, Mensch, wenn ich selbst was mache, ich weiß, dafür krieg ich was. Daß das besser ist, allein für die Selbstbestätigung, daß du weißt, du bist zu was fähig" (Interview-Ausschnitt aus Diezinger et al., 1982, S. 184 f.).

Und Geld verleiht im direkten sozialen Umfeld auch ein Stück *Durchsetzungsvermögen und Macht.* „Wer anschafft, bestimmt": Frauen, die finanziell beitragen zum Lebensunterhalt, können auch eher mitreden bei der Ausgestaltung des Lebensstils. Dies gilt insbesondere für diejenigen Frauen, deren Geld ein wichtiger oder gar unverzichtbarer Teil des Familieneinkommens ist:[58] Sie gewinnen dadurch ein Mitspracherecht in familialen Entscheidungsprozessen; haben eine Legitimation, in die Berufsarbeit einzusteigen, auch wenn der Mann dem im Grunde ablehnend gegenübersteht; beziehen Gefühle von Stolz, Stärke, Unabhängigkeit aus dem Bewußtsein, auch Ernährerin der Familie zu sein; können nicht zuletzt auch mehr Rücksichtnahme und Mithilfe von der Familie erwarten, weil die anderen auf ihre Arbeitsfähigkeit direkt angewiesen sind. Erst recht ist Geld wichtig beim Auftauchen schwerer Konflikte: Die Frau, die finanziell unabhängig ist, kann sich eher losmachen von den Auseinander-

---

[57] Diezinger et al. (1982, insbesondere S. 71 ff.).

[58] Siehe hierzu Becker-Schmidt et al. (1982); Ferree (1983); Tilly/Scott.

setzungen im Elternhaus oder einer gescheiterten Ehe.[59] Auf all diesen Ebenen wirkt das selbstverdiente Geld der alten Abhängigkeit entgegen, es gibt eine eigenständige Position und mehr Möglichkeit zum Durchsetzen von Ansprüchen und Rechten.

In der Berufsarbeit erfahren Frauen darüber hinaus eine andere Form der zeitlichen Beanspruchung, die in mancherlei Hinsicht anstrengender sein mag als die in der Familie, aber über die auf der anderen Seite zum ersten Mal auch so etwas wie ein *zeitlicher Freiraum* im weiblichen Lebenszusammenhang entsteht. Denn hier liegt ein entscheidender Unterschied zwischen Beruf und Familienarbeit: Die Arbeit in der Familie ist tägliche Dienstleistung für die physischen und psychischen Bedürfnisse der Familienmitglieder, und zwar in Form eines unmittelbaren und zeitlich flexiblen Eingehens. Das heißt, die Frau-und-Mutter muß zwar nicht ständig aktiv sein, aber sie muß der *Möglichkeit* nach ständig zum Eingreifen bereit sein. Von ihr wird eine Verfügbarkeit „rund um die Uhr" verlangt, die kaum Raum läßt für zielbewußte Planung eigener Aktivitäten.[60] Im Gegensatz dazu kennt die Berufsarbeit eine klare Grenzziehung zwischen Arbeitszeit und „Privatleben"; hier die festgesetzten Arbeitsstunden, dort Feierabend, Wochenende, Urlaub. Durch diese Abgrenzung entsteht, jedenfalls der Möglichkeit nach, ein neuer Freiraum für die Frau: *Zeit, die nicht der Arbeit, sondern ihr selbst gehört; „persönliche" Zeit, Zeit zur eigenen Verfügung.* Dieser Freiraum kann freilich erst heute wirklich genutzt werden. Denn zum einen waren die Arbeitszeiten im Beruf früher extrem lang und zwar gerade in typischen Bereichen der Frauenerwerbstätigkeit.[61] Darüber hinaus wurde von jungen Mädchen viel Mithilfe im elterlichen Haushalt erwartet[62], und schließlich

---

[59] Siehe z. B. die Untersuchung von Kalmus und Straus (1982), über „Wife's Marital Dependency and Wife Abuse".

[60] Siehe z. B. Becker-Schmidt et al. (1982); Brown (1982); Ostner (1978); Rerrich (1983).

[61] Für Fabrikarbeiterinnen wurde 1891 der Maximalarbeitstag auf 11 h festgelegt, bei 6.
Arbeitstagen pro Woche; doch ließen zahlreiche Betriebe über die gesetzlich erlaubte Zeit hinaus arbeiten (Wilbrandt und Wilbrandt (1902, S. 170 ff.). Für Dienstmädchen gab es keine gesetzlich festgelegten Höchstgrenzen der Arbeitszeit, statt dessen eine „unbedingte Arbeitspflicht nach dem Willen und den Anordnungen der Herrschaft" (ebd., S. 139). Siehe auch Müller (1981) (Dienstmädchen); Ostner und Krutwa-Schott (1981) (Krankenpflege); Sauermann (1979) (Landarbeiterinnen).

[62] Zwar werden auch heute die Mädchen zur Mithilfe im elterlichen Haushalt herangezogen, und zwar deutlich mehr als die Jungen (Fuchs, 1981, S. 332 ff.; Seidenspinner & Burger, 1982, Tabellen S. 38 ff.); aber verglichen mit früheren Jahrzehnten dürfte die Beanspruchung dennoch geringer sein.

war auch die verbleibende Zeit stark durch Vorschriften der Eltern reglementiert. Nicht schon die Berufsarbeit per se, sondern erst die in den letzten Jahrzehnten hinzukommenden Bedingungen – die Verkürzung der beruflichen Arbeitszeit, die geringere Beanspruchung im elterlichen Haushalt, der Wandel zu einem liberalen Erziehungsstil – schaffen die Voraussetzungen dafür, daß der zeitliche Freiraum auch greifbar und lebbar wird. Jetzt, aus der Verbindung jener Veränderungen in Beruf, Hausarbeit, Erziehung, entsteht ein historisch neuer Abschnitt in der weiblichen Normalbiographie: *die Jugendphase als ein Stück eigene Lebenszeit.*

Betrachtet man den weiblichen Lebenszusammenhang, der früher quasi porenlos im Dasein für die Familie aufgesogen wurde, dann ist hier allein schon die *Verfügbarkeit* über eigene Zeit ein wichtiger Einschnitt. Denn selbst die scheinbar ganz anspruchslose und nur passive Freizeitgestaltung, die den austauschbaren Vorlagen der Freizeitindustrie folgt, verlangt immer noch ein Minimum an Aktivität und eigenen Entscheidungen: nämlich die *Wahl* zwischen konkurrierenden Angeboten und Möglichkeiten. Und diese Wahl bleibt, trotz der Lockrufe von Werbung und Massenmedien, trotz den in den jugendlichen Bezugsgruppen gesetzten Signalen, im letzten Schritt immer noch an die handelnde Person selbst angebunden; setzt zumindest eine Ahnung eigener Wünsche und Interessen voraus, ruft solche Wünsche wach, formt sie nach der einen oder anderen Richtung. Darüber hinaus ist die Freizeitgestaltung auch ein „zweckfreier Raum", wo man ohne großes Risiko verschiedene Seiten der Umwelt und der eigenen Person entdecken kann. Und schließlich erlaubt die Freizeit auch Ablösung vom Elternhaus und Eroberung neuer Ausschnitte von Außenwelt und Öffentlichkeit.[63] Das alles zusammengenommen heißt: Die Verfügung über eigene Zeit erschließt kleine Freiheiten des Alltags, die objektiv bescheiden sein mögen, aber dennoch biographisch wichtig sind, ein Stück Eigeninitiative und Unabhängigkeit fördern.

Die Zunahme der „außerhäuslichen" Erwerbstätigkeit seit dem Ende des 19. Jahrhunderts, dazu insbesondere die Zunahme der abhängig Beschäftigten im Anschluß an den Zweiten Weltkrieg[64], diese Entwicklungen haben darüber hinaus dazu geführt, daß die *räumlichen Grenzen des weiblichen Lebenszusammenhanges in Bewegung* geraten. Was das heißt, wird nur im Gegenbild begreifbar;

---

[63] Siehe hierzu z. B. die Ergebnisse der Untersuchung von Seidenspinner und Burger (1982). Auf die Frage, ob sie mehr Freizeit zuhause oder außerhalb des Hauses verbringen würden, antworteten von den 15–19jährigen Mädchen: „zuhause" 24 %; „außerhalb" 37 %; „etwa beides gleich" 39 % (Tabellen, S. 70).

[64] Siehe hierzu Willms (1983).

Wenn man sieht, wie begrenzt, ja in gewisser Hinsicht geschlossen der weibliche Lebenszusammenhang früher war. Virginia Woolf (o. J.) hat das anschaulich beschrieben:

„... ich las, wie Jane Eyre [Romanfigur bei Charlotte Bronte] immer wieder auf den Dachboden stieg ... und über die Felder am fernen Horizont sah. Und dann sehnte sie sich... dann sehnte ich mich nach einer Vorstellungskraft, die diese Grenze überschreiten könnte; die die geschäftige Welt erreichen könnte, Städte, Bereiche eines Lebens, von dem ich gehört hatte, aber das ich niemals gesehen hatte: ... dann wünschte ich mir mehr Wirklichkeitserfahrung als die, die ich besaß; mehr Umgang mit Menschen, mehr Bekanntschaft mit unterschiedlichen Charakteren als die, die hier innerhalb meiner Reichweite waren' ... In diesen Worten legte sie [Bronte] ihre Finger nicht nur genau auf ihre eigenen Unzulänglichkeiten als Schriftstellerin, sondern ebenso auf die ihrer Geschlechtsgenossinnen zu jener Zeit. Sie wußte ..., wie sehr ihre Begabung gewonnen hätte, wenn sie ihre Zeit nicht mehr mit einsamen Blicken über ferne Felder verbracht hätte; wenn ihr Erfahrungen und Begegnungen und Reisen zugänglich gewesen wären ... All diese guten Romane ... wurden von Frauen geschrieben, die nicht mehr an Lebenserfahrung besaßen als das, was in das Haus einen wohlanständigen Pfarrers gelangen konnte" (S. 71 ff.).

Für die bürgerliche Frau des 19. Jahrhunderts war die Alltagswelt fast immer ein abgezirkeltes Reservat, der Binnenraum von Familie und Nachbarschaft, ein Netz eingespielter Sozialbeziehungen. Indem nun die berufstätige Frau die Grenzen des familialen Bereichs überschreitet, wird sie freigesetzt aus seiner Enge, aber auch aus dem damit verbundenen Schutz (Tilly & Scott, 1978). Sie tritt einer normierten Außenwelt gegenüber, wo sie nicht in erster Linie als Familienmitglied wahrgenommen und behandelt wird (als Tochter, Schwester, Ehefrau), sondern als Einzelperson (der Lehrling Sabine Maier); wo ihr Tagesablauf nicht mehr durch elterliche Vorschriften geregelt oder durch die konkreten Aufgaben des „Daseins für andere" direkt bestimmt wird; wo sie sich neuen Zwängen, Anforderungen, Umgangsformen, nicht selten auch neuen Konflikten gegenübersieht; kurz, wo das Koordinatensystem der familialen Welt an vielen Punkten außer Kraft gesetzt ist, andere Formen des Wahrnehmens, Denkens, Handelns entwickelt werden müssen. *Aus dem „Schoß" der Familie entlassen, wird die Frau zur Einzelperson, die als solche sich behaupten muß. Ein „eigenes" Verhalten wird erlaubt, ja mehr noch: gefordert.*

Auf der anderen Seite erweitert die außerhäusliche Erwerbstätigkeit die *Kontakt- und Erfahrungsmöglichkeiten* von Frauen. Das ist es ja, warum

nicht- berufstätige Frauen sich manchmal „vom Leben wie abgeschnitten"[65]
fühlen: weil der Beruf auf verschiedenen Ebenen – in direkten und indirekten,
bescheidenen oder weiterreichenden Formen, und sei es nur beim Umgang mit
Kunden unterschiedlicher Herkunft, Sozialschicht, Altersgruppen – ein Tor zu
Außenwelt und Öffentlichkeit ist. Durch diese neuen Erfahrungen kann ein
Vergleichsprozeß ausgelöst werden, in dessen Verlauf vieles, was früher selbstverständlich schien, stärker ins Bewußtsein gehoben und damit für Fragen
zugänglich wird. Der Blick auf andere Lebensmöglichkeiten wirft ein neues
Licht auf die eigene Lebensform, nicht zuletzt auch auf ihre Begrenzungen und
Belastungen, die nun nicht mehr schicksalhaft unausweichlich erscheinen: Mit
den neuen Erfahrungen wird auch ein Ziel für neue Hoffnungen, Erwartungen,
Wünsche gesteckt. Insbesondere liegt hier ein möglicher *Politisierungseffekt,* weil
in der Arbeitswelt die Benachteiligung und Ungleichbehandlung von Frauen verschärft sichtbar wird.

> „... obwohl der Kapitalismus eine patriarchalische Struktur innerhalb der Markt-
> beziehungen entwickelt hat, besteht dennoch auch die liberal-bürgerliche Ideologie
> des Marktes – Chancengleichheit und Rechtsgleichheit, individuelle Durchsetzung
> und Unabhängigkeit. Indem die berufstätige Frau diese Werte übernimmt und auf
> sich selbst anwendet, gewinnt sie ein Bewußtsein für den Sackgassen-Charakter
> ihres Berufslebens ... Frauen, die selbst verdienen, haben die Möglichkeit, diesen
> Konflikt wahrzunehmen: hier Liberalismus als Ideologie der Gleichheit; dort die
> geschlechtsspezifische Ungleichheit des Patriarchats, die ein strukturelles Erforder-
> nis des kapitalistischen Marktes ist: In ihrer Unzufriedenheit, wie begrenzt auch
> immer sie ist, können sie beginnen, diese patriarchalische Struktur der Markt-
> chancen zu erkennen und abzulehnen" (Eisenstein, 1982, S. 580).

Im Wechsel zwischen zwei Lebensbereichen, hier Beruf, dort Familie, entsteht schließlich auch eine *Erfahrungskluft,* und zwar nach zwei Richtungen:
zum einen gegenüber den Mitgliedern der Familie, mit denen die Frau nicht
ihre Erfahrungen der Außenwelt teilt; zum anderen gegenüber den neuen
Bezugspersonen der Außenwelt, mit denen sie nicht ihre Familienerfahrungen
gemeinsam hat. Dabei haben sich, betrachtet man den historischen Verlauf, die
hier beschriebenen Prozesse gerade in den letzten Jahrzehnten erheblich verstärkt,
und zwar aufgrund mehrerer Bedingungen.

---

[65] Interview-Äußerung aus Becker-Schmidt et al. (1982, S. 24).

- *Geographische Mobilität:* Je weiter Arbeitsplatz und Wohnung auseinander-
liegen, je mehr die Berufstätigkeit einen Wechsel des Wohnorts bzw. gelegent-
liche oder häufige Abwesenheit vom Wohnort erfordert, desto mehr führt
sie aus dem gewohnten sozialen Umfeld hinaus und zur Begegnung mit
Menschen aus anderen Milieus, Sozialschichten, Kulturkreisen.
- *Öffnung neuer Berufsfelder, zunehmende Berufsdifferenzierung und
-spezialisierung:* Je mehr Berufsfelder für Frauen geöffnet werden, je mehr
neue Berufe entstehen und die alten in Spezialisierungen untergliedert werden,
desto mehr sind auch Frauen des gleichen Herkunftsmilieus in der beruflichen
Arbeit unterschiedlichen Anforderungen und Erfahrungen ausgesetzt. Sie
erleben unterschiedliche Enttäuschungen, Befriedigungen, Schwierigkeiten;
sie sehen mehr oder weniger Möglichkeiten, mehr oder weniger Grenzen für
ihre berufliche Zukunft; und entsprechend werden sich auch ihre Erwartungen
und Lebenspläne auseinanderentwickeln: weniger als früher durch die Vorgaben des Herkunftsmilieus bestimmt, stärker dagegen durch die konkreten
Erfahrungen des jeweiligen Berufsalltags.
- *Sozialer Aufstieg:* Die Verbesserung der Bildungschancen trägt dazu bei, daß
einer zahlenmäßig nicht unbedeutenden Gruppe von Frauen ein Stück weit ein
Aufstieg aus der Sozialschicht der Herkunftsfamilie gelingt. Dabei setzt sich
zwar die Verbesserung der Bildungschancen nicht im gleichen Maß in Verbesserung der Berufschancen um, so daß der Aufstieg meist eher bescheiden
ausfällt. Aber dennoch bedeutet sozialer Aufstieg Verlassen des Herkunftsmilieus und Wechsel in eine neue soziale Lebenswelt, in der – in vielen
Einzelheiten des Alltags unmittelbar spürbar, von Kleidung und Essen bis hin
zu Erziehungsstil und Freizeitinteressen – andere Erfahrungen und Gewohn-
heiten, andere Überzeugungen, Regeln, Verhaltensnormen gelten.
- *Generationswandel:* Wenn innerhalb der weiblichen Normalbiographie das
Muster einer zunehmend längeren und tendenziell lebenslangen Berufstätigkeit sich durchsetzt, dann heißt das auch, daß heute eine erhebliche Distanz,
ja zum Teil sogar eine Kluft zwischen der älteren und der jüngeren Frauen-
generation entstanden ist. Was für die Mütter selbstverständlich war – an
Lebensplänen, damit verbundenen Erwartungen und Einstellungen –, das ist
für viele Töchter fraglich geworden. Sie sind, um es überspitzt zu sagen, eine
„Generation ohne Rollenvorbilder", ohne die stürzende Kraft selbstverständlich vorgegebener Bezugspunkte und Orientierungen.

Geographische Mobilität, Ausdifferenzierung der Berufsmöglichkeiten, sozialer
Aufstieg und Generationswandel: Auf verschiedenen Ebenen entsteht so vermittelt über den Beruf eine Erfahrungskluft, die Frauen von Frauen trennt. Dabei

werden Frauen zunehmend mit neuen Situationen konfrontiert, für die das überlieferte Repertoire an Regeln und Verhaltensweisen nicht ausreicht. Wo solche
„Lücken" sich auftun, und wo gleichzeitig auch keine neuen Leitbilder bereit-
stehen, da erleben Frauen sich „auf sich selbst" gestellt und müssen versuchen,
selbst Lösungen, Umgangsformen, Orientierungspunkte zu finden. *Das Fehlen
von Vorbildern und Vorgaben, in vielen praktischen Fragen des Alltagshandelns
spürbar, erlaubt nicht nur, nein: es erzwingt Versuche der Selbständigkeit.*

Bisher wurden die historischen Veränderungen im Verhältnis von Frau und
Beruf dargestellt. Aber das Bild bleibt unvollständig, wenn man nicht daran
erinnert, daß gleichzeitig und daneben die *alten Strukturen weiterbestehen.* Da ist
zunächst der duale, nämlich geschlechtsspezifisch geteilte Arbeitsmarkt, gekennzeichnet durch geringeres Einkommen, geringere Aufstiegschancen, höheres
Arbeitsplatzrisiko von Frauen – also die bekannten Formen der Benachteiligung,
durch viele Untersuchungen belegt. Dahinter dann die subtileren Formen, auf
den ersten Blick weniger erkennbar: die Doppelstandards und widersprüchlichen
Anforderungen, resultierend aus der Gegensätzlichkeit von Beruf und Familie,
die vor allem verheiratete Frauen zu spüren bekommen. So sind Berufe darauf
zugeschnitten, daß im Bereich der Alltagsversorgung der Berufstätige entlastet
wird durch die stillschweigende Hintergrundarbeit einer anderen Person; aber
berufstätige Frauen, statt entlastet zu werden, übernehmen zusätzlich zur eigenen
auch noch den Großteil der Alltagsversorgung für Mann und Kind. Vom Berufstätigen wird selbständige geographische Mobilität erwartet; aber in der Partnerbeziehung zieht meist die Frau dem Mann hinterher. Vom Berufstätigen wird
Durchsetzung und Erfolg erwartet; aber für die berufstätige Frau kann Erfolg,
wenn er den des Mannes übersteigt, Gefährdung der Partnerbeziehung bedeuten.
Darüber hinaus kommen seit Mitte der 70er Jahre Bedingungen auf, die teilweise
auf ein Zurückdrängen der Veränderungen und auf eine Wiederbelebung der alten
Strukturen hinauslaufen: So die wirtschaftliche Krise, die die Arbeitsmarktrisiken
von Frauen verschärft: von der Rationalisierungswelle in Handel und Verwaltung
bis zur Novellierung des Arbeitsförderungsgesetzes[66], von Lehrstellenmangel[67]
und ungeschützten Beschäftigungsverhältnissen[68] bis zu überproportional

---

[66] Gerhard (1982).

[67] Siehe z. B. Bundesministerium für Jugend, Familie, Gesundheit (1980, S. 8); Meifort
(1980).

[68] Möller (1982).

hoher Arbeitslosigkeit.[69] Und dann veränderte politische Konstellationen, die statt für Berufsintegration mehr für „Wahlfreiheit" eintreten, ja bei weiter sinkenden Geburtenzahlen eine zwangsweise Einschränkung der Berufstätigkeit empfehlen;[70] die sich pointiert gegen das wenden, was sie „Irrlehre von der Befreiung der Frau nur durch ihre Eingliederung in den Produktionsprozeß"[71] nennen; die die „Neue Mütterlichkeit" zum Programm machen, die Mittel für öffentliche Kinderbetreuung kürzen, für die zweite Hälfte des Lebens ehrenamtliche Aufgaben für Frauen wiederentdecken.

Gerade dieses Nebeneinander von neuen und alten Elementen, diese „Gleichzeitigkeit des Ungleichzeitigen" erzeugt nun biographische Folgewirkungen besonderer Art. Denn im Bildungsbereich erleben die jungen Frauen zunehmend ähnliche Anforderungen und Chancen wie Männer, entwickeln nicht zuletzt deshalb zunehmend ähnliche Erwartungen und Ansprüche in Bezug auf Berufstätigkeit. Ihre starke Motivation wird in den neueren Untersuchungen in vielen Symptomen sichtbar: So informieren Mädchen sich bei der Berufswahl sogar genauer als Jungen (Seidenspinner & Burger, 1982, Bericht S. 11); sie richten ihre Berufswahlentscheidung nicht mehr an den Bedürfnissen einer zukünftigen Familie aus, sondern an ihren eigenen aktuellen Interessen (Diezinger et al., 1982, S. 152); während bei Frauen der älteren Generation der Wunsch nach Ablösung vom Elternhaus oft zum Motiv für eine frühe Eheschließung wurde, wenden die jungen Mädchen diesen Wunsch eher auf Berufstätigkeit und die damit verbundene Selbständigkeit (ebd., S. 149; Fuchs, 1981, S. 197). Aber bereits beim Übergang in die Berufswelt, und erst recht in den ersten Berufsjahren erfahren die jungen Frauen dann die Fraglichkeit, zum Teil auch Vergeblichkeit ihrer Lebenspläne: von der Schwierigkeit, einen Ausbildungs- und Arbeitsplatz zu finden, bis zur Realität von Frauenberufen, die nach Arbeitsinhalt, Arbeitsorganisation und Verdienst nicht auf langfristige Ausübung zugeschnitten sind, die auf die Dauer keinen eigenständigen Lebensunterhalt garantieren und das ursprüngliche Berufsinteresse zerreiben (Bilden, 1982; Weltz et al., 1979). „Im Bildungsbereich stehen den Mädchen die Türen offen, auf dem Beschäftigungs- und Arbeitsmarkt werden sie wieder zugeschlagen"[72]: Das Resultat ist eine historisch neue Diskrepanz. Die Benachteiligung von Frauen

---

[69] Für einen Überblick siehe z. B. Däubler-Gmelin (1977).

[70] Siehe Dritter Familienbericht, S. 31.

[71] Aus: Die Regierung handelt: Wir stärken die Familie, CDU-Dokumentation 38 (12/1982).

[72] Seidenspinner und Burger (1982, Bericht S. 11).

am Arbeitsmarkt *trifft heute auf ein verändertes Anspruchsniveau junger Frauen,*
auf weitaus stärkere Berufsmotivation und Berufsinteressen: Die Schere zwischen
Anspruch und Verwirklichung wird zunehmend größer (Bilden, 1982).

Auf diese Weise entsteht ein prekäres Spannungsverhältnis zwischen eigenen
Lebensplänen und Verwirklichungschancen, das Verunsicherung, Angst, Ent-
täuschung erzeugt. Und da die Vorbilder fehlen, sind die jungen Frauen wiederum
auf sich selbst gestellt beim Versuch, wie gut oder schlecht sie mit den Widersprüchen ihrer beruflichen Situation zurechtkommen. Anzunehmen ist, daß sie
bei dieser individuellen Suche nach Lösungen unterschiedliche Entscheidungs-
strategien einschlagen werden abhängig von Familienhintergrund, Ausbildung,
Beruf, Partnerbeziehung, biographischen Merkmalen oder Zufälligkeiten –, die
in vielerlei Abstufungen der Berufstätigkeit münden: vom stromlinienförmigen
Karriereversuch bis zum Aussteigen in alternative Beschäftigungsformen, von
lebenslanger Vollzeitbeschäftigung bis zu kurzfristiger Unterbrechung. Teilzeitarbeit, Job-Sharing, Werkvertrag, Aushilfsbeschäftigung, die freilich auch
ein hohes Risiko des Scheiterns tragen bis hin zum meist unfreiwilligen Rück-
zug aufs Familiendasein. *Die unvollständige Integration in die Berufswelt trägt*
also Widersprüche in den weiblichen Lebenszusammenhang hinein, die eine
Differenzierung und Spaltung zwischen Frauen bewirken – nicht nur zwischen
den Frauengenerationen, sondern auch innerhalb der jüngeren Generation. Diese
Differenzierung ist es, die oft Mißverständnisse bis hin zur Verständnislosigkeit
erzeugt, Solidarisierung erschwert – und manchmal auch in einen „Schwesternstreit"[73], in neue Auseinandersetzungen zwischen Frauen in unterschiedlichen
Lebenslagen mündet.

Neben solchen Belastungen entstehen im Zuge der wirtschaftlichen Krise aber
vor allem auch harte ökonomische Risikolagen, auf ein Stichwort gebracht: die
„Feminisierung der Armut" (Diana Pearce). Dieser Trend zeigte sich zunächst in
den USA, wird aber inzwischen zunehmend auch in der Bundesrepublik sichtbar.[74]

„Zwei von drei Erwachsenen, die unter die offizielle Definition von Armut fallen,
sind Frauen ... Die grimmigen neuen Entwicklungen im Wirtschaftsbereich strafen
die Vorstellung Lügen, die 70er Jahre seien das ‚Jahrzehnt der Befreiung' der Frau
gewesen. Für manche Frauen war es das, in der einen oder anderen Hinsicht ... Aber

---

[73] Cramon-Daiber et al. (1983).

[74] Er war z. B. ein wesentliches Thema bei der Tagung der Frauensektion der Deutschen
Gesellschaft für Soziologie, München, Mai 1983.

unterhalb solcher Glanzbilder vom Aufwärtstrend haben Frauen, als Klasse gesehen, ... ständig an Boden verloren ... Der am schnellsten wachsende Anteil unter den Armen weiblichen Geschlechts sind die alleinstehenden Frauen – die geschiedenen oder nie verheirateten –, die selbst Kinder aufziehen ... [Zu den Ursachen]: Als erstes ist es eine Frage der Arbeitsplätze: Es stimmt zwar, daß heute mehr Frauen berufstätig sind als je zuvor in diesem Jahrhundert. Aber für Frauen ist Berufstätigkeit nicht unbedingt ein Heilmittel gegen Armut. Die Arbeitsplätze, die ihnen offenstehen, sind ein Teil des Problems ... Ob infolge von Scheidung, Verlassenwerden oder Tod [des Mannes], nach vorliegenden Schätzungen müssen 85 % der amerikanischen Frauen damit rechnen, zu irgendeinem Zeitpunkt ihres Lebens sich selbst zu versorgen (wenn nicht sogar sich selbst und ihre Kinder). Und das ist der zweite Hauptgrund für die Feminisierung der Armut." (Ehrenreich & Stallard, 1982, S. 217–221).

Zusammenfassend kann man sagen, diese neue Risikolage hat zwei Wurzeln, nämlich „das ökonomische Faktum, daß Frauen selbst nur sehr wenig verdienen; und das soziale Faktum, daß sie mit größerer Wahrscheinlichkeit als je zuvor auf sich selbst gestellt sein *werden*" (ebd., S. 222). Das aber heißt unmißverständlich, die Feminisierung der Armut ist die Kehrseite des „eigenen Lebens", oder auch: eines Individualisierungsprozesses im Stadium zwischen „Nicht-mehr" und „Noch-nicht".

5 Veränderungen im Bereich von Sexualität und Partnerbeziehung

Das Schlagwort von der „sexuellen Revolution" ist viel zu grobkörnig und allgemein. Aber es faßt pointiert zusammen, was als Entwicklungstendenz auch wissenschaftliche Untersuchungen belegen: Im Vergleich zur Sexualmoral des ausgehenden 19. Jahrhunderts hat eine weitreichende Liberalisierung der Normen stattgefunden, und in vielen Bereichen hat sich auch mehr „Freizügigkeit" im Verhalten durchgesetzt. Auch dieser Wandel wird besonders spürbar seit den 60er Jahren, auf die äußeren Symptome zusammengefaßt: von Aufklärungswelle, Studentenrevolution, Generation der „Blumenkinder" bis hin zum herausfordernden Motto „Make love not war". Im Generationenvergleich zeigen sich bemerkenswerte Einstellungs- und Verhaltensänderungen gerade auch bei den jungen Frauen. Während Anfang der 60er Jahre für viele Jungfräulichkeit noch ein Wert ist, voreheliche Sexualität entweder ganz tabuisiert oder an

die Bedingung einer festen Heiratsabsicht geknüpft wird[75], ist die Situation zu
Beginn der 70er und 80er[76] Jahre fast schon umgekehrt. Jetzt sind es nur noch
wenige, die das „Warten bis zur Ehe" für wichtig halten, und Sexualität mit dem
Freund praktiziert bereits die Mehrheit der 15–19 jährigen Mädchen.

Doch gleichzeitig ist die Gegenwart auch eine Art *Übergangsstadium,* was die
Normen in Bezug auf Sexualität und gerade auch weibliche Sexualität betrifft:
Während die traditionellen Werte nicht mehr selbstverständlich gelten, sind die
Konturen der neuen noch ungewiß und verschwommen. Das wird für junge
Mädchen und Frauen in mehrfacher Weise spürbar. Zum einen verschwindet die
alte *Doppelmoral,* die Männern sexuelle Beziehungen vor und außerhalb der Ehe
erlaubte den „anständigen" Frauen dagegen kategorisch verbot – und lebt weiter
in veränderter Form.[77] Zum anderen ist Jugendsexualität heute zwar kein Tabu
mehr, auf den Dunkelraum des Heimlichen und Versteckten beschränkt, aber
sie ist in eigentümlich *zwiespältiger Form „normalisiert":* Auf der einen Seite
wird sie (siehe Massenmedien und moderne Erziehungsratgeber) oft als Teil der
„normalen" Entwicklung erklärt, wird teilweise auch offen diskutiert, von der
Aufklärung im Schulunterricht bis zu den „Verhütungs"-Tipps in Jugendzeit-
schriften. Aber auf der anderen Seite wird sie in traditionellen Gruppen (etwa
Kirche und Teile der Oberschicht) oft noch verurteilt; wird mit Warnungen und
widersprüchlichen Empfehlungen belegt, was Empfängnisverhütung und ihre
gesundheitlichen Risiken betrifft; wird mit neuen Normalitätsanforderungen
und sexuellen Standards verbunden, mit neuen Maßstäben für Leistungsdruck

---

[75] Pfeil (1968).

[76] Sigusch und Schmidt (1973); Fricke et al. (1980); Jugendwerk der Deutschen Shell
(1981); Seidenspinner und Burger (1982).

[77] „… Mädchen [wird] Sexualität nur in einer festen Beziehung zugestanden. Hat sie
mehrere sexuelle Beziehungen gehabt … – und oft genügen da schon zwei –, dann ist sie
sehr schnell als Schnall'n oder Nutte verschrien. Bei einem Jungen erhöht die Anzahl der
sexuellen Beziehungen eher seine Attraktivität, sein Ansehen (vor allem bei den anderen
Jungen der Clique) … Im Theaterstück der Roten Grütze ‚Was heißt hier Liebe' gibt es
dazu folgende musikalische Einlage:
Leute! Hört das große Lied von dem kleinen Unterschied! Fängt einmal ein Mädchen
mit einem Jungen was an:
ist es gleich ein Flittchen!
Der Junge aber – ist ein Mann! Das Leute, war das kleine Lied von dem großen Unter-
schied!'"
Fricke et al. (1980, S. 38); siehe auch Woodhouse (1982).

und Konkurrenz, die – gerade bei Jugendlichen, die von äußerer Anerkennung besonders abhängig sind – oft in Orientierungslosigkeit und Verunsicherung umschlagen;[78] wird schließlich in der Familie oft mit einer „Verschwörung des Schweigens" (Furstenberg, 1971)[79] umgeben, nämlich von den Eltern kaum noch strikt untersagt, aber auch kaum offen erlaubt, eher mit einer Art willentlichem Nichtwissen geduldet. Darüber hinaus sind, eben im Zuge der „Liberalisierung", die jungen Mädchen und Frauen heute weitaus *mehr sexuellen Aufforderungen ausgesetzt,* von den gebieterischen Erwartungen der Clique bis zum stärkeren Drängen des Freundes.[80] Dabei kann es zu einer eigentümlichen Umkehrung kommen: Während früher sexuelle Beziehungen qua vorherrschender Norm strikt untersagt waren, entsteht: jetzt nicht selten ein Druck, sexuelle Beziehungen einzugehen, auch wenn das Mädchen im Grunde nicht will, mehr um „mithalten" zu können, weil es angeblich „dazugehört", um nicht den Freund zu verlieren. Unter solchen Bedingungen schlägt das Recht auf „Selbstbestimmung" in eine andere Form der Fremdbestimmung um, und aus der „neuen Freiheit" wird ein neuer Zwang. Dabei ist es am Ende immer noch die Frau, die das *größere Risiko* trägt: ein zweifelhafter Ruf, gesundheitliche Schäden (weil die zuverlässigen Methoden der Empfängnisverhütung in *ihren* Körper eingreifen), eine ungewollte Schwangerschaft.

Das alles zusammengenommen heißt, angesichts einer *„Liberalisierung im Übergang"* sind die jungen Mädchen heute in neuer Form mit dem Thema Sexualität konfrontiert. Ihre Situation ist dadurch nicht nur einfacher geworden, im Gegenteil: in mancher Hinsicht auch komplizierter. Denn während zumindest die Töchter des Bürgertums gegen Ende des 19. Jahrhunderts noch streng „bewahrt" und bewacht wurden, während sie auch vor zwei, drei Jahrzehnten noch klare Ge- bzw. Verbote von den Eltern erhielten, ist im Vergleich dazu heute ein *offener, ja diffus unsicherer Verhaltensraum entstanden,* der mehr Freiheiten, aber auch Unklarheiten und widersprüchliche Anweisungen enthält, nicht zuletzt auch erhebliche Risiken; der, wie es jetzt heißt, „Eigenverantwortung" fordert, in jedem Fall zu eigenen Entscheidungen zwingt. Das Bedürfnis nach Zärtlichkeit und Intimität, eingespannt ins Drehkreuz der Fragen nach dem „ob" und „ab wann" und „wie weit", eng verbunden mit der Verwirrung von Gefühlen,

---

[78] Fricke et al. (1980).

[79] Zit. nach Woodhouse (1982); Sigusch und Schmidt (1973), sprechen in diesem Zusammenhang von „resignativer Duldung".

[80] Fricke et al. (1980); Woodhouse (1982).

Wünschen, Ängsten und Zweifeln: Damit sind die Mädchen jetzt *mehr allein-gelassen als früher. Nicht mehr ein von außen gesetztes hartes „Nein": Die Regeln und Umgangsformen müssen sie zunehmend selber finden.*

Darüber hinaus brachten die letzten Jahrzehnte auch einen entscheidenden Wendepunkt, was die „Folgen" von Sexualität angeht, oder genauer: ihre Kontrolle. So wurden die Mittel zur Empfängnisverhütung zuverlässiger und leichter verfügbar (siehe vor allem die „Pille"), und in zahlreichen Ländern wurde im Zuge gesetzlicher Reformen eine teilweise Freigabe des Schwangerschafts-abbruchs eingeführt. Auch das sind Veränderungen, die den weiblichen Lebens-zusammenhang in ambivalenter Weise betreffen: die sowohl *Selbstbestimmung erweitern wie Fremdbestimmung verstärken können.* Denn wie gerade Frauen-bewegung und Frauenforschung vielfach betont haben, wird die Frau jetzt leichter (weil „folgenlos") verfügbar, der Mann dagegen mehr als früher der Verantwortung enthoben. Dadurch verstärkt sich nicht selten der sexuelle Erwartungsdruck, bis hin zur „Wegwerfbeziehung" mit der Frau als „Objekt". (In den wohl selteneren Fällen läuft das Muster auch umgekehrt: Die „neue Frei-heit" der Frau geht manchmal auch auf Kosten des männlichen Partners). Darüber hinaus wird durch die verbesserten Möglichkeiten der Empfängnisverhütung, ins-besondere auch durch die „Pille", die Frau vor ein *neues Dilemma* gestellt: vor die Gleichzeitigkeit unvereinbarer Anforderungen, also die klassische „double bind"-Situation, und zwar in doppelter Hinsicht.[81] Erstens wird, wenn sie eine neue Beziehung eingeht, jetzt vom Mann oft erwartet bzw. stillschweigend unter-stellt, daß sie die Pille nimmt oder sich in anderer Form schützt. Aber da die Pille, ebenso wie die anderen sicheren Methoden, nicht ad hoc angewandt werden kann, sondern ein Handeln schon vor dem jeweiligen Bedarfsfall verlangt, bedeutet dies stets auch ein *Eingeständnis sexueller Aktivität,* oder zumindest der Bereitschaft dazu. Daraus kann genau jener Eindruck entstehen, der auch nach der neuen Doppelmoral „zwielichtig" ist: daß die Frau allzu bereitwillig ist. Zweitens ver-langt die Anwendung empfängnisverhütender Mittel auch ein *unromantisches, bewußt planendes Verhalten.* Das widerspricht zum einen dem in der weiblichen Sozialisation vermittelten Ideal von glückseliger Verliebtheit. Zum anderen kann es auch ausgelegt werden als ein Zeichen der Kaltblütigkeit und Berechnung, was in Gegensatz steht zu Abwarten und Passivität, den klassischen Kennzeichen von Weiblichkeit – und auch das mag den Mann irritieren.

---

[81] Siehe dazu Woodhouse (1982).

„... Zur Idealvorstellung von Weiblichkeit gehören Merkmale wie Passivität und die Bereitschaft, sich der Vorherrschaft des Mannes zu fügen. Der Mann ist der Jäger, er verfolgt die Frau – um ihre Aufmerksamkeit, für eine Verabredung, für Sexualität. Nachdem sie in diesem Ritual mitgespielt hat, in dem der Mann die führende Rolle übernimmt, soll die junge Frau dann plötzlich ihr Verhalten umkehren. Sie soll Sicherheit im Umgang mit ihrer eigenen Sexualität zeigen und für die Kontrolle ‚der Folgen' die Verantwortung übernehmen – womit sie dem Mann zeigt, daß sie offensichtlich über genug sexuelle Erfahrung verfügt, um kaltblütig planen zu können" (Woodhouse, 1982, S. 14).

So gerät die Frau zwischen wechselnde, ja widersprüchliche Anforderungen je nach Situation, Bezugsgruppe, Partner. Sie ist mehrdeutig diffusen Erwartungen ausgesetzt, doch wird ihr gleichzeitig eine Entscheidung abverlangt, die letztlich eindeutig ist: für oder gegen Empfängnisverhütung. Und dies alles spielt sich ab in einem Bereich, der wesentlich von den unausgesprochenen Signalen lebt, wo die Gefühle oft den Verstand überrennen, und wo jeder besonders verletzlich ist – bei der Suche nach Intimität, Zärtlichkeit, Nähe. Diese Konstellation ist geradezu darauf angelegt, Missverständniße zwischen den Geschlechtern zu erzeugen; und Missverständnisse, die vor allem zu Lasten der Frau gehen und zu mühsamem Balancieren zwingen; und die insbesondere die jungen, noch wenig erfahrenen Mädchen verwirren und oft überfordern. „Contraceptive embarrassment", die Verlegenheit ums Verhüten (Herold, 1981) – sie wird nicht zuletzt belegt durch die immer noch zahlreichen Fälle ungewollter Schwangerschaft. Diese mögen irrational erscheinen, wenn man nur die Verfügbarkeit zuverlässiger Methoden der Empfängnisverhütung sieht. Dagegen zeigen Interviews mit jungen Frauen, die eine Abtreibung vornehmen lasen, wie dahinter ein in bestimmter Hinsicht durchaus rationales Verhalten steht: der Versuch nämlich, dem Dilemma der unvereinbaren Anforderungen auszuweichen (Woodhouse, 1982); ein Versuch, der in dieser Form freilich unzulänglich ist und schließlich ins Scheitern hineinführt. Aber gerade an diesem Dilemma wird auch deutlich, wie Selbstbestimmung der Frau und verbesserte Möglichkeiten der Empfängnisverhütung in einem keineswegs eindeutigen, im Gegenteil sehr komplizierten Wechselverhältnis zueinander stehen. Denn auf der einen Seite setzen diese Möglichkeiten – sollen sie die Selbstbestimmung der Frau erweitern – bei ihr schon ein erhebliches Maß an Sicherheit und Stärke voraus. Aber wo Frauen lernen, diese Möglichkeiten bewußt einzusetzen, da lernen sich auch ein neues Selbstverständnis wie ein neues Verhältnis zum Partner: aktives Planen statt Abwarten und Passivität; Eigenverantwortung statt Abhängigkeit vom Mann.

Schon daran wird deutlich, was ja auch hinlänglich bekannt ist: Empfängnisverhütung und Geburtenkontrolle setzen Frauen zwar neuen Problemen aus, aber sie bringen ihnen auch eine Freisetzung von anderen, noch schwereren Zwängen. Sie können dabei Veränderungen in Gang setzen, die den weiblichen Lebenszusammenhang nicht nur irgendwo am Rande betreffen, sondern direkt an einer seiner Zentralstellen. Denn solange es Frauen sind, die Kinder nicht nur austragen und gebären, sondern vor allem auch die Hauptlast ihrer Versorgung und Erziehung tragen, dadurch eingebunden werden in Haushalt und Hausfrauendasein oder die Belastungen der „Doppelrolle" – solange ist das biologische Faktum des Kinderhabens für sie mit weitreichenden sozialen Folgen verbunden. Mutterschaft heißt dann fast immer erhebliche Einschränkung im alltäglichen Bewegungsradius und in den langfristigen Zukunftsmöglichkeiten der Frau. Und ungewollte Mutterschaft treibt nicht selten hinein in eine Kette von Risiken, die sich biographisch immer weiter fortsetzen und verstärken: von Abbruch der Ausbildung bis zur „Muß"-Ehe unter unglücklichen Vorzeichen oder der sozialen Diskriminierung als ledige Mutter. Genau deshalb, weil die Lasten des Kinderhabens einseitig den Frauen zufallen und einschneidend ihre Leben bestimmen, hat die Frauenbewegung immer wieder die Forderung nach „reproductive freedom" erhoben[82], also nach Selbstbestimmungsrecht der Frau über ihre biologische Fähigkeit zum Kinderaustragen und Gebären – obwohl sie die damit neu auftauchenden Risiken sehr bald erkannt hat; hat für dieses Recht nachhaltig gekämpft, von der politischen Diskussion bis zur Demonstration und spektakulären Unterschriftenaktionen. Die Formulierungen sind unmißverständlich: „Ob wir Kinder wollen oder keine/bestimmen wir alleine", oder noch knapper: „Mein Bauch gehört mir"; und nicht von ungefähr heißt das feministische Standardwerk zur Geschichte der Geburtenkontrolle „Woman's Body, Woman's Right" (Gordon, 1977). Hinter all dem steht im Grunde ein Gedanke: „Solange die Frau nicht voll die Möglichkeit hat, ihre Fruchtbarkeit einzuschränken, sind all ihre anderen ‚Freiheiten' nur quälende Illusionen" (Cisler, 1970, S. 274).

Wenn das aber zutrifft, dann mögen die heute verbreiteten Möglichkeiten zur Geburtenkontrolle zwar unzulänglich sein, weil die medizinischen Risiken einseitig zulasten der Frau gehen und die gesetzlichen Regelungen ihr immer noch nicht volle Entscheidungsfreiheit erlauben. Aber auf der anderen Seite, sieht man es im historischen Vergleich, ist doch innerhalb kurzer Zeit ein erheblicher *Zuwachs* an Entscheidungsfreiheit entstanden. Viel mehr als früher sind Frauen heute freigesetzt von den Konflikten und oft lebenslangen Folgeproblemen einer ungewollten Schwangerschaft. Sie gewinnen dadurch *mehr Selbstbestimmungs-*

---

[82] Siehe z. B. Cisler (1970); Petchesky (1980).

recht, und zwar nicht nur über ihren Körper, sondern viel mehr noch: über die Gestaltung ihres Lebens und ihrer Zukunftsperspektiven. Die veränderten Normen in Bezug auf Sexualität, verbunden mit den verbesserten Möglichkeiten der Empfängnisverhütung, finden ihren vielleicht deutlichsten Ausdruck im Aufkommen und der zunehmenden Verbreitung eines neuen Beziehungsmusters: im *Zusammenleben ohne Trauschein,* der *Ehe auf Probe.* Gerade an diesem Punkt zeigt sich ein drastischer Wandel im Generationenvergleich, und zwar sowohl in der Haltung der Öffentlichkeit[83] wie gerade auch bei der hier interessierenden Gruppe. Während nämlich die jungen Frauen zu Beginn der 60er Jahre voreheliche Sexualität ganz ablehnten oder – wenn überhaupt – heimlich praktizierten (Pfeil, 1968), erscheint den jungen Mädchen heute die offene, aber nicht legalisierte Verbindung schon mehr bis minder selbstverständlich, und die allermeisten sehen darin auch eine sinnvolle Möglichkeit für ihr eigenes Leben.[84] Dabei wird als Begründung meistens genannt: „bis ich weiß, ob er der Richtige ist".[85] Diese Äußerung kündigt eine neue Einstellung gegenüber dem Freund an. Es geht offensichtlich nicht mehr darum, in jedem Fall einen Mann zu finden, oder genauer: von ihm gefunden zu werden, nicht mehr um das „Lebensziel Heirat" um fast jeden Preis. Statt dessen eine distanzierte Haltung: vorherrschend noch immer der Wunsch nach Bindung, auch Ehe, aber stets an eine Bedingung geknüpft: das „Zusammenpassen". Und dies wird nicht mehr wie früher vorwiegend einseitig verstanden, nämlich als Bereitschaft der Frau, ihre Interessen und Lebenspläne ganz am Mann auszurichten.[86] Jetzt will sie vorher erproben, ob er überhaupt „der Richtige" ist; zu ihrer Vorstellung von Partnerschaft gehört, daß sie ab und zu etwas *ohne* den Mann unternimmt;[87] und eine beachtliche Gruppe ist bereit, beim Kennenlernen selbst die Initiative gegenüber

---

[83] Siehe Schwarz (1982) und Study Commission on the Family (1983, S. 11): „What was generally unacceptable one generation ago und what is becoming more accepted today, despite the unease often felt among the parents of those involved, may possibly become commonplace by the turn of this century."

[84] Seidenspinner und Burger (1982, Tabellen S. 9).

[85] Ebd.

[86] Siehe z. B. Douvan und Adelson (1966). Charakteristisch für diese Auffassung war, was Carl Becker 1901 an seine Tochter Paula vor ihrer Heirat mit Otto Modersohn schrieb: „Deine Pflicht ist es, ganz in Deinem zukünftigen Mann aufzugehen, ganz nach seiner Eigenart und seinen Wünschen Dich ihm zu widmen ... Dich durch selbstsüchtige Gedanken nicht leiten zu lassen" (zit. nach Wagnerova, 1982, S. 97).

[87] Seidenspinner und Burger (1982, Tabellen S. 16).

dem Mann zu übernehmen.[88] Auffallend ist schließlich, daß die Zahl der Frauen zunimmt, die – offensichtlich bewußt – gegen die Heirat, aber für ein Kind sich entscheiden: die „allein" ein Kind wollen, ohne die Bindung zum Mann.[89]

Zum Wandel der Partnerbeziehung gehört auch, daß in den letzten Jahrzehnten die Zahl der *Scheidungen* rapide gestiegen ist. Dies ist wesentlich darauf zurückzuführen, daß – wie die Ergebnisse der sozialhistorischen Familienforschung zeigen – im Lauf der Industrialisierung die Bedeutung der Ehe sich grundlegend verändert hat. Diese Entwicklung wird oft polar in Form einer Gegenüberstellung dargestellt, auf die bekannten Stichworte zusammengefaßt: von der Arbeits- zur Gefühlsgemeinschaft; vom Teil eines umfassenden Familienverbandes zur Beziehung zwischen zwei Einzelpersonen.[90] Schaut man genauer hin, werden statt zwei eher *drei* Stadien sichtbar. Zunächst die vorindustrielle Ehebeziehung, vorrangig von *materiellen* Aufgaben bestimmt: in der Handwerker- und Bauernfamilie das gemeinsame Wirtschaften zum Zweck der Existenzsicherung; im Adel die Aufgaben des Statuserhalts, von der ständischen Repräsentation bis zur Vererbung von Besitz und Namen. Dann mit der Industrialisierung die Ausbreitung der bürgerlichen Familie, wobei die Ehebeziehung nun zu einer eigentümlichen *Verbindung zwischen materiellen und emotionalen Aufgaben* wird: Nach der neu entstehenden Arbeitsteilung ist der Mann zuständig für die finanzielle Sicherung des Lebensunterhalts, die Frau dagegen wird zum „Herz der Familie"[91] bestimmt, anders formuliert zuständig für „Beziehungsarbeit": Sie soll neben den anfallenden Aufgaben in Haushalt und Kindererziehung wesentlich auch für ein Familienklima der Geborgenheit und Zufriedenheit sorgen. Diese Art der Ehebeziehung existiert bekanntlich auch heute noch, vor allem in der älteren Generation. Aber gleichzeitig entsteht im weiteren Verlauf der Industrialisierung, und nicht zuletzt infolge der verbesserten Bildungschancen von Mädchen und der zunehmenden Berufstätigkeit von Frauen, auch schon ein dritter Typus. Hier wird die Ehe vorrangig zur *emotionalen Versorgungsinstanz:* eine Verbindung zwischen zwei Personen, die ihren Lebensunterhalt je selbst verdienen können und im Partner vor allem die Erfüllung innerer Bedürfnisse suchen. So gesehen wird die Ehe immer mehr aus objektiven Zwecken entlassen und an subjektiven

---

[88] Ebd., S. 83.

[89] Schwarz (1982).

[90] Siehe z. B. Mitterauer und Sieder (1980); Shorter (1977); Wagnerova (1982).

[91] Siehe Fußnote 49.

Erwartungen ausgerichtet.[92] Dabei verschiebt sich der Bezugspunkt und Maßstab dessen, was eine „gute" Ehe ausmacht. Im Mittelpunkt der auf die Ehe ausgerichteten Erwartungen steht jetzt zunehmend die *eigene Person,* ihre Wünsche und Bedürfnisse, Vorstellungen und Zukunftspläne, kurz: das *persönliche Glück.* Oder anders gesagt, hinter der neu entstehenden Form von Zweierbeziehung steht stets auch ein eigener *Anspruch ans Leben.*[93] Damit wird die Beziehung freilich auch anfälliger, eher vom Scheitern bedroht. Denn wenn das gemeinsame Leben diese Erwartungen nicht einlösen kann, heißt die mit einer inneren Logik sich aufdrängende Konsequenz: Alleinleben. „Die Beweislast hat sich umgekehrt – von dem, was der einzelne für die Familie tun kann zu dem, was die Familie für den einzelnen tun kann ... Scheidung ist die verständliche Konsequenz, wenn die Zufriedenheit des einzelnen zum Prüfstein dafür wird, was eine gute Ehe ist."[94]

Dabei sind es heute, anders als früher, mehr Frauen als Männer, die den Scheidungsantrag stellen.[95] Diese Entwicklung kann man von der einen Seite als Zeichen zunehmender Selbständigkeit interpretieren, als Ausdruck und Folge jener objektiven Veränderungen im weiblichen Lebenszusammenhang, die eine wachsende Distanz zum traditionellen Muster leiblicher Normalbiographie eingeleitet haben. Denn solange das „Dasein für andere" der einzige Lebensinhalt war, war die Frau mehr oder minder bedingungslos an die Ehe gebunden. In dem Maß aber, in dem sie sich auch als eigenständige Person begreift, wird die Vorstellung möglich: lieber allein als unglücklich zu zweit. Und wo die Frau dann noch selbst berufstätig ist, also finanziell nicht mehr voll angewiesen auf den Mann, da ist es auch leichter, dies in einen entsprechenden Entschluß umzusetzen. Aber, das ist wichtig zu sehen, die Berufstätigkeit ist nur „erleichternde Bedingung". Die Ursache dagegen liegt tiefer: im Vorhandensein eigener Wünsche – was immer ihr Inhalt ist. So gibt es zwar auch eine kleine Gruppe von Frauen, die sehr ausgeprägte Berufswünsche entwickeln und, wenn dies auf

---

[92] Wagnerova (1982) spricht in diesem Zusammenhang von der „Individualisierung" der Ehebeziehung.

[93] In Extremform zeigt sich dieser Anspruch in manchen Varianten moderner Psychologie und Therapie. So z. B. das vielzitierte Motto von Frederick Perls, dem Vater der Gestalt-Therapie:

„I do my thing and you do your thing ... I am not in this world to live up to your expectations, and you are not in this world to live up to mine. Your are you and I am I; if by chance we find each other, it's beautiful. If not, it can't be helped."

[94] Ryder, zit. nach Schmid (1982, S. 61).

[95] Höhn et al. (1981); Schwarz (1982); Wagnerova (1982).

Widerstand des Mannes stößt, sich für Beruf und gegen Ehe entscheiden.[96] Aber wichtiger, weil viel typischer ist, daß Frauen meist auch höhere Erwartungen an ein „gutes", emotional ausfüllendes Familienleben stellen und deshalb eher als Männer mit ihrer Ehebeziehung unzufrieden sind.[97] Egal ob Berufswunsch oder Eheideal, beides verweist auf eine *ausgeprägte Vorstellung vom eigenen Leben,* die – wenn sie mit dem gegebenen Partner nicht eingelöst wird – als Konsequenz bis zur Scheidung führen kann.

„Ich war diejenige, die weggegangen ist. Ich sagte, ich hätte jetzt genug. Das war nicht die Art, wie ich leben wollte, und ich stand einfach auf und ging davon ... Das war das Klügste, was ich jemals getan habe" (Interview-Ausschnitt aus Holmstrom, 1973, S. 146).

„Er hat immer nur gesagt: Verschwindet, ich möchte meinen Frieden haben ... da hab ich mir gesagt, wenn ich schon mit den Kindern alleine bin in der Ehe, warum soll ich nicht alleine sein ohne Ehe" (Interview-Ausschnitt aus Fischer, 1983, S. 53).

Und in Interviews mit geschiedenen Frauen tauchen häufig Äußerungen auf, in denen die Frau sagt, mit der Scheidung hat für sie ein neues Leben begonnen – zum ersten Mal ein eigenes Leben.[98]

> „Als ich geschieden wurde, fing das Leben für mich richtig an. Das waren meine besten Jahre, sind es noch. Weil ich erst jetzt wirklich den Mut hatte zu sagen, so, jetzt komme ich an erster Stelle und mache, was ich glaube, machen zu müssen ... Am Anfang war es für mich die reine Euphorie. Wenn ich am Wochenende von der Arbeit kam, habe ich die Klingel abgestellt und dachte, jetzt habe ich anderthalb Tage ganz für mich alleine. Das war himmlisch" (Interview-Ausschnitt aus Wagnerova, 1982, S. 151 f.).

Aber die steigenden Scheidungsziffern sind nicht nur Ausdruck und Folge einer zunehmenden Selbständigkeit, sondern mindestens ebenso auch Auslöser dafür: sie *zwingen* Frauen zu zunehmender Selbständigkeit. Denn durch Scheidung verlassen Frauen das traditionelle Muster weiblicher Normalbiographie, ausgerichtet auf das „Lebensziel Heirat". Egal ob sie die Scheidung selbst gewollt haben oder nicht, sie befinden sich danach in der Lebensform der „alleinstehenden Frau" und müssen daraufhin ihren Alltag organisieren; müssen, wenn sie nicht schon

---

[96] Beck-Gernsheim (1980, S. 176 f.).

[97] Schwarz et al. (1981) und Wagnerova (1982).

[98] Siehe Fischer (1983); Kohen (1981); Wagnerova (1982); Wiegmann (1980).

berufstätig sind, eine Berufstätigkeit suchen; müssen, für manche zum ersten Mal, selbst mit den diversen Instanzen von Außenwelt und Öffentlichkeit verhandeln (nicht zuletzt bei den Auseinandersetzungen vor Gericht über die Modalitäten der Scheidung); müssen neue Muster der Freizeitgestaltung finden (z. B. das Ausgehen oder die Urlaubsreise als „Alleinstehende"); sind jetzt allein mit alltagspraktischen Aufgaben, Fragen, Entscheidungen konfrontiert, die vorher der Partner übernahm oder gemeinsam getragen wurden. Kurz, auf der einen Seite müssen geschiedene Frauen Ansätze einer selbständigen Lebensform entwickeln. Aber auf der anderen Seite sind sie auf vielen Ebenen darauf kaum vorbereitet durch ihre vorgängige Lebensgeschichte – gerade dann nicht, wenn sie eng dem vorgeschriebenen Muster des „Daseins für andere" folgten. „Ihre Erfahrung und Erziehung bestärkten Qualitäten der Fürsorge, Gemeinsamkeit, Häuslichkeit – nicht Qualitäten, die dazu befähigen, die Verantwortung als Familienoberhaupt zu übernehmen" (Kohen, 1981, S. 232). Das Resultat ist eine *„aufgezwungene Selbständigkeit"* – der Möglichkeit nach eine Herausforderung, doch in Wirklichkeit oft eine Überforderung. Und auch diese Seite wird in Interviews mit geschiedenen Frauen sichtbar: als Verunsicherung bis zum Identitätsverlust.

„Die Zeit unmittelbar nach der Scheidung – ungefähr das erste Jahr nach dem Zusammenbruch der Ehe – war für die geschiedenen Mütter … eine gesonderte Zeit in ihrer Identitätsumstellung. 18 der 30 Frauen beschrieben, sie seien während dieser Zeit eine ‚Non-Person' gewesen, nicht am Leben teilhabend oder entpersönlicht. Bea, die von ihrem Mann verlassen wurde und eine Ganztagsbeschäftigung finden mußte, um die Familie zu ernähren, sagte: ‚Ich habe das ganze erste Jahr verdrängt. Ich konnte es einfach nicht glauben. Ich fühlte mich völlig zerschlagen … Das ganze Leben hört auf.' Und Joisie, eine junge Mutter … beschrieb, sie sei nach der Scheidung einfach ‚betäubt' gewesen. Danach sagte sie: ‚Ich weiß nicht, was ich gefühlt habe. Ich war nicht mehr ich selber!'" (Kohen, 1981, S. 232).

Zu den Folgeproblemen der aufgezwungenen Selbständigkeit gehört auch, daß nach der Scheidung im Normalfall die Frau weitaus größere finanzielle Probleme hat als der Mann.[99] Das neue Scheidungsrecht, am Grundsatz der Gleichberechtigung zwischen den Geschlechtern orientiert, erwartet von der Frau, daß sie im Prinzip durch eigene Berufstätigkeit für ihren Lebensunterhalt aufkommt. Da die Wirklichkeit der Berufswelt aber noch weit vom Zustand der

---

[99] Im Alltag wird zwar oft das Gegenteil angenommen, aber diese Auffassung ist an Ausnahmefällen orientiert bzw. an einer Verwechslung von Versorgungsausgleich und Unterhaltsanspruch (Wiegmann, 1980).

Gleichberechtigung entfernt ist, ist die Chance gering, jene „zumutbare", dem früheren Lebensstandard entsprechende Tätigkeit zu finden, die der Gesetzgeber annimmt; und sie ist insbesondere dann gering, wenn die Frau keine qualifizierte Ausbildung hat, länger nicht berufstätig war, durch die Sorge für Kinder weniger „konkurrenzfähig" ist oder in eine Phase hoher Arbeitslosigkeit gerät. Dort aber, wo der Mann zu Unterhaltszahlungen verpflichtet wird, ist noch längst nicht gewährleistet, daß er diesen Verpflichtungen in angemessener Form nachkommt (Wiegmann, 1980). Insgesamt also hat die Zunahme der Scheidungen zwei biographische Bedeutungen, die ganz unterschiedlich und dennoch eng miteinander verknüpft sind: Auf der einen Seite ein selbstbewusster Anspruch, und zwar durchaus auch der Frauen, was das „eigene Leben" in Verbindung mit dem Partner betrifft. Auf der anderen Seite, wenn der Anspruch nicht eingelöst wird, neue Risiken und Zwänge, die am härtesten Frauen treffen. Auf ein Stichwort gebracht: die *„unzulänglich vorbereitete Selbständigkeit"*.

Nicht zuletzt unter dem Eindruck solcher Risiken entsteht eine Tendenz zu Lebensformen, die die Risiken schon einplanen und gleichzeitig dagegen absichern sollen. Je häufiger Scheidungen werden, desto mehr bilden sich Lebensformen heraus, die die *Möglichkeit eines späteren Alleinlebens vorgängig offenhalten*. Vor diesem Hintergrund sind eine Reihe von Verhaltensweisen zu verstehen: Eltern, die *auch* deshalb bereit sind, der Tochter eine qualifizierte Ausbildung zu ermöglichen; Frauen, die eine möglichst durchgängige Berufstätigkeit planen;[100] Paare, die das Zusammenleben *ohne* Trauschein vorziehen, den Kinderwunsch aufschieben oder ganz auf Kinder verzichten.[101] So gesehen besteht ein komplexes Wechselverhältnis zwischen steigenden Scheidungszahlen und wachsender Selbständigkeit. *Die Planung eines eigenen Lebens und der Zwang zu einem eigenen Leben:* beides greift ineinander.

Eine eindringliche Illustration für diesen Zusammenhang findet man in Interview-Äußerungen von alleinerziehenden Frauen und ihren Töchtern. Gefragt, was sie rückblickend in ihrem Leben anders machen würden, sagen geschiedene Frauen sehr bezeichnend: mehr Selbständigkeit. Und die Töchter lernen die Lektion: Sie wollen ihr Leben von vornherein selbständiger aufbauen.

Eine geschiedene Frau: „Ich würde auf alle Fälle unbeirrbar, ganz gleich vom Partner oder irgendwelchen anderen Situationen, versuchen, einen Beruf zu

---

[100] Siehe die Untersuchung von Greene und Quester (1982), über „Divorce Risk and Wives' Labor Supply behavior".

[101] Becker et al. (1977); Schumacher (1981).

nehmen und mich weiterbilden, so daß ich da wirklich unabhängig bin. Ich würde den Partner sogar sausen lassen, wenn er damit nicht einverstanden wäre."[102]

Eine Tochter nach der Trennung der Eltern: „… was das Ganze für mich bedeutet? Daß ich mich selber nicht aufgeben darf. Daß ich die Sachen, die mir Spaß machen und dem Partner vielleicht keinen Spaß machen, nicht aufgebe, sondern sage, gut dann mache ich es eben alleine. Daß ich einfach einen Bereich für mich habe und nicht Anhängsel werde."[103]

Dieser Zusammenhang, hier noch an Einzelfällen illustriert, ist statistisch belegt durch die Untersuchung von *Seidenspinner und Burger* (1982). Sie vergleicht Töchter alleinerziehender Mütter mit Mädchen aus „vollständigen" Familien und stellt für den Lebensentwurf der ersten fest: mehr Distanz, ja Skepsis gegenüber dem traditionellen Modell weiblicher Normalbiographie. Der Zwang zur Selbständigkeit, von der Mutter erfahren, wird auf die Tochter vererbt, dabei aber umgesetzt in eine aktive Form, in einen Lebensentwurf der Selbständigkeit.

„Sie wollen sich auf ihre eigenen Anstrengungen und Leistungen verlassen; dabei ist die bei ihren Müttern zwingende Notwendigkeit, Geld zu verdienen, mitausschlaggebend: Jede vierte meint, daß sie im Gegensatz zu ihrer Mutter einen Beruf möchte, der auch Spaß macht und Geld bringt. Den Lebensweg der Mutter vor Augen, wollen sie auch zu einem höheren Anteil bewußt nicht heiraten.

Wenn sie heiraten wollen, so legen sie ihren Heiratswunsch in spätere Lebensjahre. Dazu passt auch, daß der Kinderwunsch deutlich unter dem der anderen Mädchen liegt, daß sie sich über diesen Kinderwunsch weniger als die anderen im klaren sind und daß sie – soweit sie darüber nachgedacht haben – die Anzahl der Kinder zum größten Teil auf eines beschränken möchten" (Seidenspinner & Burger, 1982, Bericht S. 60 f.).

---

6   Ein Stück „eigenes Leben": vom privaten Anspruch zu politischen Folgewirkungen

In den vorangehenden Abschnitten wurde dargestellt, wie im weiblichen Lebenszusammenhang historische Verschiebungen vom „Dasein für andere" zu einem Stück „eigenen Leben" stattgefunden haben. Gemessen an der radikal-

---

[102] Wiegmann (1980, S. 69); ähnlich auch ebd., S. 34 und 68 und Wagnerova (1982, S. 106).

[103] Wagnerova (1982, S. 67); ähnlich auch Diezinger et al. (1982, S. 209); Fischer (1983, S. 50).

feministischen Vision einer Gesellschaft, in der Frauen volle Selbstbestimmung besitzen, werden solche Veränderungen freilich unerheblich erscheinen, nur Variationen eines bekannten Themas: stets Formen der „Unterdrückung", zur Gegenwart hin etwas verschleierter werdend. Eine vom Ansatzpunkt andere, aber im Ergebnis teilweise ähnliche Einschätzung ergibt sich im Paradigma system-theoretischer Perspektiven. Danach verläuft die größere Bildungs- und Berufs-beteiligung von Frauen, die damit eröffnete Verfügung über eigenes Geld und eigene Zeit in „systemkonformen" Bahnen und ist noch dazu auf halbem Weg steckengeblieben. Die Parallele zur Arbeiterklasse liegt nahe, wo dieselbe Ent-wicklung (Aufstieg in Bildung und Beruf, mehr Lohn, mehr Freizeit usw.) als „Integrations"- und „Verbürgerlichungstendenz" interpretiert wird.

Sind biographische Veränderungen der hier aufgezeigten Art also unerheblich und unpolitisch, auf ein gängiges Etikett gebracht „sozialdemokratische Reform-politik im Privaten?" Oder umgekehrt formuliert, worin liegt der im Einleitungs-abschnitt behauptete „alltagsrevolutionäre Impuls" dieser ganz gewöhnlichen Erweiterung von Freisetzungs- und Beteiligungschancen?

Zunächst einmal hat der objektiv gleiche Sachverhalt – die Erweiterung von Bildungs-, Berufs- und Einkommenschancen – *ganz unterschiedliche Bedeutung für Männer und Frauen* (deshalb ist die Parallele zur Arbeiterschaft unzutreffend). Während im männlichen Lebenszusammenhang Aufstieg in Bildung und Beruf auf die vorhergehende Bildungs- und Berufssituation (die eigene oder die des Vaters) bezogen wird, damit ein „Mehr" oder eine Variation von letztlich Gleichem ist, wird ein solcher Aufstieg im weiblichen Lebens-zusammenhang vor dem Hintergrund der traditionellen Einbindung ins „Dasein für andere" erfahren, ist damit etwas *Anderes und Neues*. Diese beiden Bezugs-horizonte sind kategorial verschieden: Was als belastend erscheint, wenn man von der lebenslangen Zuordnung zum Bildungs- und Beschäftigungssystem ausgeht, kann im weiblichen Lebenszusammenhang eine Herausforderung und neue Erfahrung bedeuten. Zwischen diesen Bezugshorizonten haben Frauen in wenigen Generationen einen Sprung, einen Übergang gemacht, den Männer in dieser Form nie erlebt haben. Die „kleinen" Bildungs- und Berufschancen, die „kleinen" Freiheiten und Selbständigkeiten, die Frauen im historischen Prozeß gewonnen haben, mögen ein Weg in die Belastungen, Entfremdungen und Illusionen der Männerwelt sein, mögen in den Augen von Männern auch wie ein belangloses „Mehr des Gleichen" aussehen: Aber im Erfahrungshorizont der Betroffenen markieren sie einen tiefen Einschnitt und Wendepunkt.

Zweitens haben Frauen durch die immer noch bestehende Zuweisung zum Familienbereich ein unmittelbares Praxisfeld: das *Privatleben*, die Beziehung zu Mann und Kindern. Dies Praxisfeld wurde freilich solange kaum aktiv wahrgenommen, wie Frauen vornehmlich eingeübt wurden auf Hinnahme, Anpassung, Abhängigkeit. Aber in dem Maß, in dem sie ein Selbstbewusstsein gewinnen, werden die Folgen spürbar: als Versuch und Einforderung neuer Beziehungsmuster, die dem Anspruch auf ein Stück eigenes Leben Raum geben. Das weite, in sich so unterschiedliche Feld der Frauenliteratur liest sich wie ein Aufruf zu neuen Beziehungsformen. Es beginnt mit der Forderung nach mehr Beteiligung des Mannes bei der Hausarbeit, die so zahm und bescheiden klingt, aber im Familienalltag immer wieder brisante Wirkungen erzeugt; setzt sich fort in der Weigerung, bedingungslos den Anforderungen der Karriere des Mannes zu folgen; im Aufschieben des Kinderwunsches bis zur Entscheidung gegen ein Kind; im Wunsch, alleine ein Kind zu bekommen, ohne Mann, ohne den Rahmen der traditionellen Zweierbeziehung; reicht hin bis zur Entwicklung einer feministischen Subkultur, die ganz auf Beziehungen, Bindungen, Gefühlen zu Frauen aufbaut. All das sind Versuche, Vorhaben, Forderungen, die das Gesicht der Gesellschaft nachhaltig verändern. Denn „die Gesellschaft", das sind nicht nur die Makro-Instanzen und Institutionen, das ist auch die uns alltäglich, unmittelbar, greifbar umgebende Wirklichkeit: Das sind auch „die großen und die profanen, die stillen und die weniger stillen, die schönen und schmerzhaften, nahen und weitreichenden, die paradoxen, unerbittlichen und wahrscheinlich nicht mehr umkehrbaren Veränderungen im Leben von Frauen – und Männern".[104] In den letzten hundert Jahren haben Frauen nicht die Schalthebel der Macht in Politik, Wirtschaft und Öffentlichkeit erobert. Aber auf dieser anderen, dieser „nur" privaten Ebene haben Frauengruppen seit einigen Jahren eine Art Führungsrolle übernommen.

Auf der „nur" privaten Ebene? Nein, natürlich nicht. Diese Formulierung ist auf bezeichnende Weise falsch. Sie blendet aus, was ein wesentliches Motto der Frauenbewegung ist: „The Personal is Political." Sie blendet aus, was – auf mehr theoretischer Ebene – der Grundgedanke eines subjektorientierten Ansatzes ist, wie er in diesem Beitrag versucht wurde. Ebenso wie gesamtgesellschaftliche Veränderungen neue biographische Entwicklungsmuster, neue Modelle etwa der weiblichen Normalbiographie erzeugen, ebenso *wirken neue Normalbiographien auf gesamtgesellschaftlicher Strukturen zurück,* erzeugen dort Spannungen und Konflikte, lösen ihrerseits Veränderungen aus: Das Verhältnis ist wechselseitig. Wie am Beispiel der vehementen öffentlichen Diskussion zum Thema Geburtenrückgang deutlich wird, bleiben Veränderungen in diesem Bereich nicht privat,

---

[104] Friedan (1983, S. 13).

sondern können erhebliche Auswirkungen für Wirtschaft, Staat, Politik gewinnen. Und auch im Prozeß dieser Wechsel- und Rückwirkungen bleiben Frauen nicht mehr passiv und stumm. Vor allem diejenigen nicht, die mit guten bis sehr guten Bildungszertifikaten ausgerüstet sind, dabei einiges an Selbstbewusstsein erworben haben: Gerade Frauen in qualifizierten Positionen beginnen, bewußt untereinander Bezugsgruppen aufzubauen, bilden kleine „Netzwerke" etwa innerhalb eines Instituts, einer Abteilung, einer Berufsorganisation. Sie versuchen dabei, die Erfahrungen und Bedürfnisse von Frauen hineinzutragen in die verschiedensten Praxisfelder, von Medien und Kunst bis zu Architektur, Medizin und Recht. Sie tragen diesen Anspruch auch hinein in die Wissenschaft, vor allem in die Sozialwissenschaften. „Frauen suchen ihre Geschichte" (Hausen, 1983): Hinter „history" entdecken sie „herstory", die in der offiziellen Geschichtsschreibung vergessenen, ausgeblendeten, abgedrängten Lebensbedingungen von Frauen. Die Beispiele ließen sich beliebig vermehren, doch allein wichtig ist hier: Solche Kategorien entstehen nicht zufällig. Sie spiegeln auf theoretischer Ebene eben jene historische Entwicklung wider, die in diesem Aufsatz dargestellt wurde – den wachsenden Anspruch von Frauen auf ein Stück eigenes Leben.

Nicht zuletzt tragen Frauen diesen Anspruch auch direkt in die Politik. Denn solange das Stück eigene Leben ein individueller Versuch bleibt, ist es abhängig vom guten Willen des Partners, der Kollegen, der Umwelt und bedroht von politischen Wellenbewegungen, Finanzmangel des Staates, Wirtschaftskrisen. Deshalb geben Frauengruppen sich kaum mehr zufrieden mit dem Angebot einer individuellen „Wahlfreiheit", der bei Politikern so beliebten Formel. Ihre Forderung heißt statt dessen „Über die Wahlfreiheit hinaus"[105], also Veränderungen auf gesamtgesellschaftlicher Ebene, im Recht, in der Arbeitswelt, in den öffentlichen Institutionen und in den Grundprinzipien der Gesellschaft. „Jenseits bloßer Gleichberechtigung strebt … sie eine Autonomie von Frauen an, und über eine Kritik der … Diskriminierung stellt sie moderne Machtstrukturen insgesamt infrage".[106] Noch scheint es, ein politisches Bewußtsein dieser Art ist erst für eine Minderheit kennzeichnend. Aber es mehren sich die Signale: In den weniger etablierten, weniger machtverkrusteten politischen Gruppierungen – von Bürgerinitiativen bis Friedensbewegung bis zu den „Grünen" – haben Frauen sichtbaren Anteil und Einfluß, und auch in den Parteien und Gewerkschaften wird der Druck aus der „Frauenecke" zunehmend spürbar. In den USA, wo die

---

[105] Petchesky (1980, S. 675).
[106] Bock (1983).

gegenwärtige Wirtschafts- und Sozialpolitik den Trend zur Feminisierung der Armut verschärft, zeigt sich inzwischen ein „gender gap", ein geschlechtsspezifisches Zustimmungsgefälle: Die Regierungspolitik findet erheblich weniger Zustimmung bei Frauen als Männern.[107] Mag sein, daß der folgende Anspruch zu kühn formuliert ist: „Das liberal-feministische Bewußtsein von Frauen um ihre Gleichberechtigung ist die große radikal-politische Kraft der 80er Jahre".[108] Doch sicherlich werden die Worte eingelöst werden, mit denen *Betty Friedan* ihre Bestandsaufnahme von zwei Jahrzehnten neuer Frauenbewegung abschließt: „Fortsetzung folgt ..."[109]

Literatur

Anger, H. (1960). *Probleme der deutschen Universität. Bericht über eine Erhebung unter Professoren und Dozenten.*

Bäumer, G. (1902). Geschichte und Stand der Frauenbildung in Deutschland. In H. Lange & G. Bäumer (Hrsg.), *Handbuch der Frauenbewegung, Band III: Der Stand der Frauenbildung in den Kulturländern* (S. 1–128).

Beck, U. (1983). Jenseits von Stand und Klasse? Soziale Ungleichheit, gesellschaftliche Individualisierungsprozesse und die Entstehung neuer sozialer Formationen und Identitäten. In R. Kreckel (Hrsg.), *Soziale Ungleichheiten, Sonderband 2 der Sozialen Welt.*

Becker, G., Landes, E., & Michael, R. (1977). An economic analysis of marital instability. *Journal of Political Economy, 85*(6), 1141–1187.

Becker-Schmidt, R. (1982). Entfremdete Aneignung, gestörte Anerkennung, Lernprozesse: Über die Bedeutung von Erwerbsarbeit für Frauen. In Sektion Frauenforschung in den Sozialwissenschaften (Hrsg.), *Beiträge zur Frauenforschung am 21. Deutschen Soziologentag* (S. 11–30).

Becker-Schmidt, R., Brandes-Erlhoff, U., & Karrer, M., Knapp, G., Rumpf, M., & Schmidt, B. (1982). *Nicht wir haben die Minuten, die Minuten haben uns. Zeitprobleme und Zeiterfahrungen von Arbeitermüttern in Fabrik und Familie.*

Beck-Gernsheim, E. (1980). *Das halbierte Leben. Männerwelt Beruf, Frauenwelt Familie.*

Beck-Gernsheim, E. (1981). Neue Entscheidungsmuster im weiblichen Lebenszusammenhang: Beispiel späte Mutterschaft. In U. Schneider (Hrsg.), *Was macht Frauen krank? Ansätze zu einer frauenspezifischen Gesundheitsforschung* (S. 146–158).

Beck-Gernsheim, E. (1983). *Berufskarriere und späte Mutterschaft: Ein neues Phasenmodell?*

Behrens, K. (Hrsg.). (1982). *Das Insel-Buch, vom Lob der Frau.*

---

[107] Friedan (1983).

[108] Eisenstein (1982, S. 588).

[109] Friedan (1983).

Bernstein, B. (1972). *Studien zur sprachlichen Sozialisation.*

Bilden, H. (1982). *DFG-Projektantrag Lebensentwürfe und biographische Realität junger Frauen, hektographiert.*

Bock, G. (1983). Historische Frauenforschung: Fragestellungen und Perspektiven. *Hausen, 19,* 22–60.

Bolte, K. M. (1983). Subjektorientierte Soziologie – Plädoyer für eine Forschungsperspektive. In: K. M. Bolte & E. Treutner (Hrsg.), *Subjektorientierte Arbeits- und Berufssoziologie.*

Brehmer, I. (Hrsg.). (1982). *Sexismus in der Schule.*

Brinker-Gabler, G. (Hrsg.). (1979). *Frauenarbeit und Beruf.*

Brown, C. (1982). Home production for use in a market economy. In B. Thorne & M. Yalom (Hrsg.), *Rethinking the family. Some feminist questions* (S. 151–167).

Bundesministerium für Jugend, Familie und Gesundheit. (Hrsg.). (1980). *Frauen '80.*

Cisler, L. (1970). Unfinished business: Birth control and women's liberation. In R. Morgan (Hrsg.), *Sisterhood is powerful. An anthology of writings from the women's liberation movement* (S. 274–322).

Cramon-Daiber, B., Jaeckel, M., Köster, B., Menge, H., & Wolf-Graaf, A. (1983). *Schwesternstreit. Von den heimlichen und unheimlichen Auseinandersetzungen zwischen Frauen.*

Däubler-Gmelin, H. (1977). *Frauenarbeitslosigkeit oder: Reserve zurück an den Herd!*

Diezinger, A., Marquardt, R., Bilden, H., & Dahlke, K. (1982). *Zukunft mit beschränkten Möglichkeiten. Entwicklungsprozesse arbeitsloser Mädchen.* Schlußbericht an die Deutsche Forschungsgemeinschaft, hektographiertes Manuskript.

Dritter Familienbericht. Bundestagsdrucksache 8/31321, Bonn, 20.8.1978.

Douvan, E., & Adelson, J. (1966). *The adolescent experience.*

Ehrenreich, B., & English, D. (1976). *Zur Krankheit gezwungen.*

Ehrenreich, B., & Stallard, K. (1982). The nouveau poor. *Ms., XI*(1 und 2), 217–224.

Elkind, D. (1981). *The hurried child. Growing up too fast too soon.*

Ferree, M. (1983). Sacrifice, satisfaction and social change. *Marriage and Family Review.*

Fischer, E. (1983). *Jenseits der Träume. Frauen um Vierzig.*

Frau und Gesellschaft (II). (1981). Bericht 1980 der Enquete Kommission und Aussprache 1981 im Plenum des Deutschen Bundestages, herausgegeben vom Deutschen Bundestag, Presse- und Informationszentrum, Bonn.

Friedan, B. (27. Februar 1983). Twenty years after the feminine mystique. *New York Times Magazine,* 13–19.

Friedrich, H., Lappe, L., Schwinghammer, I., & Wegehaupt-Schneider, I. (1973). *Frauenarbeit und technischer Wandel.* Hektographiertes Manuskript.

Fricke, S., Klotz, M., & Paulich, P. (1980). *Sexualerziehung in der Praxis.*

Fuchs, W. (1981). Jugendbiographie. *Jugendwerk der Deutschen Shell, 1,* 124–344.

Gerhard, U. (1978). *Verhältnisse und Verhinderungen. Frauenarbeit, Familie und Rechte der Frauen im 19. Jahrhundert.*

Gerhard, U. (1982). Aus aktuellem Anlaß: Über Frauenarbeitslosigkeit oder ‚Wenn uns die Zeit unter den Füßen brennt'. *Feministische Studien, 1*(1), 127–136.

Glass, F. (1979). Der weibliche ‚Doppelverdiener' in der Wirtschaft. In G. Brinker-Gabler (Hrsg.), *Frauenarbeit und Beruf* (S. 345–348).

Gordon, L. (1977). *Woman's body, woman's right. A social history of birth control in America.*

Gottleben, V. (1981). Nicht-formal Qualifizierte am Arbeitsmarkt. *Mitteilungen aus der Arbeitsmarkt- und Berufsforschung, 2.*

Greene, W., & Quester, A. (1982). Divorce risk and wives' labor supply behavior. *Social Science Quaterly, 63*(1), 16–27.

Grund- und Strukturdaten 1982/1983, Hrsg. vom Bundesminister für Bildung und Wissenschaften, Bonn.

Hausen, K. (Hrsg.). (1983). *Frauen suchen ihre Geschichte. Historische Studien zum 19. und 20. Jahrhundert.*

Hengst, H. (1981). Tendenzen der Liquidierung von Kindheit. In H. Hengst & E. Köhler (Hrsg.), *Kindheit als Fiktion* (S. 72).

Herold, E. (1981). Contraceptive embarrassment and contraceptive behavior among young single women. *Journal of Youth and Adolescence, 10*(3), 233–242.

Höhn, C. (1982). Erwerbstätigkeit und Rollenwandel der Frau. *Zeitschrift für Bevölkerungswissenschaft, 3,* 297–317.

Höhn, C., Mammey, U., & Schwarz, K. (1981). Die demographische Lage in der Bundesrepublik Deutschland. *Zeitschrift für Bevölkerungswissenschaft, 2,* 139–230.

Holmstrom, L. (1973). *The two-career family.*

Honegger, C., & Heintz, B. (Hrsg.). (1981). *Listen der Ohnmacht. Zur Sozialgeschichte weiblicher Widerstandsformen.*

Illich, I. (1973). *Entschulung der Gesellschaft. Entwurf eines demokratischen Bildungssystems.*

Jugendwerk der Deutschen Shell. (Hrsg.). (1981). *Jugend, Lebensentwürfe, Alltagskulturen, Zukunftsbilder* (Bd. 1 und 2).

Kalmuss, D., & Straus, M. (1982). Wife's marital dependency and wife abuse. *Journal of Marriage and the Family, 44*(2), 277–286.

Kohen, J. (1981). From wife to family head: Transitions in self-identity. *Psychiatry, 44*(3), 230–240.

Lempp, R. (1981). Schulangst. *Vorgänge, Zeitschrift für Gesellschaftspolitik, 53,* 55–58.

Lüders, M. (1979). Die Beamtin als Doppelverdiener. In G. Brinker-Gabler (Hrsg.), *Frauenarbeit und Beruf* (S. 348–353).

Meifort, B. (1979). Ausbildungsplätze nach Geschlecht. Über die Diskriminierung von Mädchen in der Berufsbildung. In M. Janssen-Jurreit (Hrsg.), *Frauenprogramm – Gegen Diskriminierung* (S. 56–68).

Mitterauer, M., & Sieder, R. (1980). *Vom Patriarchat zur Partnerschaft. Zum Strukturwandel der Familie* (zweite überarb. Aufl.).

Möller, C. (1982). Ungeschützte Beschäftigungsverhältnisse – Verstärkte Spaltung der abhängig Arbeitenden. Konsequenzen für die Frauenforschung und die Frauenbewegung. In Sektion Frauenforschung in den Sozialwissenschaften (Hrsg.), *Beiträge zur Frauenforschung am 21. Deutschen Soziologentag in Bamberg* (S. 183–200).

Müller, H. (1981). *Dienstbare Geister. Leben und Arbeitswelt städtischer Dienstboten. Schriften des Museums für Deutsche Volkskunde.*

Müller, W. (1983). Frauenerwerbstätigkeit im Lebenslauf. In W. Müller, A. Willms, & J. Handl (Hrsg.), *Strukturwandel der Frauenarbeit 1880–1980* (S. 55–106).

Münz, R., & Pichler, C. (1982). *Aspekte des weiblichen Lebenszusammenhanges*. Hektographiertes Manuskript.

Mydral, A., & Klein, V. (1956). *Women's two roles, home and work.*

Nave-Herz, R. (1972). *Das Dilemma der Frau in unserer Gesellschaft: Der Anachronismus der Rollenerwartungen.*

Ostner, I. (1978). *Beruf und Hausarbeit. Die Arbeit der Frauen in unserer Gesellschaft.*

Ostner, I., & Krutwa-Schott, A. (1981). *Krankenpflege – Ein Frauenberuf?.*

Petchesky, R. (1980). Reproductive freedom: Beyond a woman's rigth to choose'. *Signs, 5*(4), 661–685.

Pfeil, E. (1968). *Die 23jährigen.*

Ross, H. (1969). *Über die Bildungschancen von Mädchen in der Bundesrepublik.*

Ross, H. (1975). *Die Wirklichkeit der Hausfrau.*

Reichenau, C. von (1979). Frauenarbeit im Dritten Reich: Einschränkende Bestimmungen nach der ‚Machtübernahme' und ihre Auswirkungen. In G. Brinker- Gabler (Hrsg.), *Frauenarbeit und Beruf* (S. 364–376).

Reiser, H. (53, Oktober 1981). Rüttelsieb mit Sackgassen/Veränderungen der schulischen Verhaltensbedingungen. *Vorgänge*, 73–75.

Rerrich, M. (1983). Veränderte Elternschaft – Entwicklungen in der familialen Arbeit mit Kindern seit 1950. *Soziale Welt.*

Sauermann, D. (1979). *Knechte und Mägde in Westfalen um 1900. Bericht aus dem Archiv für Westfälische Volkskunde.*

Scharmann, D. (1974). Probleme der personalen Selbstentfaltung in der industriellen Arbeitswelt. In T. Scharmann (Hrsg.), *Schule und Beruf als Sozialisationsfaktoren* (2. überarb. Aufl.).

Schenk, H. (1980). *Die feministische Herausforderung. 150 Jahre Frauenbewegung in Deutschland.*

Schmid, J. (1982). The family today: Sociological highlights on an embattled institution. *European Demographic Information Bulletin, XIII*(2) 72.

Schmid-Jörg, I., Krebsbach-Gnath, C., & Hübner, S. (1981). *Bildungschancen für Mädchen und Frauen im internationalen Vergleich.*

Schumacher, J. (1981). Partnerwahl und Partnerbeziehung. *Zeitschrift für Bevölkerungswissenschaft Nr. 4*, 499–518.

Schulte, R. (1983). Bauernmägde in Bayern am Ende des 19. Jahrhunderts. *Hausen*, 110–127.

Schultz, D. (1979). Sexismus in der Schule. In M. Janssen-Jurreit (Hrsg.), *Frauenprogramm – Gegen Diskriminierung* (S. 22–29).

Schwarz, K. (1981). Erwerbstätigkeit der Frau und Kinderzahl. *Zeitschrift für Bevölkerungswissenschaft, 1*, 59–86.

Schwarz, K. (1982). Bericht 1982 über die demographische Lage in der Bundesrepublik Deutschland. *Zeitschrift für Bevölkerungswissenschaft, 2*, 121–223.

Seidenspinner, G., Burger, A., & Brigitte/Deutsches Jugendinstitut. (Hrsg.). (1982). *Mädchen 1982. Bericht und Tabellen.*

Shorter, E. (1977). *Die Geburt der modernen Familie.*

Sigusch, V., & Schmidt, G. (1973) *Jugendsexualität.*

Study commission on the family. (1983). *Families in the future.*

Tilly, L., & Scott, J. (1978). *Woman, work, and family.*

Wagnerova, A. (1982). *Scheiden aus der Ehe. Anspruch und Scheitern einer Lebensform.*

Weltz, F., Diezinger, A., Lullies, V., & Marquardt, R. (1978). *Aufbruch und Desillusionierung. Junge Frauen zwischen Beruf und Familie. Forschungsberichte des Soziologischen Forschungsinstitutes Göttingen.*

Wiegmann, B. (1980). *Ende der Hausfrauenehe.*

Wierling, D. (1983). Ich hab meine Arbeit gemacht – was wollte sie mehr? Dienstmädchen im städtischen Haushalt der Jahrhundertwende. *Hausen,* (S. 144–171).

Willbrandt, R., & Willbrandt, W. (1902). Die deutsche Frau im Beruf. In H. Lange & G. Bäumer (Hrsg.), *Handbuch der Frauenbewegung* (Bd. IV).

Willms, A. (1983). *Segretation auf Dauer? Zur Entwicklung von Frauenarbeit und Männerarbeit in Deutschland, 1882–1980* (S. 107–181).

Woodhouse, A. (1982). Sexuality, feminity and fertility control. *Women's Studies International Forum, 5*(1), 1–15.

Woolf, V. (o. J.). *A room of one's own.* Harvest Books.

Zinnecker, J. (1973). *Sozialgeschichte der Mädchenbildung.*

Zinnecker, J. (1981). Jugend '81: Porträt einer Generation. *Jugendwerk der Deutschen Shell, 1,* 80–122.

Geschlechterverhältnisse in Familie und Erwerb: Widersprüchliche Modernisierungen

Karin Jurczyk

1 Einleitung

Eine Positionsbestimmung, wo Frauen und Männer und ihre gesellschaftliche Situierung zueinander im Prozess der Modernisierung derzeit ‚angekommen‘ seien, kann nicht eindeutig ausfallen. Dazu sind die Entwicklungsprozesse der Geschlechterverhältnisse in sich zu komplex und zu widersprüchlich; zudem gibt es viele Arenen, auf denen diese sich höchst unterschiedlich präsentieren. Dass im Folgenden die Arena ‚Familienarbeit – Erwerbsarbeit‘ näher betrachtet wird, hat einen guten Grund. Um das Verhältnis zwischen meist von Frauen ausgeübter unentgeltlicher und ‚unwerter‘ Familienarbeit sowie entlohnter ‚wertvoller‘ meist von Männern ausgeübter Erwerbsarbeit entspannen sich seit Beginn der Frauen- und Geschlechterforschung besonders intensive Debatten, weil die Positionierung der Geschlechter im Familien- und Erwerbsleben und ihre Arbeitsteilung eines der Schlüsselelemente für ihre soziale Lage, Partizipationschancen, Handlungsmuster sowie Identitätskonzepte war und bis heute ist. Ohne Geschlechterverhältnisse auf ökonomische, materielle und handlungspraktische Dimensionen verkürzen und die ohnehin vorherrschende gesellschaftliche Dominanz von ‚Arbeit‘ rhetorisch weiter verstärken zu wollen, bleibt die Teilhabe an Familien- und Erwerbsarbeit auch und gerade im Prozess einer sich drastisch wandelnden Arbeitsgesellschaft eine ihrer entscheidenden Grundlagen.

Im Text werden zunächst Annahmen zur Modernisierung sowie die traditionelle Basis des Geschlechterzusammenhalts skizziert. Hieran schließen

K. Jurczyk (✉)
Deutsches Jugendinstitut, München, Deutschland
E-Mail: kajurczyk@posteo.de

S. M. Wilz (Hrsg.), *Geschlechterdifferenzen – Geschlechterdifferenzierungen*, Studientexte zur Soziologie, https://doi.org/10.1007/978-3-658-32211-3_3

sich eine Situationsbeschreibung der Geschlechterverhältnisse in Erwerb und Familie der zweiten Moderne sowie eine Zwischenbilanz ihrer widersprüchlichen Modernisierung an. Abschließend werden Perspektiven der Geschlechterverhältnisse unter Bedingungen von Entgrenzung aufgezeigt.

2   Modernisierungstheoretische Annahmen

Die sozialwissenschaftliche Debatte um die ‚Modernisierung' oder ‚Modernität' von Gesellschaft folgte stets sozialen und politischen Konjunkturen.[1] Bisweilen geriet dabei in Vergessenheit, dass die Soziologie unter diesen Schlüsselbegriffen bereits mit ihrer Entstehung um das Thema des Wandels und der Struktur von Gesellschaft kreist. Wichtige Klassiker der Soziologie – Durkheim, Simmel, Weber und Marx – betonten unterschiedliche Akzente der gesellschaftlichen Entwicklung der ‚Moderne', sahen sie jedoch als unilinearen und praktisch unumkehrbaren Prozess. Im Sinn einer idealtypischen Zuspitzung (Wehler, 1975) konzentriert sich die sozialwissenschaftliche Literatur meist auf folgende Leitbegriffe des Modernisierungsprozesses, die auf die verschiedenen Ebenen Struktur, Kultur, Person und Natur zu beziehen sind:

- *Rationalisierung* als Freisetzung von Vernunft und Durchsetzung der Form der Zweckrationalität
- *Individualisierung* als Herauslösung der Individuen aus traditionellen Bindungen und als Freisetzung von Subjektivität
- *Egalisierung* als prinzipieller Anspruch auf Gleichheit und Freiheit der Individuen
- strukturell-funktionale *Differenzierung* als Vervielfältigung gesellschaftlich relativ selbständiger Teilbereiche

---

[1] So wurde in den 1960er und 70er Jahren in der Soziologie mit dem Konzept Modernisierung vor allem diejenige Perspektive auf Gesellschaft assoziiert, die – ausgehend von der nordamerikanischen Soziologie – die Entwicklung westlicher Gesellschaften mit den beiden zentralen Prozessen Industrialisierung und Differenzierung zum Modell einer ‚fortschrittlichen' gesellschaftlichen Entwicklung schlechthin machten. In den Diskussionen des Konzeptes wurden verschiedene Aspekte dieser Modernisierungsperspektive kritisiert, insbesondere aber die Übertragung der Merkmale westlicher industrialisierter Gesellschaften auf die Entwicklungsprozesse in so genannten unterentwickelten Gesellschaften als *one best way,* als evolutionistisch und ethnozentrisch verengter Standpunkt.

- *Spezialisierung* als Zunahme des arbeitsteiligen Charakters von Gesellschaft
- *Domestizierung* als Beherrschung der inneren und äußeren Natur
- *Erweiterung von Optionen* als Steigerung des Disponieren- und Auswählenkönnens zwischen Handlungsmöglichkeiten
- *Kontingenzsteigerung* als Entgrenzung in der räumlichen, zeitlichen und sachlichen Dimension.[2]

Die Diskussion der letzten Jahrzehnte zielt unter dem Stichwort der ‚Modernisierung moderner Gesellschaften' auf neue, konfliktreiche Entwicklungen: vor allem auf das Umkippen von Entwicklungs-‚Fortschritten' in neuartige ‚Risiken' (Beck, 1986) oder ‚riskante Chancen' (Keupp, 1988). Dies verweist auf eine mögliche neue Stufe der Entwicklung moderner Gesellschaften, die zunehmend mit den Folgen ‚einfacher' Modernisierung zu tun hat, indem sie etwa verstärkt auf neuartige Komplexitätsprobleme stößt, wie die ‚Neue Unübersichtlichkeit' (Habermas, 1985) oder das ‚Ende der Eindeutigkeit' (Bauman, 1992). Selbst in denjenigen Konzepten, die sich mit dem Leitbegriff der ‚Post-Moderne' eher als Antithese zum konventionellen Modernisierungsparadigma verstehen, sind die Themen und Probleme der Modernisierungsdiskussion noch in hohem Maße, wenn auch in ‚negativer' oder ‚inverser' Form, präsent.[3]

Vor allem die Unterscheidung zwischen ‚einfacher' bzw. „erster" und ‚reflexiver' bzw. „zweiter" Modernisierung hat nachhaltig die neuere Diskussion gekennzeichnet (Beck et al. 1996). In den heute klassisch zu nennenden Modernisierungstheorien im Sinn ‚einfacher' Modernisierung (zu verstehen als Modernisierung der Tradition) herrscht die Überzeugung von der positiven Weiterentwicklung moderner Gesellschaften vor. Es werden keine Alternativen zu den Grundinstitutionen der Konkurrenzdemokratie, der Marktwirtschaft und der Wohlstandsgesellschaft mit Massenkonsum und Wohlfahrtsstaat gesehen, durch die moderne Gesellschaften definiert seien (Zapf, 1991, S. 35). Angesichts der offensichtlichen Probleme müsse die Modernisierungstheorie nur ‚konflikt- und innovationstheoretisch gehärtet'

---

[2] Diese Dimensionen sind angelehnt an van der Loo und van Reijen (1992) und Offe (1986).

[3] Zentrale Stichworte der in sich sehr heterogenen Postmoderne-Diskussion sind ein radikaler Pluralismus als Folge unauflösbarer Gegensätze, die Ablehnung ‚natürlicher Zentren', die Notwendigkeit, mit Unsicherheiten und Antagonismen zu leben, das Verständnis von Wahrheit als immer nur temporärer Wahrheit sowie das Verwischen von Realität und Fiktion (nach van der Loo und van Reijen, 1992, S. 255 f.; siehe auch Crook et al., 1992; Lyotard, 1986; Welsch, 1988).

werden (ebd.). So werde die *ongoing modernization* zur wahrscheinlichsten Perspektive gesellschaftlicher Entwicklung (ebd.: 36).

Aus der Sicht der Theorie der ‚reflexiven' Modernisierung übersieht eine solche Perspektive auf die Moderne jedoch die immanenten Probleme, die die Form der ‚einfachen' Modernisierung bisher mit sich gebracht habe. Mit dem Konzept der ‚Risikogesellschaft' (Beck, 1986) werden die immanenten Risiken moderner Gesellschaften betont, die – aufgrund ihrer immanenten Wachstumslogik, Fortschritts-, Technik- und Wissenschaftsgläubigkeit – die Grundlagen weiterer Modernisierung zerstörten. Der Modernisierungsprozess, klassisch gleichgesetzt mit Industrialisierung, werde sich selber zunehmend zum Problem (z. B. durch die unbegrenzte Nutzbarmachung der Natur) und die Labilität moderner Gesellschaften verdanke sich genau den Erfolgen und der Durchsetzung dieses Prozesses. Es werden massive Zweifel gegenüber der Innovationsfähigkeit der o. g. Basisinstitutionen moderner Gesellschaften vorgetragen. Dadurch, dass nach Beck die Moderne ihr traditionelles Gegenbild ‚aufzehre' und jetzt die Problemlagen von Modernisierung ‚im Selbstbezug', d. h. reflexiv (Beck, 1991, S. 14), im Vordergrund stünden, komme es zu einem Bruch innerhalb der Moderne. Doch dieser wird auch hier nicht im Sinne einer völlig neuen Epoche der Post-Moderne interpretiert, sondern eher als Kontinuität der Brüche moderner Gesellschaftsentwicklung. Denn auch wenn mit der Auflösung der Strukturen der Industriegesellschaft die Moderne eine veränderte gesellschaftliche Gestalt zeige, sei sie damit nicht an einem Ende angelangt: Im Gegenteil habe sich die Moderne noch gar nicht ganz durchgesetzt, sie sei ein „unvollendetes Projekt" (Habermas, 1988). In der Tradition des kritischen Aufklärungsdenkens wird die ‚halbierte Vernunft' der Moderne kritisiert (Habermas, 1981). Der generelle Gehalt der Moderne und damit ihre Widersprüche treten erst mit ihrer Durchsetzung deutlich hervor (Beck, 1991, S. 19), weswegen die heutige Gesellschaft eher als ‚halbmodern' zu kennzeichnen sei.[4]

Diese Entwicklung der theoretischen Diskussion macht auf Aspekte aufmerksam, die auch für die Analyse der Geschlechterverhältnisse in Beruf und Familie zentral sind: auf Widersprüche und Paradoxien, auf Ungleichheiten und Ungleichzeitigkeiten, auf ‚Modernisierungsdisparitäten' im Prozess der Modernisierung und

---

[4] In diesem Zusammenhang wird dort auch das Beispiel Frauenemanzipation angeführt, ohne aber die Folgen ihrer vollen Durchsetzung in den Blick zu nehmen.

in der Gestalt moderner Gesellschaften.[5] Solche Modernisierungsdisparitäten zeigen sich einerseits in der aktuellen *Gestalt* von Gesellschaft, andererseits aber auch in der *Richtung* des Modernisierungsprozesses. Diese ist nicht einheitlich und eindeutig und zu jeder ihrer Hauptströmungen finden sich gegenläufige Tendenzen. Denn bereits die Infragestellung traditioneller Selbstverständlichkeiten und die Erosion gesellschaftlicher Strukturmomente weist auf charakteristische Ambivalenzen der ‚Modernisierung der Moderne' hin: auf mehr Offenheit *und* mehr Unsicherheit, auf Verallgemeinerung von Wahlmöglichkeiten *und* die Polarisierung von Lebenslagen. Diese Erosionsprozesse haben erhebliche Auswirkungen auf das Alltagsleben, den Zusammenhang von *Arbeit und Leben*. Nicht nur viele Details sind in Veränderung begriffen, sondern auch der Kern dessen, was Alltag ausmacht: Seine relative Verlässlichkeit in Form von festen ‚Eckdaten', Routinen und Standards, die eben nicht reflektiert werden müssen. Dabei zeichnet sich auch ab, dass die fortschreitende Auflösung traditionaler Sozialstrukturen weniger zu einem Umschlagen in neue feste Strukturen führt, sondern möglicherweise auf Dauer (zumindest jedoch für eine Übergangszeit) eine eher unscharfe und/oder verflüssigte Form sozialer Ordnung nach sich zieht. Solche ‚Flexibilisierungen' und „Entgrenzungen"[6] sozialer Strukturen zeigen sich vor allem zwischen Privatheit und Öffentlichkeit, im Bereich von Erwerbs- und Familienarbeit sowie der Verhältnisse und Beziehungen der Geschlechter (Jurczyk und Oechsle 2007).

Im ‚Male-Mainstream' der Modernisierungsdiskurse waren Geschlechterverhältnisse eher ein randständiges Thema, auch im Zusammenhang mit der Formation und Neuformation sozialer Ungleichheiten als zentraler Dimension

---

[5] Im Folgenden wird häufig auf den Ansatz und die empirischen Befunde zur Alltäglichen Lebensführung Bezug genommen (Jurczyk & Rerrich, 1993c; Projektgruppe Alltägliche Lebensführung, 1995; Kudera & Voß, 2000). Hier zeigen sich solche ‚Ungleichzeitigkeiten' und ‚Disparitäten' beispielsweise am Ineinandergreifen von hochmoderner Arbeitszeitregelung, ländlichem Milieu und traditioneller geschlechtlicher Arbeitsteilung bei den Industriefacharbeitern. Es findet sich eine große Heterogenität unterschiedlich modernisierter Lebensführungsarrangements, bei denen auf hoch ‚moderne' Verfahrensweisen, aber auch auf erhebliche Bestände traditioneller Werthaltungen und Handlungsmuster zurückgegriffen wird. Letztere sind nicht als ‚Relikte' vormoderner Sozialstrukturen zu verstehen, sondern nach wie vor als konstitutionelle Bestandteile von Modernisierung, auch wenn sie einem Veränderungsdruck unterliegen. Auch Nauck (1991) weist – in kritischer Abhebung zu Beck – am Beispiel der Arbeitsmigranten daraufhin, dass deren traditionelle und wenig individualisierte Lebensführung unverzichtbare Grundlage extensiver Modernisierungsprozesse insbesondere in den Großstädten Deutschlands ist, welche ja als ‚Zentrum' der Modernisierung gelten.

[6] Vgl. zu dem in der sozialwissenschaftlichen Diskussion aktuellen Begriff Honegger et al. (1999), Gottschall und Voß (2003), Jurczyk & Voß, (2000).

von Modernisierung. Die neuere Sozialstrukturdiskussion dreht sich in hohem Maße um die Frage der Entstehung neuer und der Stabilität alter Formen sozialer Ungleichheiten. Dabei stehen sich als Extrempositionen die ‚starke' These einer säkularen Auflösung sozialer Groß-Aggregate wie Klasse und Schicht (Beck, 1986) und eine gemäßigte Annahme gegenüber, die eher von der wachsenden Ausdifferenzierung und tendenziellen Verkleinerung sozialer Einheiten, einer Aufweichung, aber nicht völligen Auflösung der Großgruppen und Großklassen (Hradil, 1990) ausgeht. In einer dritten These wird vermutet, dass sich erneut soziale Segmentierungen herausbilden oder alte ein neues Gewicht bekommen, die die Individualisierungsthese konterkarieren (Brock, 1994).

Die Perspektive auf Geschlechterverhältnisse zeigt, dass die Zusammensetzung der Dimensionen sozialer Ungleichheit neue Mischungen aufweist (Crenshaw, 1994), wobei zum Teil neue Dimensionen relevant werden und zum Teil alte Dimensionen neue Relevanz erhalten.[7] Mit der Fortentwicklung feministischer Theorie und Forschung setzt sich auch in den männlich-zentrierten Sozialwissenschaften die Erkenntnis durch, dass es sich bei der Kategorie Geschlecht nicht um die Beschreibung einer biologischen Grundverfasstheit von Personen handelt, sondern um eine mit Ungleichheitsverhältnissen verknüpfte soziale Kategorie. Die Geschlechtszugehörigkeit ‚weiblich – männlich' wird als Merkmal von Personen gesehen, entlang dessen gesellschaftliche Chancen und Grenzen, Zugänge und Barrieren in hierarchischer Weise verteilt und geordnet werden (Gildemeister & Wetterer, 1992). Folgt man einer solchen Sichtweise, so ist Geschlecht als ‚soziale Konstruktion' zu verstehen, bei der die Zweiteilung der Menschheit in Frauen und Männer als omnipräsentes Unterscheidungskriterium fungiert.[8] Die Zuordnung zu einem Geschlecht geschieht durch innere und äußere, soziale und kulturelle *Zuweisungs- und Aneignungsprozesse,* die sich auch deswegen permanent reproduziert, weil Geschlecht in gesellschaftliche Institutionen – wie etwa Arbeitsmärkte und Ausbildungssysteme –

---

[7] Wie etwa, ob man – unter der Bedingung generell sinkender Kinderzahlen – Kinder hat oder nicht, oder ob man – unter der Bedingung einer zunehmenden ‚Verzeitlichung' des Alltags – über Zeit verfügt oder nicht. Ein weiterer Bereich der Formierung neuer sozialer Ungleichheiten ist die verstärkte Bedeutung der Ressourcen Bildung und personale Kompetenzen für die Bewältigung des gesellschaftlichen Wandels.

[8] Biologistische Argumentationen, die davon ausgehen, dass sich aus dem körperlichen Geschlecht sozusagen als letzte ‚Grundwahrheit' bestimmte Eigenarten ablesen ließen, sind nicht haltbar. Es gibt keine Natur jenseits von Kultur, sie sind ‚gleichursprünglich' (vgl. Gildemeister & Wetter, 1992, S. 210). Eine ähnliche Argumentation wird auch für die ‚Gleichursprünglichkeit' von Differenz und Hierarchie geführt.

‚eingeschrieben' ist (Krüger, 1993). Auf diesem Weg definiert die ‚wirklichkeitsmächtige' Kategorie Geschlecht soziale Situationen und strukturiert (Un)Gleichheitsverhältnisse im Modernisierungsprozess.

Es wird zu zeigen sein, inwieweit sich das Versprechen der Moderne auf Gleichheit der Geschlechter durchsetzt bzw. inwieweit die Geschlechterverhältnisse in Familie und Erwerb geradezu prototypisch für die ‚Paradoxien der Modernisierung'[9] stehen und ihren nicht eindeutigen und geradlinigen, sondern in sich widersprüchlichen Verlauf.

3   Die traditionelle Basis des Geschlechterzusammenhalts: Ökonomische Notwendigkeit, Hierarchie, polare Geschlechterbilder und romantische Liebe in der Ersten Moderne

Mit der Herausbildung industrieller moderner Gesellschaften, der Entstehung von Öffentlichkeit und Privatheit und der Dissoziation von Erwerbs- und Familienleben wurde die geschlechtsspezifische Arbeitsteilung zu einem der entscheidenden Mechanismen der „Ordnung der Geschlechter" (Honegger, 1991) und der hierarchisch strukturierten Geschlechterverhältnisse. Dabei bezeichnet ‚Geschlechterverhältnis' nicht einfach die Beziehungen zwischen Männern und Frauen, sondern „(...) weit darüber hinaus eine Organisationsform, in der Regeneration und Produktion des einzelnen wie der Gattung geregelt werden" (Becker-Schmidt, 1987, S. 201; vgl. aktuell Becker-Schmidt, 2005). Der Begriff ‚Geschlechterverhältnis' betont also die gesellschaftliche Verfasstheit der Konstellationen, Bedingungen, Chancen von Frauen und Männern als aufeinander verwiesene und notwendig aufeinander verweisende bipolar konstruierte Gruppen, die organisiert sind auch in Bezug auf das gesellschaftlich relevante Problem der Generativität. Der Zusammenhalt der Geschlechter und Geschlechterbeziehungen sind ohne die libidinösen Anziehungskräfte wie Lust,

---

[9] Dieser Begriff geht vor allem auf Max Weber zurück und wird u. a. von van der Loo und van Reijen (1992) wieder aufgegriffen. Weber thematisierte diese ‚Paradoxien' insbesondere als Folge der fortschreitenden „Rationalisierung". Er formulierte die Prinzipien des Zusammenhalts und der Entwicklung der modernen Gesellschaft auf eine Weise, dass vor allem ihre Ambivalenzen, ihre Antinomien, unerwarteten Folgen oder auch ihre Dialektik erkennbar werden.

Liebe und Generativität in ihren situativen Realisierungen nicht zu denken, dem-
gegenüber geht es beim Begriff der Geschlechterverhältnisse aber vielmehr um
ihre gesellschaftlichen Regelungen, Formierungen und Institutionalisierungen.
Der Begriff Geschlechterverhältnis impliziert darüber hinaus zweierlei:
erstens eine Kritik der Konstruktion von Frauen als das besondere, „das andere
Geschlecht" (de Beauvoir, 1968) und von Männern als das ‚Eigentliche‘, das
‚Universale‘, wodurch letztere zum allgemeingültigen Maßstab und Frauen zur
Abweichung werden – d. h. einer Konstruktion mit inhärenter Rangordnung.
Zweitens wird mit dem Begriff ‚Geschlechterverhältnis‘ Macht und Herrschaft
zwischen den Geschlechtern als zwar hierarchisches, aber nicht einseitiges Ver-
hältnis charakterisiert. Er verweist auf das Ineinandergreifen der Interessen und
Verhaltensweisen von Frauen und Männern und die wechselseitige Reproduktion
der Machtverhältnisse.

Was regelte also in der ersten Moderne die Verhältnisse und den Zusammenhalt der Geschlechter? Eine solche historische Perspektive zu explizieren ist
wichtig, da die aktuelle Situation der Geschlechter in Erwerb und Familie heute
in der Regel auf einer Basis beurteilt wird, die sich in verschiedenen Etappen
der ersten Moderne entwickelte – und eben diese Basis ist heute im Umbruch,
sie entschwindet. In der ersten Moderne – d. h. ca. im Zeitraum des neunzehnten
Jahrhunderts bis ungefähr zu den 60er Jahren des zwanzigsten Jahrhunderts[10] –
konstituierten sich im soziogeografischen Raum Deutschlands[11] die Geschlechterverhältnisse auf eine spezifische Weise, die wir uns paradoxerweise angewöhnt

---

[10] Eine solche konkrete Phasierung ist allerdings problematisch und lediglich als
heuristisches Hilfsmittel zu begreifen, denn historisch gab es stets Überlappungen und
Gleichzeitigkeiten. Die Ausführungen sind deshalb grobe Vereinfachungen, die die
Dominanz bestimmter Strukturmerkmale hervorheben und im Vergleich besonders deutlich
machen sollen.

[11] Hier sind zwei wichtige Differenzierungen zu bedenken, die allerdings nicht näher ausgeführt werden können. Erstens ist der Modernisierungstypus und -verlauf in Deutschland
nur einer von möglichen Modernisierungspfaden. Unterschiede innerhalb Europas hat im
Zusammenhang mit der spezifischen Ausformung der Geschlechterverhältnisse in Erwerb
und Familie vor allem Pfau-Effinger (1998) analysiert. Zweitens hat sich ab 1948 mit der
Gründung der Bundesrepublik Deutschland und der Deutschen Demokratischen Republik
auch innerhalb Deutschlands die Entwicklung gespalten: die Verhäuslichung von Frauen
und die Ausformung des Modells der Hausfrauenehe bspw. gilt nur für Westdeutschland.
Im genaueren Sinn treffen deshalb die folgenden Merkmale der Geschlechterverhältnisse
ab den 1950er Jahren nur für Westdeutschland zu.

haben, ‚traditionell' zu nennen, obgleich sie erst mit der Moderne entstanden.[12] Knapp skizziert, basierten sie auf folgenden Elementen: Dies ist *erstens* die strukturelle, räumliche und zeitliche Trennung der Gesellschaft in die Frauenwelt ‚Familie' und in die Männerwelt ‚Beruf'. Beruf wurde zur ‚Sachwelt', zum Bereich von Tätigkeit und Arbeit, in der das zum Leben notwendige Geld verdient wurde, Familie wurde faktisch zum durchaus arbeitsintensiven Bereich der physischen und psychischen Versorgung der Familienmitglieder. Ideologisch wurde sie aufgeladen zur Welt reiner Emotionen, zum Bereich von Mutter- und Gattenliebe.[13]

Diese Entwicklung beinhaltete *zweitens* die Entstehung der geschlechtshierarchischen Arbeitsteilung mit klaren, komplementären Zuständigkeitsbereichen. Auch wenn ein kleinerer Teil der Frauen immer zusätzlich zu ihrer familialen Arbeit außerhäuslich erwerbstätig war – meist als Arbeiterinnen –, wurden doch alle Frauen idealiter ‚verhäuslicht'. Die Zuordnung der Frauen zum Bereich der Familie als Ort des Emotionalen, der Nicht-Produktion sowie der Männer zum Bereich des Erwerbs als Ort von Rationalität und Ökonomie strukturierte allerdings eher Deutungsmuster und die Verteilung von Ressourcen und Chancen, als dass sie die Realität der faktischen Arbeitsteilung wiedergab: Auch die erwerbstätigen Frauen haben ‚ihre' Zuständigkeit für den privaten Bereich behalten. Die „doppelte Vergesellschaftung von Frauen" (Becker-Schmidt) ist die komplementäre Seite zu der der geschlechtshierarchischen Arbeitsteilung. Ein eigenes Recht auf Erwerbstätigkeit hatten Frauen bis in die 1970er Jahre nicht, dieses galt nur in der Notsituation des Zuverdienstes oder des Ledigseins als legitim und war abhängig – so vorhanden – von der Zustimmung des Ehemannes.

---

[12] Als ‚traditionelle', also ausschließlich für Mutterschaft, Mann und Haushalt lebende Frau bezeichnen wir heute in einem verwirrenden Sprachgebrauch diejenige, die ihre Lebensführung an einem Frauenbild ausrichtet, welches sich im 19. Jahrhundert ausbildete – dem Zeitraum also, der mit Industrialisierung und einfacher Modernisierung gleichgesetzt wird. *Diese Moderne war es, die erst den Typus ‚traditioneller' weiblicher Lebensführung hervorbrachte.* Allerdings folgte auch hier die Gegenbewegung auf dem Fuß: Frauenbewegungen und einzelne Frauenpersönlichkeiten stellten das traditionelle Frauenbild parallel zu seiner Entstehung in Frage (Gerhard, 1978). Nicht zuletzt machen diese Überlegungen auch – zumindest für das Thema Geschlechterverhältnisse – die Grenzen der Kategorien ‚traditional' und ‚modern' deutlich als ungenügende, grobe Begriffe für die in sich widersprüchlichen und vielschichtigen empirischen Verhältnisse.

[13] Vgl. ausführlich zu diesem historischen Kontext Hausen (1978).

Die soziale und ökonomische Existenz von Frauen war damit *drittens* an die eines Mannes gebunden, des Vaters oder des Ehemannes. Frauen waren in allen öffentlichen und privaten Angelegenheiten, auch in der Familie, dem Manne untergeordnet. Diese Hierarchie der Geschlechter war juristisch kodifiziert, sie fand ihren Niederschlag in sozialen Konventionen. *Viertens* wurden mit der realen und ideellen Zuordnung der Geschlechter zu bestimmten gesellschaftlichen Sphären und Tätigkeiten Geschlechtscharaktere kulturell konstruiert, definiert als vermeintlich typische und naturbedingte Eigenschaftskonstellationen von Frauen und Männern. Diese wurden als polar, einander ausschließend und sich wechselseitig ergänzend verstanden, wie etwa Emotionalität (als weibliche Eigenschaft) und Vernunft (als männliche Eigenschaft). Zwar bildeten sich mit Beginn der Moderne faktisch unterschiedliche Typen von Weiblichkeiten und Männlichkeiten aus (Connell, 1999), soziokulturell dominant war jedoch die Tendenz einer vereinheitlichenden Konstruktion von ‚Frau‘ und ‚Mann‘ als Geschlechtswesen.[14] Die hierarchisch organisierte Geschlechterdifferenz bekam damit historisch eine neue, zentrale, ‚omnipräsente‘ Bedeutung in der industriekapitalistischen Gesellschaft. *Fünftens* entstand mit der Moderne die Idee der romantischen Liebe als neues Beziehungsideal zwischen den Geschlechtern. Doch konnten es sich zunächst nur wenige ‚leisten‘, das Gefühl der Liebe zur Basis ihres Zusammenlebens als Paar bzw. Familie zu machen. Für viele galt lange die vormoderne Regel der Ehegattenwahl, die entweder den Stand, die Einkünfte oder die Arbeitsfähigkeit des Gatten, insbesondere in bäuerlichen Lebenszusammenhängen, in den Vordergrund rückte.

Damit lässt sich die These formulieren, dass die traditionelle Basis der Geschlechterverhältnisse einen *Zwangszusammenhalt* qua geteilter Ökonomie und polarer Geschlechtscharaktere darstellt, der hierarchisch organisiert ist und ‚abgepuffert‘ wird durch die Idee der romantischen Liebe. Frauen und Männer werden als zwar polar entgegengesetzte, dennoch aber als komplementäre, sich notwendigerweise ergänzende Genus-Gruppen und insofern als homogenes Ganzes gedacht, dessen Zusammenhalt auf einem patriarchal-herrschaftlichen Fundament ruht. An dieser Konstellation änderte der Prozess der Individualisierung, der bereits *mit* der Moderne entstand, zunächst nichts. Denn wenn Individualisierung – nach Beck (1986) – anhand dreierlei Dimensionen bestimmt wird: erstens als Freisetzung aus ständischen und traditionell-familialen

---

[14]Auch hier zeigt sich, dass, wie van der Loo und van Reijen (1992) schlüssig argumentieren, Modernisierung ein *Paradox* darstellt: die Entwicklung der Geschlechtscharaktere unterliegt *gleichzeitig* einem Prozess von Vereinheitlichung und Differenzierung.

Zusammenhängen, zweitens als Verlust von Sicherheit durch die Erosion von Traditionen und Werten sowie drittens als neue Einbindung in Institutionen wie Arbeitsmarkt, Bildungssystem und später den Sozialstaat, so wissen wir heute, dass diese Prozesse hauptsächlich Männer betrafen. Erweitern wir die sogenannte Arbeitsmarktindividualisierung um das Verständnis von Individualisierung im naturrechtlichen Sinn, d. h. als Anerkennung von Menschen als eigenständige Person mit dem Recht auf Selbstbestimmung, trifft auch hier zu, dass Individualisierung zunächst ein einseitig-männlicher Weg war; das neue Menschenbild des autonomen Individuums wird männlich konstruiert. Dies geschieht über den Weg der Universalisierung des Mannes zum Menschen schlechthin: er gilt als geschlechtsloser Repräsentant der Gattung ‚Mensch‘, wohingegen Frauen vorrangig als Geschlechtswesen bestimmt werden, wie bspw. Georg Simmel (1985, orig. 1911) kritisch rekonstruiert. Die soziale Position von Männern in dem skizzierten Zwangszusammenhalt der Geschlechter wird durch ihre fortschreitende Individualisierung nur gestärkt, welche gerade in ihrer Einseitigkeit ein systematischer Bestandteil der Geschlechterverhältnisse der ersten Moderne ist.

4   Geschlechterverhältnisse in Erwerb und Familie in der Zweiten Moderne

Die traditionelle Gestalt der Geschlechterverhältnisse ist heute im Umbruch, aber sie ist nicht einfach verschwunden: wir finden ein durchaus widersprüchliches Nebeneinander unterschiedlicher Ausprägungen ‚traditionaler‘ und ‚moderner‘ Elemente in Geschlechterverhältnissen, gerade dies ist typisch für die Gegenwart. Die folgende Skizze der aktuellen Situation geht von der These aus, dass Frauen zunehmend das Versprechen der Moderne, das Recht auf Eigenständigkeit und Selbstbestimmung, ernst nehmen und auf sich selber anzuwenden beginnen, ohne damit aber ungebrochen dem männlichen Individualisierungsmodell zu folgen. Hierdurch entstehen verschiedene, in sich komplexe Ausprägungen weiblicher Individualisierung, die auch Auswirkungen auf die Arbeits- und Lebensformen von Männern haben. Aufgrund dieser Entwicklungen, die zum Teil in Zusammenhang stehen mit gesellschaftsstrukturellen Veränderungen, finden aktuell ‚Entgrenzungen‘ oder auch ‚Entstrukturierungen‘[15] vormals relativ klarer, im

---

[15] Dieser Begriff wird in der geschlechterbezogenen Hegemonialtheorie von Robert Connell (1999) bevorzugt.

Verlauf der ersten Moderne etablierter Lebens- und Arbeitsverhältnisse statt, die
wiederum die bisherige Basis und Regelung des Zusammenhalts der Geschlechter
infrage stellen. In einem ersten Schritt werden die Veränderungen von Familie
dargestellt, allerdings hängen sie eng mit denen des Erwerbsbereichs zusammen.

Familie: Pluralisierung und Dynamisierung

Zunächst sei das bekannte Faktum wiederholt, dass die sogenannte Normal-
familie, definiert als Vater-Mutter-Kind-Familie mit Ehe, traditioneller Arbeitsteilung und dem Mann als Alleinverdiener, nur noch eine Lebensform neben
anderen ist. Die „fordistische Ära", die als „Blütezeit des männlichen Ernährer-
modells, des männlichen Alleinverdieners und der Hausfrauenehe" (Ostner,
1999, S. 69) der westdeutschen Nachkriegsgesellschaft gelten kann – und damit
als Realisierung und Kulminierung o. g. Merkmale der ersten Moderne –, ist
zu Ende. Von 1996 bis 2004 nahmen die „alternativen" Familienformen – dazu
zählen Alleinerziehende, nichteheliche und gleichgeschlechtliche Lebensgemeinschaften mit Kindern – deutlich zu: Nur noch 74 % der Familien in Deutschland waren 2004 Ehepaare mit Kindern, 20 % der Familien waren hingegen
Alleinerziehende und 6 % nichteheliche Lebensgemeinschaften mit Kindern
(Statistisches Bundesamt, 2006c). Zudem machen immer mehr Erwachsene und
Kinder im Verlauf ihres Lebens Erfahrungen in verschiedenen Formen familialer
Organisation und erleben dabei mehrfach Wechsel zwischen verschiedenen
Settings. Denn die genannten Daten des Mikrozensus blenden aus, dass es nach
Trennungen und Scheidungen häufig zu neuen Familienkonstellationen kommt,
indem durch neue Partnerschaften zu den leiblichen Elternteilen mindestens ein
sozialer Elternteil hinzutritt (Bien et al., 2002). Genauer betrachtet, haben private
Lebensformen folgende Entwicklung genommen:

- Immer mehr Menschen leben alleine: in vielen Metropolen sind inzwischen
  die Hälfte aller Haushalte Einpersonenhaushalte. Im Gesamtgebiet der
  früheren Bundesrepublik[16] ist der Bevölkerungsanteil derjenigen, die alleine
  leben, von 9,8 % im Jahr 1972 (BMFSFJ, 1999, S. 15 ff.) auf 17 % im Jahr

---

[16]Vergleichszahlen liegen oftmals nur für die frühere Bundesrepublik vor. Beim Lesen der
Zahlen ist zudem zu beachten, dass die verwendeten Quellen oft unterschiedliche Bezugs-
räume und -größen angeben.

2004 gestiegen (Statistisches Bundesamt, 2006a, S. 39). Fast ein Fünftel der Frauen (19 %) und 15 % der Männer leben alleine. Alleinlebende sind nicht mehr nur junge Erwachsene ab 18 Jahren und ältere Menschen, sondern zunehmend Personen im mittleren Lebensalter, vor allem Männer. Besonders stark fallen hier die geschlechtsspezifischen Unterschiede im Alter ins Gewicht. Die Differenz zwischen Frauen und Männern macht hier 20 Prozentpunkte aus: ältere Frauen leben zu 36 %, ältere Männer zu 16 % alleine (2006b, S. 38).

- Damit bleibt die auf den ersten Blick immer noch beachtliche Zahl von 81 % der Einwohner (Gesamt)Deutschlands, die in Familienhaushalten leben (ebd.: 27). Der Begriff ‚Familie' verdeckt dabei jedoch eher die vielfältigen Möglichkeiten, das private Leben zu gestalten. Denn der Anteil der Bevölkerung in Familienhaushalten mit Kindern liegt im Jahr 2005 nur mehr bei 53 % (ebd.: 8) (dagegen 1972: 69 % im früheren Bundesgebiet; BMFSFJ, 2003, S. 36). Nur in knapp 1 % aller Haushalte (ebd.: 17) leben drei und mehr Generationen zusammen (1972: 7 %; BMFSFJ, 1999, S. 16). Zurückgegangen ist also vor allem die Zahl der Erwachsenen, die mit einem Partner und/oder Kind(ern) zusammenleben.

- Dies hängt damit zusammen, dass sich seit den 60er Jahren die Kinderzahlen nicht nur fast halbiert haben, sondern eine zunehmende Zahl von Frauen ganz kinderlos bleibt. Im Jahr 2003 leben im früheren Bundesgebiet 27 % der Frauen, im neuen Bundesgebiet 19 % der Frauen im Alter von 40 bis unter 45 Jahren ohne Kinder im eigenen Haushalt (BMFSFJ, 2005, S. 7). Vor allem die wachsende Zahl der Unverheirateten sowie diejenigen mit hoher Bildung tragen zum Anstieg der kinderlos bleibenden Frauen bei. Diejenigen, die Kinder bekommen, entscheiden sich meist für zwei Kinder. Die durchschnittliche zusammengefasste Geburtenziffer liegt derzeit bei ca. 1,3 Kindern pro Frau (Statistisches Bundesamt, 2006a, S. 32).

- Zunehmende Familienformen sind vor allem die überwiegend weiblichen Alleinerziehenden (ohne Lebenspartner im Haushalt), sie machen ca. ein Fünftel aller Familien aus (Statistisches Bundesamt, 2006b). „Deutschlandweit gab es 2005 15 % mehr allein erziehende Mütter und Väter als vor neun Jahren. 2005 waren 87 % der Alleinerziehenden in Deutschland Mütter, der Prozentpunkte mehr als 1996 (84 %)" (ebd.: 35). Daneben nehmen auch nichteheliche Lebensgemeinschaften mit und ohne Kinder sowie gleichgeschlechtliche Partnerschaften und Lebensformen des ‚living apart together' zu, z. B. in Form von Wochenendehen, getrennten Haushalten und Pendelbeziehungen, die aber in Statistiken bislang teilweise kaum präzise, geschweige denn repräsentativ erfasst werden können.

- Nicht zuletzt nehmen Scheidungen und Trennungen zu: die Scheidungsquote hat sich im früheren Bundesgebiet von 14,2 % (1972) auf 37,2 % (2000) erhöht (BMFSFJ, 2003, S. 80). Dabei sinkt jedoch insgesamt sowohl die Eheschließungs- als auch die Wiederverheiratungsquote. Es wird geschätzt, dass im Westen Deutschlands 29 % der 1960 geborenen Männer und 20 % der Frauen dieses Geburtsjahrgangs ledig bleiben werden (ebd.: 68).

Diese aktuellen, quantitativen Entwicklungen besagen zweierlei: Es existieren heute nicht nur verschiedene Lebensformen nebeneinander, sondern im Lebenslauf von Personen ändern sich häufiger als früher Lebensform und Familienstand. Durch die Zunahme von Trennungen und Scheidungen, aber auch von Phasen des Alleinlebens und Wiederverheiratungen sind Lebensformen weniger einheitlich *und* weniger stabil, sie pluralisieren *und* dynamisieren sich.

Gleichzeitig zu dieser, auch sozial zunehmend akzeptierten Vervielfältigung von privaten Lebensformen und -verläufen sowie ihrer zunehmenden Brüchigkeit steigt paradoxerweise die Bedeutung von Liebe, von Familie, von Kindern. Die Ansprüche an eine ‚gelungene Beziehung' sind gewachsen: wo früher als gemeinsame Sache die Kinder, das Haus, der gute Ruf oder die Sicherung der Existenz nach der Phase des Verliebtseins ausreichten, um zusammenzubleiben, steht heute die Suche nach dem individuellen privaten Glück, das für Vieles herhalten muss. Beck und Beck-Gernsheim (1990) sprechen davon, dass die Liebe zur neuen ‚Religion' geworden sei, zum Ersatz für Lebenssinn und andere soziale Beziehungen. Was in der ersten Moderne ein romantisches Ideal war, das nur in seltenen Fällen realisiert werden konnte, ist heute klassen- und milieuübergreifend zur allgemeinen Erwartung geworden. Dies bedeutet nicht nur eine immense Aufwertung von Liebe und intimen Beziehungen, sondern tendenziell auch ihre Überforderung. Denn wo die Erwartung permanenten persönlichen Glücks zur wichtigsten Basis der Zweisamkeit wird, fällt es schwerer, die Mühen des Alltags zu ertragen.

Dies gilt umso mehr, als sich dieser gemeinsame Alltag aufgrund der stark gestiegenen Lebenserwartung um viele Jahrzehnte verlängern kann. Eine Folge ist, dass man eben auch leichter wieder auseinander geht – häufig, um in einer neuen Beziehung neues Glück zu suchen. Eine andere Folge ist, dass Familie und Beziehung zum ‚Dauerdiskurs' werden. Gemeinsamkeit wird zur Verhandlungssache, bei der strukturell immer weniger vorgegeben ist (Beck-Gernsheim, 1990). Dies beginnt heute bei der Frage der Namenswahl, es betrifft das zentrale Problem, wer von beiden was, wann, wie und warum in Beruf, Haushalt und Freizeit macht, und mündet darin, dass selbst Verwandtschaftsbeziehungen – z. B. die Eltern-Kind-Beziehungen im Falle der Trennung der Eltern, Stiefelternschaften als Folge von neuen Eheschließungen – ‚erarbeitet' werden müssen (und können) (Giddens, 1993). Dadurch erweitern sich zwar klein gewordene Familiennetze wieder, was für die Betroffenen durchaus positiv sein kann, aber auch dies setzt bewusste Auseinandersetzung an die Stelle von zuvor etablierten und klar geregelten familiären Rechten und Pflichten.

Zusätzlich kristallisieren sich auf dem Hintergrund traditioneller und sich neu konstellierender Geschlechterrollen und Arbeitsteilungsmuster teilweise unterschiedliche Vorstellungen vom privaten Glück bei Frauen und Männern heraus. Auch dies ist neuer Konfliktstoff, zumindest, sobald er expliziert wird. Die Literatur zu Scheidungs- und Trennungsverläufen belegt die Dominanz typischer Konflikte und Schieflagen zwischen den Geschlechtern. Auf der Ebene der Zahlen zeigt sich dies darin, dass 55,7 % der Scheidungsanträge von Frauen und 36,5 % von Männern eingereicht werden (Statistisches Bundesamt, Pressemitteilung vom 08.12.2006).

In einer qualitativen Untersuchung über das geschlechtsspezifische Erleben von Scheidung konnten die befragten Männer die Qualität der Beziehung vor der Scheidung kaum konkret schildern. Die Frauen hingegen berichteten vor allem von unerfüllten emotionalen Erwartungen und Bedürfnissen in der Paarbeziehung vor der Scheidung (Zartler et al., 2004, S. 64). Auf die Frage, wann zum ersten Mal Gedanken an eine Scheidung aufkamen, betonten die Frauen insbesondere die Geburt des ersten Kindes und die daraus resultierende traditionelle Rollenteilung, neue Paarbeziehungen (der Frau oder des Mannes), Aggressionsausbrüche des Partners oder Gelegenheiten, bei denen die Frauen feststellten, dass emotionale Gemeinsamkeiten mit dem Partner fehlten (ebd.: 86). Auch diese Studie belegt die Unzufriedenheit der Frauen mit der traditionellen Rollenverteilung als zentrale subjektive Scheidungsursache. Sie fühlten sich häufig von ihren Männern bei Kindererziehung und Hausarbeit alleine gelassen und warfen ihren Männern vor, ihren (Vater-)Pflichten nicht nachzukommen (vgl. ebd.: 67 ff., vgl. auch Beck und Hartmann, 1999). Die Männer gaben als Trennungsgründe wesentlich häufiger als Frauen unterschiedliche sexuelle Ansprüche und Erwartungen an. Vor allem aber sagten Männer, dass sie von den Trennungsabsichten ihrer Frauen überrascht worden seien. Die Bereitschaft der Männer eine Paarbeziehung aufzulösen, scheint sehr viel niedriger zu sein als die der Frauen (Zartler et al., 2004, S. 87).

Es gibt aber auch Indizien dafür, dass im Allgemeinen die Erwartungen von Männern und Frauen an Familie relativ ähnlich sind; diese finden sich jedoch eher in großen, quantitativ angelegten Untersuchungen. Auf die Frage „Was bedeutet Familie für Sie?" ist bei Männern sowie bei Frauen die häufigste Antwort: „Menschen, die sich gegenseitig lieben". Differenzen zwischen den

Geschlechtern ergeben sich hauptsächlich an den Punkten, an denen Emotionen ins Spiel kommen. „Lieben und geliebt werden" ist beispielsweise für 83 % der Frauen aber nur für 73 % der Männer eine Umschreibung für Familie. Für Männer dagegen bedeutet Familie sehr viel häufiger als für Frauen „ein geregeltes Leben" (Männer 61 %, Frauen 54 %). Auch an der Frage ob „viel Zeit mit den Kindern verbringen" Familie bedeutet oder nicht, scheiden sich die Geschlechter, 52 % der Frauen, aber nur 40 % der Männer fanden, dies gehöre zu Familie (Noelle-Neumann und Köcher, 2002, S. 111).

Damit lässt sich die pauschale Aussage bestätigen (Beck-Gernsheim, 1990), dass Männer eher Wert darauf legen, dass im Alltag einschließlich einer geregelten Sexualität ‚alles gut laufen soll', Frauen hingegen Wert auf Kommunikation und innere Nähe. Zudem wünschen sie inzwischen auch für sich selbst das, was zentrale Aspekte ihrer traditionellen Frauenrolle waren: Anerkennung, Gefühle, Zärtlichkeit, Wärme. Ihre zunehmende Berufstätigkeit erhöht nicht nur allgemein ihr Selbstbewusstsein, sondern sie formulieren die Erwartung auf Reziprozität, darauf, dass auch sie nun eigentlich eine Person brauchen, die ‚für sie da ist' – sowohl mit Verständnis und emotionaler Unterstützung als auch mit praktischer Hintergrundarbeit.

Diese Lücken werden jedoch – auch bedingt durch die Anforderungen männlich orientierter Berufsstrukturen – nur von einem Teil der Männer gefüllt. Frauen haben sich zwar meist aus ihrer einseitigen Zentrierung auf die Familie gelöst, doch umgekehrt sind Männer diesen Weg kaum gegangen. Die Arbeitsteilung zwischen Frauen und Männern erweist sich, trotz partiell veränderter Einstellungen, sobald sie sich alltagspraktisch zusammentun, aber spätestens dann, wenn Kinder da sind, als über die Maßen stabil: familiale Arbeit ist nach wie vor weitgehend Frauenarbeit, wie aktuelle Zeitbudgetuntersuchungen belegen (Blanke et al., 1996; Statistisches Bundesamt, 2003). Drastisch zeigt sich die große quantitative Bedeutung der vor allem von Frauen getragenen Hausarbeit an folgenden Zahlen:

„Alle Personen ab dem zwölften Lebensjahr leisteten in Deutschland (1992) 95,5 Mrd. h an unbezahlter Arbeit (…), das sind 59 % mehr als die bezahlte Erwerbsarbeit (60 Mrd. Stunden). Rund 2/3 der unbezahlten Arbeit wurde von Frauen geleistet." (Blanke et al., 1996, S. 16)

Die tendenziellen Annäherungen zwischen der Zeitverwendung von Frauen und Männern für unbezahlte Arbeit 2001/2002 beruhen darauf, dass Frauen ihre Arbeit in Haushalt und Familie um 10 % reduziert haben (Statistisches Bundesamt, 2003, S. 14 ff.). Die neue Zeitbudgetuntersuchung zeigt darüber hinaus, dass auch die Binnen-Verteilung der häuslichen Arbeit weitestgehend dem traditionellen geschlechtsspezifischen Muster folgt: Frauen kochen, putzen, waschen und räumen regelmäßig auf, Männer tragen den Müll hinunter, versorgen Garten und Auto und übernehmen größere Einkäufe. Lediglich im Bereich der Kinderversorgung und der Einkäufe gibt es kleine Annäherungen (ebd.). Auch die qualitativen Untersuchungen im Feld häuslicher Arbeitsteilung (vgl. zusammenfassend Müller, 1998 sowie Rerrich, 2000; als aktuelle Einzelstudie bspw. Behnke und Meuser, 2003) machen deutlich, dass sich zwar einige ihrer Puzzlestücke, aber nicht das Gesamtbild verändert hat. So sind etwa heutzutage Männer, wenn auch nicht proportional zum gestiegenen Berufsengagement von Frauen, im Generationenvergleich stärker in der Familie engagiert als ihre Väter und Großväter, und dies mit einer gewissen Selbstverständlichkeit (Fthenakis, 2002). Sie ‚helfen' im Haushalt auf Wunsch partiell ‚mit', führen mehr oder weniger eigenständig einige Aufgaben aus und sind teilweise bewusstere und engagiertere Väter als vor einer Generation. Bemerkenswert sind aber die neuen Grenzlinien der Arbeitsteilung: Selbst die (wenigen) Männer, die sich relativ stark an familialer Arbeit beteiligen, überlassen die ‚wirkliche' im Gegensatz zur ‚zeitlichen' Verantwortung für Haushalt und Familie und die Gesamtregie über die vielen Facetten des gemeinsamen Alltags ihren Frauen (Jurczyk und Rerrich, 1993a). Auch trifft einerseits zu, dass Männer aufgrund eines veränderten (Selbst) Bewusstseins von Frauen eher unter Rechtfertigungsdruck für ihr Handeln stehen.

Andererseits lässt sich jedoch, folgt man repräsentativen Untersuchungen, nicht einmal durchgängig die These stützen, dass Männer ‚im Allgemeinen' heute ihre Einstellung, wenn auch nicht ihre Praxis ‚modernisiert' hätten. Denn 53 % der westdeutschen Männer äußern 1996 immer noch die Ansicht, dass es am besten für alle Beteiligten sei, wenn der Mann voll im Berufsleben steht und die Frau zuhause bleibt (Statistisches Bundesamt, 1997, S. 450). Auch der neue Datenreport belegt, dass Männer insgesamt eine stärkere berufliche Orientierung und eine geringere Familienorientierung als Frauen zeigen (Statistisches Bundesamt, 2006a, S. 513). Dennoch ist im Verlauf des letzten Jahrzehnts bei beiden Geschlechtern die Zustimmung zur traditionellen Arbeitsteilung stark zurückgegangen, wenngleich Unterschiede zwischen Ost und West, den Geschlechtern sowie Alterskohorten bestehen bleiben. In den alten Bundesländern waren im Jahr 2000 noch ca. 50 % der befragten Frauen und Männer für eine traditionelle Arbeitsteilung in der Familie, im Jahr 2004 nur noch 40 %. Von den unter 30jährigen stimmen dem nur 22 % zu (ebd.).

So haben sich mit der zunehmenden Erwerbstätigkeit von Frauen und Müttern (s. u.) weder die geschlechtsspezifische häusliche Arbeitsteilung noch die entsprechenden Einstellungen aufgelöst. Im Anschluss an Kathleen Gerson (1993) lässt sich demnach die übliche Modernisierungssemantik umdrehen: Es geht nicht mehr darum, die Defizite von Frauen auszugleichen und sie zu mehr ‚männlichen' Eigenschaften und Tätigkeiten zu ermutigen, sondern darum, das ‚Modernisierungs-Gap' von Männern in den Mittelpunkt geschlechterpolitischer Strategien zu stellen.

Für Frauen führt das ungelöste Dilemma ihrer Teilhabe an Beruf und dabei fortbestehender familialer Zuständigkeit zu einer hohen Daueranforderung, die allerdings auch den Erwerb spezifischer Kompetenzen (wie Organisations- und Kooperationsfähigkeit, Flexibilität, soziale Empathie etc.) ermöglicht. Um sich zu entlasten, etablieren Frauen komplexe (Frauen)Netzwerke, die Teile der Hausarbeit übernehmen (Rerrich, 2000). Sie greifen zunehmend auf eine Strategie zurück, die bislang nur gutbürgerlichen Milieus vorbehalten war und die zu einer erneuten Differenzierung, ja Polarisierung *zwischen* Frauen führt: sie suchen andere Frauen, an die sie Teile ‚ihrer' Hausarbeit delegieren können. Diese verstärkte Arbeitsteilung und soziale Ungleichheit zwischen Frauen spielt sich ab zwischen denjenigen (wenigen) Frauen, die mit qualifizierter Berufsarbeit so viel Geld verdienen, dass sie einen Teil der Hausarbeit weitergeben können an diejenigen Frauen – häufig cosmobile Migrantinnen –, die froh sind, überhaupt eine bezahlte, wenn auch meist ungesicherte, oft illegale Beschäftigung in privaten Haushalten oder hausarbeitsnahen Beschäftigungen zu finden (Rerrich, 2006). Andere Frauen mit Kindern und Beruf lösen, mangels öffentlicher Kinderbetreuungseinrichtungen, dieses Problem, indem sie auf die Großeltern, vor allem die Großmütter zurückgreifen – europaweit und in Deutschland immer noch die wichtigste unbezahlte Ressource der Kinderbetreuung (Bien et al., 2006). Auch dies war im Rahmen der Mehrgenerationenfamilie, die in einem Hause wohnte, eine übliche, einfache und nahe liegende Strategie; heute erfordert es zunehmend – trotz immer noch räumlich naher Verwandtenhaushalte (Lange & Lauterbach, 1998) – eigenständige Organisationsarbeit, Großmutter und Kind zeitlich und räumlich zusammenzubringen.

Als Fazit lässt sich ziehen, dass Familien nicht nur in ihren Formen diversifiziert und in ihrem Verlauf dynamisiert sind, sondern dass auch ihr Innenleben, für die Geschlechter nochmals unterschiedlich, komplexer und komplizierter geworden ist. Dies betrifft sowohl das Leben mit Kindern als auch die Beziehung zwischen den Erwachsenen. Der Aushandlungs- und Abstimmungsbedarf nimmt entsprechend zu, in vielerlei Hinsicht kommt es zu einer neuen „Arbeit des Alltags" (Jurczyk & Rerrich, 1993c). Familie wird zu einer Herstellungsleistung (BMFSFJ, 2006), einem fragilen Projekt, das nicht mehr als alternativlos gilt.

Erwerbsbereich: Begrenzte Entgrenzung und Feminisierung

Die skizzierten Modernisierungsprozesse der familialen Lebensformen und -verhältnisse sowie der privaten Geschlechterbeziehungen stehen in enger Wechselwirkung mit einer sich drastisch wandelnden Erwerbswelt sowie den Erwerbssituationen von Frauen und Männern. Dabei sind diese drei Ebenen – Familie, Erwerb, Geschlechterverhältnisse – zwar eng miteinander verwoben, jedoch nicht in einer wechselseitig kausal determinierenden Weise.

Zunächst ist festzustellen, dass die Krise der Arbeit nicht darin besteht, dass der Gesellschaft die Arbeit ausginge, denn notwendige Aufgaben gibt es im Öffentlichen und Privaten mehr als genug: nicht das vielbeschworene „Ende der Arbeitsgesellschaft" steht an, sondern ein Wandel von der „Arbeits- zur Tätigkeitsgesellschaft" (Senghaas-Knobloch, 1999). Das Problem besteht nicht im Mangel von Arbeit, sondern in einer sozial und individuell gerechten und befriedigenden Verteilung unterschiedlicher bezahlter und unbezahlter Tätigkeiten.

Doch selbst in Phasen der Zunahme der Beschäftigung zeigt sich der Mangel an bezahlter Arbeit u. a. an einer kontinuierlichen Verringerung des Arbeitszeit-volumens: es sank von 1885 Stunden effektiver Jahresarbeitszeit (je Arbeitnehmer im gesamtwirtschaftlichen Durchschnitt) im Jahr 1970 (Willke, 1998, S. 277 ff.) auf 1436 geleistete Arbeitsstunden Stunden im Jahr 2006 (Statistisches Bundesamt, Pressemitteilung vom 20.02.2007). Darüber hinaus ist die Nachfrage nach Erwerbsarbeit deutlicher gestiegen als das Angebot an (bezahlten) Arbeitsplätzen. Dies zeigt sich an einer seit den 1990er Jahren mit circa 10 % relativ konstant hohen, jedoch im Juni 2007 auf 8,8 % gesunkenen Erwerbslosigkeit (Bundesagentur für Arbeit, 2007). Nach Einsetzung der Arbeitsmarktreform Hartz IV wurde die Zahl der bislang verdeckt Erwerbslosen besser sichtbar. Die Nachfrage nach Arbeitsplätzen kommt vor allem von Frauen, der größte Teil der o. g. Zuwächse an Arbeitsplätzen sind, wenn auch in Form von Teilzeitarbeit, an sie gegangen. Auch hier einige Zahlen:[17]

- Der Anteil der Frauen an allen Erwerbstätigen – mithin die allgemeinste Relation von erwerbstätigen Frauen und Männern – beträgt nach dem Mikrozensus 2004 42,3 % (Statistisches Bundesamt, 2006a, S. 89), was eine leichte, aber kontinuierliche Steigerung zu den Vorjahren bedeutet.

---

[17] Zur Erwerbsarbeit vgl. ausführlich Achatz in diesem Band.

• Auffallend ist vor allem die zunehmende Mütter- und Ehefrauenerwerbstätig-
  keit: 2005 waren rund 61,6 % aller 15- bis 64jährigen Frauen mit Kindern
  im Haushalt erwerbstätig (einschließlich Erwerbslose und Beurlaubte)
  (Statistisches Bundesamt, 2006e, S. 86), davon sind immerhin 57 % aktiv
  erwerbstätig (Statistisches Bundesamt, 2006c, S. 8). Selbst in der Gruppe
  der Mütter mit den größten Alltags- und Betreuungsproblemen, deren Kinder
  unter 3 Jahren sind, sind 40,9 % der ostdeutschen und 30,6 der westdeutschen
  Mütter aktiv erwerbstätig; bei denjenigen mit Kindern von zehn bis 14 Jahren
  sind es 71,6 % in Ostdeutschland und 71 % in Westdeutschland.
  Dabei arbeiten aber doppelt so viele Mütter in West- wie in Ostdeutschland
  Teilzeit (Statistisches Bundesamt, 2006f, S. 10), wenngleich Teilzeitarbeit auch
  in Ostdeutschland zunimmt. Die Frauenbeschäftigung nähert sich damit in Ost-
  und Westdeutschland stark an, was aus der Perspektive ostdeutscher Frauen
  einen massiven Rückgang, aus der Perspektive westdeutscher Frauen dagegen
  eine Steigerung bedeutet. In den 60er Jahren war in Westdeutschland nur jede
  dritte Mutter schulpflichtiger Kinder erwerbstätig (Garhammer, 1997).

• Dies bedeutet, dass Frauen weniger denn je nur in den im sogenannten Drei-
  Phasen-Modell vorgesehenen Phasen, sondern in allen Abschnitten ihrer Bio-
  grafie, formell und informell, Ein-, Aus-, Seiten- und Hintertüreneinstiege ins
  Erwerbsleben praktizieren. Diese finden jedoch nicht immer einen adäquaten
  Ausdruck in den Statistiken (Born et al., 1996), weil Frauen oftmals nicht in
  sogenannten Normalarbeitsverhältnissen, sondern in Graubereichen der markt-
  förmigen Ökonomie tätig sind. Hierzu zählen vor allem nicht gemeldete oder
  geringfügige Erwerbsarbeit von Frauen im Bereich privater Haushalte, wie
  Putzen und Kinderbetreuung, die zusätzlich auf einige Millionen geschätzt
  werden (Gather et al., 2002).

Deutlich wird, dass die Erwerbstätigkeit von Frauen keine begründungs-
pflichtige Ausnahme mehr ist, sondern zur allerdings immer noch prekären und
ambivalenten Normalität geworden ist. Heute wird von Frauen erwartet, dass
sie in der Lage sind, sich bei Bedarf selbst zu ernähren. Die „doppelte Vergesellschaftung" von Frauen in Familie und Beruf ist damit zur selbstverständlichen Anforderung, zur Norm geworden.[18]

---

[18] Ein weiterer zentraler Grund für die steigende Frauenerwerbstätigkeit ist ihr hohes
Bildungsniveau, das an das der Männer nahezu angeglichen, an manchen Stellen sogar
höher ist (Statistisches Bundesamt, 2006g).

Doch damit ist ihre Erwerbstätigkeit auch durch vielfältige Dilemmata gekennzeichnet. Sie ist immer noch auf ‚Widerruf‘, unter Vorbehalt faktischer oder nur potenziell als subjektiv oder objektiv möglich erachteter Familienpflichten, und dadurch[19] ist sie nach wie vor anders beschaffen als die von Männern. Die geschlechtsspezifische Segregation des Arbeitsmarktes bzgl. Branchen, Berufen und Positionen und entsprechenden Einkommensunterschieden ist weitgehend stabil. Daran hat auch die verstärkte Integration von Frauen in den Arbeitsmarkt nichts geändert, im Gegenteil, denn die quantitativen Zuwächse der Frauenarbeitsplätze in den letzten Jahrzehnten in Westdeutschland verdanken sich überwiegend der Zunahme von Teilzeitarbeit: Im Jahr 2004 sind 42 % der abhängig erwerbstätigen Frauen, aber nur 6 % der Männer teilzeitbeschäftigt (Statistisches Bundesamt, 2006g, S. 29).

Bezogen auf den Erwerbsbereich kann man demnach nach wie vor nur von einer „begrenzten Integration" (Gottschall, 1995) von Frauen in den Arbeitsmarkt reden. Damit zeigt sich auch die Erwerbssituation von Frauen heute widersprüchlich: einerseits sind sie stärker in Erwerbsarbeit integriert, die eindeutige Zuordnung der Geschlechter zu ‚ihren‘ Arbeitsbereichen ist insofern aufgebrochen, als sie, vor allem als Mütter und Ehefrauen, zunehmend erwerbstätig sind und ein kleiner Teil vor allem hochqualifizierter Frauen berufliche Arbeit an Stelle von Familie setzt.[20] Andererseits bewegen sie sich immer noch, da ihnen die Verantwortung für private Fürsorgearbeit übertragen wird, häufig in geringer entlohnten und qualifizierten, statusniedrigeren, zeitlich reduzierten und sozial schlechter abgesicherten Segmenten des Arbeitsmarktes. So ist es trotz mancher Annäherungen auch im Erwerbsbereich nicht zu einer wirklichen Angleichung der Geschlechter gekommen. Und angesichts anhaltender Umstrukturierungen des Erwerbsbereichs ist offen, ob Frauen ihre starke Erwerbsorientierung auch künftig realisieren können und ob es zu einer verstärkten Konkurrenz zwischen

---

[19] Hier muss allerdings bedacht werden, dass die Konnotation von Frauen mit Familienarbeit nur *ein* Mechanismus ist, mit dessen Hilfe ihre Differenz (hier i.S. ihrer Besonderheit und Minderwertigkeit am Arbeitsmarkt) konstruiert wird. Es gibt andere, inhaltlich wechselnde Begründungen, die das Gleichheitstabu zwischen den Geschlechtern aufrechterhalten (Wetterer, 1995).

[20] Die Studie von Keddi et al. (1999) belegt, dass ca. 10 % der jungen Frauen in ihrem Lebensentwurf die Priorität auf Beruf legen; vgl. auch Geissler und Oechsle (1996).

den Geschlechtern auf dem Arbeitsmarkt kommt. Dies wird sich auf dem Hintergrund einer Veränderung der Erwerbssituation im Ganzen, auch der der Männer, entscheiden. Zentral ist hierbei, dass sich das Bild ,normaler', d. h. männlicher Erwerbstätigkeit wandelt. Hintergrund sind ,Entgrenzungstendenzen' der Erwerbsarbeit, sie betreffen Arbeitszeit und Arbeitsort, die Verfasstheit der Beschäftigungsverhältnisse, den Berufsverlauf u. a. m. Gerade die Form der vollzeitigen, lebenslangen, unbefristeten und abgesicherten Erwerbsarbeit, die bislang im Wesentlichen von Männern ausgeübt wurde, wird knapper, das Erwerbslosigkeitsrisiko, vor allem in den tradierten Männerbranchen, steigt. Berufsanfänger werden zunehmend auf Teilzeitbasis eingestellt, für einen Teil von ihnen wird daraus eine ,lebenslängliche Probezeit'. Die Form so genannter „monogamer Arbeit" (Gross, 1996) – d. h. die Ausübung ausschließlich eines Berufs über einen langen Zeitraum hinweg oder sogar lebenslang – verschwindet, dafür nehmen Fristigkeit, Selbständigkeit, prekäre Beschäftigungsverhältnisse und in der Folge neue Anforderungen an Arbeitskräfte zu, die nur noch zum Teil im Bild ,traditioneller' abhängiger und verberuflichter Lohnarbeit aufgehen. Arbeitskräfte werden zunehmend zu Unternehmern ihrer selbst, zu „Arbeitskraftunternehmern", die für ihre adäquate Qualifizierung und Vermarktung selbst zu sorgen haben (Voß & Pongratz, 1998). Dabei wird es GewinnerInnen und VerliererInnen solcher Entgrenzungen geben, und prekäre werden neben ,Normal'arbeitsverhältnissen bestehen.

Diese Entwicklungen führen zur Entgrenzung von Arbeit und Leben mit Auswirkungen auf die Geschlechterverhältnisse in Erwerb und Familie:

- In der *räumlichen* Dimension der Arbeit findet sich eine neue Vermischung von Arbeits- und Lebensbereichen. Mithilfe der Formen neuer Heimarbeit (home-offices, Teleheimarbeit usw.) oder intensivierter Mobil- bzw. Außendienstarbeit sollen unausgeschöpfte Rationalisierungs- und Motivationspotenziale der Beschäftigten erschlossen werden. Sie müssen in der Folge immer selbständiger die räumliche Strukturierung ihrer Arbeit organisieren. Personen, die eingebunden sind in Sorgearbeit, erfahren die Anforderung an Mobilität als Handicap, profitieren aber möglicherweise von der Möglichkeit, zu Hause zu arbeiten.
- Die *zeitliche* Entgrenzung von Erwerbsarbeit ist weit fortgeschritten. Eine repräsentative Arbeitszeitstudie weist die empirische Auflösung de ,Normalarbeitszeit' nach: noch vor fast zwanzig Jahren waren 27 % aller abhängig Beschäftigten in der Bundesrepublik im Rahmen sogenannter

Normalarbeitszeiten erwerbstätig (Groß et al., 1987, S. 6 ff.), im Jahr 1999 haben nur noch 15 % ‚normale' Arbeitszeiten (Bauer et al., 2004, S. 27). Zugenommen haben in den letzten Jahren vor allem Sonntags-, Teilzeit-, Gleitzeit- und Überstundenarbeit sowie Arbeitszeitkonten (Seifert, 2007). 2003 arbeiten bereits 42 % der westdeutschen und 38 % der ostdeutschen Beschäftigten mit einem Arbeitszeitkonto, sowie ein Drittel der Beschäftigten regelmäßig samstags und ein reichliches Zehntel sonntags, 14 % leisten regelmäßig Schichtarbeit (Seifert, 2005, S. 479). Arbeitszeiten sind damit immer weniger dauerhaft und einheitlich festgelegt, sondern es steht zunehmend zur Disposition, wann und wie lange gearbeitet wird. Das betrifft nicht nur Beginn und Ende der täglichen Arbeit, sondern greift auch auf Woche, Monat und Jahr sowie die Rhythmisierung des Arbeitslebens insgesamt über. Auch hier sind die Folgen für Familienarbeit ambivalent, chancen- und risikoreich zugleich (s. u.).

Das Normalarbeitsverhältnis hat in den letzten Jahrzehnten zugunsten atypischer Beschäftigungsformen an Bedeutung verloren. Im Jahr 2005 umfassten atypische Beschäftigungsformen rund ein Drittel aller abhängig Beschäftigten, bei Frauen lag der Anteil sogar bei 54 % (Keller & Seifert, 2007). Für Frauen waren demnach die beschriebenen ‚Unregelmäßigkeiten' Normalität, für Männer werden sie es erst jetzt. Das Brüchigwerden des sogenannten Normalarbeitsverhältnisses, das eine bislang typische, auf den männlichen Alltag und Lebenslauf zugeschnittene Form beruflichen Arbeitens darstellte, trifft deshalb Männer in ihrem Erwerbsleben anders. Mit Blick auf die aktuelle Erwerbssituation von Männern ist demnach ein Perspektivenwechsel zu vollziehen: die sogenannte Krise der Arbeit erweist sich für Männer als eine Infragestellung ihres Status Quo der vergangenen Jahrzehnte; die Entwicklung der Frauenerwerbstätigkeit hat dagegen den umgekehrten Ausgangspunkt: sie bewegen sich weg von der ‚selbstverständlichen' Abweichung von der männlichen Norm. Bezogen auf die Erwerbsarbeit von Männern lässt sich deshalb heute tendenziell von einer ‚Feminisierung' der Arbeit sprechen, insofern als auch männliche Erwerbsverläufe diskontinuierlicher werden, die Arbeit geringer bezahlt, flexibel (selbst) organisiert, zunehmend fristig und unsicher. Auch hier scheint sich eine Schere zwischen den Geschlechtern zu schließen, allerdings in einer Anpassung ‚nach unten'. Diese Entwicklung erinnert an die von feministischer Seite in den 80er Jahren vertretene These der „Hausfrauisierung der Arbeit" (von Werlhof et al., 1983), welche bereits damals im internationalen Zusammenhang diskutiert wurde und die aktuell von Beck (1999) plakativ formulierte These der „Brasilianisierung der Arbeit" vorwegnahm.[21]

5   Die Modernisierung patriarchaler Geschlechterverhältnisse in Familie und Beruf: eine Zwischenbilanz

Aus der Perspektive der zweiten Moderne und ihren begrenzten Entgrenzungen in Beruf und Familie für beide Geschlechter wird die Zwiespältigkeit der Modernisierung deutlich: klare, vorgegebene traditionell-hierarchische Geschlechterrollen und Arbeitsteilungsmuster hatten individuell und gesellschaftlich nicht nur einschränkende, sondern auch handlungs- und sinnfindungsentlastende und Komplexität reduzierende Funktionen. Frauen stehen heute in einem strukturbedingten Widerspruch: obgleich sie einseitig den traditionellen Geschlechtervertrag aufkündigen, indem sie zunehmend berufstätig werden, ist dieser nach wie vor das *Fundament der Produktionsweise von Industriegesellschaften* (vgl. Pieper, 1988). Denn nach wie vor gilt das Modell des ‚Eineinhalb-Personen-Berufs' (Beck-Gernsheim, 1980), das besagt, dass hinter jeder vollzeitberufstätigen Person (gedacht als Mann) notwendigerweise eine hausarbeitende Person (gedacht als Frau) steht. Zwar wird mit dem Siebten Familienbericht (BMFSFJ, 2006) nun verstärkt das Fürsorge integrierende Zweiverdienermodell in der Öffentlichkeit diskutiert, doch dessen Durchsetzung wird auf sich warten lassen. Die bislang fortdauernde Gültigkeit des Modells des ‚Eineinhalb-Personen-Berufs', in Form vor allem von unveränderten Berufsstrukturen und institutionellen Kontexten, kennzeichnet bei gleichzeitig veränderten Lebenspraktiken und -entwürfen von Frauen, einen der zentralen Widersprüche moderner Geschlechterverhältnisse, aus ihm ergeben sich strukturelle Engpässe der Alltagsorganisation ebenso wie Beziehungs- und Identitätskonflikte. Dies kennzeichnet auch die typischen Probleme von ‚dual-career-couples' (Behnke & Meuser, 2003; Solga & Wimbauer, 2005).

Dabei wird die Berufsarbeit von Frauen einerseits politisch, ökonomisch und ideologisch gefordert und akzeptiert und von Frauen selber gewünscht, andererseits ist ihre Realisierung mit systematischen Hindernissen und

---

[21] Dieses Stichwort ist allerdings auch ein Hinweis auf eine Leerstelle dieses Textes: die mangelnde Einbindung der Diskussion um die Entwicklung von Arbeit im Kontext von Globalisierung.

Überlastungen verbunden. Sie erfordert dann, wenn gleichzeitig Mann, Kinder und andere Familienangehörige zu versorgen sind, vielfältige Abstimmungen und Koordinationen bei der Abwicklung der Versorgungsarbeit. Diese Anforderungen potenzieren sich, wenn auch Frauen vollzeitig berufstätig und noch mehr, wenn sie beruflich aufsteigen wollen: der dazugehörige Qualifizierungs- und Mobilitätsdruck macht meist grundsätzliche und wiederholte Aushandlungen darüber erforderlich, wer wessen reproduktive Versorgung gewährleistet. Eine zunehmend praktizierte ‚Lösung' dieses Dilemmas ist – angesichts des Mangels an gesellschaftlichen Hilfestellungen wie bspw. mehr Kinderbetreuungsplätzen – deshalb der Verzicht auf Kinder und ein verändertes Bindungsverhalten mit häufigeren Trennungen. Von beiden Seiten, Frauen und Männern, wird gegenüber den traditionalen Konstellationen der Ersten Moderne nun deutlicher der Nutzen eine Beziehung für den je eigenen Lebensentwurf und die Lebensführung kalkuliert, da auch die Entscheidung für eine Beziehung und ihre Aufrechterhaltung heute nicht mehr alternativlos ist.[22]

Es zeigt sich, dass die Komplexität gegenwärtiger Geschlechterverhältnisse und der unterschiedlichen Ebenen der Veränderungsprozesse in ihren Konturen klarer zu erkennen ist, wenn die Ebenen von *Lebensführung als System praktischen Tuns* und als *sinnhaftes System* auseinander gehalten werden. Diese Unterscheidung hilft zu erklären, wo und warum die aktuelle These der Erosion von Geschlechterrollen und der geschlechtsspezifischen Arbeitsteilung eine zu pauschale Annahme ist. Die empirischen Befunde zur alltäglichen Lebensführung (Jurczyk & Rerrich, 1993c; Kudera & Voß, 2000; Projektgruppe Alltägliche Lebensführung, 1995) von Frauen und Männern zeigen, dass sich Geschlechterverhältnisse weder im Ganzen geändert haben noch dass sie einfach gleich geblieben sind: Modernisierung im Hinblick auf die Entwicklung der Geschlechterverhältnisse zeigt ein paradoxes Bild, das im Folgenden durch *Ambivalenzen, Brüche, Ungleichheiten und Ungleichzeitigkeiten* verschiedener Art gekennzeichnet wird.

---

[22] In der Folge müssten auch auf der Ebene von Betrieben und gesellschaftlichen Dienstleistungseinrichtungen Vorkehrungen für den Fall getroffen werden, dass eine berufstätige Person nicht mehr selbstverständlich eine andere zu ihrer Versorgung ‚hinter sich' hat. Dafür finden sich jedoch zum Zeitraum der Untersuchung zur alltäglichen Lebensführung – Anfang der 1990er Jahre – keine Belege, eher für die umgekehrte Variante: dass ein Betrieb sein (männliches) Personal explizit danach rekrutiert, dass sein traditionelles familiäres Hinterland gewährleistet scheint (Projektgruppe Alltägliche Lebensführung, 1995).

Ambivalente Konstruktionen in veränderten Geschlechterverhältnissen bei Frauen

Ambivalenzen in den *Veränderungen im Geschlechterverhältnis* zeigen sich darin, dass sich auf der Ebene des Bewusstseins und der Orientierungen teilweise Einstellungen in Richtung auf mehr Egalität und Partnerschaftlichkeit ändern, dies aber auf der anderen Ebene, der der konkreten Alltagsgestaltung und der der geschlechtshierarchischen Arbeitsteilung, keine entsprechenden Folgen hat, die sich als Umverteilung von Haus- und Berufsarbeit zwischen den Geschlechtern zeigen müssten. Wir sehen verschiedene typische Modelle, in denen Frauen traditionale und moderne Momente in der Lebensführung kombinieren. Vor allem eines von ihnen erstaunt, weil es so widerspruchslos und scheinbar friktionslos funktioniert: Hier legen Frauen, die im Beruf selbstbewusst und engagiert sind, sobald sie nach Hause kommen, übergangslos – faktisch und metaphorisch – die Schürze an und bedienen ihre Familie. Ein bestimmter Typus von Frauen, die so genannten „Chamäleonfrauen" (Jurczyk & Rerrich, 1993b), wechselt je nach Ort und Anforderung quasi bruchlos seine Identität und Aktivität. Er thematisiert Konflikte und Widersprüche im Hinblick auf Geschlechterbilder und Arbeitsteilung nicht.

Es zeigt sich aber auch die umgekehrte Konstellation von Bewusstsein und Alltagshandeln, bei der trotz praktischer Annäherungen an eine partnerschaftliche Arbeitsteilung *beide* Geschlechter an traditionellen Definitionen des Geschlechterverhältnisses festhalten.[23] Dessen hierarchische Grundstruktur ist offensichtlich tiefer in den Fremd- und Selbstkonzepten von Personen verankert, als es eine oberflächliche Betrachtung der Arbeitsteilungsmuster nahe legen würde: Die Gestalt der Geschlechterverhältnisse geht nicht in den Mustern der Arbeitsteilung auf, sie stehen nicht in einem eindeutigen Kausalverhältnis zueinander (vgl. Hochschild, 1989[24]). So können Orientierungen und Handlungsmuster sowohl auseinander fallen, als auch Orientierungen als Mechanismus der Handlungssteuerung dienen können. Dabei sind häufig die Orientierungen,

---

[23] Auf ähnliche Ergebnisse verweisen Hochschild (1989, S. 53 ff.) sowie Krüger (1993, S. 213). Interpretiert wird dies für Frauen als Bedürfnis nach Konfliktvermeidung sowie nach Sicherung der eigenen Geschlechtsidentität.

[24] Hochschild bezeichnet den Komplex von Gedanken, Gefühlen und Handeln im Hinblick auf die Geschlechtsrolle als „gender-strategy" und weist darauf hin, dass die eigene genderstrategy nicht ausreicht, um das Handeln zu erklären, sondern die des Partners einbezogen werden muss.

insbesondere bei den weiblichen Befragten, in sich so ambivalent, dass, neben allen strukturell-externen Barrieren, Frauen sich häufig selber Fußangeln bei der Umsetzung ‚eigentlich' intendierter Veränderungswünsche stellen.

Es zeigt sich tendenziell, dass Frauen auch bei eigener Berufstätigkeit Teile der Arbeit in der Familie selbst übernehmen, entweder, weil ihre Männer es ihnen nicht gut genug machen oder sie den Haushalt als ihre ‚Domäne', ihren Machtbereich, betrachten, in dem sie keine Einmischung wünschen. Häufig halten sie bewusst ihren Männern den Rücken frei, damit *diese* sich erholen können. Sozialisatorisch erworbene Werte über ein ‚richtiges' Leben als Frau sitzen auch bei eigener ‚Doppelbelastung' tief. Diese Verhaltensweisen von Frauen sind jedoch keine Bestätigung der These des weiblichen Masochismus, sondern eine durchaus rationale Form der Verarbeitung gesellschaftlich widersprüchlicher Zumutungen an Frauen. Zwar sollen sie beides, Haushalt und Beruf, ausüben, haben aber nicht die gleichen strukturellen Chancen, sich über einen qualifizierten Arbeitsplatz dauerhaft selbst ernähren zu können und ein gutes Einkommen zu erzielen. Deshalb ziehen sie, wenn auch nicht unbedingt bewusst, einen kalkulierbaren Nutzen daraus, sich unverzichtbar zu machen oder als ‚Superfrau' alles zu können, jedenfalls aber den Haushalt als Arbeitsplatz nicht aufzugeben. Sie halten „Konsensfiktionen" über die egalitäre Teilung der Arbeit aufrecht, eine „Illusion von Gleichheit und Emanzipation" (Koppetsch & Burkart, 1997), die sich bei genauer Betrachtung der real verausgabten Zeitquanten als nicht begründet erweist. Hochschild (1989, S. 47) bezeichnet dies als „second shift fetish", womit sie das Aufbauschen von Einzelhandlungen von Männern und die Strategie des Lobens meint, um deren Partizipation und Motivation zu erhalten. Dies beruht darauf, dass Frauen nur selten von der Selbstverständlichkeit der Gleichverteilung von Arbeit ausgehen, sondern sie angesichts der durchschnittlich sehr geringen Hausarbeitsbeteiligung von Männern dankbar jede Hilfestellung als Besonderheit wahrnehmen (ebd.).

Man kann zusammenfassen, dass Frauen heute Beziehungen zwar nicht mehr, wie die Generation ihrer Mütter, um (fast) jeden Preis bewahren, sie dennoch aber auch bei zunehmender Selbständigkeit meist beziehungsorientiert leben. Diezinger (1991) bezeichnet deshalb die ‚typische' Form weiblicher Individualisierung als „gebundene Individualisierung": eine Individualisierung also, die Bindungen ebenso wie verantwortliche Fürsorgearbeit in die eigenen Interessen bewusst ein- und nicht ausschließt, wobei sie zur Aufrechterhaltung ihrer prekären inneren und äußeren Balancen und des Zusammenhalts ihrer Beziehungen mit Männern komplexe Strategien entwickeln. Frauen sind also nicht nur strukturell genötigt, Widersprüchliches zu vereinbaren, sondern sie tragen das Spannungsverhältnis von Individualisierung und Zusammenhalt, von Autonomie und Bindung auch in sich selbst. Ein großer Teil der Frauen hat zwar, mehr oder weniger freiwillig, ein Interesse an der Veränderung der Geschlechterverhältnisse, aber auch für ihn bedeutet das Verunsicherung. Derartige Befunde machen deutlich, dass der Schlüssel zur Veränderung des Geschlechterverhältnisses nicht allein in der Umverteilung der klassischen Ressourcen Geld, Zeit, Arbeit etc. liegt, sondern zusätzlich kulturelle und ideelle Faktoren die Hierarchie des Geschlechterverhältnisses in seiner Widersprüchlichkeit beharrlich fundieren und stabilisieren (vgl. Gather, 1993; Knapp, 1992). Modernisierung für Frauen nur als ‚nachholende Individualisierung' im Sinn zunehmender Arbeitsmarktpartizipation zu interpretieren, greift daher zu kurz: Es verkennt die widersprüchliche Situation von Frauen in der ‚halbierten Moderne', in der sie als ‚Arbeitsbienen' in Beruf *und* Familie funktionieren, und dabei größtenteils auch in traditionelle Geschlechterkonzepte verstrickt sind.

Brüche und Ungleichzeitigkeiten: Die Lücke zwischen Einstellungen und Handeln bei Männern
Ambivalente Konstellationen von Bewusstsein und konkretem Alltagshandeln der Geschlechter können als Merkmal der Zweiten Moderne gelten. Allerdings gibt es systematische Unterschiede entlang *zweier sozialer Trennlinien:* Erstens klafft die Lücke zwischen Einstellung und Handeln bei den befragten *Männern* bzgl. Partnerschaftlichkeit weiter auseinander als bei den *Frauen* – auch dies ist ein Ergebnis der Untersuchungen zur alltäglichen Lebensführung, das sich mit dem anderer Untersuchungen deckt (Behnke, 1997; Connell, 1999; Metz-Göckel & Müller, 1986; Meuser, 1998; Strümpel et al., 1988). Männer schätzen ihr praktisches Engagement in der Familie tendenziell höher ein, als sich dies durch die Rekonstruktion ihres Tagesverlaufs stützen lässt. Diese kollektive Wahrnehmungsverzerrung bei Männern und die analoge ‚Ökonomie der Dankbarkeit' bei Frauen (Hochschild, 1989) ist ein weiterer Hinweis auf die Macht kulturell fundierter Selbst- und Fremdkonzepte von Geschlechterrollen. Selbst im Verhältnis zu den ambivalenten Einstellungen und Strategien von Frauen sind die Perspektiven von Männern bzgl. der Geschlechterbeziehungen jedoch weniger konturiert. Zwar hat die Zweite Moderne zu weiteren Differenzierungen der Geschlechterbilder und der entsprechenden Handlungsweisen auch bei Männern geführt:

• in solche, die die Männerrolle reflektieren
• in solche, die verbal oder konkret die Gleichheitsforderung von Frauen, insbesondere in Beruf und Gesellschaft, unterstützen

- in solche, die als aktive Väter und/oder in der Hausarbeit einen größeren Beitrag in der Familie leisten
- in Traditionalisten, die sich auf etablierte Geschlechterbilder und -welten berufen, die dabei aber eine Verantwortung als Familienernährer übernehmen (vgl. vor allem Meuser, 1998, S. 183 ff.)
- in solche, die sich eine ‚Superfrau' wünschen, die alles kann, ohne ihre eigene Rolle zu ändern
- in solche, die die Emanzipation von Frauen (miss)verstehen als Gelegenheit, sich von reziproken Versorgungspflichten zu befreien
- und schließlich in solche, die sich der veränderten Realität vonseiten der Frauen verweigern, indem sie entweder gewalttätig werden oder auf vermeintlich fügsamere Frauen aus anderen Kulturen zurückgreifen.

Trotz dieser Differenzierungen liegt verteilungsmäßig ein starkes Gewicht auf Traditionalität. Der Gedanke also, dass die für Männer neuen objektiven Unsicherheiten im Hinblick auf den Verlauf ihrer ‚Normalbiografie' und die Gestaltung ihres ‚normalen Alltags' subjektiv durchaus zu produktiven ‚Verunsicherungen' führen könnten, entspringt offensichtlich eher dem Wunschdenken von (einigen) Frauen. Die geschlechtsspezifische Arbeitsteilung, die die männliche Zuständigkeit für berufliche Arbeit impliziert, scheint den Interessen der meisten Männer zu entsprechen – was nicht verwundert, da doch die hieraus resultierende soziale Position mit Privilegien verknüpft ist. Eine sich klarer abzeichnende Ausnahme scheint das Interesse von jungen Vätern zu sein, das Aufwachsen ihrer Kinder aktiver und intensiver mitzuerleben (Fthenakis, 2002).

So lässt sich zwar eine umfassende Verunsicherung von Männern im Hinblick auf ihre tradierte Geschlechterrolle konstatieren. Doch nur wenige interpretieren sie als Chance, um Berufliches und Familiales anders als bislang zu gewichten und den Blick zu öffnen für die Vereinseitigungen, die mit der Zentrierung auf berufliche Arbeit und Identität *auch* verbunden sind. Männer haben, so zeigen die Untersuchungen, eher ein Interesse an herkömmlichen Mustern der Arbeitsteilung und der Arbeitszeit, sie wünschen sich lediglich mehr Freizeit und etwas mehr Zeit mit den Kindern (vgl. Bielenski & Strümpel, 1988; Hörning et al., 1990; Statistisches Bundesamt, 2003). Diese ‚Zeitkonservativität' lässt sich auch, aber nicht nur mit den ungleichen Einkommensstrukturen von Frauen und Männern begründen, ebenso wichtig scheint, trotz oder wegen der o. g. Verunsicherungen ein nach wie vor stabiles Bild von einem ‚richtigen' männlichen Lebensentwurf. Und auch der Teil der Männer, der zumindest verbal eine größere Selbständigkeit von Frauen befürwortet, nimmt dies nur in begrenztem Umfang zum Anlass einer praktischen Änderung des eigenen Verhaltens.

Ungleichheiten: Milieu und Stadt-Land-Differenz
Eine zweite soziale Tennlinie ist die *regionale und milieuspezifische Variable Stadt-Land,* die Konstellationen von Bewusstsein und Alltagshandeln weiter ausdifferenziert. In der Stadt gibt es mehr Familien, in denen die Orientierungen von Frauen *und* Männern auf Egalität ausgerichtet sind, hier nehmen die Abstimmungsprozesse über die Arbeitsteilung einen gewissen Raum ein. Auf dem Land herrschen dagegen stärker traditionelle, eindeutige Rollenvorstellungen vor, doch finden diese nicht immer ihre Entsprechung in den konkreten familialen Arbeitsteilungsmustern. Hier wird zwar kaum von diesbezüglichen Aushandlungsprozessen berichtet und die faktische und ideelle Ernährerrolle des Mannes scheint unangefochten, doch fällt das Quantum der praktischen Mithilfe der Männer oft nicht geringer aus als in vielen städtischen Familien. Man könnte den Unterschied zwischen den städtischen und ländlichen Gruppen[25] formulieren als einen zwischen ‚Diskutieren' und ‚Handeln'. Dieser Unterschied in den methodischen Vorgehensweisen der Alltagsorganisation verweist (bei relativ gleichem Ergebnis der Beteiligung der Männer an der Hausarbeit) zum einen zurück auf die Entlastungsfunktion traditional regulierten Handelns,[26] bei dem Orientierungen nicht beständig zur Diskussion stehen (s. o.).

Zum anderen bietet er eine Interpretation dafür an, warum auch egalitär orientierte Frauen des Diskutierens müde sind[27] und sich, scheinbar stumm, in ambivalente Arrangements einfügen, wenn die Erfolgschancen auf eine Veränderung der Arbeitsteilung derart gering sind. Die Unterscheidung zwischen diskursiv oder traditional hergestelltem Arbeitsteilungsmuster macht drittens verständlicher, wieso auf dem Land eine bestimmte Art von Arrangements gar nicht vorkommt: Arrangements, in denen berufliche und familiale Arbeit zwischen den Geschlechtern nach egalitärem Muster gezielt halbiert und umverteilt wird. Denn neben den entsprechend veränderten Arbeits- und Lebensbedingungen

---

[25] Wobei es auch bei der Gegenüberstellung von Stadt und Land vielfältige Abstufungen gibt. Die vorliegende grobe Zusammenfassung ist in den Einzelergebnissen zu den untersuchten Gruppen differenziert nachzulesen (Projektgruppe Alltägliche Lebensführung, 1995).

[26] Die zugrunde liegende Tradition ist in diesem Kontext die der fraglosen wechselseitigen Unterstützung bei anfallender Arbeit und gleichzeitiger Akzeptanz traditioneller Rollendefinition, die auf den bäuerlichen Arbeits- und Lebenszusammenhang gründet.

[27] Ebenso mögen Männer der Nörgeleien ihrer Frauen überdrüssig sein. Doch ist das Motiv hierfür vermutlich ein strukturell anderes, da sie mit dem Status Quo der Arbeitsteilung weitgehend zufrieden zu sein scheinen.

sind für solche Umverteilungen, wenn sie nicht nur aus einer aktuellen, vorüber-
gehenden Notsituation resultieren, grundlegende und intentionale Umdeutungen
der Geschlechterkonzepte Bedingung, die zumindest ansatzweise von beiden,
Frauen wie Männern, geteilt und getragen werden. Dies ist jedoch lediglich in
einem kleineren Teil der städtischen Haushalte der Fall, in wenigen Ausnahmen
sogar mit der Frau als Hauptverdienerin.

Ein interessantes Ergebnis zeigt die Studie von Meuser (1998, S. 246 ff.):
Modernisierung im Sinne von Egalität findet sich nicht, wie zu vermuten, in
Milieus mit besonders hohem Bildungsniveau, sondern am ehesten bei jungen
Facharbeitern, die pragmatisch-orientierte Arrangements leben. Dort wird die
Geschlechterhierarchie nicht reflektiert und politisiert (auch nicht vonseiten der
Frauen), sondern aufgrund äußerer Notwendigkeiten, z. B. durch Schichtarbeit
oder bei ‚dual-career-couples‘, sowie der Anerkennung der ‚gleichen‘ Leistung
der Frauen findet eine Teilung der Arbeit statt. Diese Männer betonen gleichzeitig, dass ihr Verhalten nichts mit Emanzipation zu tun habe, sie verstehen es
als Ausdruck einer geschlechtsneutralen Leistungsethik (ebd.).

Vertiefung der Ungleichheit zwischen Frauen
Eine weitere Differenzierung im Hinblick auf die Entwicklung der Strukturen
sozialer Ungleichheit im Prozess der Modernisierung zwischen den Geschlechtern
zeigt neue Linien der *Segmentierung*. Es hat sich zwar gezeigt, dass die These der
Veränderungen im Geschlechterverhältnis im Sinn einer Auflösung traditionaler
Arbeitsteilung, die viele sozialwissenschaftliche Untersuchungen im Kontext der
Frauenforschung der späten 1980er und frühen 1990er Jahren geteilt haben, sich
so pauschal nicht bestätigt hat. Indem jedoch in die Untersuchungen zur alltäglichen Lebensführung das gesamte, zum Alltag einer Familie zugehörige Netzwerk
einbezogen wurde, ergab sich ein anderes, unerwartetes Ergebnis: An Stelle der
durch die zunehmende Frauenerwerbsarbeit erforderliche Umverteilung der Arbeit
zwischen den Geschlechtern oder einer Auslagerung reproduktiver Arbeit auf
gesellschaftliche Institutionen findet eine *Umverteilung von Arbeit zwischen unterschiedlichen Gruppen von Frauen statt* (vgl. Rerrich, 2006). Reproduktive Arbeit
verbleibt damit innerhalb des weiblichen Geschlechts und weitgehend innerhalb
des privaten Raums von Haushalt und Familie.

Statt also die tradierte soziale Ungleichheit – zwischen Frauen und Männern
– aufzuheben, werden als Antwort auf gesellschaftliche Veränderungen durch
die berufliche Partizipation von Frauen zusätzlich neue Muster von Ungleichheit
geschaffen. Solche Muster bilden sich zum einen zwischen berufstätigen Frauen
und weiblichen Familienmitgliedern, vor allem Großmüttern. Diese privaten
Arbeitsbeziehungen implizieren erhebliche wechselseitige Abhängigkeiten, die

zudem durch das Band der Familie häufig emotional, in positiver wie in negativer Hinsicht, aufgeladen sind. Hinzu kommt, dass sich die berufstätigen Frauen reziprok meist zur Versorgung der Elterngeneration verpflichten. Zum anderen und zunehmend entsteht aber eine neue Form der Arbeitsteilung: zwischen denjenigen Frauen, die genügend Geld verdienen, um sich Entlastung auf dem (meist grauen) Arbeitsmarkt kaufen zu können und denjenigen, die auf diese Art von *ungesicherten und schlecht bezahlten Arbeitsverhältnissen* angewiesen sind, den im Haushalt arbeitenden Frauen wie Putzfrauen, Kinder ‚mädchen‘, unter ihnen besonders häufig Ausländerinnen. Hier fallen im Reproduktionsbereich „Angebot und Nachfrage zusammen, indem zwei strukturell bedingte Notlagen unterschiedlicher Gruppen von Frauen aufeinander treffen" (Rerrich, 1993, S. 100).

„Die Rückkehr des Dienstmädchens durch die Hintertür" (Odierna & Baumann, 1992) und eine neue Generation familiennaher Dienstleistungen ist die sozialpolitisch unvermutete, aber bei genauerer Betrachtung der strukturellen Bedingungen nahe liegende Antwort auf die zunehmende Berufstätigkeit von Frauen.

Damit ist der Blick auf eine neue und vermutlich bedeutsamer werdende Segmentationslinie des geschlechtsspezifischen Arbeitsmarktes und eine weitere Differenzierung innerhalb der sozialen Binnenstruktur des weiblichen Geschlechts geöffnet, die jede Pauschalierung bzgl. eines als geradlinig erachteten Prozesses der Emanzipation *der* Frauen verbietet. Zudem widersprechen diese Ergebnisse einer Tendenz in der neueren soziologischen Diskussion über die zunehmende Irrelevanz der Strukturkategorie Geschlecht. Was vielmehr deutlich wird, sind sowohl ‚Intersektionalität' (Crenshaw, 1994) als neue dynamische Mischung von Ungleichheitsdimensionen, in denen Geschlecht auch zurücktreten kann, als auch eine Tendenz der ‚Modernisierung patriarchaler Strukturen' (vgl. Rerrich, 1993, S. 100) als gegenwärtige und vermutlich auch in nächster Zukunft signifikante Perspektiven der Entwicklung des Geschlechterverhältnisses.

Auch und vielleicht insbesondere im Hinblick auf Geschlechterverhältnisse durchziehen also Paradoxien in Form von Ungleichzeitigkeiten und Ungleichheiten den Prozess der Modernisierung. Denn Modernisierung verspricht Gleichheit, baut jedoch auf der Ungleichheit und Hierarchie zwischen den Geschlechtern, manifestiert in der herrschenden Form der geschlechtsspezifischen Arbeitsteilung, auf, und verbindet sich quecksilberartig mit anderen Dimensionen von Ungleichheit. Aus diesen strukturellen Diskrepanzen folgen für Frauen, metaphorisch ausgedrückt, ‚die Fröste der Freiheit' (Wysocki, 1980), ebenso wie die Notwendigkeit von täglichen erfinderischen Balanceakten. Sie erzwingen die Einsicht, dass die Realisierung egalitärer Ansprüche aufgrund patriarchal-beharrender gesellschaftlicher Strukturen nur begrenzt möglich ist;

sie bringen gleichwohl die Fähigkeit mit hervor, dass Frauen sich in ihrer alltäglichen Lebensführung mit diesen Widersprüchen praktisch einrichten. Die alltägliche Lebensführung von Frauen ist gekennzeichnet durch die Dilemmata einer ‚halbierten‘, ‚unvollendeten‘ Moderne. Im Vergleich dazu weist jedoch derzeit das *Geschlechterverhältnis* als derzeitige gesellschaftliche „Organisationsform der Regeneration und Reproduktion des einzelnen wie der Gattung" (Becker-Schmidt, 1987, S. 201) ein noch größeres ‚Modernisierungs-lag‘ auf, indem es für Neuerungen und Aufbrüche bislang strukturell kaum Platz bietet. Die Auflösung der herrschenden Arbeitsteilungsmuster und der sozialen Ungleichheit der Geschlechter würde eine grundlegend neue Form moderner Gesellschaften mit einem veränderten strukturellen Verhältnis von Beruf und Familienarbeit und ihrer veränderten Wertigkeit notwendig machen, wie sie bspw. im Siebten Familienbericht skizziert werden (BMFSFJ, 2006). Die ‚Durchsetzung‘ und ‚Vollendung‘ der Moderne wäre in diesem Kontext nur vorstellbar als Entstehung einer strukturell und ideell anders konzipierten Moderne.

6   Perspektiven: Reflexive Solidarität der Geschlechter als Projekt der entgrenzten Moderne?

Aufgrund der verschiedenen Ausgangssituationen der Geschlechter ist sowohl der Wandel der Erwerbsarbeit wie der von Familie in ihren Verläufen, Bedeutungen und Perspektiven für beide Geschlechter unterschiedlich. Im Hinblick auf die Perspektiven von Geschlechterbeziehungen und -verhältnissen gibt es mehr Fragen als Antworten. Bei *Frauen* ist davon auszugehen, dass ihr anhaltendes Interesse an Erwerbsarbeit längerfristig forciert wird durch drei Ursachen: erstens dadurch, dass Ehe und Familie keine Existenzsicherung mehr bedeuten, nicht nur angesichts der Fragilität von Beziehungen, sondern insbesondere unter den Bedingungen einer deregulierten Erwerbsarbeit, die auch Männer betrifft, zweitens durch ein Interesse an mehr Selbstbestimmung und Unabhängigkeit sowie drittens durch die immanente Struktur der Hausarbeit als ‚unwerter‘ und unbezahlter, nicht-anerkannter und isolierter Tätigkeit, welche aufgrund sinkender Kinderzahlen und steigender Lebenserwartung auch quantitativ an Bedeutung verliert. Frauen *wollen* also nicht nur erwerbstätig sein, sondern sie *müssen* dies auch verstärkt. Die meisten von ihnen möchten dies jedoch mit einem Familienleben verbinden.

Demgegenüber sind die Perspektiven von Männern weniger konturiert. Zwar hat die ‚zweite‘ Moderne zu weiteren Differenzierungen der Geschlechterbilder und der entsprechenden Handlungsweisen auch bei Männern geführt, doch nach wie vor bietet Traditionalität einen Sicherheitsanker angesichts der objektiven und subjektiven neuen Unsicherheiten bezüglich der männlichen Geschlechterrolle. Männer lösen sich nur vorsichtig von ihrer dominanten Berufsrolle, werden hierzu allerdings durch Veränderungen der Erwerbswelt zunehmend gedrängt. Wo Frauen sich also zumeist in der paradoxen Situation befinden, nach wie vor auf fürsorgliches Handeln für andere verpflichtet zu werden und berufliche Interessen hintanzustellen, ohne jedoch hierüber noch eine verlässliche Existenzsicherung in den Institutionen Ehe und Familie zu bekommen (mit der Konsequenz, ihre umfassende Verfügbarkeit für familiale Belange zu reduzieren und teilweise auf Kinder zu verzichten), scheinen Männer dieses strukturelle Paradox zu ignorieren – zumindest interpretieren sie es nicht als Handlungsanforderung an sich selbst. Nach wie vor scheint es in privaten Beziehungen an einer Äquivalenz der Fürsorge der Geschlechter füreinander zu mangeln.

So lässt sich zusammenfassen, dass die Veränderungen in der Erwerbs- und Lebenssituation von Männern eher von ‚außen', durch die skizzierten strukturellen Umbrüche, als durch von männlichen Subjekten getragene Veränderungswünsche induziert sind, wie dies zumindest bei einem Teil der Frauen der Fall ist. Diese Umbrüche sowie die Veränderungen von Frauen nehmen sie kaum als Chance für ein anderes Miteinander wahr, sondern oftmals als Bedrohung ihrer Geschlechteridentität – im ‚guten' Fall nur als weiteren Individualisierungsschub. In gewisser Weise stehen beide Geschlechter damit heute vor einer Pattsituation. Der traditionelle Geschlechtervertrag komplementärer Versorgung, der in Reinform ohnehin nur für begrenzte Gruppen funktioniert hat, ist aufgekündigt, aber es ist kein neuer an seine Stelle getreten. Je wichtiger die Liebe individuell geworden ist, umso weiter haben sich die Geschlechter voneinander entfernt, umso fragiler werden ihre Beziehungen. Vielleicht ist dies unvermeidlich, wenn tatsächlich nichts als Liebe, als ‚reines Gefühl' die Basis von Beziehungen ist – denn diese ist von Natur aus flüchtig. Oscar Wilde formulierte spöttisch: „Der einzige Unterschied zwischen einer Laune und der ewigen Liebe besteht darin, dass die Laune etwas länger dauert." Die Frage des Zusammenhalts der Geschlechter über das ‚reine Gefühl' der Liebe hinaus ist – unter den skizzierten Bedingungen der zweiten Moderne – aber noch nicht einmal gestellt, geschweige denn beantwortet. Vielleicht ist ein Punkt erreicht, wo es aufgrund des übermächtigen Ideals der romantischen Liebe einerseits, aber auch aufgrund des Ideals individueller Selbstverwirklichung andererseits unsinnig scheint, überhaupt diese Frage zu stellen. Selbstbezogene Interessen *und* Notwendigkeiten treffen auf wenig realitätstaugliche Vorstellungen von Liebe und Gemeinsamkeit: dies ergibt eine schwierige Gemengelage für die Konstruktion von Geschlechterbeziehungen, die mehr als situativ sein sollen.

Damit stellt sich gesellschaftspolitisch betrachtet aber noch ein ganz anderes Problem. Wenn ‚Natur', Konvention, Hierarchie oder ökonomische Notwendigkeit als Begründungen brüchig werden und Frauen unterschiedliche und ambivalente Strategien und Interessen verfolgen, entsteht ein Vakuum an Zuständigkeit für reproduktive Arbeit: wer, wenn nicht länger kollektiv das weibliche Geschlecht, wird Fürsorgearbeit übernehmen? Wer wird beispielsweise die angesichts der wachsenden Alterspyramide gewaltige Zahl zu versorgender alter Menschen pflegen? Angesichts der demographischen Entwicklung von immer mehr Alten und immer weniger Kindern scheint es ein gesellschaftspolitischer Luxus, die Frage der Verbindung von familialem und beruflichem Leben und Arbeiten weiterhin als Frauenproblem zu betrachten – und noch dazu als individuelles Problem jeder einzelnen Frau. Es ist ein grundlegendes Problem *aller* Mitglieder und Institutionen dieser Gesellschaft. Auch auf dieser allgemeinen und überindividuellen Ebene, d. h. über die persönlichen Beziehungen im Kontext von Gerechtigkeit, Anerkennung und Glücksuche hinaus, stellt sich die Frage nach Individualisierung und Zusammenhalt der Geschlechter neu – es sei denn, Gen-, Reproduktions- und andere medizinische Technologien werden als ernsthafte gesellschaftspolitische Optionen erachtet, um Krankheit, Bedürftigkeit und Pflege zu umgehen und damit Probleme von Fürsorgearbeit zu lösen.

Die Folgen der für beide Geschlechter fortschreitenden, wenn auch unterschiedlich gerichteten und gestalteten Individualisierung, die sich binnengeschlechtlich nochmals ausdifferenziert, sind im Hinblick auf ihren Zusammenhalt, ihr Zusammenkommen und ihr Zusammenbleiben wenig diskutiert. Es ist nicht nur deutlich, dass die allgemeine und oft allzu pauschale Diskussion um Individualisierung nicht geschlechtsneutral geführt werden kann – zu erheblich sind die nach wie vor trotz aller Pluralisierungen bestehenden Unterschiede in Lebenslagen und Lebensführungen von Frauen und Männern. Darüber hinaus ist die hier zentrale Frage, ob und wie diese zweierlei (bzw. die binnengeschlechtlich nochmals vervielfältigten) Individualisierungen zueinander ausbalanciert werden können oder anders formuliert: wie sich das neue Spannungsverhältnis von Individualisierung und Zusammenhalt der Geschlechter gestaltet. Ich möchte hierzu die These formulieren, dass die zunehmende Fragilität des Zusammenhalts der Geschlechter gleichzeitig, scheinbar paradox, die Möglichkeit des Entstehens einer neuen Art des Zusammenhalts bietet: einer *reflexiven Solidarität der Geschlechter.*

Abschließend soll dies an der Frage diskutiert werden, welche Perspektiven die skizzierten Entgrenzungen im Erwerbsbereich für die Geschlechterverhältnisse in sich bergen. Einerseits spricht viel dafür, dass diese die Individualisierung von Männern, aber auch von Frauen, wollen sie den beruflichen Anforderungen gerecht werden, eher noch weiter vorantreiben. Denn in der Tat verlangen viele der neuen Beschäftigungsmöglichkeiten von Arbeitskraftunternehmern zunehmend nach ,Job-Nomaden', nach mobilen, voll verfügbaren, flexiblen und ungebundenen Personen, was ein Leben in verpflichtenden Beziehungen, vor allem ein Leben mit Kindern, erschwert. Die meisten neuen Jobs, vor allem die hochqualifizierten, fordern den vollen Einsatz der ganzen Person. Aber auch Niedrigqualifizierte müssen permanent bereit sein, Leistung zu bringen. Für *beide* gilt, dass nicht nur angesichts knapper Arbeitsplätze, sondern auch angesichts der neuen Wirtschafts- und Sozialpolitik, die auf mehr Markt, mehr Wettbewerb, mehr Flexibilität, weniger Staatsausgaben und niedrigere Löhne setzt, sich die Konkurrenz der Arbeitskräfte, zwischen und innerhalb der Geschlechter, untereinander verschärft (Hochschild, 1997). Jede Stunde, die dabei für die Familie verwendet wird, fehlt im Kampf gegen den oder die kinderlose Konkurrentin.

Dies ist jedoch nur die eine Seite: denn andererseits machen die Veränderungen von Berufen in Richtung ,Job', wie kürzere Arbeitszeiten, zunehmende Fristigkeit, geringere Einkommen etc., gleichzeitig ein Leben von nur einem Gehalt schwieriger. Angesichts des neuen Primat des Marktes und des neuen „Laborismus" sind Personen, vor allem aber Familien, auf Mehrfacheinkommen angewiesen (Ostner, 1999, S. 72). Die männliche Einverdienerehe weicht mehr und mehr dem Modell der Zuverdienerehe, ohne damit aber wirklich eine ökonomische Selbständigkeit von Frauen, wie in anderen europäischen Ländern, erreicht zu haben. Bereits bestehende Familien werden dadurch vielleicht eher zusammengeschweißt, aber die Bereitschaft zur Familiengründung nicht eben befördert (Tölke, 2005). Es ist mehr als fraglich, ob die neue Strategie des arbeitspolitischen ,Empowerment', d. h. alle Subjekte prinzipiell beschäftigungsfähig zu machen, ein Leben als Familie erleichtert, wenn nicht zumindest gleichzeitig entscheidend die Rahmenbedingungen einer ,Vereinbarkeit' von Beruf und Familie wie etwa Kinderbetreuungseinrichtungen verbessert werden.

Hierfür muss jedoch ein entscheidender Umbruch in der gesamtgesellschaftlichen Gewichtung von Familien- und Genderpolitik einsetzen: sowohl bezüglich der Arbeitsbedingungen in Unternehmen, des lokalen Umfeldes von Arbeiten und Leben, der öffentlichen Finanzierung von Kinderbetreuung und anderes mehr. Unter den Bedingungen des neuen Turbokapitalismus, in dem, perspektivisch überspitzt, alle, Frauen wie Männer, hochflexibel erwerbstätig sein müssen, ohne jedoch davon noch eine existenzsichernde Entlohnung und eine kalkulierbare Berufsbiografie erwarten zu können, wird Familie ansonsten möglicherweise zu einem elitären Projekt für diejenigen, die es sich leisten können; die finanziell Schlechtergestellten erfahren durch Kinder unkalkulierbare Risiken. Eine solche soziale Polarisierung von Familien führt dazu, dass Kinder zu einer ‚Sollbruchstelle' zukünftiger Geschlechterbeziehungen werden. Jenseits der Kinderfrage aber wird die Perspektive der Geschlechterverhältnisse in der individualisierten Erwerbsgesellschaft verstärkt davon abhängen, ob diese, diesmal auch von Männerseite, ökonomisch aufeinander verwiesen sind. Dabei unterliegt beides einer hochgradigen sozialen Ungleichheit: berufliche Position und Einkommen entscheiden nicht nur darüber, ob sich eine Person auf der Gewinneroder Verliererseite des Arbeitsmarktes befindet, sondern verstärkt auch wieder über die Kinderfrage und das Beziehungsverhalten. *Auch hier ist das Fazit widersprüchlich: Die gleiche Entwicklung der Erwerbsarbeit, ihre Entgrenzung, macht, milieuspezifisch differenziert, ein gemeinsames Leben sowohl schwieriger als auch notwendiger.* Im Siebten Familienbericht (BMFSFJ, 2006) werden hierzu, orientiert am Grundkonzept eines geschlechtergerechten Zweiverdienermodells, das Fürsorge im Alltag und im Lebensverlauf integriert, politische Vorschläge für Maßnahmen gemacht, die sich auf die Trias von Zeit, Geld und Infrastruktur beziehen.

Es geht deshalb um die politische, soziale und wissenschaftliche Rahmung eines Prozesses, der die Verbindung von Individualität *und* Solidarität in Geschlechterverhältnissen als Möglichkeit begreift – es sei denn, wir befinden uns auf dem „Weg in eine utopielose Zeit" (Klinger, 2000). Die skizzierte neue Verbindung von Individualität und Solidarität ist mehr als ein Geschlechterthema, sie berührt auch die Frage nach den ‚common goods', danach, in welcher Gesellschaft wir leben wollen und ob dort Platz für eine reziproke Fürsorgeethik (Eckart, 1992) ist. Wenn allerdings dieser „solidarische Individualismus" (Helmut Berking) im Anschluss an die Erosion der geschlechterpolarisierenden Zuweisung von Individualität und Autonomie an Männer und Zusammenhalt und Bindung und Fürsorge an Frauen nicht zentral *auch* unter dem Aspekt der Geschlechtergerechtigkeit gestaltet wird, hat er wenig Chancen, ein wirksamer neuer gesellschaftlicher Integrationsmodus zu werden.

Literatur

Bauer, F., Groß, H., Lehmann, K., & Munz, E. (2004). *Arbeitszeit 2003. Arbeitszeitgestaltung, Arbeitsorganisation und Tätigkeitsprofile.* ISO Institut zur Erforschung sozialer Chancen.

Bauman, Z. (1992). *Moderne und Ambivalenz: Das Ende der Eindeutigkeit.* Junius.

Beauvoir, S. d. (1968). *Das andere Geschlecht. Sitte und Sexus der Frau.* Rowohlt.

Beck, N., & Hartmann, J. (1999). Die Wechselwirkung zwischen Erwerbstätigkeit der Ehefrau und Ehestabilität unter der Berücksichtigung des sozialen Wandels. *Kölner Zeitschrift für Soziologie und Sozialpsychologie* (51), 655–680

Beck, U. (1986). *Risikogesellschaft. Auf dem Weg in eine andere Moderne.* Suhrkamp.

Beck, U. (1991). Der Konflikt der zwei Modernen. In W. Zapf (Hrsg.), *Die Modernisierung moderner Gesellschaften* (S. 40–53). Campus.

Beck, U., Giddens, A., & Lash, S. (1996). *Reflexive Modernisierung. Eine Kontroverse.* Suhrkamp.

Beck, U. (1999). *Schöne neue Arbeitswelt. Vision: Weltbürgergesellschaft.* Campus.

Beck, U., & Beck-Gernsheim, E. (1990). *Das ganz normale Chaos der Liebe.* Suhrkamp.

Becker-Schmidt, R. (1987). Frauen und Deklassierung. Geschlecht und Klasse. In U. Beer (Hrsg.), *Klasse Geschlecht. Feministische Gesellschaftsanalyse und Wissenschaftskritik.* AJZ-Verl.

Becker-Schmidt, R. (2005). Von soziologischen Geschlechtsrollentheorien zur gesellschaftstheoretischen Erforschung des Geschlechterverhältnisses. In U. Vogel (Hrsg.), *Was ist weiblich, was ist männlich? Aktuelles zur Geschlechterforschung in den Sozialwissenschaften* (S. 89–112). Kleine-Verlag.

Beck-Gernsheim, E. (1980). *Das halbierte Leben. Männerwelt Beruf – Frauenwelt Familie.* Fischer.

Beck-Gernsheim, E. (1990). Von der Liebe zur Beziehung? Veränderungen im Verhältnis von Mann und Frau in der individualisierten Gesellschaft. In U. Beck & E. Beck-Gernsheim. a.a.O. (S. 65–104).

Behnke, C. (1997). *„Frauen sind wie andere Planeten". Das Geschlechterverhältnis aus männlicher Sicht.* Campus.

Behnke, C., & Meuser, M. (2003). Modernisierte Geschlechterverhältnisse? Entgrenzung von Familie und Beruf bei Doppelkarrierepaaren. In K. Gottschall & V. G. Günther (Hrsg.), *Entgrenzung von Arbeit und Leben. Zum Wandel der Beziehung von Erwerbstätigkeit und Privatsphäre im Alltag.* (S. 285–306). Hampp.

Bielenski, H., & Strümpel, B. (1988). *Eingeschränkte Erwerbsarbeit bei Frauen und Männern. Fakten – Wünsche – Realisierungschancen.* Edition Sigma.

Bien, W., Hartl, A., & Teubner, M. (Hrsg.). (2002). *Stieffamilien in Deutschland. Eltern und Kinder zwischen Normalität und Konflikt.* Opladen: Leske + Budrich.

Bien, W., Rauschenbach, T., & Riedel, B. (Hrsg.). (2006). *Wer betreut Deutschlands Kinder? DJI-Kinderbetreuungsstudie.* Cornelsen Scriptor

Blanke, K., Ehling, M., & Schwarz, N. (1996). *Zeit im Blickfeld. Ergebnisse einer repräsentativen Zeitbudgeterhebung.* Kohlhammer.

Born, C., Krüger, H., & Lorenz-Mayer, D. (1996). *Der unentdeckte Wandel. Annäherung an das Verhältnis von Struktur und Norm im weiblichen Lebenslauf.* Edition Sigma.

Brock, D. (1994). Rückkehr der Klassengesellschaft? Die neuen sozialen Gräben in einer materiellen Kultur. In U. Beck & E. Beck-Gernsheim (Hrsg.), *Riskante Freiheiten. Individualisierung in modernen Gesellschaften.* (S. 61–73). Suhrkamp.

Bundesagentur für Arbeit. (2007). *Monatsbericht Juni 2007.*

Bundesministerium für Familie, Senioren, Frauen und Jugend (BMFSFJ) (Hrsg.). (1999). *Die Familie im Spiegel der amtlichen Statistik.*

Bundesministerium für Familie, Senioren, Frauen und Jugend (BMFSFJ) (Hrsg.). (2003). *Die Familie im Spiegel der amtlichen Statistik. Lebensformen, Familienstrukturen, wirtschaftliche Situation der Familien und familiendemographische Entwicklung in Deutschland.* Erw. Neuaufl.

Bundesministerium für Familie, Senioren, Frauen und Jugend (BMFSFJ) (Hrsg.). (2005). *Familie ja, Kinder nein. Was ist los in Deutschland? (Monitor Familiendemographie).*

Bundesministerium für Familie, Senioren, Frauen und Jugend (BMFSJ) (Hrsg.). (2006). *Familie zwischen Flexibilität und Verlässlichkeit. Perspektiven für eine lebenslaufbezogene Familienpolitik. (Siebter Familienbericht).*

Connell, R. W. (1999). *Der gemachte Mann. Konstruktion und Krise von Männlichkeiten.* Leske + Budrich

Crenshaw, K. W. (1994). Mapping the Margins: Intersectionality, Identity Politics, and Violence Against Women of Color. In M. A. Fineman & R. Mykitiuk (Hrsg.), *The Public Nature of Private Violence.* (S. 92–114).

Crook, S., Pakulski, J., & Waters, M. (1992). *Postmodernization. Change in Advanced Society.* Sage.

Diezinger, A. (1991). *Frauen: Arbeit und Individualisierung.* Leske + Budrich.

Eckart, C. (1992). Der Blick in die Nähe. Fürsorglichkeit als Fokus feministischer Gesellschaftskritik. *Die Neue Gesellschaft/Frankfurter* Hefte, 1, 63–70.

Fthenakis, W. E. (2002). Mehr als Geld? Zur (Neu)Konzeptualisierung väterlichen Engagements. In W. E. Fthenakis, & M. R. Textor (Hgrs.), *Mutterschaft, Vaterschaft* (S. 90–119). Beltz.

Garhammer, M. (1997). Familiale und gesellschaftliche Arbeitsteilung – Ein europäischer Vergleich. *Zeitschrift für Familienforschung, 9,* (1), 149–162.

Gather, C. (1993). Strategien von Ehepartnern angesichts von Machtressourcen – Ein Fallbeispiel. In C. Born & H. Krüger (Hrsg.), *Erwerbsverläufe von Ehepartnern und die Modernisierung weiblicher Lebensläufe* (S. 113–130). Deutscher Studien Verlag.

Gather, C., Geissler, B., & Rerrich, M. S. (Hrsg.). (2002). *Weltmarkt Privathaushalt. Bezahlte Haushaltsarbeit im globalen Wandel.* Westfälisches Dampfboot.

Geissler, B., & Oechsle, M. (1996). *Lebensplanung junger Frauen. Zur widersprüchlichen Modernisierung weiblicher Lebensläufe.* Deutscher Studien-Verlag.

Gerhard, U. (1978). *Verhältnisse und Verhinderungen. Frauenarbeit, Familie und Recht der Frauen im 19. Jahrhundert.* Suhrkamp.

Gerson, K. (1993). *No man's land. Men's changing commitments to Family and Work.* Basic Books.

Giddens, A. (1993). *Wandel der Intimität. Sexualität, Liebe und Erotik in modernen Gesellschaften.* Suhrkamp.

Gildemeister, R., & Wetterer, A. (1992). Wie Geschlechter gemacht werden. Die soziale Konstruktion der Zweigeschlechtlichkeit und ihre Reifizierung in der Frauenforschung. In G.-A Knapp & A. Wetterer (Hrsg.), *TraditionenBrüche. Entwicklungen feministischer Theorie* (S. 201–254). Freiburg: Kore Verl.

Gottschall, K. (1995). Geschlechterverhältnis und Arbeitsmarktsegregation. In R. Becker-Schmidt & G.-A. Knapp (Hrsg.), *Das Geschlechterverhältnis als Gegenstand der Sozialwissenschaften.* (S. 125–162). Campus.

Gottschall, K., & Günter, V. G. (Hrsg.). (2003). *Entgrenzung von Arbeit und Leben. Zum Wandel der Beziehung von Erwerbstätigkeit und Privatsphäre im Alltag.* Hampp.

Groß, H., Prekuhl, U., & Thoben, C. (1987). Arbeitszeitstrukturen im Wandel. In Der Minister für Gesundheit und Soziales des Landes Nordrhein-Westfalen (Hrsg.), *Arbeitszeit '87. Teil II,* Düsseldorf.

Gross, P. (1996). Das Verschwinden monogamer Arbeit. *Hauswirtschaft und Wissenschaft, 44*,(3), 99–105

Habermas, J. (1981). *Theorie des kommunikativen Handelns.* Bd. 1 u. 2. Suhrkamp.

Habermas, J. (1985). *Die neue Unübersichtlichkeit.* Suhrkamp.

Habermas, J. (1988). Die Moderne – Ein unvollendetes Projekt. In W. Welsch (Hrsg.), *Wege aus der Moderne. Schlüsseltexte der Postmoderne-Diskussion* (S. 177–192). Acta humaniora.

Hausen, K. (1978). Die Polarisierung der „Geschlechtscharaktere". Eine Spiegelung der Dissoziation von Erwerbs- und Familienleben. In H. Rosenbaum (Hrsg.), *Familie und Gesellschaftsstruktur* (S. 161–191). Suhrkamp.

Hochschild, A. (1989). *The second Shift. Working Parents in the Revolution at Home.* Pinguin Books

Hochschild, A. R. (1997). *The Time Bind. When Work becomes Home and Home becomes Work.* Metropolitan Books.

Honegger, C. (1991). *Die Ordnung der Geschlechter. Die Wissenschaften vom Menschen und das Weib.* Campus.

Honegger, C., Hradil, S., & Traxler, F. (Hrsg.). (1999). *Grenzenlose Gesellschaft? Verhandlungen des 29. Kongresses der Deutschen Gesellschaft für Soziologie, 16. Kongresses der Österreichischen Gesellschaft für Soziologie, 11.* Kongresses der Schweizerischen Gesellschaft für Soziologie in Freiburg, Bd. 1 u. 2. Leske + Budrich.

Hörning, K. H., Gerhard, A. & Michailow, M. (1990). *Zeitpioniere. Flexible Arbeitszeiten – neuer Lebensstil.* Suhrkamp.

Hradil, S. (1990). Epochaler Umbruch oder ganz normaler Wandel? Wie weit reichen die neueren Veränderungen der Sozialstruktur in der Bundesrepublik? Bundeszentrale für politische Bildung (Hrsg.), *Umbrüche in der Industriegesellschaft* (S. 73–100). Leske + Budrich.

Jurczyk, K., & Oechsle, M. (2007). *Das Private neu denken. Erosionen, Ambivalenzen, Leistungen.* Westfälisches Dampfboot.

Jurczyk, K., & Rerrich, M. S. (1993a). Lebensführung weiblich – Lebensführung männlich. Macht diese Unterscheidung heute noch Sinn? In K. Jurczyk & M. S. Rerrich (Hrsg.), *Die Arbeit des Alltags,* a.a.O. (S. 279–309).

Jurczyk, K., & Rerrich, M. S. (1993b). Wie der Alltag Struktur erhält. Objektive und subjektive Einflußfaktoren der Lebensführung berufstätiger Mütter. In C. Born, H. Krüger (Hrsg.), *Erwerbsverläufe von Ehepartnern und die Modernisierung weiblicher Lebensläufe* (S. 173–190). Deutscher Studien-Verl.

Jurczyk, K., & Rerrich, M. S. (Hrsg.). (1993c). *Die Arbeit des Alltags. Beiträge zu einer Soziologie der alltäglichen Lebensführung.* Lambertus.

Jurczyk, K., & Günter, V. G. (2000). Reflexive Alltagszeit. Die Zeiten des Arbeitskraftunternehmers. In E. Hildebrandt (Hrsg.), *Reflexive Lebensführung. Zu den sozialökologischen Folgen flexibler Arbeit* (S. 151–206). Edition Sigma

Keddi, B., Pfeil, P., Strehmel, P., & Wittmann, S. (1999). *Lebensthemen junger Frauen – die andere Vielfalt weiblicher Lebensentwürfe. Eine Längsschnittuntersuchung in Bayern und Sachsen.* Leske + Budrich

Keller, B., & Seifert, H. (2007). Atypische Beschäftigungsverhältnisse. Flexibilität, soziale Sicherheit und Prekarität. In B. Keller & H. Seifert (Hrsg.), *Atypische Beschäftigung – Flexibilisierung und soziale Risiken* (S. 11–25), Düsseldorf 2007.

Keupp, H. (1988). *Riskante Chancen. Das Subjekt zwischen Psychokultur und Selbstorganisation.* Asanger Verlag.

Klinger, C. (2000). *Auf dem Weg ins utopielose Jahrhundert. Vortrag bei der Ringvorlesung der Interdisziplinären Arbeitsgemeinschaft Frauenforschung der Justus-Liebig-Universität,* 11.1. 2000, Gießen, unveröff. Ms.

Knapp, G.-A. (1992). Macht und Geschlecht. Neuere Entwicklungen in der feministischen Macht- und Herrschaftsdiskussion. In G.-A. Knapp & A. Wetterer (Hrsg.), *TraditionenBrüche. Entwicklungen feministischer Theorie* (S. 287–321). Kore Verlag.

Koppetsch, C., & Burkart, G. (1997). Die Illusion der Emanzipation. Zur häuslichen Arbeitsteilung in Partnerschaften. In K.-S. Rehberg (Hrsg.), *Differenz und Integration. Die Zukunft moderner Gesellschaften. 28. Kongress der Deutschen Gesellschaft für Soziologie in Dresden* (S. 415–418, Bd. 2). Leske + Budrich.

Krüger, H. (1993). Die Analyse ehepartnerlicher Erwerbsverläufe – Ansatzpunkte für modernisierungstheoretische Überlegungen. In C. Born & H. Krüger (Hrsg.), *Erwerbsverläufe von Ehepartnern und die Modernisierung weiblicher Lebensläufe* (S. 209–226). Deutscher Studien Verlag.

Kudera, W., Voß, G. G. (Hrsg.). (2000). *Lebensführung und Gesellschaft. Beiträge zu Konzept und Empirie alltäglicher Lebensführung.* Leske + Budrich.

Lange, A., & Lauterbach, W. (1998). Aufwachsen mit oder ohne Großeltern? Die gesellschaftliche Relevanz multilokaler Mehrgenerationsfamilien. *Zeitschrift für Soziologie der Erziehung und Sozialisation, 18,*(3), 227–249.

Lyotard, J. F. (1986). *Das postmoderne Wissen. Ein Bericht.* Edition Passagen.

Metz-Göckel, S. & Müller, U. (1986). *Der Mann. Eine repräsentative Untersuchung über die Lebenssituation und das Frauenbild 20-50jähriger Männer.* Beltz.

Meuser, M. (1998). *Geschlecht und Männlichkeit. Soziologische Theorie und kulturelle Deutungsmuster.* Leske + Budrich

Müller, U. (1998). The Micropolitics of Gender Differences in Family Life. In V. Ferreira, T. Tavares, & S. Portugal (Hrsg.), *Shifting Bonds, Shifting Bounds. Women, Mobility and Citizenship in Europe* (S. 329–344). Oeiras: Celta Ed.

Nauck, B. (1991). Migration, ethnische Differenzierung und Modernisierung der Lebensführung. In W. Zapf (Hrsg.), *Die Modernisierung moderner Gesellschaften* (S. 704–723). Campus.

Noelle-Neumann, E., & Köcher, R. (2002). *Allensbacher Jahrbuch der Demoskopie 1998–2002.* Allensbach am Bodensee: Verlag für Demoskopie.

Odierna, S., & Baumann, K. (1992). *Die Rückkehr der Dienstmädchen durch die Hintertür. Empirische Befunde und theoretische Vorarbeiten zur Analyse bezahlter Arbeit in Privathaushalten.* München: Sonderforschungsbereich 333 der Universität München (Ms.).

Offe, C. (1986). *Die Utopie der Null-Option. Modernität und Modernisierung als politische Gütekriterien. Soziale Welt.* Sonderband 4: Die Moderne – Kontinuitäten und Zäsuren (S. 94–117).

Ostner, I. (1999). Das Ende der Familie wie wir sie kannten. In *Blätter für deutsche und internationale Politik* (1), 69–76.

Pfau-Effinger, B. (1998). Der soziologische Mythos von der Hausfrauenehe – Soziohistorische Entwicklungspfade der Familie. In *Soziale Welt, 49,* (2), 167–182.

Pieper, B. (1988). Familie und Beruf – Zum Zusammenhang unterschiedlicher Arbeitsformen in unserer Gesellschaft. In K-M. Bolte (Hrsg.), *Mensch, Arbeit und Betrieb. Beiträge zur Berufs- und Arbeitskräfteforschung* (S. 95–106). VCH- Verl.-Ges.

Projektgruppe „Alltägliche Lebensführung" (Hrsg.). (1995). *Alltägliche Lebensführung. Arrangements zwischen Traditionalität und Modernisierung.* Leske + Budrich.

Rerrich, M. S. (1993). Auf dem Weg zu einer neuen internationalen Arbeitsteilung der Frauen in Europa? Beharrungs- und Veränderungstendenzen in der Verteilung von Reproduktionsarbeit. In B. Schäfers (Hrsg.), *Lebensverhältnisse und soziale Konflikte im neuen Europa* (S. 93–102). Campus.

Rerrich, M. S. (2000). Neustrukturierungen der Alltagsarbeit zwischen Lohn und Liebe – Überlegungen zu möglichen Entwicklungspfaden bezahlter häuslicher Dienstleistungen. In M. Friese (Hrsg.), *Modernisierung personenorientierter Dienstleistung* (S. 44–57). Leske + Budrich.

Rerrich, M. S. (2006). *Die ganze Welt zu Hause. Cosmobile Putzfrauen in privaten Haushalten.* Hamburger Edition.

Seifert, H. (2005). Zeit für neue Arbeitszeiten. *WSI Mitteilungen, (8),* 478–483.

Seifert, H. (2007). Arbeitszeit – Entwicklungen und Konflikte. *Aus Politik und Zeitgeschichte (ApuZ), 4–5,* 17–24.

Senghaas-Knobloch, E. (1999). Von der Arbeits- zur Tätigkeitsgesellschaft? Zu einer aktuellen Debatte. *Arbeit, 8,* (2), 117–136.

Simmel, G. (1985). (orig. 1911). *Schriften zur Philosophie und Soziologie der Geschlechter.* Suhrkamp.

Solga, H., & Wimbauer, C. (2005). „Wenn zwei das Gleiche tun …" – Ideal und Realität sozialer (Un-)Gleichheit in Dual Career Couples. Eine Einleitung. In H. Solga & C. Wimbauer (Hrsg.), *„Wenn zwei das gleiche tun…" – Ideal und Realität sozialer (Un-)Gleichheit in Dual Career Couples* (S. 9–25). Budrich.

Statistisches Bundesamt (Hrsg.), (1997). *Datenreport 1997. Zahlen und Fakten über die Bundesrepublik.*

Statistisches Bundesamt (Hrsg.). (2003). *Wo bleibt die Zeit? Die Zeitverwendung der Bevölkerung in Deutschland 2001/02.*

Statistisches Bundesamt (Hrsg.). (2006a). *Datenreport 2006. Zahlen und Fakten über die Bundesrepublik Deutschland.*

Statistisches Bundesamt (Hrsg.). (2006b). *Leben in Deutschland. Haushalte, Familien und Gesundheit. Ergebnisse des Mikrozensus 2005.*

Statistisches Bundesamt (Hrsg.). (2006c). *Leben und Arbeiten in Deutschland. Ergebnisse des Mikrozensus 2005.*

Statistisches Bundesamt (Hrsg.). (2006d). *Pressemitteilung von 8. Dezember 2006. Zahl der Ehescheidungen geht im Jahr 2005 auf 201700 zurück.*

Statistisches Bundesamt (Hrsg.). (2006e). *Das Statistische Jahrbuch 2006 für die Bundesrepublik Deutschland.*

Statistisches Bundesamt (Hrsg.). (2006f). *Vereinbarkeit von Familie und Beruf.* Sonderheft 2. Ergebnisse des Mikrozensus 2005.

Statistisches Bundesamt (Hrsg.). (2006g). *Frauen in Deutschland.*

Statistisches Bundesamt (Hrsg.). (2007). *Pressemitteilung von 20. Februar 2007. Mehr Erwerbstätige auch außerhalb der Dienstleistungsbereiche.*

Strümpel, B., Prenzel, W., Scholz, J., & Hoff, A. (1988). *Teilzeitarbeitende Männer und Hausmänner. Motive und Konsequenzen einer eingeschränkten Erwerbstätigkeit von Männern.* Edition Sigma.

Tölke, A. (2005). Die Bedeutung von Herkunftsfamilie, Berufsbiografie und Partnerschaften für den Übergang zur Ehe und Partnerschaft. In A. Tölke, K. Hank (Hrsg.), *Männer – das „vernachlässigte" Geschlecht in der Familienforschung. Zeitschrift für Familienforschung* (S. 98–126, Sonderheft 4). VS Verlag.

van der Loo, H., & Reijen, W. v. (1992). *Modernisierung. Projekt und Paradox.* Deutscher Taschenbuch Verlag.

Voß, G. G., Pongratz, H. (1998). Der Arbeitskraftunternehmer. Eine neue Grundform der Ware Arbeitskraft? *Kölner Zeitschrift für Soziologie und Sozialpsychologie, 50,*(1), 131–158.

Wehler, H.-U. (1975). *Modernisierungstheorie und Geschichte.* Vandenhoeck & Ruprecht Verlag.

Welsch, W. (1988). *Unsere postmoderne Moderne* (2. Aufl.). Weinheim: VCH- Verl.-Ges.

Werlhof, C. v., Mies, M., & Bennholdt-Thomssen, V. (1983). *Frauen, die letzteKolonie. Zur Hausfrauisierung der Arbeit.* Rowohlt.

Wetterer, A. (Hrsg.). (1995). *Die soziale Konstruktion von Geschlecht in Professionalisierungsprozessen.* Campus.

Willke, G. (1998). *Die Zukunft unserer Arbeit.* Bundeszentrale für politische Arbeit.

Wysocki, G. v. (1980). *Die Fröste der Freiheit. Aufbruchsphantasien.* Syndikat Verlag.

Zapf, W. (1991). Modernisierung und Modernisierungstheorien. In Zapf, W. (Hrsg.), *Die Modernisierung moderner Gesellschaften* (S. 23–39). Campus.

Zartler, U., Wilk, L., & Kränzl-Nagel, R. (Hrsg.). (2004). *Wenn Eltern sich trennen – wie Kinder, Frauen und Männer Scheidung erleben.* Campus.

Die Integration von Frauen in Arbeitsmärkten und Organisationen

Juliane Achatz

Die Teilhabe am Erwerbsleben ist eine wesentliche Voraussetzung für die Verwirklichung des Anspruchs auf ein Stück eigenes Leben, von dem Elisabeth Beck-Gernsheim in ihrem Beitrag gesprochen hat. Eine bezahlte Erwerbsarbeit ermöglicht Frauen die Partizipation an einem zentralen Teilbereich des öffentlichen Lebens und eröffnet einen eigenständigen Zugang zu finanziellen Ressourcen. Die Integration in den Arbeitsmarkt stellt Frauen und Männer in sozioökonomischer Hinsicht jedoch nicht gleich. Wie im Folgenden gezeigt wird, erfolgt die Arbeitsmarkteinbindung von Frauen und Männern unter verschiedenen *Voraussetzungen,* sie weist unterschiedliche *Muster* auf und sichert den Geschlechtergruppen auch unterschiedliche *Erträge.* Das gesamte System der Erwerbsarbeit ist also in hohem Maße geschlechtsspezifisch strukturiert, mit jeweils unterschiedlichen Erscheinungsformen in den beiden deutschen Teilarbeitsmärkten.

Der Beitrag beginnt mit einer Skizze der institutionellen Voraussetzungen der Arbeitsmarktpartizipation. Der zweite Abschnitt beschreibt die Entwicklung der Frauenerwerbstätigkeit im Kontext der unterschiedlichen soziopolitischen Systeme der beiden deutschen Teilstaaten. Die Abschnitte drei und vier beschäftigen sich mit dem Ausmaß der beruflichen Geschlechtersegregation, deren Veränderungen im Zuge des berufsstrukturellen und sozioökonomischen Wandels und den Einkommensrelationen zwischen Frauen und Männern. Abschließend werden die Mechanismen der Geschlechterdifferenzierung und -stratifizierung in Erwerbsorganisationen erläutert.

J. Achatz (✉)
Institut für Arbeitsmarkt und Berufsforschung der Bundesagentur für Arbeit, Nürnberg, Deutschland
E-Mail: Juliane.Achatz@iab.de

1   Institutionelle Voraussetzungen der Arbeitsmarktpartizipation

a) Gesellschaftliches Geschlechterverhältnis

Die Integration von Frauen und Männern in die Erwerbswelt kann nicht losgelöst betrachtet werden von dem gesellschaftsspezifischen Ordnungsgefüge, welches das soziale Verhältnis der Geschlechtergruppen bestimmt. Das gesellschaftliche Geschlechterverhältnis umfasst

„all jene institutionellen und normativen Regulative (…), in denen nicht nur die Verteilung und Organisation der gesamtgesellschaftlich notwendigen Arbeit (d. h. also Erwerbsarbeit sowie Haus- und Familienarbeit) und des gesellschaftlichen Reichtums erfolgt, sondern in denen auch genealogische und generative Entscheidungsstrukturen und sexuelle Normierungen verankert sind (…)" (Gottschall, 2000, S. 25).[1]

Angesprochen sind damit sowohl soziale Zuschreibungen von kulturell konstruierten Wesensmerkmalen und geschlechtstypischen Verhaltensweisen wie auch hierarchische Relationen, wie sie in der gesellschaftlichen Macht- und Arbeitsteilung zum Ausdruck kommen. Das Geschlechterverhältnis stellt somit eine soziale Institution dar, in der kulturell geteilte Erwartungsmuster über Geschlechterdifferenzen und über die soziale Platzierung von Frauen und Männern eingelagert sind (u. a. Becker-Schmidt, 1993; Lorber, 1999; Krüger, 2001a).

b) Soziopolitische Regulierung

Soziopolitische Institutionen beinhalten jene rechtlichen und sozialpolitischen Regulierungen, welche die geltende Geschlechterordnung als gesamtgesellschaftliches Arrangement stützen. Wichtige in der Rechtsordnung verankerte Regelungen der Erwerbsarbeit und der sozialen Sicherung unterstellen Werte und Leitbilder des gesellschaftlichen Geschlechterverhältnisses wie etwa eine traditionelle Rollenteilung und verfestigen dadurch bestehende Unterschiede im Erwerbsverhalten (Bosch, 2002; Holst & Maier, 1998; Pfau-Effinger, 1998). Ob Frauen und Männer überhaupt Arbeitsverhältnisse eingehen, für welchen Zeitraum und in welchem zeitlichen Umfang dies geschieht, hängt wesentlich von den rechtlich verankerten Anreizen und Hemmnissen ab.

---

[1] Gottschall übernimmt im Wesentlichen die Begriffsbestimmung von Becker-Schmidt (1993).

Die gesellschaftliche Geschlechterordnung kann mit der Denkfigur eines fiktiven Gesellschaftsvertrags, der aus zwei Komponenten besteht, beschrieben werden: der *Geschlechtervertrag* definiert die Zuständigkeiten der Geschlechtergruppen für Erwerbs- und Familienarbeit, der *Erwerbsvertrag* hingegen die Ausgestaltung der Erwerbsarbeitsverhältnisse. Mit dem Begriff des *Normalarbeitsverhältnisses* wird eine Institution bezeichnet, die sich in Deutschland in der Nachkriegszeit herausgebildet hat und beide Bestandteile beinhaltet (Mückenberger, 1989; Hinrichs, 1996). Deren zentrales Definitionsmerkmal ist die „vollzeitige, dauerhafte Integration in den Arbeitsmarkt in Arbeitsverhältnissen, die den kollektivvertraglichen Regelungen unterliegen" (Holst & Maier, 1998, S. 510). Damit ist gleichzeitig eine Erwerbsform institutionalisiert, die keine Beteiligung an der Reproduktionsarbeit in der Privatsphäre vorsieht. Davon abweichende Beschäftigungsformen wie Teilzeitarbeit oder befristete Beschäftigung gelten als atypisch, obwohl sie zahlenmäßig längst eine Normalerscheinung im Arbeitsleben darstellen (Bosch, 2002).

In Deutschland ist das System der sozialen Sicherung eng an die Institution Ehe und Familie gekoppelt und auf das Modell eines männlichen Alleinverdieners zugeschnitten (Pfau-Effinger, 2000). So sind beispielsweise nichterwerbstätige Familienmitglieder in der gesetzlichen Kranken- und Pflegeversicherung kostenlos mitversichert. In der Rentenversicherung wird im Hinterbliebenenfall eine abgeleitete soziale Absicherung gewährt. Ebenso setzt die rentenrechtliche Anerkennung von Kindererziehungsleistungen einen Anreiz für Erwerbspausen. Die kompensatorischen Leistungen des Sozialstaats stützen somit eine ungleiche Aufteilung von bezahlter Lohnarbeit zwischen Ehepartnern. Auch die steuerrechtliche Regelung des Ehegattensplittings[2] beinhaltet einen starken finanziellen Anreiz für eine traditionelle Arbeitsteilung.

In der ehemaligen DDR waren die soziopolitischen Weichenstellungen am Leitbild der werktätigen Frau und Mutter ausgerichtet. Die Doppelverdienerehe mit zwei vollerwerbstätigen Partnern wurde durch ein flächendeckendes Angebot von Kinderbetreuungseinrichtungen ermöglicht. Mit Ausnahme des Babyjahres waren keine länger andauernden Erwerbsunterbrechungen vorgesehen

---

[2] Nach diesem Prinzip wird die Summe aus den Einkommen beider Ehepartner gesplittet und danach erst besteuert. Da aufgrund der Steuerprogression die sich daraus ergebenden finanziellen Vorteile mit den Einkommensunterschieden steigen, wird die Nichterwerbstätigkeit oder nur geringfügige Beschäftigung eines – in der Regel des weiblichen – Partners gestützt.

(Sørensen & Trappe, 1995). Allerdings blieb die Gleichstellung von Frauen und Männern auf die volle Arbeitsmarkteinbindung begrenzt; für die familiäre Arbeitsteilung galt weiterhin die vorrangige Zuständigkeit von Frauen (Nickel, 1991). Die Institutionalisierung des westdeutschen Rechtssystems nach der Wiedervereinigung beeinflusste die Erwerbsmuster von Frauen in den neuen Bundesländern nur geringfügig. Ostdeutsche Mütter unterbrechen zwar nach der Geburt von Kindern ihre Erwerbstätigkeit länger als dies vor der Wiedervereinigung der Fall war. Sie kehren aber häufiger in eine Vollzeittätigkeit zurück und sie weisen wesentlich kürzere Familienpausen auf als Mütter im Westen (Falk & Schaeper, 2001).

Soziopolitische Regulierungen sind somit zentrale Bestimmungsgründe für die Ausgestaltung des Geschlechter- und des Erwerbsvertrags. Die jeweiligen politischen Weichenstellungen haben einen maßgeblichen Einfluss darauf, welche Arrangements der Aufteilung von Erwerbs- und Familienarbeit jeweils dominieren.

c) Bildungssystem
Während soziopolitische Institutionen geschlechtstypische Arbeitszeitmuster und Erwerbsverläufe prägen, stellt das Bildungssystem die Weichen für die geschlechtsbezogene Spaltung des deutschen Arbeitsmarktes nach Branchen, Berufen und Tätigkeitsbereichen. In Deutschland ist das Bildungssystem eng mit dem Arbeitsmarkt verschränkt. Berufsspezifische Kompetenzen werden hier vorrangig während der Ausbildung und nicht wie beispielsweise in den USA *on-the-job* erworben. Institutionen der Berufsausbildung und Hochschulbildung sind in Deutschland hochgradig nach Geschlecht segmentiert und prägen sowohl die Einmündung in den Erstberuf wie auch den gesamten Erwerbsverlauf nachhaltig (Blossfeld, 1987; Krüger, 1996, 2001b; Solga & Konietzka, 2000). Junge Frauen und Männer erwerben zwar niveaugleiche Bildungszertifikate, jedoch mit unterschiedlichen berufsfachlichen Profilen und – soweit es die berufliche Qualifizierung unterhalb des Hochschulniveaus betrifft – häufig auch in verschiedenen Ausbildungsinstitutionen. Berufsabschlüsse in Gesundheitsfachberufen oder Erziehungsberufen werden in berufsqualifizierenden Vollzeitschulen mit einer Frauenquote von etwa 80 % vermittelt.[3] Weibliche und männliche Jugendliche

---

[3] Krüger, (2001b) weist in diesem Zusammenhang darauf hin, dass die berufsqualifizierenden Vollzeitschulen überwiegend eine höhere Eingangsqualifikation voraussetzen als betriebliche Ausbildungsgänge. Absolventen der schulischen Ausbildungswege akkumulieren somit mehr Bildungsjahre als Auszubildende im dualen System, was sich aber nicht in einer entsprechend höheren Arbeitsmarktrelevanz der Abschlüsse niederschlägt.

konzentrieren sich zudem weitgehend auf unterschiedliche Ausbildungsberufe: Unter den 15 am häufigsten von männlichen und weiblichen Jugendlichen absolvierten Ausbildungsgängen finden sich lediglich vier Berufe aus dem kaufmännischen Bereich, die von beiden Geschlechtergruppen absolviert werden (vgl. Steinmann, 2000, S. 46 f.).

Die Geschlechterstrukturen in der Erwerbswelt werden also nicht nur im Arbeitsmarkt selbst, sondern im Verbund mit soziopolitischen Regulierungen, dem Bildungssystem und der familiären Arbeitsteilung erzeugt (vgl. auch Krüger, 2001a, S. 75). Die folgende Darstellung der langfristigen Entwicklung der Frauenerwerbstätigkeit gibt nun einen Überblick über den Wandel und den aktuellen Stand der geschlechtstypischen Muster der Arbeitsmarkteinbindung. Als Strukturindikatoren[4] werden die Erwerbsquoten von Frauen und Männern und die Teilzeitbeschäftigung herangezogen.

2   Entwicklung der Frauenerwerbstätigkeit in der Bundesrepublik

Die Einbindung von Frauen in die bezahlte Erwerbstätigkeit ist keineswegs ein Phänomen, das erst in der jüngeren Vergangenheit auftaucht. Bereits im Jahr 1925 beträgt die Erwerbsquote der 16-60jährigen Frauen 49 %, wenngleich sie die entsprechende Quote für Männer (95 %) weit unterschreitet. In Westdeutschland bleibt der Anteilswert der Frauen bis Ende der 70er Jahre stabil und sinkt nur vorübergehend nach dem Ende des 2. Weltkrieges etwas ab. Erst danach setzt in den alten Bundesländern ein allmählicher Anstieg ein (Blossfeld & Rohwer, 1997; Willms-Herget, 1985). Diese sozialstrukturelle Entwicklung in den letzten Dekaden ist ein wesentliches Moment der Modernisierung von Geschlechterrollen, die außerdem von einem Wandel der kulturellen Orientierungen von Frauen angestoßen wird: Einstellungsumfragen zu verschiedenen Aspekten von Geschlechterrollen weisen zunehmend eine Doppelorientierung von Frauen nach. Eine qualifizierte Berufsausbildung und die Ausübung einer bezahlten

---

[4] Die Erwerbsquote gibt den prozentualen Anteil der Erwerbstätigen in der genannten Altersspanne an der erwerbsfähigen Bevölkerung desselben Alters an. Für die folgende Darstellung werden die geschlechtsspezifischen Quoten verwendet. Dabei ist zu berücksichtigen, dass in die Beschäftigungsquote auch ruhende Arbeitsverhältnisse beispielsweise von Frauen in Elternzeit eingehen. Die Quote der aktiven Erwerbstätigen ist deshalb insbesondere für die Gruppe von Frauen mit Kleinkindern viel niedriger (Beckmann, 2003).

Erwerbsarbeit werden wichtiger und selbstverständlicher, während die Familie
ihren hohen Stellenwert beibehält. Unter dem Einfluss der soziopolitischen
Institutionen wird das bis dahin dominierende Modell der Hausfrauenehe modi-
fiziert in Richtung eines Zuverdienermodells mit einer teilzeitarbeitenden Ehefrau
(Pfau-Effinger, 2000; Abb. 1).

Schaubild 1 zeigt die Entwicklung der Erwerbsquoten von Frauen und
Männern seit den 70er Jahren im früheren Bundesgebiet. Die Erwerbsquoten der
Geschlechtergruppen bewegen sich im Zeitraum von 30 Jahren allmählich aufeinander zu. Der Anteil der weiblichen Erwerbspersonen an den Frauen in der
Altersspanne von 15 bis 65 Jahren steigt zwischen 1965 und 1998 um 14 Prozentpunkte. Die Erwerbsquote der Männer hingegen sinkt um 8 Prozentpunkte. Trotz
der Annäherung bleibt aber der Abstand der geschlechtsbezogenen Erwerbsquoten im Gebiet der alten Bundesländer markant (Klammer et al., 2000).

Der Anstieg der Erwerbsquote der weiblichen Bevölkerung ist insbesondere
auf die zunehmende Arbeitsmarktpartizipation von verheirateten Frauen im 3.
und 4. Lebensjahrzehnt zurückzuführen. Diese Entwicklung setzt bereits in den
50er Jahren ein, schlägt sich aber zunächst nicht in der Erwerbsquote nieder, da
sich etwa zeitgleich der Arbeitsmarkteintritt von jüngeren, nicht verheirateten
Frauen verzögert. Der Anstieg des Arbeitsangebots der verheirateten Frauen
wird durch eine spezifische Konstellation am Arbeitsmarkt begünstigt. Im Zuge
des sogenannten Wirtschaftswunders steigt die Nachfrage nach Beschäftigten in
Verwaltungs- und Dienstleistungstätigkeiten an, kann aber nicht mehr durch den
Arbeitskräftepool der jüngeren, nicht verheirateten Frauen gedeckt werden. Der

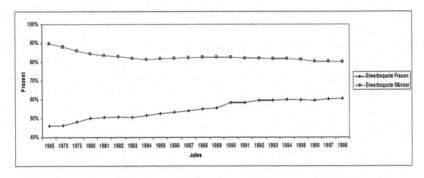

Abb. 1 Erwerbsquoten der 15–65-Jährigen, 1965–1998, früheres Bundesgebiet. (Quelle:
Klammer et al., 2000, S. 55)

Grund dafür liegt in der steigenden Bildungsbeteiligung dieser Gruppe, begleitet von einem sinkenden Alter bei Heirat und Geburt des ersten Kindes in der Kohorte der 1944–1948 Geborenen (Blossfeld & Rohwer, 1997). Aufgrund der vorherrschenden Arbeitskräfteknappheit waren Arbeitgeber zunehmend bereit, familienkompatible Beschäftigungsverhältnisse mit einer reduzierten Arbeitszeit anzubieten.

„Insbesondere im expandierenden Dienstleistungssektor war der Bedarf an Arbeitskräften nur durch besondere Arbeitszeitangebote zu decken, nachdem die Zuwanderung aus anderen Wirtschaftszweigen abgeschöpft war. Mit Handzetteln und Postwurfsendungen sowie der Aufforderung an MitarbeiterInnen, in ihrem Familien- und Bekanntenkreis auf das Angebot von Teilzeitarbeit hinzuweisen, versuchten die Unternehmen, das Interesse der Hausfrauen an einer Erwerbstätigkeit zu wecken" (Quack, 1993, S. 77).

Der beachtliche Anstieg der Frauenbeschäftigungsquote beruht wesentlich auf der Zunahme von Teilzeitarbeitsverhältnissen. Die Teilzeitquoten von Frauen klettern steil nach oben, von 6 % in den 50er Jahren auf annähernd 30 % bis Mitte der 70er Jahre. Mit der Expansion der Teilzeitbeschäftigung sinkt zunächst die Vollzeitbeschäftigung von Frauen. Ab Mitte der 70er Jahre steigen die Teilzeitraten langsamer aber stetig, während die Vollzeitraten wieder leicht zunehmen (Blossfeld & Rohwer, 1997). Im Jahr 1998 liegt die Teilzeitquote der abhängig beschäftigten Frauen bereits bei 40 %, wohingegen nur 4,5 % der abhängig beschäftigten Männer Teilzeit arbeiten (Klammer et al., 2000, S. 58).

Die Nutzung von Teilzeitarbeit variiert zwischen Frauen mit unterschiedlichen qualifikatorischen Voraussetzungen. Teilzeitarbeit ist zum einen das bevorzugte Modell von geringer qualifizierten Frauen, die nach einer familienbedingten Erwerbsunterbrechung in das Berufsleben zurückkehren (Kohler & Spitznagel, 1995). Arbeitgeber greifen auf das Arbeitsangebot dieser Gruppe dann zurück, wenn der Arbeitskräftebedarf im Tagesverlauf wechselt oder um kurzfristige Nachfrageschwankungen auszugleichen (Bellmann et al., 1996; Bollinger et al., 1991; Büssing & Glaser, 1998; Kohler & Spitznagel 1995). So werden in den kundennahen Dienstleistungen (Einzelhandel, Call Center) regelmäßig auftretende Schwankungen im Tages- oder Wochenzyklus über kapazitätsorientierte Personaleinsatzstrategien bewältigt. Kosten- und Produktivitätsvorteile durch den Einsatz von Teilzeitkräften sehen Arbeitgeber vor allem bei Tätigkeiten mit geringen Qualifikations- und Kommunikationsanforderungen (Bäcker & Stolz-Willig, 1993; Hinrichs, 1992). Bei Frauen mit hohen Bildungsabschlüssen ist ebenfalls ein Trend zu Teilzeitarbeit festzustellen. Dieser Gruppe dient Teilzeitarbeit aber eher zur Überbrückung der Phase bis zur geplanten Wiederaufnahme einer Vollzeittätigkeit. Zudem nehmen Frauen mit einem höheren Qualifikationsniveau nach der Geburt von Kindern kürzere Erwerbspausen in Anspruch (Blossfeld & Rohwer, 1997; Kurz, 1998). Die Arbeitszeitreduzierung erleichtert diesen Frauen nicht nur die Organisation des familiären Alltags, sie schwächt auch die Entwertung der in der Erwerbsarbeit gewonnenen Erfahrungen und Kompetenzen im Fall von familienbedingten Erwerbsunterbrechungen ab und kann insofern die Erwerbsbeteiligung im gesamten Lebensverlauf stabilisieren (Lauterbach et al., 1994). Allerdings entwickelt sich die betriebliche Nachfrage nach Teilzeitarbeit für qualifizierte Tätigkeiten eher zögerlich. Entsprechende Arbeitsplätze bietet allenfalls der öffentliche Dienst in nennenswertem Umfang, wo Teilzeitarbeit oft als Maßnahme zur Frauenförderung eingesetzt wird. Wie Quack (1993) in ihrer Studie zur Dynamik von Teilzeitarbeit feststellt, bieten insbesondere die öffentlichen Arbeitgeber gute Voraussetzungen für eine integrationsfördernde Teilzeitarbeit, da diese Arbeitsplätze in der Regel eine kontinuierliche Beschäftigung ermöglichen und auch spätere Wechsel in eine Vollzeitbeschäftigung gestatten. In der Privatwirtschaft hingegen fördern die erwähnten betrieblichen Einsatzstrategien eher instabile Beschäftigungsverhältnisse, die oft nur zu einer graduellen Integration in den Arbeitsmarkt führen.

Während also in Westdeutschland die Expansion des Dienstleistungssektors und die Ausweitung der Teilzeitbeschäftigung die Arbeitsmarktpartizipation von Frauen unterstützt, begünstigten die soziopolitischen Rahmenbedingungen in der ehemaligen DDR andere Entwicklungspfade. Wie das zweite Schaubild zeigt, steigt die Erwerbsquote der ostdeutschen Frauen ab 1950 schnell an und liegt 1989 mit 89 % nur knapp unter derjenigen der Männer (92 %). Nach der Wende sinken die Erwerbsquoten beider Geschlechtergruppen – bei Frauen etwas stärker als bei Männern – und pendeln sich auf einem etwas niedrigerem Niveau (74 % bei Frauen und 80 % bei Männern) ein. Im Jahr 1998 haben sich die Erwerbsquoten der Männer in Ost- und Westdeutschland vollkommen angeglichen, wohingegen die Erwerbsquote der ostdeutschen Frauen die westdeutsche um 13 Prozentpunkte übersteigt (Abb. 2).

Ein weiterer Unterschied besteht im Umfang der Teilzeitarbeit. Frauen in der DDR – auch Mütter – übten überwiegend eine Vollzeittätigkeit aus. Erwerbsunterbrechungen waren in der Regel auf das rechtlich verankerte Babyjahr begrenzt. Teilzeitbeschäftigt waren überwiegend ältere Frauen vor der Verrentung (Klammer et al., 2000, S. 60). Im Zuge der Integration der ehemaligen DDR in das politische und wirtschaftliche System der BRD und der sich schnell verschärfenden Arbeitsmarktkrise haben sich zwar die Erwerbschancen von Frauen in den neuen Bundesländern generell verschlechtert, die hohe Erwerbsbeteiligung und die Präferenz für eine Vollzeitbeschäftigung von ostdeutschen Frauen bleibt

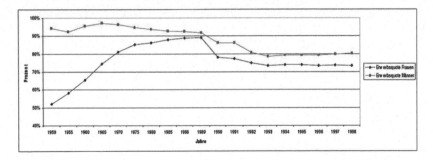

Abb. 2 Erwerbsquoten der 15–65-Jährigen, 1950–1998, DDR/Neue Bundesländer. (Quelle: Klammer et al., 2000, S. 60)

jedoch auf einem hohen Niveau erhalten (Holst & Schupp, 1999). Teilzeitarbeit spielt nach wie vor eine eher untergeordnete Rolle; nur etwa ein Fünftel der abhängig beschäftigten Frauen steht in einem Teilzeitarbeitsverhältnis (Klammer et al., 2000, S. 64). Im Gegensatz zu Frauen in den alten Bundesländern handelt es sich hier zudem häufiger um unfreiwillige Arrangements aufgrund fehlender Vollzeitarbeitsplätze (Blossfeld & Rohwer, 1997).

3 Integration durch berufliche Segregation

Geschlechtsspezifische Unterschiede in der Arbeitsmarktintegration bestehen aber nicht nur hinsichtlich der Arbeitszeitformen und der Erwerbsverlaufsmuster. Die Einbindung in bezahlte Erwerbsarbeit findet darüber hinaus in Berufsbereichen statt, die nach dem Geschlecht segregiert sind. Das Konzept der beruflichen Segregation bezeichnet die ungleichmäßige Verteilung von Frauen und Männer auf Berufe, Arbeitsplätze und hierarchische Positionen im gesamten Arbeitsmarkt. Obwohl in den meisten Berufen Frauen wie auch Männer beschäftigt sind, gehören Arbeitskräfte, die gleiche oder ähnliche Arbeit verrichten, mehrheitlich demselben Geschlecht an. Diese Geschlechtstypisierungen von Berufen sind in der Alltagswelt höchst präsent. Denkt man etwa an Tätigkeiten in einem Sekretariat, in der Führungsspitze eines Unternehmens oder in einer Autowerkstatt, dann bedarf es gar keines Blickes in die Arbeitsmarktstatistik um zu wissen, welche Geschlechtszugehörigkeit die Berufsinhaber in der Mehrheit der Fälle besitzen.

Tab. 1 Beschäftigtenanteile in segregierten und integrierten Berufen (Prozentangaben)

	Berufstypus (nach Frauenanteil im Beruf)			
	Männerdominiert (0 - 30 Prozent)	Mischberuf (30 - 70 Prozent)	Frauendominiert (70 - 100 Prozent)	Σ
Männer West	65,3	25,8	8,9	100
Frauen West	10,6	33,3	56,0	100
Männer Ost	69,7	20,2	10,1	100
Frauen Ost	8,8	22,7	68,4	100

Quelle: Falk 2002: 53, eigene Darstellung

Folgende Tabelle veranschaulicht das Ausmaß der beruflichen Segregation in den beiden deutschen Teilarbeitsmärkten im Jahr 2000:[5] Sie zeigt die prozentuale Verteilung der erwerbstätigen Frauen und Männer auf geschlechtstypische (mehrheitlich von einer Geschlechtergruppe ausgeübte) und gemischtgeschlechtliche Berufe.

Wie aus der Tabelle hervorgeht, liegen die Anteilswerte von weiblichen und männlichen Beschäftigten in Berufen, die mehrheitlich vom eigenen Geschlecht ausgeübt werden, deutlich höher als in Mischberufen. Der Anteil der Beschäftigten, die in ihrer Berufsarbeit überwiegend auf Kollegen des anderen Geschlechts treffen, ist hingegen mit 9 bis 10 % vergleichsweise gering. Ferner ist zu erkennen, dass der ostdeutsche Arbeitsmarkt etwas stärker nach Geschlecht segregiert ist als der westdeutsche. Im Vergleich zu den alten Bundesländern üben die Beschäftigten in den neuen Bundesländern etwas seltener gemischtgeschlechtliche Berufe aus und Frauen wie Männer sind stärker in geschlechtskonformen Berufen konzentriert. Die westdeutschen Frauen sind im Jahr 2000 in der geschlechtsbezogenen Berufsstruktur am wenigsten abgeschottet. Ein Drittel der Arbeitnehmerinnen arbeitet in einem gemischtgeschlechtlichen Beruf, etwa als kaufmännische Angestellte in einer Bank oder einer Versicherung (Tab. 1).

Um die Entstehungsbedingungen der unterschiedlichen Muster der Einbindung von Frauen und Männern in den Arbeitsmarkt zeigen zu können, wird im Folgenden die Entwicklung der Geschlechtersegregation von Berufen und

---

[5] Die Angaben stützen sich auf eine von Falk (2002) vorgelegte Analyse mit Daten des Mikrozensus. Zum Zweck einer anschaulicheren Darstellung wurde der Grad der beruflichen Segregation hier in drei Berufstypen zusammengefasst.

Tätigkeitsbereichen im zeitlichen Verlauf betrachtet. Daran anschließend wird die Bedeutung des Bildungssystems für die Einmündung in geschlechtstypische Berufe thematisiert.

Die Entwicklung der beruflichen Geschlechtersegregation ist ein gut beschriebenes Phänomen. Die historisch am weitesten zurückreichende Studie legt Willms-Herget (1985) vor. Sie untersucht den Wandel der beruflichen Konzentration und Segregation zwischen 1925 und 1982 in 102 Berufsfeldern. Anders als bei den Erwerbsquoten zeichnet sich in beiden Dimensionen über 60 Jahre hinweg nur wenig Veränderung ab. Zu Beginn und zum Ende des Beobachtungszeitraums sind Frauen auf ein engeres berufliches Feld konzentriert als Männer. Im Jahr 1925 arbeiten fast 82 % aller erwerbstätigen Frauen, aber nur 54 % der erwerbstätigen Männer in nur 10 Berufen. Während sich Frauen im Laufe der Jahre eine etwas größere Zahl von Berufsfeldern erschließen, stabilisiert sich die berufliche Konzentration von Männern auf dem Ausgangsniveau: Im Jahr 1982 beträgt der Anteilswert der erwerbstätigen Frauen in den 10 häufigsten Berufen jedoch immer noch 70 %, der Vergleichswert der Männer liegt bei 55 %. Unverändert bleibt zudem das Ausmaß der asymmetrischen Verteilung von Frauen und Männern über das gesamte betrachtete Berufespektrum. Dies lässt sich mit einer Maßzahl zeigen, welche die nach Geschlecht differenzierte Verteilung der Beschäftigten auf Berufskategorien erfasst. Der Dissimilaritätsindex[6] gibt an, wie viele Frauen oder Männer den Beruf wechseln müssten, um eine ausgewogene Verteilung herzustellen. Der Indexwert schwankt im Laufe der Jahre nur geringfügig um einen Wert von.58, was bedeutet dass 58 von 100 Frauen oder Männern den Beruf wechseln müssten, um eine paritätische Verteilung herzustellen (Willms-Herget, 1985, S. 220).

Eine Veränderung der segregierten Berufsstruktur über die Zeit kann durch zwei verschiedene Komponenten verursacht werden: zum einen durch Veränderungen der Geschlechterzusammensetzung von einzelnen Berufe und zum

---

[6]Zur Abbildung der beruflichen Segregation wurden verschiedene Indizes entwickelt, die das Ausmaß der beruflichen Segregation mit einer einzelnen Maßzahl wiedergeben (für einen Überblick vgl. Jacobs 1999). Ein häufig verwendeter Index ist der von Duncan und Duncan (1955) zur Bestimmung der sozialräumlichen Segregation von Bevölkerungsgruppen entwickelte Dissimilaritätsindex D, der folgendermaßen definiert ist: wobei Fi für die Anzahl Frauen im Beruf i, Mi für die Anzahl Männer im Beruf i, F für die Anzahl Frauen in allen Berufen und M für die Anzahl Männer in allen Berufen steht. Der Index erreicht den Wert 0, wenn Frauen und Männer gleichmäßig über alle Berufe verteilt sind und nimmt den Wert 1 an, wenn in allen Berufen ausschließlich eine Geschlechtergruppe vertreten ist.

anderen durch Größenverschiebungen zwischen den Berufen, etwa wenn ein Mischberuf von immer mehr Arbeitskräften ausgeübt wird. Wie sich zeigt, ist die Stabilität der Segregation im Aggregat aller Berufe das Ergebnis von zwei gegenläufigen Entwicklungsmustern: Im Laufe der Zeit verfestigen sich geschlechtsspezifische Typisierungen von Berufen. Diese Tendenz wird aber durch die beruflichen Umschichtungen im Zuge des Tertiarisierungsprozesses kompensiert.

„Es sind Berufe in den Hintergrund geraten, die hochgradig typisiert waren und abgelöst wurden von im Durchschnitt weniger stark typisierten Berufen" (Willms- Herget, 1985, S. 228).

Es sind vor allem die qualifizierten Dienstleistungsberufe im Bildungs-, Sozial- und Gesundheitswesen, in die Frauen verstärkt einmünden können. Die Analyse der Frauenquoten in einzelnen Berufen belegt darüber hinaus, wie die Größenverschiebungen die berufliche Teilung verfestigen oder aufweichen, wenngleich sich auch immer Abweichungen vom dominanten Entwicklungsmuster finden. In schrumpfenden Berufen vertieft sich eher die Typisierung als Männer- oder Frauenberuf. Unter den Frauenberufen betrifft dies beispielsweise Schneiderinnen und Näherinnen, unter den Männerberufen Metallarbeiter oder Bauarbeiter. Bei sinkenden Beschäftigungschancen finden sich jedoch auch einige Männerberufe wie Glasmacher, Bäcker und Konditoren, für die dann verstärkt Frauen rekrutiert werden. Vom beruflichen Wachstum profitieren insgesamt die unterrepräsentierten Beschäftigtengruppen. Auf Dauer kann allerdings die berufliche Integration einer Geschlechtergruppe zu einer Re-Segregation von einzelnen Berufsfeldern führen (Willms-Herget, 1985; Reskin & Roos, 1990).

Neuere Studien betrachten die Entwicklung der beruflichen Geschlechtersegregation unter den unterschiedlichen Rahmenbedingungen des ost- und westdeutschen Teilarbeitsmarktes. Aus Analysen von Volkszählungsdaten geht hervor, dass das Niveau der beruflichen Geschlechtersegregation in der ehemaligen DDR etwas höher lag und frauentypische Tätigkeiten zugleich stärker abgeschottet waren als in der Bundesrepublik. Gleichzeitig waren ostdeutsche Frauen stärker in administrative, leitende und professionelle Tätigkeiten und in Produktionstätigkeiten integriert (Trappe & Rosenfeld, 2001). Zu Beginn der 90er Jahre besteht zwischen den Indexwerten für den ost- und westdeutschen Arbeitsmarkt ein Abstand von 5 Prozentpunkten. Im Jahr 1991 hätten in den neuen Bundesländern 62 % und in den alten 57 % der Frauen oder Männer den Beruf wechseln müssen, um eine Gleichverteilung der Geschlechtergruppen zu erreichen (Falk, 2002, S. 48). Wie schon in den früheren Perioden bleibt in der letzten Dekade das Segregationsniveau im westdeutschen Teilarbeitsmarkt unverändert hoch, obwohl sich die Geschlechterzusammensetzung in einzelnen Berufsbereichen wandelt. Die Präsenz von Frauen nimmt im gesamten Dienstleistungssektor weiter zu, insbesondere in einigen hochqualifizierten Professionen wie in der Medizin und in den Rechtsberufen (Rosenfeld et al., 2004, S. 118).[7]

In den neuen Bundesländern geraten die segregierten Berufsstrukturen im Zuge des politischen und institutionellen Transformationsprozesses stärker in Bewegung. Bis Mitte der 90er Jahre polarisiert sich die berufliche Spaltung noch etwas mehr. Der Dissimilaritätsindex steigt bis 1996 auf.66 an und sinkt danach wieder auf.64 im Jahr 2000 ab. Dies beruht hauptsächlich auf dem stärkeren Zustrom von beiden Geschlechtergruppen in integrierte Berufe. Ein detaillierter Blick auf Veränderungen in einzelnen Berufskategorien verrät darüber hinaus, wie sich berufsspezifische Zugangschancen in den neuen Bundesländern entwickelt haben: Während Männer stärker in geschlechtsgemischten oder frauendominierten Berufen (Sozialarbeit, Bankangestellte) Fuß fassen können, wird es für Frauen schwieriger, in männerdominierte Berufe wie auch in qualifizierte Dienstleistungsberufe einzumünden (Falk, 2002). Im Vergleich zu Westdeutschland, wo sich die Berufsstruktur stärker durch eine Feminisierung von Berufen verändert, kommt es in Ostdeutschland in den 90er Jahren häufiger zu einer Maskulinisierung von Berufsfeldern (Rosenfeld & Trappe, 2002).

Die empirischen Befunde legen zwei Schlussfolgerungen nahe: Zum einen ist aus der Entwicklung der Geschlechtersegregation im Aggregat aller Berufe zu ersehen, dass Frauen und Männer immer schon in überwiegend getrennten Berufswelten arbeiten.

Von Bestand ist die Intensität der Segregation selbst; die beruflichen Trennlinien hingegen verschieben sich im Zuge des sozioökonomischen Wandels immer wieder. Die Geschlechtstypisierung von Tätigkeiten ist somit flexibel und mit sehr unterschiedlichen Arbeitsinhalten kompatibel. Der Arbeitskräftebedarf beeinflusst maßgeblich, ob sich berufliche Geschlechtstypisierungen im Laufe der Zeit verfestigen oder lockern. Zum anderen verbessert die Anhebung der Bildungsniveaus von Frauen deren Zugangschancen in qualifizierte Berufsfelder (Blossfeld, 1987). Wie Handl (1986) für die Nachkriegszeit zeigt, hat aber der Abbau der Bildungsunterschiede zwischen Frauen und Männern keinen Einfluss auf den Gesamtumfang der geschlechtsspezifischen Segregation: Während die bildungsvermittelte Komponente an Bedeutung verliert, nehmen die bildungsunabhängigen Bestimmungsgründe der beruflichen Platzierung von Frauen und Männern zu.

---

[7] Auch in anderen Industrieländern sind gemischtgeschlechtliche Berufe zunehmend solche, die ein höheres Bildungsniveau erfordern und auch eine bessere Entlohnung bieten (Gatta & Roos, 2003; Hakim, 1998).

Welche institutionellen Faktoren zur beruflichen Geschlechtersegregation im Arbeitsmarkt beitragen, erschließt sich aus der Analyse des Berufseintritts in geschlechtstypische Berufe[8] und der Berufswechsel im Erwerbsverlauf. Im Folgenden werden also nicht mehr Strukturmerkmale des Arbeitsmarktes, sondern die Berufsentscheidungen von Individuen in den Blick genommen. Trappe und Rosenfeld (2004) untersuchen diese Prozesse mit Daten über junge Erwachsene, die vor der Vereinigung der beiden deutschen Teilstaaten eine Berufstätigkeit begonnen haben. In Ost- wie in Westdeutschland ergreifen Männer mit einer höheren Wahrscheinlichkeit einen geschlechtstypischen Beruf als Frauen. Dieser Befund steht in Einklang mit Ergebnissen qualitativer Studien, die darauf hinweisen, dass Männer stärker dazu tendieren, sich im Berufsleben gegenüber dem anderen Geschlecht abzugrenzen (Heintz et al., 1997). Schlüsselt man die Gruppe der männlichen Berufseinsteiger nach dem Bildungsniveau auf, dann zeigt sich, dass junge Männer ohne Ausbildungsabschluss und solche mit universitären Abschlüssen etwas flexibler sind als der Durchschnitt ihrer Geschlechtsgenossen. Die Wahrscheinlichkeit in einen gemischtgeschlechtlichen oder geschlechtsatypischen Beruf einzumünden ist für diese Gruppen etwas höher. Dies lässt wiederum darauf schließen, dass in den mit einem mittleren Bildungsniveau zugänglichen Ausbildungsberufen Geschlechtergrenzen eine besonders starke Rolle spielen.

Trappe und Rosenfeld (2004) heben in diesem Zusammenhang den Einfluss des beruflichen Bildungssystems auf die Berufseinmündung hervor, das in beiden deutschen Teilstaaten eng an das Erwerbssystem gekoppelt war. Die geschlechtsbezogene Segmentierung des Bildungssystems übersetzt sich direkt in die beschriebenen beruflichen Spaltungen. Frauen und Männer erlernen überwiegend geschlechtstypische Berufe. Die einmal eingeschlagene Richtung prägt dann den weiteren beruflichen Werdegang. Wie die Autorinnen feststellen, spielten die erworbenen Berufszertifikate in der ehemaligen DDR sogar eine noch größere Rolle als in der BRD. Pfadabhängigkeit ist nicht wie in anderen Ländern vorrangig ein Charakteristikum von Frauenberufen (für Großbritannien vgl. Chan, 1999; Jacobs, 1995). Im Kontext des deutschen Ausbildungssystems erscheinen alle Berufe mit den Worten von Chan (1999, S. 87) als *one-way trap doors*. Die im deutschen Ausbildungssystem erworbenen beruflichen Kompetenzen sind so spezifisch, dass ohne weitere Ausbildung allenfalls ein Wechsel in ähnliche

---

[8] Als geschlechtstypisch wurden in der Studie von Trappe und Rosenfeld (2004) Berufe definiert, in denen mindestens 80 % der Berufsinhaber derselben Geschlechterkategorie angehörten.

Berufe möglich ist. Trappe und Rosenfeld (2004) stellen zudem fest, dass Arbeitnehmer ihre Tätigkeit häufig nach Eheschließungen und der Geburt von Kindern wechseln, wenn also familiäre und berufliche Belange stärker aufeinander abgestimmt werden müssen. Familiäre Ereignisse sind aber für sich genommen kein Anlass für die Einmündung in einen geschlechtstypischen Beruf.

„Rather, having children and to a lesser extent getting married had an impact on job changing in general, indicating that family formation is a decisive life stage involving many changes in domains outside the close work-family nexus such as housing, day care, and commuting time that are not tapped by our models" (Trappe & Rosenfeld, 2004, S. 181).

Den Autorinnen zufolge widersprechen ihre Befunde der humankapitaltheoretischen Argumentation, wonach die Familienbildung und eine Rollenspezialisierung auf Erwerbsarbeit einerseits und Familienarbeit andererseits Entscheidungen für geschlechtstypische Berufe begünstigen, da Personen, die mehr familiäre Verpflichtungen übernehmen oder erwarten, diese in Zukunft zu übernehmen, Tätigkeiten anstreben, die weniger Bildungsinvestitionen oder weniger Arbeitseinsatz erfordern (Polachek, 1981; Becker, 1985). Trappe und Rosenfeld interpretieren ihre empirischen Befunde als Hinweis darauf, dass im Kontext des eng gekoppelten deutschen Bildungs- und Beschäftigungssystems bereits Ausbildungsangebote, -wege und -kapazitäten Weichenstellungen beinhalten, die Berufsentscheidungen in geschlechtstypische und nicht einfach zu revidierende Richtungen lenken.

Diese *Kanalisierung* in eher frauen- oder männertypische Berufe ist folgenreich, da sie den Geschlechtergruppen nicht in gleicher Weise den Zugang zu statusadäquaten Beschäftigungen eröffnet.

„Mit einer kaufmännischen (...), vor allem aber einer gewerblichen Lehrausbildung (...) haben Frauen eine sehr viel geringere Chance, in eine statusadäquate Facharbeiterinnen- oder qualifizierte Angestelltenposition zu gelangen. Bei der Hochschulausbildung ist die Situation noch etwas zugespitzter: Neben der geringeren Wahrscheinlichkeit einer inhaltsadäquaten Position haben sie auch eine deutlich geringere Chance des Zugangs zu hochqualifizierten Tätigkeiten" (Solga & Konietzka, 2000, S. 136).

Die Stellung der ostdeutschen Frauen im Erwerbssystem hat sich nach der Wiedervereinigung auch hinsichtlich des Zugangs zu statusadäquaten Berufspositionen verschlechtert. Im Unterschied zum westdeutschen Erwerbssystem führten Frauenberufe in der DDR überwiegend zu einer anerkannten qualifizierten Berufsarbeit.

Die Folgen der beruflichen Spaltung spiegeln sich auch in den Zahlen über die hierarchische Segregation von Frauen und Männern wider. Frauen sind nur zu etwa einem Viertel in höheren beruflichen Positionen und in Führungsfunktionen vertreten, obwohl sie beispielsweise in der Gruppe der Angestellten und Beamten die knappe Mehrheit stellen (Holst, 2003). In den Führungsspitzen der großen Unternehmen sinkt der Anteilswert sogar auf 10 % (Holst, 2005). Die Tatsache, dass weibliche Fach- und Führungskräfte häufiger unverheiratet und kinderlos sind als ihre Berufskollegen, weist auf Unterschiede in den Mechanismen hin, mit denen Frauen und Männer in statushohe Positionen integriert werden (vgl. dazu Abschn. 5). Chancen in hochqualifizierte Fach- und Führungspositionen zu gelangen, bestehen für Frauen insbesondere im öffentlichen Dienst, im Dienstleistungssektor und in kleineren und mittleren Betrieben. Ferner ist eine ausgeprägte geschlechtshomogene Zuordnung von Mitarbeitern und Vorgesetzten festzustellen: 46 % der erwerbstätigen Frauen im Osten und 35 % im Westen haben eine weibliche Vorgesetzte, wohingegen die Anteilswerte für Männer (9 % im Westen und 7 % im Osten) weitaus niedriger liegen (Hunt & Restorff, 2004). Die Chancen für Frauen, in Leitungsfunktionen zu gelangen, sind also in den frauendominierten Erwerbssparten am höchsten.

Repräsentative Untersuchungen zur Veränderung der vertikalen beruflichen Segregation fehlen bislang für den deutschen Arbeitsmarkt. Die vorliegenden deskriptiven Ergebnisse decken nur kurze Zeiträume ab, sodass lediglich begrenzte Aussagen über Entwicklungen möglich sind. Holst (2005) etwa stellt zwischen den Jahren 2000 und 2003 einen leichten Anstieg des Frauenanteils in hochqualifizierten Tätigkeiten fest, einen leichten Rückgang hingegen bei den umfassenden Führungsaufgaben. Zudem verzeichnen auch einige nichtrepräsentative Befragungen von Arbeitgebern und Führungskräften in der Privatwirtschaft in den 90er Jahren eine moderate Zunahme von Frauen in Managementfunktionen (Bischoff, 1999; Quack, 1997).

Die geringere Chance von Frauen, in hochrangige Berufspositionen zu gelangen, senkt zugleich die Einkommenschancen. Der nächste Abschnitt widmet sich deshalb der geschlechtsspezifischen Lohnkluft und damit der Frage, wie sich die Unterschiede im Erwerbsverhalten und in der beruflichen Allokation von Frauen und Männern auf die Arbeitsmarkterträge auswirken.

4   Erwerbsverhalten, berufliche Segregation und Lohnabstand

Bezahlte Erwerbsarbeit bringt Frauen im Durchschnitt weniger ein als Männern. Die Angaben zu den unbereinigten Verdienstabständen von Vollzeitbeschäftigten schwanken in Westdeutschland je nach Datengrundlage zwischen 20 und annähernd 30 % (vgl. Hübler, 2003). In Ostdeutschland fällt die Lohnlücke in der sozialversicherungspflichtigen Beschäftigung bei einem insgesamt niedrigeren Lohnniveau im Vergleich zu Westdeutschland geringer aus und liegt im einstelligen Bereich (Achatz et al., 2004). Die Lohnabstände haben sich in den letzten zwei Dekaden nur wenig verändert, wenngleich sich das Lohndifferenzial vor allem im unteren Bereich der Lohnverteilung angenähert hat (u. a. Fitzenberger & Wunderlich, 2002; Lauer, 2000).

Die Forschung über geschlechtsspezifische Lohnunterschiede hat ein ganzes Ursachenbündel aufgedeckt. Durchschnittliche Unterschiede zwischen Frauen und Männern hinsichtlich Ausbildung, Erwerbserfahrung, Betriebszugehörigkeitsdauer, Arbeitszeitarrangements sowie ihre asymmetrische Verteilung auf Berufe, Arbeitsplätze, Wirtschaftszweige und Betriebe spielen dabei ebenso eine Rolle wie die ungleiche Behandlung bei der Bewertung von Tätigkeiten, bei der Festsetzung von Lohnniveaus und beim Zugang zu statushohen und gut bezahlten Tätigkeiten.

Analysen über die Auswirkungen von Unterbrechungszeiten in den Erwerbsbiographien von Frauen und Männern belegen, dass Art und Umfang von Erwerbspausen wesentlich zur Lohnlücke beitragen. Frauen erwerben aufgrund der familienbedingten Erwerbsunterbrechungen weniger Berufserfahrung, die ein wesentlicher Bestandteil der Entlohnung ist. Zudem können berufliche Kenntnisse durch das zwischenzeitliche Ausscheiden aus dem Beruf veralten und an Wert verlieren (Polachek, 1981). Allerdings sind die Lohneinbußen nach Erziehungspausen auch höher als etwa nach Phasen der Arbeitslosigkeit. Ferner wird die Erwerbserfahrung von Frauen am Arbeitsmarkt weniger honoriert: die Lohnsteigerungen fallen bei Frauen selbst bei kontinuierlicher Beschäftigung geringer aus als bei Männern (Beblo & Wolf, 2003). Dies ist teilweise mit einer kulturellen Entwertung von Frauenarbeit zu begründen. So zeigt etwa Liebeskind (2004), dass in Westdeutschland Berufe mit einem hohen Anteil an weiblich konnotierten Arbeiten wie Reinigungs-, Schreib- oder Verkaufstätigkeiten ein niedrigeres Lohnniveau aufweisen. In Ostdeutschland waren die Lohnabschläge allerdings nur für Reinigungsarbeiten festzustellen.

Aus empirischen Studien über betriebsbezogene Komponenten des Lohndifferenzials geht hervor, dass Frauen selbst bei weitgehend gleichen Voraussetzungen hinsichtlich Ausbildung und Erfahrung in den gleichen Berufen und Betrieben immer noch etwas weniger verdienen als ihre Kollegen (Hinz & Gartner, 2005). Ferner ist festzustellen, dass die Durchschnittslöhne mit steigendem Frauenanteil sinken. Dabei ist die mit der beruflichen Konzentration einhergehende Lohneinbuße für Frauen stärker als für Männer. Die Geschlechtergruppen werden also in den segregierten Arbeitskontexten unterschiedlich behandelt, was Unterschiede in der Platzierung auf hierarchische Positionen als Quelle der Lohnunterschiede hervorhebt. In der beruflichen Differenzierung wird somit das hierarchische Moment des Geschlechterverhältnisses sichtbar. Auch die niedrigeren Löhne, die Frauen in Managementberufen – einer männlich konnotierten und zahlenmäßig von Männern dominierten Tätigkeit – erzielen, stützen diese Interpretation (Achatz et al., 2004).

5   Organisationen als Schaltstellen der beruflichen Differenzierung und Stratifizierung

Die vorangehenden Abschnitte haben sowohl Ähnlichkeiten als auch Unterschiede in den Mustern der Arbeitsmarktintegration von Frauen und Männern in Ost- und Westdeutschland aufgezeigt. Die Arbeitsmarkteinbindung von westdeutschen Frauen erfolgte eher graduell und ist stärker durch Teilzeitarbeit und diskontinuierliche Beschäftigungsverhältnisse gekennzeichnet. Ostdeutsche Frauen wurden dagegen umfassend in kontinuierlichen Vollzeitarbeitsverhältnissen in die Erwerbsarbeit integriert. Diese Charakteristika sind in den neuen Bundesländern auch heute noch kennzeichnend für die Frauenbeschäftigung. In beiden deutschen Teilstaaten hat sich eine ausgeprägte horizontale und vertikale Geschlechtersegregation von Berufen herausgebildet. Die frauentypischen Erwerbsmuster westdeutscher Prägung und die berufliche Segregation wirken sich tendenziell nachteilig auf die Einkommenschancen von Frauen aus.

Abschließend werden nun die Mechanismen, welche diese geschlechtstypischen Muster hervorbringen, näher betrachtet. Bisher blieb unberücksichtigt, dass Erwerbsorganisationen über Handlungs- und Gestaltungsspielräume verfügen und den Kontext bilden, in dem Geschlechterunterschiede und -ungleichheiten erzeugt und legitimiert, aber auch relativiert werden können (Alvesson & Due Billing, 1997; Baron & Bielby, 1980). Hier werden Entscheidungen über Stellenzuweisungen gefällt, Einkommens- und Aufstiegsmöglichkeiten eröffnet und Arbeitsverträge geschlossen und auch wieder aufgelöst. Organisationen sind somit die zentralen Schaltstellen der Einbindung von Frauen und Männern in die Erwerbsarbeit. Strukturorientierte Forschungsperspektiven thematisieren vorrangig geschlechtsspezifische Platzierungs- und Aufstiegschancen in Zusammenhang mit Merkmalen der formalen Struktur, der demographischen Zusammensetzung, der Personalpolitiken und des institutionellen Umfelds von Erwerbsorganisationen. Insbesondere Arbeiten über die *organisationsgebundene Geschlechtersegregation* und über *innerbetriebliche Mobilitätsprozesse* informieren über die Bedeutung von strukturellen Rahmenbedingungen für den Zugang von Frauen zu statushohen Positionen. Untersuchungen zur

Geschlechtersegregation betrachten Unterschiede der Geschlechterzusammensetzung von Tätigkeiten und Berufen sowohl innerhalb als auch zwischen Organisationen. Einschlägige Arbeiten über organisationale Mobilität hingegen interessieren sich für innerbetriebliche Platzierungs- und Aufstiegschancen von Frauen und Männern. Beiden Forschungssträngen ist gemeinsam, dass sie die Geschlechtszugehörigkeit lediglich als Merkmal von Personen verwenden. Um aber erklären zu können, wie im Rahmen von betrieblichen Strukturen geschlechtsspezifische Ungleichheiten entstehen können, müssen diese Ansätze auch mikro- und makrosoziale Aspekte berücksichtigen (vgl. z. B. Reskin et al., 1999). Es wird zum einen Bezug genommen auf Prozesse der geschlechtsspezifischen Differenzierung und Hierarchisierung: Ergebnisse werden vor dem Hintergrund gesellschaftlich geteilter, unhinterfragter Geschlechtertypisierungen und daraus resultierender Normen und Regelungen bei der Zuweisung von Tätigkeiten und Positionen interpretiert. Zum anderen sind makrostrukturelle Einflüsse des institutionellen Umfelds wie Märkte und rechtliche Regulierungen zu beachten. Diese Zusammenhänge sollen im Folgenden anhand ausgewählter empirischer Ergebnisse verdeutlicht werden.

Studien zur *organisationsgebundenen Geschlechtersegregation* wurden in den USA entscheidend durch die Arbeit von Bielby und Baron (1984) angestoßen. Sie konnten erstmals zeigen, dass sich die berufliche Trennung von Frauen und Männern über nahezu alle Arten von Arbeitsplätzen erstreckt und mit Organisationscharakteristika wie Gewerkschaftsbindung, Grad der Formalisierung, Spezialisierung, Qualifikationsniveau und Tätigkeitsmerkmalen wie manuelle Arbeit assoziiert ist. Diese Ergebnisse wurden in einer Folgestudie über geschlechtsintegrierte Berufe weiter spezifiziert: Selbst wenn Frauen und Männer den gleichen Beruf ausüben, arbeiten sie häufig in verschiedenen Organisationseinheiten und unter verschiedenen Stellenbezeichnungen, wobei Männer eher in großen oder gewerkschaftlich organisierten Firmen mit formalen Verhandlungsprozeduren vertreten sind (Bielby & Baron, 1986). Eine deutsche Studie über die berufliche Segregation auf Betriebsebene kann hier anknüpfen. Hinz und Schübel (2001) zeigen, dass die Frauenanteile in Berufen zwischen Betrieben erheblich variieren, wobei Abweichungen vom durchschnittlichen Anteilswert vor allem in den Mischberufen und in den Frauenberufen festzustellen sind. Auch dieser Befund bestätigt die bereits erwähnte These, dass die beruflichen Männerdomänen stärker abgeschottet zu sein scheinen.

Arbeiten über die organisationsgebundene Geschlechtersegregation beschäftigen sich meist auch mit der Frage, welche Faktoren zum Abbau der Geschlechterungleichheit in Organisationen beitragen können. Baron et al. (1991) untersuchten die Auswirkungen der organisationalen Dynamik auf die

Geschlechterintegration in staatlichen Verwaltungseinrichtungen. Ältere und größere Verwaltungseinheiten erweisen sich in dieser Studie als *träger* als jüngere und kleinere, die schneller in der Lage sind, Frauen zu integrieren. Auch ein höherer Anteil von Frauen[9] in den Belegschaften begünstigt deren weitere Zugangschancen. Haben Frauen in Arbeitsbereichen erst einmal Fuß gefasst, dann rücken weitere nach. Cohen et al. (1998) können zudem zeigen, dass Frauen eher für statushöhere Ränge eingestellt oder befördert werden, wenn in den niedrigeren Positionen ebenfalls mehr Frauen beschäftigt sind. Neben diesen organisations-strukturellen und -demographischen Merkmalen wurden zudem die Effekte von gleichstellungspolitischen Auflagen auf die Integration von Frauen untersucht. In den USA können staatliche Institutionen die Aufstellung von geschlechtsbezogenen Personalstatistiken, Förderplänen und Quoten einleiten und deren Einhaltung auch kontrollieren (Wahl, 1999). Baron et al. (1991) zeigen, dass Einrichtungen, die solchen Zwängen in erhöhtem Maße ausgesetzt sind, ihre Zielvorgaben zur Integration von Frauen etwas schneller umsetzen. Neuere Arbeiten diskutieren insbesondere die Bedeutung von betrieblichen Personalpraktiken, vor allem die Formalisierung von Personalentscheidungen für die Integration von Frauen. Je formalisierter die Regelungen, Verfahren und Kriterien der Stellenbesetzung und Beförderung sind, so sie Annahme, desto weniger Raum bleibt für „das Ausagieren der Geschlechterdifferenz" (Heintz et al., 1997, S. 234) und desto weniger Einfluss haben geschlechtstypische Zuschreibungen und männliche Seilschaften auf Personalentscheidungen (vgl. auch Collinson et al., 1990; Reskin & McBrier, 2000). Dies gilt jedoch nicht generell, wie Reskin und McBrier (2000) in einer Analyse über die Beschäftigung von Frauen und Männern in Managementberufen zeigen. Der erwartete Effekt stellt sich nur in großen Firmen ein. Nach dieser Studie sind es hingegen vor allem offene Rekrutierungsverfahren, welche die Platzierung von Frauen begünstigen. Erfolgt dagegen die Personalsuche über informelle Netzwerke, so verringert sich die Präsenz von Frauen in Managementfunktionen. Tomaskovic-Devey und Skaggs (2001) kommen zu dem Ergebnis, dass Formalisierung zwar das Monopol der Männer in bestimmten Berufen schwächt, „aber (...) nichts an der geschlechtlichen Natur von Organisationen" ändert (ebd., S. 329).

Die Forschung über Geschlechterunterschiede bei der *innerbetrieblichen Mobilität* befasst sich mit geschlechtsspezifischen Implikationen von Karriereleitern und Beförderungsregelungen (u. a. DiPrete & Soule, 1988; Stovel et al., 1996).

---

[9] Dies gilt in gleicher Weise für Angehörige ethnischer Gruppen.

Unterschiede in den beruflichen Entwicklungsmöglichkeiten, die Firmen Frauen und Männern anbieten, stehen hier im Mittelpunkt. Spilerman und Petersen (1999) untersuchten beispielsweise *Beförderungsregimes* in einem amerikanischen Versicherungsunternehmen. Danach werden weibliche Angestellte bevorzugt auf bestimmten Eintrittspositionen (vor allem Bürotätigkeiten mit niedrigem Rang) eingestellt, in denen sie von vornherein nur Aufstiege in einem Stufensystem mit vergleichsweise kurzen Karriereleitern vollziehen können. Barnett et al. (2000) betrachten den Zusammenhang zwischen innerbetrieblicher Segregation und Mobilität. Sie analysieren Aufstiegsraten von Berufsgruppen mit unterschiedlicher Geschlechterzusammensetzung und weisen für diese unterschiedliche Karrierepfade nach: In frauendominierten Berufen gibt es zahlreiche Tätigkeitswechsel, die sich jedoch nur wenig auf die Entlohnung auswirken. Männer in Frauenberufen sind von solch ungünstigen Karriereergebnissen allerdings eher abgeschirmt. In männerdominierten Berufen hingegen sind Aufstiege seltener, dafür aber mit großen Einkommenssprüngen verbunden.

Neben den strukturorientierten Arbeiten beschäftigen sich auch handlungsorientierte mit der Frage, wie Geschlechterstrukturen in Erwerbsorganisationen erzeugt und aufrechterhalten werden. Von den strukturorientierten unterscheiden sich diese sowohl hinsichtlich des Organisations- als auch des Geschlechterverständnisses. Organisationen werden hier nicht als arbeitsteilig organisierte Hierarchien oder als interne Arbeitsmärkte betrachtet, sondern als Systeme sozialer Beziehungen. Somit rücken Akteure, Gruppen und Interaktionszusammenhänge in den Mittelpunkt. Die Geschlechtszugehörigkeit interessiert hier nicht als Merkmal der Beschäftigten. Im Mittelpunkt stehen die Prozesse der Zuschreibung und sozialen Konstruktion von Geschlecht im Kontext der Organisation. Innerhalb dieser mikrosoziologischen Ausrichtung lassen sich zwei Varianten unterscheiden: eine *sozial relationale* Betrachtung organisationaler Prozesse und das Konzept der *vergeschlechtlichten Organisation*.

Ausgangspunkt sozial relationaler Ansätze ist, dass Personen oder auch Personengruppen sich selbst und das von ihnen Erreichte im Verhältnis zu anderen – also *relational* – im jeweiligen Organisationskontext wahrnehmen, bewerten und vergleichen (Baron & Pfeffer, 1994). Um zu erklären, warum und wie kognitive und sozialpsychologische Prozesse zur Produktion geschlechtsspezifischer Ungleichheit in Arbeitsorganisationen beitragen, rekurrieren diese Ansätze dabei vor allem auf Theorien und Ergebnisse der Identitäts- und Gruppenforschung (Tolbert et al., 1999). Im Mittelpunkt steht die Annahme, dass Individuen sich selbst und andere nach sozialen Kategorien wie dem Geschlecht, dem Alter, aber auch nach dem beruflichen Status oder der beruflichen Position, einordnen und vergleichen. Da Menschen nach einer positiven Selbstidentität

streben und diese bestätigen wollen, werden soziale Beziehungen am Arbeitsplatz und Arbeitsrollen zu einer wichtigen Belohnungsdimension. Organisationen
sind an diesen Prozessen wesentlich beteiligt, denn sie sind „very much in the
business of creating categories such as departments, ranks, and job titles. In work
environments, it is likely that these organizationally defined and institutionalized
categories order the social world, affect the contours of social comparison and
interaction, and thereby shape the observed distribution of rewards." (Baron &
Pfeffer, 1994, S. 193).

Der Geschlechtszugehörigkeit kommt in diesen Kategorisierungs- und Vergleichsprozessen ein besonderer Stellenwert zu. Sie ist ein einfaches und basales
Klassifikationsschema, mit dem Interaktionspartner routinemäßig wahrgenommen
und eingeordnet werden. Im Prozess der geschlechtlichen Kategorisierung wird
das jeweilige Gegenüber als männlich oder weiblich klassifiziert. Ridgeway
argumentiert, dass die ständige Verwendung dieser Ordnungskategorie in sozialen
Interaktionen eine Basis für die Entwicklung von Geschlechterstereotypen darstellt.

„Denn die Geschlechterkategorisierung kann ihre interaktive Funktion erst
dann wirklich erfüllen, wenn sie mit Vorstellungen darüber verknüpft ist, wie sich
Personen, die als Männer oder Frauen eingeordnet wurden, im Normalfall verhalten" (Ridgeway, 2001, S. 255).

Geschlechtliche Etikettierungen und Stereotypisierungen beinhalten beispielsweise *gender status beliefs,* also Annahmen über den überlegenen Status
des männlichen Geschlechts auf Arbeitsmärkten und in Arbeitsorganisationen.
Geschlechtsbezogene Verhaltenserwartungen beeinflussen das Verhalten der
Akteure direkt, wenn das Geschlecht für den Interaktionszweck und den sozialen
Kontext relevant ist. Sie können zur Fortschreibung ungleicher Arbeitsmarkterträge von Frauen und Männern aber auch dann beitragen, wenn die Geschlechtszugehörigkeit weniger im Vordergrund steht oder bewusst ist, als andere auf
der Einbindung in den Organisationszusammenhang beruhende Identitäten.
Das Geschlecht wirkt dann wie eine „Hintergrund-Identität" (Ridgeway, 2001,
S. 255), wenn die nach sozialem Kontext wichtige Identität geschlechtlich aufgeladen wird, etwa wenn sich Verhaltenserwartungen gegenüber weiblichen Vorgesetzten sowohl an ihrer Berufsrolle als auch an ihrer Geschlechtszugehörigkeit
orientieren. Durchsetzungsvermögen kann zum Beispiel bei Männern als quali-
fizierende Eigenschaft für Führungsfunktionen gewertet werden, bei Frauen hingegen als ein unangemessenes Verhalten. Organisationsstrukturen erscheinen
damit aus einer sozial relationalen Perspektive nicht als gegeben, sondern
als für Organisationen und deren Mitglieder wirksame kognitive Kategorien
und Schemata, durch welche relevante Unterscheidungen zwischen Personen
und Gruppen erst geschaffen werden (Wharton, 1994). Vergleichs- und Kate-

gorisierungsprozesse finden auch dann statt, wenn, wie in Arbeitsorganisationen, direkte Interaktionen mit (allen) anderen begrenzt und Informationen über diese unsicher sind. *Gender status beliefs* leisten vor diesem Hintergrund einen ebenso tückischen wie hartnäckigen Beitrag zur Geschlechterungleichheit in der Erwerbsarbeit, da sie in Arbeitsorganisationen auch dann wirksam werden und von Bedeutung bleiben, wenn sich deren Grundlage durch die stark gewachsene Beteiligung von Frauen auf dem Arbeitsmarkt – und damit auch die demographische Zusammensetzung von Arbeitsorganisationen – wesentlich verändert hat (Ridgeway, 2001; Wharton, 2002).[10]

Einige empirische Beispiele sollen diese Aussagen im Folgenden untermauern (vgl. dazu Baron & Pfeffer, 1994). Die Differenzierung von Tätigkeiten und Arbeitsrollen beeinflusst nicht nur die Allokation von Belohnungen in Organisationen, sondern Tätigkeitsbeschreibungen erhalten auch Statusunterschiede und Grenzen entlang sozialer Kategorien aufrecht und erfüllen dadurch das Interesse der Organisationsmitglieder, sich als ähnlich oder verschieden wahrnehmen und mit anderen vergleichen zu können. Männer haben als (historisch) dominante soziale Gruppe in bestimmten Berufsfeldern den Startvorteil, auf die ursprüngliche Kategorisierung von Tätigkeiten und deren Definitionen Einfluss nehmen zu können. Die soziale Ähnlichkeit zwischen jenen, die Positionen definieren, und jenen, die diese ausfüllen, kann sich in der Organisationsstruktur festsetzen und dann ihrerseits, als Tradition oder Gewohnheit, die Zuweisung von Männern zu statushohen Tätigkeiten beeinflussen. So weisen die Stellenbezeichnungen und Arbeitsrollen von weißen Männern innerhalb von Organisationen einen größeren Grad der Differenzierung und Spezialisierung auf als die anderer sozialer Gruppen. Männer finden sich deutlich häufiger in prestigereichen Positionen, die nur mit einer Person besetzt sind. Selbst wenn Männer und Frauen ähnlichen oder den gleichen Tätigkeiten nachgehen, fällt die Proliferation von Stellenbezeichnungen bei Männern deutlich höher aus (Bielby & Baron, 1986; Strang & Baron, 1990).

---

[10] Einschränkend gilt allerdings anzumerken, dass die vorliegenden empirischen Befunde zur Aktivierung und Bedeutung von ‚gender status beliefs' in Interaktionsprozessen bislang zum größten Teil aus experimentellen Studien gewonnen wurden. Vor allem aus methodologischen Gründen erscheint ein Transfer auf konkrete organisationale Kontexte schwierig, denn relevante Situationen in Arbeitsorganisationen – beispielsweise Status- oder Bewerbungsgespräche – müssten erst identifiziert und dann Interaktionsprozesse in diesem Kontext beobachtet und analysiert werden. Gleichwohl lassen sich aus dieser Sichtweise die aus anderen empirischen Studien gewonnenen Ergebnisse durchaus plausibel interpretieren.

Die Organisation und Differenzierung von Arbeitsrollen nach sozialen Kategorien hat auch einen direkten Einfluss darauf, welcher Wert einer Tätigkeit zugeschrieben wird. Wie im letzten Abschnitt schon angemerkt wurde, wird die Arbeit von Männern tendenziell besser entlohnt als die von Frauen, und zwar auch dann, wenn diese ähnliche oder dieselben Tätigkeiten ausüben. Inwiefern diese faktischen Diskriminierungen nun von Organisationsmitgliedern wahrgenommen oder als legitim erachtet werden, steht in engem Zusammenhang zum Kontakt mit und Informationen über andere Angehörige der gleichen sozialen Kategorie. Stellen Frauen beispielsweise nur eine Minderheit der Professoren in einem Forschungsinstitut oder einer Abteilung, können sie ungleiche geschlechtsspezifische Erträge und deren organisationale Basis mangels Vergleichsmöglichkeiten häufig nur schwer hinterfragen oder entdecken, da diese hinter der Binnendifferenzierung von Arbeitsrollen und Tätigkeiten verschwinden.[11]

Ein Beispiel für die Anwendung von expliziten und impliziten Kategorisierungs- und Vergleichsprozessen sind Stellenbesetzungsverfahren. Frauen werden gar nicht oder kontinuierlich nur auf bestimmte Positionen rekrutiert, weil in Personalentscheidungen nicht nur die Evaluation von individuellen Fähigkeiten und Kenntnissen eingeht, sondern weil Frauen auch als Trägerinnen von Gruppenmerkmalen und -eigenschaften wahrgenommen und beurteilt werden. Zu den verbreiteten Stereotypisierungen zählen, dass Frauen aufgrund physischer Eigenschaften für bestimmte Tätigkeiten weniger geeignet seien als Männer, sie ihre Erwerbstätigkeit häufiger als Männer unterbrechen würden und auch bei gleicher Qualifikation weniger leistungs- und arbeitsorientiert seien. Geschlechterstereotype spielen für spezifische Berufe und Tätigkeiten eine zentrale Rolle, etwa wenn die Merkmale und Eigenschaften ihrer männlichen Inhaber gleichsam in diese Positionen eingeschrieben werden und auf sie übergehen. *Wer* innerhalb von Arbeitsorganisationen eine Tätigkeit ausübt, bestimmt demnach wesentlich mit, *wie* Positionen und Rollen kategorisiert, wahrgenommen und entlohnt, vor allem aber *wem* diese zukünftig zugewiesen werden.

---

[11] Ein gutes Beispiel bietet die Untersuchung zur Situation von Frauen am Massachusetts Institute of Technology (MIT, 1999). Erst als die wenigen Wissenschaftlerinnen am MIT sich untereinander zu einem Erfahrungsaustausch trafen, wurde offensichtlich, dass am MIT geschlechtsspezifische Ungleichheit im Hinblick auf die Ausstattung mit Ressourcen, Löhne, Auszeichnungen und anderen Formen der wissenschaftlichen Anerkennung existierte. In vielen Departments gab es eine ‚glass ceiling'; die wenigen Professorinnen nahmen sich erst im Kollektiv als unsichtbar und von Schaltstellen und Schlüsselpositionen in ihren Departments ausgeschlossen wahr.

Den Arbeiten des sozial relationalen Ansatzes kommt das Verdienst zu, auf die ungleichheitserzeugende und -stabilisierende Dynamik von Interaktionsprozessen und sozialen Beziehungen in Organisationen hingewiesen und diese der empirischen Analyse zugänglich gemacht zu haben. Die Geschlechtszugehörigkeit steht nicht mehr als *der* zentrale Faktor von organisationalen Prozessen und Strategien im Mittelpunkt, sondern ihre Relevanz ist in Verbindung sowohl mit weiteren organisationsspezifischen Kategorien, wie etwa Rang, Abteilung, Arbeitszeitumfang, ethnische Zugehörigkeit, als auch in ihrer internen Differenzierung zum Beispiel nach Klasse und Schicht (Frerichs, 1997) zu berücksichtigen.

Sozial relationale Ansätze stehen mit ihren Annahmen und Forschungsergebnissen auch in einer großen Nähe zu dem in der feministischen Organisationssoziologie diskutierten Konzept der *vergeschlechtlichten Organisation* (Acker, 1990, 1992). Dessen zentrale These besagt, Zweigeschlechtlichkeit bilde ein konstitutives Element jeder Organisation und sei in alle Organisationsstrukturen und -prozesse eingebettet:

„To say that an organization, or any other analytic unit, is gendered means that advantage and disadvantage, exploitation and control, action and emotion, meaning and identity, are patterned through and in terms of a distinction between male and female, masculine and feminine. Gender is not an addition to ongoing processes, conceived as gender neutral. Rather, it is an integral part of those processes, which cannot be understood without an analysis of gender." (Acker, 1990, S. 146)

Kern von Ackers Konzept sind organisationale Prozesse der Konstruktion geschlechtlicher Trennlinien, deren Legitimation und Festschreibung, die unter der Oberfläche von formalen und als geschlechtsneutral betrachteten Strukturen eine geschlechtliche Substruktur formen[12]. Ackers Konzept weist insofern über den Gegenstandsbereich der sozial relationalen Ansätze hinaus, da die Bedeutung der gesellschaftlichen Trennung von Produktions- und Reproduktionssphäre und die damit implizierten geschlechtsspezifischen Zuordnungen berücksichtigt werden. Demnach etablieren Organisationen Normen und Regeln, welche die Doppelung von Verpflichtungen aus der Berufs- und Privatsphäre ausblenden und dadurch einseitig an der Lebensrealität von Männern ausgerichtet sind.

Empirisch wurde das *gendering* von und in Organisationen bisher insbesondere in zahlreichen qualitativen Studien erforscht, von denen hier aus Platz-

---

[12] Die Konzeption einer Substruktur in Organisationen und deren Abgrenzung zur Organisationsstruktur an sich wird von Müller (1999) kritisiert, die eine detailliertere Analyse des Konzepts anmahnt.

gründen nur eine Auswahl vorgestellt wird.[13] Acker (1994) selbst weist in einer Untersuchung von schwedischen Banken auf die Unterschiede in der Förderung und Unterstützung von Männern und Frauen durch Vorgesetzte hin. Männer werden von männlichen Vorgesetzten aktiv als potenzielle Führungskräfte identifiziert und in Weiterbildungsmaßnahmen auf höhere Positionen vorbereitet und gefördert. Frauen hingegen sind darauf angewiesen, selbst auf sich aufmerksam zu machen. Gleichzeitig wird Frauen Zugang zu Weiterbildungsmaßnahmen eher verwehrt, weshalb die berufliche Entwicklung von Männern und Frauen langfristig unterschiedlich verläuft. Ein ähnliches Resultat berichten Benschop und Dooreward (1998) aus ihrer Studie über zwei niederländische Großbanken. Die Banken erwarten ebenfalls von ihren Mitarbeitern und Mitarbeiterinnen, sich auf attraktive Stellen aktiv zu bewerben. Es existiert jedoch eine unausgesprochene Regel, wonach statushohe Personen zu den Bewerbungen gezielt auffordern. Auch hier geraten Männer eher als potenzielle Kandidaten in den Blick, da Frauen unterstellt wird, sich kaum für diese Positionen zu interessieren. Die Praxis der *importance of being asked* (ebd.: 796) hat wesentlichen Anteil an der Fortschreibung des Status quo.

Solche vergeschlechtlichten Praktiken der Personalentwicklung stehen in Zusammenhang mit Grundsätzen und Anforderungsprofilen, die für Stellen oder Bewerber festgelegt werden und geschlechtsspezifische Konnotationen beinhalten. Das Idealbild eines Managers ist häufig ein paternalistisches: Manager sind männlich, verheiratet und haben Kinder (Halford et al., 1997). Zwar werden Führungsaufgaben oft als unvereinbar mit familiären Verpflichtungen konstruiert, relevant wird dies aber erst, wenn sich Frauen bewerben. Unter der Annahme einer traditionellen familiären Rollenteilung können Beförderungen von Frauen mit einem unvermeidlichen organisatorischen Sachzwang legitimiert werden: „Wenn es keine Gestaltungsalternativen gibt, ist auch kein Dissens möglich" (Wilz, 2002, S. 205). Von Führungskräften wird erwartet, dass sie ihre Emotionen kontrollieren und im Sinne der Organisation instrumentalisieren, etwa indem sie freundlich gegenüber Kunden und Kollegen sind und gleichzeitig auch beherrscht, belastbar und stressresistent. Eigenschaften wie Emotionalität oder Rationalität haften geschlechtsspezifische Nebenbedeutungen an – Frauen gelten als emotionaler und weniger rational als Männer. Wie Wilz zeigt, fallen Beförderungsentscheidungen eher zugunsten von Männern aus, wenn solche Zuschreibungen mit

---

[13] Eine umfassendere Rezeption der einschlägigen Arbeiten ist in Heintz et al. (1997), Wetterer (2002) und Wilz (2002) zu finden.

den konstruierten Anforderungsprofilen der Organisation gekoppelt sind. Als sozial konstruiert lassen sich solche Qualifikationserfordernisse auch deshalb bezeichnen, weil ihnen beliebig geschlechtsbezogene Konnotationen angeheftet werden können. So beschreibt etwa Holtgrewe (2003), wie die in Call Centern geforderte Sensibilität gegenüber Kunden – einer oft weiblich konnotierten Eigenschaft – in einem männerdominierten Tätigkeitsfeld gerahmt wird. Die überwiegend von Männern eingebrachte soziale Kompetenz ist höher, erfordert weniger Emotionalität, ein dickes Fell und wird durch eine bessere Bezahlung aufgewertet.

Weitere wichtige Befunde erhellen die Mechanismen, die zur Spaltung in Voll- und Teilzeitarbeit führen. Ob und in welchem Umfang Teilzeitarbeit akzeptiert wird, hängt wesentlich von institutionalisierten Mustern der betrieblichen Hierarchie sowie von Anforderungen an statushohe Positionen ab. Das Normalarbeitsverhältnis des kontinuierlich Vollzeitbeschäftigten, der mobil und jederzeit verfügbar private Belange den beruflichen Erfordernissen unterordnet, gilt nahezu uneingeschränkt. Acker (1990) beschrieb dies mit der impliziten Logik von Arbeitsorganisationen, die einen Arbeitnehmer voraussetzen, der völlig unabhängig von der familiären Einbindung seine Arbeitskraft zur Verfügung stellt:

„In organizational logic, filling the abstract job is a disembodied worker who exists only for the job (…) The closest the disembodied worker doing the abstract job comes to a real worker is the male worker whose life centers on his full-time, lifelong job, while his wife or another women takes care of his personal needs and his children." (Acker, 1990, S. 149)

Diese am männlichen Normalarbeitnehmer ausgerichtete Logik fließt in die arbeitgeberseitigen Zugeständnisse einer Reduzierung der Arbeitszeit ein. Sofern Teilzeitarbeit nicht generell aus arbeitsorganisatorischen Gründen abgelehnt wird – etwa weil für Leitungsfunktionen eine hohe und über die Normalarbeitszeit hinausreichende Verfügbarkeit erwartet wird – stoßen oft nur Teilzeitwünsche von Frauen auf Akzeptanz. Sofern Teilzeitstellen für Führungspositionen eingerichtet werden, können vorrangig Frauen im unteren Management davon profitieren (Franke, 2003). Bei teilzeitorientierten Männern hingegen wird nicht selten ihr berufliches Engagement und die betriebliche Verbundenheit und Loyalität infrage gestellt (Strümpel et al., 1988; Windolf & Hohn, 1984).

Die zuletzt berichteten Forschungsarbeiten haben eine Reihe von Mechanismen aufgedeckt, die im beruflichen Kontext Geschlechterdifferenzen und -hierarchien hervorbringen und stabilisieren. Aus einigen qualitativen Fallstudien geht aber auch hervor, dass die Geschlechtszugehörigkeit nicht durchgängig relevant wird. So finden sich in gemischtgeschlechtlichen Berufsfeldern wie in der Sachbearbeitung in Versicherungsunternehmen auf der horizontalen Ebene keine stellen- oder aufgabenbezogenen Trennlinien zwischen Frauen und Männern (Heintz et al., 1997; Wilz, 2002).[14] Dennoch existiert auch in diesen Erwerbsorganisationen eine ausgeprägte hierarchische Segregation mit einer männerdominierten Führungsspitze. Diese Ergebnisse relativieren die These, wonach die berufliche Differenzierung die Voraussetzung für Etablierung von Geschlechterungleichheit in der Erwerbswelt schafft (Padavic & Reskin, 2002). Den qualitativen Studien zufolge stellt die Geschlechterdifferenz eher „ein latent verfügbares Angebot für die Konstruktion von Hierarchien und ungleichen Chancen dar, das aber nicht zwangsweise in diesem Sinn genutzt werden muss und auch nicht mehr bedingungslos genutzt werden kann" (Kuhlmann et al., 2002).

Dieser Befund führt zurück zu der Frage, unter welchen Rahmenbedingungen sich die geschlechtsbezogenen Trennlinien verändern und Frauen verstärkt integriert werden. Eine Reihe von Fallstudien hat sich damit beschäftigt, wie sich technologische, personalpolitische und arbeitsorganisatorische Veränderungen auf die betrieblichen Geschlechterstrukturen auswirken. Umstrukturierungen bringen meist eine Neuschneidung von Arbeitsprozessen und Stellen mit sich und schaffen darüber eine Gelegenheit, verfestigte geschlechtsbezogene Strukturmuster aufzubrechen. Wie sich zeigt, führen betriebliche Neuerungen zu sehr unterschiedlichen Ergebnissen, von denen hier wiederum nur einige exemplarisch wiedergegeben werden. Im Bereich der angelernten Arbeit in der industriellen Produktion verschwimmen nach der Einführung von Gruppenarbeit teilweise die Geschlechtstypisierungen von Tätigkeiten. Teilweise verfestigen sich aber auch Grenzen indem Männer ihre angestammten Tätigkeitsfelder abschotten (Kutzner, 1999). Betriebliche Neuerungen eröffnen zudem im Zuge der Neubesetzung und Neuschneidung von Stellen die Integrationschancen für Frauen. Auch hier weisen die empirischen Ergebnisse darauf hin, dass für die neuen Stellen nicht nur ein Qualifikationsprofil, sondern implizit auch ein Geschlechterprofil festgelegt wird, etwa indem spezifische Kompetenzen wie Kundenorientierung eher von Frauen erwartet werden und die Arbeitszeitgestaltung mehr oder weniger Kompatibilität mit familiären Erfordernissen ermöglicht (Rasmussen, 2001; Skuratowicz & Hunter 2004). Ferner handelt es sich oft um Bereiche, die an Attraktivität verlieren, weil sich Arbeitsbedingungen, Aufstiegschancen oder Einkommensmöglichkeiten verschlechtern (Gottschall, 1990; Halford et al., 1997; Peinl, 1999; Tienari et al., 1998).

---

[14]Auch Fallstudien über gemischtgeschlechtliche Berufsfelder wie beispielsweise das Familienrecht weisen in diese Richtung (Gildemeister et al., 2003).

Abschließend bleibt festzuhalten, dass Arbeiten über die Geschlechterdifferenzierung und -stratifizierung in und durch Organisationen wesentlich zum Verständnis der auf der Geschlechtszugehörigkeit basierenden Trennlinien und deren Auflösung in der Erwerbswelt beitragen. Sie können zeigen, wie die Segregationsmuster generiert und aufrechterhalten werden, etwa indem Geschlechternormen und -stereotypen mit Anforderungsprofilen für Stellen und Personal gekoppelt werden und dadurch als legitimierte Sachzwänge erscheinen. Die Arbeiten über gemischtgeschlechtliche Berufsfelder sind hier besonders aufschlussreich, da sie belegen, dass die Geschlechtszugehörigkeit nicht in allen organisationalen Kontexten relevant wird. Diese Befunde haben eine Debatte darüber angestoßen, ob Geschlechtergrenzen in der Erwerbswelt insgesamt offener und flexibler werden und sich die Integrationschancen von Frauen dadurch verbessern. Auf der Grundlage der bislang vorliegenden Arbeiten zeichnet sich hier allerdings noch kein eindeutiges Bild ab: Es lassen sich sowohl Integrations- wie auch Re-Segregationstendenzen nachweisen, die sich auf die unterschiedlichen Gruppen von Frauen verschieden auswirken. Es ist noch zu wenig erforscht, ob die Integration von Frauen etwa in neue Beschäftigungsbereiche langfristig von Bestand ist, für welche Beschäftigtengruppen die berufliche Segregation oder Integration eher von Vorteil oder von Nachteil ist und ob damit eine Besser- oder Schlechterstellung von Frauen relativ zu Männern einhergeht.

Literatur

Achatz, J., Gartner, H., & Glück, T. (2004). *Bonus oder Bias? Mechanismen geschlechtsspezifischer Entlohnung.* IAB Discussion Paper 2/2004. Institut für Arbeitsmarkt- und Berufsforschung.

Acker, J. (1990). Hierarchies, jobs, bodies: A theory of gendered organizations. *Gender and Society, 4,* 139–158.

Acker, J. (1992). Gendering organizational theory. In A. J. Mills & P. Tancred (Hrsg.), *Gendering organizational analysis* (S. 248–260). Sage.

Acker, J. (1994). The gender regime of Swedish banks. *Scandinavian Journal of Management, 10,* 117–130.

Alvesson, M., & Due Billing, Y. (1997). *Understanding gender and organizations.* Sage.

Barnett, W. P., Baron, J. N., & Stuart, T. E. (2000). Avenues of attainment: Occupational demography and organizational careers in the California civil service. *American Journal of Sociology, 106,* 88–144.

Baron, J. N., & Bielby, W. T. (1980). Bringing the firms back. In: Stratification, segmentation, and the organization of work. *American Sociological Review, 45,* 737–765.

Baron, J. N., Mittman, B. S., & Newman, A. E. (1991). Targets of opportunity: Organizational and environmental determinants of gender integration within the California civil service. *American Journal of Sociology, 96*, 1362–1401

Baron, J. N., & Pfeffer, J. (1994). The social psychology of organizations and inequality. *Social Psychology Quarterly, 57*, 190–209.

Bäcker, G., & Stolz-Willig, B. (1993). Teilzeitarbeit – Probleme und Gestaltungschancen. *WSI Mitteilungen, 9*, 545–553.

Beblo, M., & Wolf, E. (2003). Sind es die Erwerbsunterbrechungen? Ein Erklärungsbeitrag zum Lohnunterschied zwischen Frauen und Männern in Deutschland. *Mitteilungen aus der Arbeitsmarkt- und Berufsforschung, 36*, 560–572.

Beckmann, P. (2003). *Die Beschäftigungsquote – (K)ein guter Indikator für die Erwerbstätigkeit von Frauen?* Institut für Arbeitsmarkt- und Berufsforschung.

Becker, G. (1985). Human capital, effort, and the sexual division of labor. *Journal of Labor Economics, 3*, 33–58.

Becker-Schmidt, R. (1993). Geschlechterdifferenz – Geschlechterverhältnis: Soziale Dimensionen des Begriffs „Geschlecht". *Zeitschrift für Frauenforschung, 11*, 37–46.

Bellmann, L., Düll, H., Kühl, J., Lahner, M., & Lehmann, U. (1996). *Flexibilität von Betrieben in Deutschland. Ergebnisse des IAB-Betriebspanels 1993-1995. Beiträge zur Arbeitsmarkt- und Berufsforschung 200.* Institut für Arbeitsmarkt- und Berufsforschung der Bundesanstalt für Arbeit.

Benschop, Y., & Dooreward, H. (1998). Covered by equality: The gender subtext of organizations. *Organization Studies, 19*, 787–805.

Bielby, W. T., & Baron, J. N. (1984). A women's place is with other women: Sex segregation within organizations. In B. F. Reskin (Hrsg.), *Sex segregation in the workplace: Trends, explanations, remedies* (S. 27–55). National Academy Press.

Bielby, W. T., & Baron, J. N. (1986). Men and women at Work: Sex segregation and statistical discrimination. *American Sociological Review, 55*, 155–175.

Bischoff, S. (1999). *Männer und Frauen in Führungspositionen der Wirtschaft in Deutschland. Neuer Blick auf alten Streit.* Wirtschaftsverl. Bachem

Blossfeld, H.-P., & Rohwer, G. (1997). Part-Time work in West Germany. In H.-P. Blossfeld & C. Hakim (Hrsg.), *Between equalization and marginalization. Women working part-time in Europe and the United States of America* (S. 164–190). Oxford University Press.

Blossfeld, H.-P. (1987). Labour market entry and the sexual segregation of careers in the Federal Republic of Germany. *American Journal of Sociology, 93*, 89–118.

Bollinger, D., Cornetz, W., & Pfau-Effinger, B. (1991). „Atypische" Beschäftigung – Betriebliche Kalküle und Arbeitnehmerinteressen. In K. Semlinger (Hrsg.), *Flexibilisierung des Arbeitsmarktes. Interessen, Wirkungen, Perspektiven* (S. 177–199). Campus.

Bosch, G. (2002). Auf dem Weg zu einem neuen Normalarbeitsverhältnis? – Veränderung von Erwerbsverläufen und ihre sozialstaatliche Absicherung. In K. Gottschall & B. Pfau-Effinger (Hrsg.), *Zukunft der Arbeit und Geschlecht. Diskurse, Entwicklungspfade und Reformoptionen im internationalen Vergleich* (S. 107–134). Leske+Budrich.

Büssing, A., & Glaser, J. (1998). Arbeitszeit und neue Organisations- und Beschäftigungsformen: Zum Spannungsverhältnis von Flexibilität und Autonomie. *Mitteilungen aus der Arbeitsmarkt- und Berufsforschung, 31*, 585–598.

Chan, T. W. (1999). Revolving doors reexamined: Occupational sex segregation over the life course. *American Sociological Review, 64*, 86–96.

Cohen, L. E., Broschak, J. P., & Haveman, H. A. (1998). And then there were more? The effect of organizational sex composition on the hiring and promotion of women managers. *American Sociological Review, 63,* 711–727.

Collinson, D., Knights, D., & Collinson, M. (1990). *Managing to discriminate.* Routledge.

DiPrete, T., & Soule, W. T. (1988). Gender and promotion in segmented job ladder systems. *American Sociological Review, 53,* 26–40.

Duncan, O. D., & Duncan, B. (1955). A methodological approach of segregation indexes. *American Sociological Review, 20,* 210–217.

Falk, S. (2002). Geschlechtsspezifische berufliche Segregation in Ostdeutschland zwischen Persistenz, Verdrängung und Angleichung: ein Vergleich mit Westdeutschland für die Jahre 1991–2000. *Mitteilungen aus der Arbeitsmarkt- und Berufsforschung, 35, 37–59.*

Falk, S., & Schaeper, H. (2001). Erwerbsverläufe von ost- und westdeutschen Müttern im Vergleich: EEin Land – Ein Muster? In C. Born & K. Helga (Hrsg.), *Individualisierung und Verflechtung. Geschlecht und Generation im deutschen Lebenslaufregime* (S. 181–210). Juventa.

Fitzenberger, B., & Wunderlich, G. (2002). Gender wage differences in West Germany: A cohort analysis. *German Economic Review, 3,* 379–414.

Franke, M. (2003). Die Teilzeitfalle für Frauen – Firewalls im Topmanagement. In U. Pasero (Hrsg.), *Gender – From costs to benefits* (S. 194–209). Westdeutscher.

Frerichs, P. (1997). *Klasse und Geschlecht 1. Arbeit. Macht. Anerkennung. Interessen.* Leske + Budrich.

Gatta, M. L., Roos, P. A. (2003). *Rethinking occupational integration.* Revised Paper from the Annual Meetings of the American Sociological Association, Anaheim, August 2001.

Gildemeister, R., Maiwald, K.-O., Scheid, C., & Seyfarth-Konau, E. (2003). Geschlechterdifferenzierungen im Berufsfeld Familienrecht: Empirische Befunde und geschlechtertheoretische Reflexionen. *Zeitschrift für Soziologie, 32,* 396–417.

Gottschall, K. (1990). *Frauenarbeit und Bürorationalisierung. Zur Entstehung geschlechtsspezifischer Trennungslinien in großbetrieblichen Verwaltungen.* Campus.

Gottschall, K. (2000). *Soziale Ungleichheit und Geschlecht. Kontinuitäten und Brüche, Sackgassen und Erkenntnispotentiale im deutschen soziologischen Diskurs.* Leske + Budrich.

Hakim, C. (1998). *Social change and innovation in the labour market.* Oxford University Press.

Halford, S., Savage, M., & Witz, A. (1997). *Gender, careers and organisations. Current developments in banking, nursing and local Government.* Macmillan.

Handl, J. (1986). Führt die Angleichung der Bildungschancen zum Abbau geschlechtsspezifischer beruflicher Segregation? Eine einfache Frage, aber kontroverse Antworten. *Zeitschrift für Soziologie, 15,* 125–132.

Heintz, B., Nadai, E., Fischer, R., & Ummel, H. (1997). *Ungleich unter Gleichen. Studien zur geschlechtsspezifischen Segregation des Arbeitsmarktes.* Campus.

Hinrichs, K. (1992). Zur Zukunft der Arbeitszeitflexibilisierung. Arbeitnehmerpräferenzen, betriebliche Interessen und Beschäftigungswirkungen. *Soziale Welt, 43,* 313–330.

Hinrichs, K. (1996). Das Normalarbeitsverhältnis und der männliche Familienernährer als Leitbilder der Sozialpolitik. *Sozialer Fortschritt, 45,* 102–107.

Hinz, T., & Gartner, H. (2005). Geschlechtsspezifische Lohnunterschiede in Branchen, Berufen und Betrieben. *Zeitschrift für Soziologie, 34,* 22–39.

Hinz, T., & Schübel, T. (2001). Geschlechtersegregation in deutschen Betrieben. *Mitteilungen aus der Arbeitsmarkt- und Berufsforschung, 34*, 286–301.

Holst, E. (2003). Too few women in top posts. *Economic Bulletin, 40*, 65–70.

Holst, E. (2005). Frauen in Führungspositionen – Massiver Nachholbedarf bei großen Unternehmen und Arbeitgeberverbänden. *DIW Wochenbericht, 72*, 49–57.

Holst, E., & Maier, F. (1998). Normalarbeitsverhältnis und Geschlechterordnung. *Mitteilungen aus der Arbeitsmarkt- und Berufsforschung, 31*, 506–518.

Holst, E., & Schupp, J. (1999) Erwerbsbeteiligung und Arbeitszeitwünsche 1993 und 1997. In W. Glatzer & I. Ostner (Hrsg.), *Deutschland im Wandel. Sozialstrukturelle Analysen* (S. 289–306). Leske + Budrich.

Holtgrewe, U. (2003). Geschlechtergrenzen in der Dienstleistungsarbeit – Aufgelöst und neu gezogen. Das Beispiel Callcenter. In E. Kuhlmann & S. Betzelt (Hrsg.), *Geschlechterverhältnisse im Dienstleistungssektor – Dynamiken, Differenzierungen und neue Horizonte* (S. 147–160). Nomos.

Hübler, O. (2003). Geschlechtsspezifische Lohnunterschiede. *Mitteilungen aus der Arbeitsmarkt- und Berufsforschung, 36*, 539–559.

Hunt, J., & Restorff, von C.-H. (2004). Ressourcenverschwendung in Deutschland: Die geringe Anzahl weiblicher Vorgesetzter und die Lohneinbußen ihrer Mitarbeiter. In B. Fitzenberger, W. Smolny, & P. Winkler (Hrsg.), *Herausforderungen an den Wirtschaftsstandort Deutschland. ZEW Wirtschaftsanalysen, Band 72* (S. 169–181). Nomos.

Jacobs, S. C. (1995). Changing patterns of sex segregated occupations throughout the life course. *European Sociological Review, 11*, 157–172.

Jacobs, J. A. (1999). The sex segregation of occupations. Prospects for the 21st Century. In G. N. Powell (Hrsg.), *Handbook of Gender & Work* (S. 125–141). Sage.

Klammer, U., Klenner, C., Ochs, C., Radke, P., & Ziegler, A. (2000). *WSI – FrauenDatenReport*. Edition Sigma.

Kohler, H., & Spitznagel, E. (1995). Teilzeitarbeit in der Gesamtwirtschaft und aus der Sicht von Arbeitnehmern und Betrieben in der Bundesrepublik Deutschland. *Mitteilungen aus der Arbeitsmarkt- und Berufsforschung, 28*, 339–364.

Krüger, H. (1996). Die andere Bildungssegmentation: Berufssysteme und soziale Ungleichheit zwischen den Geschlechtern. In A. Bolder et al. (Hrsg.), *Die Wiederentdeckung der Ungleichheit. Aktuelle Tendenzen in Bildung und Arbeit. Jahrbuch Bildung und Arbeit '96* (S. 195–219). Leske + Budrich.

Krüger, H. (2001a). Gesellschaftsanalyse: der Institutionenansatz in der Geschlechterforschung. In: G.-A. Knapp & A. Wetterer, (Hrsg.), *Gesellschaftstheorie und feministische Kritik* (S. 63–90). Westfälisches Dampfboot.

Krüger, H. (2001b). Ungleichheit und Lebenslauf. Wege aus den Sackgassen empirischer Traditionen. In B. Heintz (Hrsg.), *Geschlechtersoziologie. Sonderheft 41 der Kölner Zeitschrift für Soziologie und Sozialpsychologie* (S. 512–537). Westdeutscher Verlag.

Kuhlmann, E., Kutzner, E., Müller, U., Riegraf, B., & Wilz, S. (2002). Organisationen und Professionen als Produktionsstätten der Geschlechter(a)symmetrie. In E. Schäfer, B. Fritzsche, & C. Nagode (Hrsg.), *Geschlechterverhältnisse im sozialen Wandel. Interdisziplinäre Analysen zu Geschlecht und Modernisierung* (S. 221–249). Leske + Budrich.

Kutzner, E. (1999). *Arbeitsorganisation und Geschlechterpolitik*. Sozialforschungsstelle Dortmund.

Kurz, K. (1998). *Das Erwerbsverhalten von Frauen in der intensiven Familienphase. Ein Vergleich zwischen Müttern in der Bundesrepublik Deutschland und in den USA.* Leske + Budrich.

Lauer, C. (2000). Gender wage gap in West Germany: How far do gender differences in human capital matter? *ZEW Discussion Paper 00-07.* Zentrum für Europäische Wirtschaftsforschung.

Lauterbach, W., Huinink, J., & Becker, R. (1994). Erwerbsbeteiligung und Berufschancen von Frauen. Theoretische Ansätze, methodische Verfahren und empirische Ergebnisse aus der Lebensverlaufsperspektive. In P. Beckmann & G. Engelbrech (Hrsg.), *Arbeitsmarkt für Frauen 2000 – Ein Schritt vor oder ein Schritt zurück? Beiträge zur Arbeitsmarkt- und Berufsforschung 179* (S. 175–208). Institut für Arbeitsmarkt- und Berufsforschung.

Liebeskind, U. (2004). Arbeitsmarktsegregation und Einkommen – Vom Wert ‚weiblicher' Arbeit. *Kölner Zeitschrift für Soziologie und Sozialpsychologie, 56,* 630–652.

Lorber, J. (1999). *Gender-Paradoxien.* Leske + Budrich.

Massachusetts Institute of Technology (MIT). (1999). *A study on the status of women faculty in science at MIT.* Committe on Women Faculty in the School of Science.

Mückenberger, U. (1989). Der Wandel des Normalarbeitsverhältnisses unter Bedingungen einer „Krise der Normalität". *Gewerkschaftliche Monatshefte, 40,* 211–223.

Müller, U. (1999). Geschlecht und Organisation. Traditionsreiche Debatten – aktuelle Tendenzen. In H. M. Nickel, S. Völker, & H. Hüning (Hrsg.), *Transformation – Unternehmensreorganisation – Geschlechterforschung* (S. 53–75). Leske + Budrich.

Nickel, H. M. (1991). Frauenarbeit in den neuen Bundesländern: Rück- und Ausblick. *Berliner Journal für Soziologie, 1,* 39–48.

Padavic, I., & Reskin, B. (2002). *Women and men at work.* Pine Forge Press.

Peinl, I. (1999). Das Ende der Eindeutigkeiten. Zu Gelegenheitsstrukturen weiblicher Erwerbsarbeit in der Landesbank Berlin und der Deutschen Bahn AG. In H. M. Nickel, S. Völker, & H. Hüning (Hrsg.), *Transformation – Unternehmensreorganisation – Geschlechterforschung* (S. 131–154). Leske + Budrich.

Pfau-Effinger, B. (1998). Culture or structure as explanations for differences in part-time Work in Germany, Finland and the Netherlands? In J. O'Reilly & C. Fagan (Hrsg.), *Part-Time prospects. An international comparison of part-time work in Europe, North America and the Pacific Rim* (S. 177–198). Routledge.

Pfau-Effinger, B. (2000). *Kultur und Frauenerwerbstätigkeit in Europa. Theorie und Empirie des internationalen Vergleichs.* Leske + Budrich.

Polachek, S. W. (1981). Occupational self-selection: A human capital approach to sex differences in occupational structure. *Review of Economics and Statistics, 63,* 60–69.

Quack, S. (1993). *Dynamik der Teilzeitarbeit. Implikationen für die soziale Sicherung von Frauen.* Edition Sigma.

Quack, S. (1997). *Karrieren im Glaspalast. Weibliche Führungskräfte in Europäischen Banken. WZB Discussion Paper FS I 97–104.* Wissenschaftszentrum Berlin für Sozialforschung.

Rasmussen, B. (2001). Corporate strategy and gendered professional identities: Reorganization and the struggle for recognition and positions. *Gender, work and organization, 8,* 291–310.

Reskin, B. F. & McBrier, D. B. (2000). Why not ascription? organizations' employment of male and female managers. *American Sociological Review, 65,* 210–233.

Reskin, B. F., & Roos, P. A. (1990). *Job queues, gender queues: Explaining women's inroads into male occupations*. Temple University Press.

Reskin, B. F., McBrier, D. B., & Kmec, J. A. (1999). The determinants and consequences of workplace sex and race composition. *Annual Review of Sociology, 25*, 335–361.

Ridgeway, C. L. (2001). Interaktion und die Hartnäckigkeit der Geschlechter-Ungleichheit in der Arbeitswelt. In B. Heintz (Hrsg.), *Geschlechtersoziologie. Sonderheft 41 der Kölner Zeitschrift für Soziologie und Sozialpsychologie* (S. 250–275). Westdeutscher Verlag.

Rosenfeld, R. A. & Trappe, H. (2002). Occupational sex segregation in state socialist and market economies: Levels, patterns, and change in East and West Germany, 1980s and 1998. In K. T. Leicht (Hrsg.), *The future of market transition, research in social stratification and mobility 19* (S. 231–267). Elsevier Science.

Rosenfeld, R. A., Trappe, H., & Gornick, J. C. (2004). Gender and work in Germany: Before and after reunification. *Annual Review of Sociology, 30*, 103–124.

Skuratowicz, E., & Hunter, L. W. (2004). Where do women's jobs come from? Job resegregation in an American bank. *Work and Occupations, 31*, 73–110.

Solga, H., & Konietzka, D. (2000). Das Berufsprinzip des deutschen Arbeitsmarktes: Ein geschlechtsneutraler Allokationsmechanismus? *Schweizerische Zeitschrift für Soziologie, 26*, 111–147.

Sørensen, A., & Trappe, H. (1995). Frauen und Männer: Gleichberechtigung – Gleichstellung – Gleichheit? In J. Huinink et al. (Hrsg.), *Kollektiv und Eigensinn. Lebensverläufe in der DDR und danach* (S. 189–223). Akademie.

Spilerman, S., & Petersen, T. (1999). Organizational structure, determinants of promotion, and gender differences in attainment. *Social Science Research, 28*, 203–227.

Steinmann, S. (2000). *Bildung, Ausbildung und Arbeitsmarktchancen in Deutschland. Eine Studie zum Wandel der Übergänge von der Schule in das Erwerbsleben*. Leske + Budrich.

Stovel, K., Savage, M., & Bearman, P. (1996). Ascription into achievement: Models of career systems at Lloyds Bank, 1890–1970. *American Journal of Sociology, 102*, 358–399.

Strang, D., & Baron, J. N. (1990). Categorical imperatives: The structure of job titles in California state sgencies. *American Sociological Review, 55*, 479–495.

Strümpel, B., Prenzel, W., Scholz, J., & Hoff, A. (1988). *Teilzeitarbeitende Männer und Hausmänner. Motive und Konsequenzen einer eingeschränkten Erwerbstätigkeit von Männern*. Edition Sigma.

Tienari, J., Quack, S., & Theobald, H. (1998). *Organizational Reforms and Gender: Feminization of Middle Managment in Finnish and German Banking*. WZB Discussion Paper FS I 98-105. Wissenschaftszentrum Berlin für Sozialforschung.

Tolbert, P. S., Graham, M. E., & Andrews, A. O. (1999). Group gender composition and work group relations: Theories, evidences, and issues. In G. N. Powell (Hrsg.), *Handbook of gender & work* (S. 179–202). Sage.

Tomaskovic-Devey, D., & Skaggs, S. (2001). Führt Bürokratisierung zu geschlechtsspezifischer Segregation? In B. Heintz (Hrsg.), *Geschlechtersoziologie. Sonderheft 41 der Kölner Zeitschrift für Soziologie und Sozialpsychologie* (S. 308–331). Westdeutscher Verlag.

Trappe, H., & Rosenfeld, R. A. (2001). Geschlechtsspezifische Segregation in der DDR und der BRD. Im Verlauf der Zeit und im Lebensverlauf. In B. Heintz (Hrsg.), *Geschlechtersoziologie. Sonderheft 41 der Kölner Zeitschrift für Soziologie und Sozialpsychologie* (S. 152–181). Westdeutscher Verlag.

Trappe, H., & Rosenfeld, R. A. (2004). Occupational sex segregation and family formation in the former East and West Germany. *Work and Occupations, 31,* 155–192.

von Wahl, A. (1999). *Gleichstellungsregime. Berufliche Gleichstellung von Frauen in den USA und in der Bundesrepublik Deutschland.* Leske + Budrich.

Wetterer, A. (2002). *Arbeitsteilung und Geschlechterkonstruktion. „Gender at Work" in theoretischer und historischer Perspektive.* UVK.

Wharton, A. (1994). Structure and Process: Theory and research on organizational stratification. In J. D. Knotterus, & C. Prendergast, (Hrsg.), *Current perspectives in social theory. Recent developments in the theory of social structure, Supplement 1* (S. 199–213). JAI Press.

Wharton, A. (2002). Geschlechterforschung und Organisationssoziologie. In J. Allmendinger, & T. Hinz (Hrsg.), *Organisationssoziologie. Sonderheft 42 der Kölner Zeitschrift für Soziologie und Sozialpsychologie* (S. 188–202). Westdeutscher Verlag.

Willms-Herget, A. (1985). *Frauenarbeit. Zur Integration der Frauen in den Arbeitsmarkt.* Campus.

Wilz, S. M. (2002). *Organisation und Geschlecht. Strukturelle Bindungen und kontingente Kopplungen.* Leske + Budrich.

Windolf, P., & Hohn, H.-W. (1984). *Arbeitsmarktchancen in der Krise. Betriebliche Rekrutierung und soziale Schließung.* Campus.

Geschlecht als Strukturkategorie: Über den inneren Zusammenhang von moderner Gesellschaft und Geschlechterverhältnis

Brigitte Aulenbacher

Geschlecht als Strukturkategorie, diese Redewendung gehört heute zum Allgemeingut feministischer Forschung. Wissenschaftsgeschichtlich lässt sie sich bis auf die achtziger Jahre des letzten Jahrhunderts zurückverfolgen. Ab diesem Zeitpunkt kann für die damalige Frauenforschung eine signifikante Ergänzung, Erweiterung und Veränderung ihrer Analyseperspektive festgehalten werden. Neben und zum Teil auch an die Stelle von Forschung über Frauen tritt Forschung zu Geschlecht und zum Geschlechterverhältnis[1] wie damit verbunden zum Zusammenhang von Geschlecht und Gesellschaft (vgl. bilanzierend: Beer, 1991; Becker- Schmidt, 2000; Maihofer, 2004). Damit und gleichsam als Folge zuvor begonnener gesellschaftstheoretischer Debatten, insbesondere der international geführten Hausarbeitsdebatte (vgl. Beer, 1984), lag auch der Gedanke, dass Geschlecht im Hinblick auf die Gesellschaft als soziale Strukturkategorie und im Hinblick auf deren Analyse als soziologischer Strukturbegriff

---

[1] Geschlechterverhältnis meint ein soziales Verhältnis zwischen den Genus-Gruppen. Es handelt sich, in Gudrun-Axeli Knapps (1996, S. 130) Worten, um einen „Funktions-, Positions- und Verhältnisbegriff, der andere Kategorien sozialer Strukturierung wie Klasse/ Schicht und Ethnizität durchquert und diese dabei auf spezifische Weise profiliert, wie er selbst durch sie markiert ist". Davon zu unterscheiden sind auf der Ebene alltäglicher Interaktion Geschlechterbeziehungen zwischen einzelnen empirisch vorfindbaren Männern und Frauen (ebd.).

B. Aulenbacher (✉)
Johannes Kepler Universität Linz, Linz, Österreich
E-Mail: brigitte.aulenbacher@jku.at

© Der/die Autor(en), exklusiv lizenziert durch Springer Fachmedien Wiesbaden GmbH, ein Teil von Springer Nature 2021
S. M. Wilz (Hrsg.), *Geschlechterdifferenzen – Geschlechterdifferenzierungen*, Studientexte zur Soziologie, https://doi.org/10.1007/978-3-658-32211-3_5

zu gelten hat, ‚in der Luft' (vgl. Beer, 1991). Auf den Begriff gebracht wird er schließlich von Ursula Beer (1984, 1990) und von Regina Becker-Schmidt (1987a, b), die mit ihren Arbeiten in der Folge auch die elaboriertesten Fassungen von Geschlecht als Strukturkategorie vorlegen. Ihre Ansätze werden hier unter der Fragestellung diskutiert, welcher Zusammenhang zwischen der Verfasstheit der modernen Gesellschaft und der Organisation des Geschlechterverhältnisses besteht.

Der Reihe nach wird zuerst Ursula Beers (1990, 1991) zum Teil mit Jutta Chalupsky (Beer & Chalupsky, 1993) entwickelte Analyse des Zusammenhangs von Geschlecht und Gesellschaft aufgegriffen. Danach wird Regina Becker- Schmidts, (1987a, 1991, 1995, 1998, 2000, 2001, 2003) Fassung der Strukturkategorie Geschlecht, die im Kontext des federführend von ihr und Gudrun-Axeli Knapp entwickelten Hannoveraner Ansatzes[2] zu sehen ist, diskutiert. Eine Schlussbemerkung pointiert, was mit diesen Analysen des Zusammenhangs von Geschlecht und Gesellschaft gesagt ist und was aber auch nicht.

1   Geschlecht als Strukturkategorie in gesellschaftlichen Transformationsprozessen

Die Fassung von Geschlecht als Strukturkategorie, die ich mir nun zuerst anschaue, wurde zunächst von Ursula Beer (1990, 1991) in Verbindung mit einer historischen Rekonstruktion des Transformationsprozesses von der „ständisch-feudalen" zur „industriell-kapitalistischen" Gesellschaft entwickelt. Anschließend ist sie dann von Ursula Beer und Jutta Chalupsky (1993) auf die Analyse des Transformationsprozesses vom „Realsozialismus" zum „Privatkapitalismus" angewandt und dabei punktuell weiter entwickelt worden. Auf beides, das theoretische Konstrukt und die damit betriebene Analyse gesellschaftlicher Transformationsprozesse, gehe ich hier ein. Dabei werden, erstens, der Zuschnitt von Ursula Beers Theorie skizziert und der theoretische Kern ihrer zum Teil

---

[2]Die Bezeichnung Hannoveraner Ansatz geht auf Debatten der achtziger Jahre zurück, in denen die unterschiedlichen Positionen der sich entwickelnden feministischen Theoriebildung zuweilen kurz mit den Standorten der sie vertretenden Wissenschaftlerinnen benannt wurden (vgl. zu diesen Debatten aus Sicht des Hannoveraner Ansatzes: Knapp, 1987, 1989, 1990).

gemeinsam mit Jutta Chalupsky entfalteten Argumentation zum Zusammenhang von Geschlecht und Gesellschaft herausgearbeitet. Dann werden, zweitens, die Analysen gesellschaftlicher Transformationsprozesse und daran anschließende theoretische Überlegungen der Autorinnen betrachtet. Drittens wird der Kern von Ursula Beers theoretischem Konstrukt dann in noch anderer Weise als von ihr selber erneut in den Blick genommen. Eine Anmerkung zur Reichweite des Ansatzes schließt, viertens, die Diskussion ab.

Was, erstens, den Zuschnitt und den Kern von Ursula Beers (1990) Ansatz angeht, so handelt es sich um eine strukturtheoretische Fassung der Kategorie Geschlecht, die Öffnungen für subjekttheoretische Fragestellungen enthält. Die Autorin schließt zum einen an die feministische Hausarbeitsdebatte an. Diese Debatte selber ist im Kontext der soziologischen Marx-Renaissance zu Ende der sechziger und Anfang der siebziger Jahre des letzten Jahrhunderts und der sich daran anschließenden feministischen Auseinandersetzung mit der Marxschen Theorie zu sehen (vgl. Beer, 1984). In ihrem Zentrum stand die Frage nach dem Wert der Hausarbeit. Gestellt wurde sie, so Ursula Beer (1991, S. 254–257) in ihrem Resümee, an die Marxsche Theorie in Verbindung mit dem Ziel, die zumeist von Frauen geleistete unentgeltliche Arbeit in die Gesellschaftsanalyse einzubeziehen und ihr damit wissenschaftlich wie darüber hinaus auch gesellschaftspolitisch Geltung zu verschaffen (vgl. auch: Beer, 1983; Werlhof, 1983). In diesem, ihrem Kern sei die Hausarbeitsdebatte mit doppelt unbefriedigendem Ergebnis zur Seite gelegt worden, mit der Erkenntnis nämlich, dass die Frage falsch gestellt war, da in der Systematik der Marxschen Theorie allenfalls nach dem Wert der Hausarbeitskraft gefragt werden kann, und mit der Erkenntnis, dass der in der Hausarbeit eingesetzten Arbeitskraft im Horizont der gewählten Bezugstheorie kein eigenständiger Wert zubemessen werden kann (vgl. vor allem: Beer, 1983). Und zugleich sei damit, so Ursula Beer (1990, S. 47–54), verfrüht auch die Marxsche Theorie zur Seite gelegt worden, statt ihr Potenzial für die Analyse des Zusammenhangs von Geschlecht und Gesellschaft auszuloten. Dieses Ziel wiederum verfolgt die Autorin selber ausgehend von einer grundlegenden Reformulierung der Fragestellung der Hausarbeitsdebatte: Sie fragt nach der gesellschaftlichen Organisation von Generativität und regenerativer Arbeit, welche der Lohnarbeit historisch und logisch vorausgesetzt ist, und in der Marxschen Theorie, in ihrer Analyse der kapitalistischen Produktionsweise, deshalb zwar mitgedacht, aber nicht ausgewiesen sei. Sie erfolge im Geschlechterverhältnis (vgl. ebd.; auch: 1991). Zu klären ist somit dann die Frage nach dem Zusammenhang zwischen Geschlechterverhältnis und kapitalistischer Produktionsweise oder eben nach Geschlecht als Strukturkategorie der kapitalistischen Gesellschaftsformation. Neben der Hausarbeitsdebatte greift

Ursula Beer (1990, S. 63–148) zum anderen die Kapitalismusanalyse der älteren Kritischen Theorie auf, vor allem den strukturalen Marxismus französischer Provenienz und insbesondere Maurice Godeliers (1973) Marx-Interpretation. Im Anschluss an diese Theorietraditionen zielt die Frage nach Geschlecht als Strukturkategorie auf den inneren Zusammenhang der Gesellschaft, auf ihre verborgene Struktur, die sich der alltäglichen Wahrnehmung entzieht, aber mittels Gesellschaftstheorie erschlossen werden kann. Dort müssen soziale Verhältnisse, so auch das Geschlechterverhältnis, dieser Betrachtungsweise nach auffindbar sein, wenn sie als Strukturierungsprinzipien der Gesellschaft gelten sollen (vgl. auch: Beer & Chalupsky, 1993, S. 193–194). Empirisch sichtbar werden sie dann im gesellschaftlichen „Funktionszusammenhang" (vgl. Beer, 1990, S. 153–154).

Für ihre Theorie beansprucht Ursula Beer nun, dass sie das Geschlechterverhältnis im soeben skizzierten Sinne in der verborgenen Struktur der Gesellschaft aufspüren kann. Dabei schlägt sich ihr empirisches Motiv, gesellschaftliche Transformationsprozesse zu untersuchen, in ihrem theoretischen Vorgehen in der hervorgehobenen Bedeutung nieder, die der Rekurs auf den französischen strukturalen Marxismus und insbesondere die dortige Interpretation der Marxschen Trias von Produktionsweise, Produktionsverhältnissen und Produktivkräften für ihren Ansatz hat. Ihr Anliegen, die generative Reproduktion der Gesellschaft und regenerative Leistungen systematisch in diese Trias aufzunehmen, macht sich dann in der Reformulierung von deren Begrifflichkeit geltend. Ursula Beer (1990, S. 78–130) spricht, um die Produktions- und Reproduktionsweise einer Gesellschaft in den Blick nehmen zu können, von deren „Wirtschafts- und Bevölkerungsweise", wobei erstere die Marktökonomie und letztere die „Fortpflanzungs- und Versorgungsökonomie" umfasst. Im Hinblick auf beides, die Analyse gesellschaftlicher Transformationsprozesse wie die systematische Berücksichtigung von auch unentgeltlicher Arbeit und von Generativität, knüpft sie dann folgendermaßen an Maurice Godelier (1973) an (vgl. Beer, 1990, S. 120–140): Sie unterscheidet mit ihm zwischen dem strukturinternen Widerspruch von Kapital und Arbeit einerseits und dem Grundwiderspruch von Gesellschaft, nämlich demjenigen zwischen der Struktur der Produktionsverhältnisse und der Produktivkraftstruktur, andererseits (vgl. Beer, 1990, S. 120–148; Beer & Chalupsky, 1993, S. 193–202). In dieser Lesart ist, was die Analyse der gesellschaftlichen Entwicklung angeht, das dynamische Moment von Gesellschaft in der Produktivkraftstruktur, das Moment der Invarianz hingegen in der Struktur der Produktionsverhältnisse verankert. Sozialer Wandel entfaltet sich demzufolge im Zusammenspiel beider Strukturen, nach Ursula Beer (1990, S. 153) unter den Bedingungen ihrer „Korrespondenz" beziehungsweise „Nicht-Korrespondenz". Wenn zwischen beiden Strukturen keine „Korrespondenz" mehr erzeugt werden kann, haben wir es mit der Transformation einer Produktionsweise, in Ursula Beers Sinn: einer bestehenden „Wirtschafts- und Bevölkerungsweise" zu einer neuen zu tun. Kann hingegen eine neue „Korrespondenz" erzeugt werden, handelt es sich um die Reorganisation der bisherigen „Wirtschafts- und Bevölkerungsweise" (vgl. hierzu: Aulenbacher, 2005). Im Hinblick darauf, Geschlecht als Strukturkategorie zu fassen, besteht Ursula Beers (1990, S. 127) Vorschlag nun darin, das Geschlechterverhältnis analog zum Kapitalverhältnis in der Struktur der Produktionsverhältnisse und die „Geschlechtsindividuen" in der Produktivkraftstruktur zu verorten.

Gesellschaftlicher Wandel, sei es in Form der Reorganisation, sei es in Form der Transformation einer Produktions- und Reproduktionsweise ist in diesem theoretischen Konstrukt dann zurückzuführen auf eine Dynamik, die hervorgerufen wird von einer Entwicklung der Produktivkraftstruktur, welche im Hinblick auf die Hauptproduktivkraft Mensch, aber auch weitere Produktivkräfte, beispielsweise die technologische Entwicklung (vgl. Beer & Chalupsky, 1993; Aulenbacher, 1995), von der sozialen Kategorie Geschlecht geprägt ist (vgl. Beer, 1990, S. 120–140). Diese Produktivkraftentwicklung wiederum zieht, von Ursula Beer (1990, S. 153) als „Korrespondenz" oder „Nicht-Korrespondenz" gefasst, die Anpassung der im Geschlechterverhältnis geprägten Produktionsverhältnisse nach sich oder sprengt diesen Rahmen eben. Und so geht die Transformation oder die Reorganisation einer Produktions- und Reproduktionsweise nach Ursula Beer in eins mit einer „Neuformierung" (Beer & Chalupsky, 1993) oder Reorganisation des Geschlechterverhältnisses.

Dieses strukturtheoretische Konstrukt suchen Ursula Beer und Jutta Chalupsky (vgl. Beer, 1990, S. 133–148; Beer & Chalupsky, 1993, S. 209–212) über die Kategorie der Produktivkraft für subjekttheoretische Fragestellungen zu öffnen. „(…) Individuen fungieren im Rahmen einer Verhältnisbestimmung als ‚deren' Träger, als Träger eines sozialen Verhältnisses oder einer Bündelung mehrerer sozialer Verhältnisse. Träger sozialer Verhältnisse sind Individuen zunächst als deren Objekte. Sie unterliegen einem sozialen Verhältnis in der systematischen Bedeutung, dass ihnen Lebenschancen zugewiesen oder vorenthalten werden. Träger im obigen Sinne sind sie umgekehrt aber auch als Subjekte, die diese Verhältnisse gestalten, ihnen ihren gesellschaftlichen Inhalt, deren Bedeutung verleihen; selbstverständlich immer‚unter vorgefundenen Bedingungen'. Da Individuen nicht lediglich Träger sozialer Verhältnisse sind, vielmehr auch im Marxschen Sinne ‚Produktivkraft', schließt sich auch auf dieser Seite der Verkörperung eines sozialen Verhältnisses die Träger-Bestimmung letztendlich zusammen mit Individuen als ‚Produktivkraft'. Als Individuen führen sie eine

eigenständige Existenz, sie gehen nicht in der Zuweisung, Träger sozialer Verhältnisse zu sein, auf" (Beer & Chalupsky, 1993, S. 209–210). Die in den sozialen
Verhältnissen gattungs-, gesellschafts- und individualgeschichtlich gewordenen
Individuen entäußern sich, indem sie ihr Leben unter gegebenen und doch ver-
änderlichen Bedingungen gestalten, demnach als Produktivkraft und beeinflussen
auf diese Weise die gesellschaftliche Entwicklung in ihrer Richtung und Ausprägung.

Im Hinblick auf die Spezifika der jeweiligen Gesellschaftsformationen und
insbesondere auch die kapitalistische Formation bleibt Ursula Beers Ansatz
theoretisch vage (vgl. auch: Heise, 1993, S. 193–198). Indem sie die „Produktion
von Leben" (Werlhof, 1983), welche der Produktion von Waren logisch und
historisch vorangeht, vor allem als das unausgewiesene Moment der Marxschen
Theorie verhandelt, gerät ihr das Kapitalverhältnis theoretisch in erster Linie
dahin gehend in den Blick, dass es „Geschlechterherrschaft" „verdeckt" (Beer,
1990, S. 275). Indem sie weiterhin das Geschlechterverhältnis in ihr eigenes
Konstrukt zudem über eine Analogiebildung zum Kapitalverhältnis einführt, stellt
sich für sie selber die Frage nach der Verschränkung beider sozialen Verhältnisse
theoretisch zunächst einmal nicht. Hingegen weisen ihre und Jutta Chalupskys
Analysen gesellschaftlicher Transformationsprozesse über dieses Konstrukt
hinaus (vgl. Beer, 1990, 1991; Beer & Chalupsky, 1993). Dieser Überschuss wird
dann wiederum in einer theoriegeleiteten Interpretation des Zusammenhangs
zwischen der Verfasstheit der kapitalistischen und sozialistischen Gesellschaft
und der Form ihres Geschlechterverhältnisses aufgefangen.

Daher sind, zweitens, nun diese Analysen und die daran anschließenden
Interpretationen zu betrachten. In ihrer historischen Rekonstruktion des
Transformationsprozesses von der „ständisch-feudalen" zur „industriell-
kapitalistischen Wirtschafts- und Bevölkerungsweise" geht Ursula Beer (1990,
S. 149–275) der Frage nach, wie das Arbeits- und Fortpflanzungsvermögen von
Männern und Frauen in diesem Übergang in ungleicher Weise vergesellschaftet
wurde und wie das Geschlechterverhältnis in Gestalt der Geschlechterhierarchie
zugunsten von Männern und zuungunsten von Frauen zum historischen
Konstituens der kapitalistischen Gesellschaftsformation geworden ist. Es
sind nach Ursula Beer (1991, S. 260–261) im Hinblick auf den Übergang von
der „ständisch-feudalen" zur „industriell-kapitalistischen" „Wirtschafts- und
Bevölkerungsweise" vor allem zwei gesellschaftliche Entwicklungen, die hier
ineinander laufen: die Herausbildung der freien Lohnarbeit als Kehrseite des
Privateigentums an Produktionsmitteln und die Aufhebung der Eheverbote wie
in der Folge die Verallgemeinerung dieser Arbeitsform und der Ehe als Lebensform. Diese Prozesse rekonstruiert die Autorin dahin gehend, wie die Markt-,

„Versorgungs- und Fortpflanzungsökonomie" und darin die Geschlechter zueinander in Beziehung gesetzt worden sind. Empirisch und somit bezogen auf den gesellschaftlichen „Funktionszusammenhang" der Gesellschaft untersucht sie hierzu die Rechtskomplexe Arbeits-, Sozial-, Familien- und Steuerrecht. Im Ergebnis zeigt sie, dass jeder dieser Komplexe die Vorrangstellung von Männern gegenüber Frauen formal voneinander unabhängig von den übrigen Komplexen gewährleistete und sie auf diesem Wege zum durchgängigen Muster werden ließ (vgl. Beer, 1990, S. 153–257). Dieses Muster bezeichnet Ursula Beer, (1991, S. 260–288; zuerst, 1990) als „Sekundärpatriarchalismus". Der „Primärpatriarchalismus", wie die Autorin die in erster Linie an Eigentum an Grund und Boden gebundene Form vom Patriarchalismus nennt, sei einem „beruflichen" und „familialen" „Sekundärpatriarchalismus" gewichen, welcher nicht mehr primär auf Eigentum an Grund und Boden gründe, sondern einerseits auf der Verfügung über Kapital und andererseits mit der Verallgemeinerung der formal freien Lohnarbeit auch auf Ressourcen aus Erwerbsarbeit. In Gestalt des Formwandels vom „Primär-" zum „Sekundärpatriarchalismus" ist Geschlechterungleichheit also für beide Seiten des Kapitalverhältnisses, für das Privateigentum an Produktionsmitteln und für die Lohnarbeit, als historisch konstitutiv zu begreifen (vgl. Beer, 1991). In Bezug auf seine Bedeutung für die Gesellschaft bezeichnet der „Sekundärpatriarchalismus" eine durchgängige Vorrangstellung von Männern, welche mit einer bedingten, bis vor noch nicht allzu langer Zeit rechtlich legitimierten Verfügung über das Arbeits-, Sexual- und Fortpflanzungsvermögen von Frauen einhergegangen ist (vgl. Beer, 1990, S. 192–257).

Allerdings gilt die Betrachtung der Markt-, „Versorgungs- und Fortpflanzungsökonomie" und der sie regulierenden Rechtskomplexe Ursula Beer jedoch nicht als hinreichend, um den Zusammenhang zwischen der Verfasstheit der kapitalistischen Gesellschaft und dem Geschlechterverhältnis zu erfassen. Vielmehr sei nach dem „inneren Band" (Beer, 1990, S. 22; vgl. auch: Beer, 1989; Heise, 1986, 1989) zu fragen, das die getrennten Ökonomien dieser Gesellschaft aufeinander bezieht. Darin müssten sich Vergesellschaftungen nach Geschlecht auffinden lassen, denn nur dann kann in der von Ursula Beer vertretenen Theorietradition mit Berechtigung von Geschlecht als einer Strukturkategorie gesprochen werden. In diesem Zusammenhang richtet Ursula Beer ihren Blick dann auf die „Marktökonomie" und greift dabei insbesondere die Vergesellschaftung durch Lohnarbeit heraus. In der Frage, inwiefern diese im Geschlechterverhältnis erfolgt, schließt sie theoretisch an Karl Polanyis (1978) Gedanken an, dass es sich bei der Arbeitskraft im Unterschied zu anderen Waren insofern um eine bloß „fiktive" Ware handele, als sie untrennbar mit ihrem Träger verbunden ist. Angesichts dessen sei sie, so Ursula Beer (1990, S. 263), aber auch nur als geschlechtliche verfügbar. Geht nun aber, so die Autorin im Anschluss an ihre empirischen Befunde, „die Geschlechtlichkeit von Individuen in Vergesellschaftung durch Lohnarbeit als Ungleichheit ein, dann ist die Geschlechterhierarchie elementarer Bestandteil der marktvermittelten Ökonomie" (ebd., i.O.m.Hervorh.). In dieser Weise macht Ursula Beer Vergesellschaftungen nach Geschlecht und historisch betrachtet die ungleiche Vergesellschaftung von Männern und Frauen in dem „inneren Band" (Beer, 1990, S. 22) der Gesellschaft aus, welches die getrennten Ökonomien aufeinander bezieht: Demzufolge wird die ungleiche Zuständigkeit der Geschlechter für generative und regenerative unentgeltliche Leistungen in der „Versorgungs- und Fortpflanzungsökonomie" bei ihrer Vergesellschaftung durch Lohnarbeit berücksichtigt. Und umgekehrt wird die ungleiche Zuweisung unentgeltlich zu erbringender Reproduktionsleistungen an Männer und Frauen vermittelt durch ihren ungleichen Zugang zu marktvermittelten Ressourcen ausgehend von der „Marktökonomie" wiederum affirmiert und fortgeführt.

In ihrer Untersuchung des Transformationsprozesses von der sozialistischen zur kapitalistischen „Wirtschafts- und Bevölkerungsweise" zeigen Ursula Beer und Jutta Chalupsky (1993, S. 184–230) für die sozialistische Gesellschaft einen ähnlichen Zusammenhang auf. Dabei argumentieren die Autorinnen vor dem Hintergrund einer „Differenzbestimmung" zwischen Kapitalismus und Sozialismus, wonach letzterer sich „systemimmanent durch die Etablierung der ‚klassenlosen' Gesellschaft den Zwängen von Kapitalverwertung und -akkumulation entzieht, systemübergreifend aber dennoch diesen Zwängen nicht entgeht" (Beer & Chalupsky, 1993, S. 195). Damit verbunden stellen sie eine Veränderung der gesellschaftlichen Prioritätensetzung fest. Sie besteht darin, dass die sozialistische Gesellschaft der Existenzsicherung den Vorrang eingeräumt habe, die „Existenzgarantien" aus systemimmanenten und -übergreifenden Gründen aber gleichwohl prekär blieben. In diesem Rahmen seien Frauen und Männer, flankiert durch arbeits-, sozial- und familienpolitische Maßnahmen, die bezüglich der Gleichstellung der Geschlechter ambivalent wirkten, in ungleicher Weise in die sozialistische „Wirtschafts- und Bevölkerungsweise" einbezogen gewesen. Was die sozialistische Planwirtschaft angeht, so kommen die Autorinnen zu dem Schluss, dass mit dem Recht auf und der Pflicht zu Erwerbsarbeit eine im Vergleich zur kapitalistischen Marktwirtschaft weiter gehende Gleichstellung der Geschlechter festzustellen war. Insofern habe das kapitalistische Geschlechterverhältnis, welches der sozialistischen Gesellschaft historisch vorgängig war, dort durchaus weitreichende Veränderungen erfahren. Allerdings habe auch die sozialistische „Wirtschafts- und Bevölkerungsweise" auf Geschlechterungleichheit beruht und sich diese für die Realisierung ihrer arbeits- und bevölkerungspolitischen Ziele zunutze gemacht (vgl. Beer & Chalupsky, 1993, S. 198–207). Insofern sei auch hier von der „Existenz" eines „Sekundärpatriarchalimus" (ebd., S. 204) auszugehen. Irene Dölling (2003b) führt diesen Gedanken im Anschluss an Ursula Beer und Jutta Chalupsky (1993) wie Peter Wagner (1995), mit dem sie die ‚alte' kapitalistische und die sozialistische Gesellschaft als zwei Varianten der organisierten Moderne fasst, in noch anderer Weise weiter. Ihr zufolge ist die für die sozialistische Moderne spezifische Form der Gleichstellung der Geschlechter bei gleichzeitiger unterschwelliger Ungleichheit Folge der zunächst im Horizont der Kategorie Klasse zu sehenden „Nivellierung sozialer Differenzen und der Homogenisierung von Verhaltensweisen" (Dölling, 2003b, S. 90), wenn man so will also der sozialistischen Bearbeitung des (in der marxistischen Tradition dafür gehaltenen) ‚Hauptwiderspruchs' von Kapital und Arbeit. Die darin eingelassene „Abflachung von Geschlechterhierarchien" lässt sich dann als en passant erfolgende „Lösung eines ‚Nebenwiderspruchs'" (ebd.) sehen.

An ihre vorherige Untersuchung zum Übergang von der „ständisch-feudalen" zur „industriell-kapitalistischen" Gesellschaft anschließend werden Zusammenhänge zwischen Kapital- und Geschlechterverhältnis von Ursula Beer (1990) zudem in Form einer theoretischen Spekulation weiter gehend reflektiert. Sie lässt sich in gewisser Weise auch auf den Zusammenbruch des Sozialismus und die nachsozialistische Entwicklung beziehen. In ihr spitzt Ursula Beer den Ertrag ihrer Untersuchung in Form einer theoretischen Positionsbestimmung im Kontext der Kapitalismusanalyse zu. „Die Frage stellt sich, ob das, was wir als ‚kapitalistisch' bezeichnen und was sich in ‚Wertgesetzlichkeiten' niederschlägt, nicht etwas *verdeckt*. Es verdeckt in der originären Theorie mit Sicherheit das sekundärpatriarchale Element, aber gegenwärtig lässt sich nicht genau angeben, ob ‚die kapitalistische Produktionsweise' nicht als historisch-besondere Ausprägung von Geschlechterherrschaft gesehen werden muss: Nicht lediglich der Herrschaft von Männern über Frauen, sondern der Herrschaft von Männern über Männer und Frauen. (…) Dann aber, und darauf laufen meine Überlegungen hinaus, wäre der Kapitalismus eine hoch entwickelte Form von (patriarchaler) Geschlechterherrschaft (…) Das Wertgesetz stellte sich unter diesen Voraussetzungen als Transmissionsriemen dar, mit dem Männer auf abgestufte Art und Weise am gesellschaftlichen Produkt partizipieren – und erst in zweiter Linie die Frauen. (…) Von einer Subsumtion aller Lebensbedingungen unter Kapitalerfordernisse könnte dann nur bedingt die Rede sein. Es könnte sich ebenso gut um eine Subsumtion unter ein patriarchales Prinzip handeln, das in seiner spezifisch kapitalistisch-wirtschaftlichen Ausprägung andere und gleichzeitig existierende Patriarchalismen überformt und von sich abhängig macht (…)"

(Beer, 1990, S. 274–275, Hervorh. i. O.). Anders als in der marxistischen Theoriebildung markiert Geschlecht hier also eine Grundstruktur von Gesellschaft, Klasse hingegen eine ihrer historisch besonderen Ausprägungen mit Wirkung wiederum auf die Formbestimmtheit des Geschlechterverhältnisses – entgegen auch den Assoziationen, die der Begriff des „Sekundärpatriarchalismus" im Hinblick auf eine Gewichtung von Klasse und Geschlecht möglicherweise weckt.[3]

Ursula Beer und Jutta Chalupsky (vgl. Beer, 1990, 1991; Beer & Chalupsky, 1993) argumentieren in ihren Untersuchungen – und damit komme ich zum dritten Punkt und konzentriere mich zugleich auf die kapitalistische Gesellschaft – durchgängig aus der Perspektive der menschlichen Existenz- und der gesellschaftlichen Bestandssicherung. Die gegenläufige Perspektive, diejenige der Kapitalverwertung, bleibt weitgehend außen vor. Sie ist jedoch von Bedeutung, um eine Frage aufzuschließen, die vor allem in Ursula Beers Arbeiten angelegt, aber nicht ausgeführt ist: die Frage danach, ob Geschlechterungleichheit für den Kapitalismus nicht nur historisch konstitutiv und in der ausgeführten Weise in ihn eingelassen ist, sondern ob sie auch notwendig ist. Dieser Frage nähere ich mich nun, indem ich die Perspektive wechsele.

Aus der Perspektive der Kapitalverwertung lässt sich über die mit Ursula Beer bislang verfolgte Betrachtung hinaus zunächst einmal ein weiteres theoretisches Argument dafür anführen, dass die in der Markt-, „Versorgungs- und Fortpflanzungsökonomie" nach Geschlecht erfolgende Vergesellschaftung von Menschen als historisch konstitutiv für die kapitalistische Gesellschaft und für das Kapitalverhältnis anzusehen ist. Es bezieht sich auf den kapitalistischen Modus gesellschaftlicher Reproduktion in seiner inneren Logik und ist in Ursula Beers Kritik der Marxschen Theorie, in ihrer Suche nach deren unausgewiesenen Momenten, bereits angelegt. Es lässt sich aber erst durch den Perspektivwechsel erschließen. Aus dem Blickwinkel der Kapitalverwertung betrachtet ist die Trennung der Bereiche von Haus- und Lohnarbeit konstitutiv für diese Gesell-

---

[3] Im Rahmen von Ursula Beers (1990, 1991) Theorie ist der Begriff „Sekundärpatriarchalismus" deshalb nicht besonders glücklich gewählt, weil er – ihrer theoretischen Positionsbestimmung genau entgegengesetzt – sprachlich der Assoziation von Geschlechterverhältnis und sekundärer Struktur oder ,Nebenwiderspruch' zuarbeitet. Der Patriarchatsbegriff (in all seinen Varianten) taugt aber auch überhaupt allenfalls als Hilfskonstruktion. Zwar macht er, etwa im Sinne Gerda Lerners (1991), Herrschaft von Männern über Männer und Frauen als formationsübergreifendes Muster deutlich, aber die Spezifika der jeweiligen Gesellschaftsformationen bleiben außen vor.

schaftsformation. Erst durch diese Trennung nämlich konnte ein gesellschaftlicher Bereich, das kapitalistische Unternehmen, herausgebildet werden, in welchem die Kapitalverwertung zum Dominanz beanspruchenden Prinzip werden konnte. Denn diesem Prinzip ist eigen, dass es von einem Teil der gesellschaftlichen Reproduktionserfordernisse abstrahiert, oder, umgekehrt, dass in seiner Logik die ökonomische Reproduktion des Kapitals zum Maßstab gesellschaftlicher Reproduktion schlechthin wird. Dies ist jedoch nur dadurch möglich, dass diejenigen gesellschaftlichen Reproduktionserfordernisse, von denen abstrahiert wird, anderweitig erfüllt werden. Letzteres geschieht, was generative und unentgeltlich zu erbringende regenerative Reproduktionsleistungen angeht, in der von Ursula Beer (1990) herausgearbeiteten Weise im Geschlechterverhältnis. Anders gesagt, die Vergesellschaftung von Menschen nach Geschlecht kann insofern als historisch konstitutiv für die kapitalistische Gesellschaft gelten, als sie dem Reproduktionsprozess des Kapitals, dem in der Marxschen Theorie angesprochenen „inneren Band" der Gesellschaft (vgl. Ritsert, 1988, S. 235), und dem ihm eigenen Verständnis gesellschaftlicher Reproduktion vorausgesetzt und unterlegt ist.

Mit diesem Perspektivwechsel sei nun der Kern von Ursula Beers theoretischer Fassung der Kategorie Geschlecht, ihre Reformulierung der Marxschen Trias von Produktionsweise, Produktionsverhältnissen und Produktivkräften, erneut in den Blick genommen. Im Anschluss an ihre weiter oben zitierten Betrachtungen zur Vergesellschaftung durch Lohnarbeit lässt sich zunächst folgender Zusammenhang zwischen Kapital- und Geschlechterverhältnis feststellen: Die Erfüllung derjenigen gesellschaftlichen Reproduktionserfordernisse, welche der ökonomische Reproduktionsprozess des Kapitals systematisch betrachtet voraussetzt, wird im kapitalistischen Produktionsprozess selber auf Dauer gestellt. Dies geschieht dadurch, dass Zuweisungen generativer und regenerativer Aufgaben nach Geschlecht und dabei, historisch gesehen, ungleiche Zuweisungen vermittelt durch die Geschlechtlichkeit der „fiktiven" Ware Arbeitskraft in die Vergesellschaftung durch Lohnarbeit eingehen, auf diese Weise affirmiert und fortgeführt werden. Aus der Perspektive der Kapitalverwertung betrachtet und somit als Kehrseite dieses Prozesses werden Männer und Frauen, wie in Ergänzung von Ursula Beers und Jutta Chalupskys (vgl. Beer, 1990, S. 133–148; Beer & Chalupsky, 1993, S. 209–212) weiter oben angeführten subjekttheoretischen Überlegungen gesagt werden kann, dadurch zu verschiedenen und ungleichen Produktivkräften geformt. Dies bezieht sich zum einen auf ihre Prägung und Bedeutung als ‚Produktivkräfte' für die generative und regenerative Reproduktion der Gesellschaft, also auf die unausgewiesenen Momente der Marxschen Theorie. Es bezieht sich zum anderen aber auch ganz im Marxschen Sinne auf den kapitalistischen Produktionsprozess. Gemäß Ursula Beers Reformulierung der genannten Trias und gemäß ihrer Verortung der Kategorie Geschlecht darin, aber aus der Perspektive der Kapitalverwertung gesehen entwickelte und entäußerte sich menschliche Produktivkraft dann in verschiedener und, historisch betrachtet, ungleicher Weise als diejenige von Männern und Frauen in Produktionsverhältnissen und im Zusammenspiel mit weiteren Produktivkräften, welche im Geschlechter- und Kapitalverhältnis strukturiert sind. Die Geschlechter haben somit nicht nur, was Ursula Beers und Jutta Chalupskys (vgl. Beer, 1990; Beer & Chalupsky, 1993) Fokus ist, ungleiche Chancen, ihre Existenz zu sichern und tragen in verschiedener und ungleicher Weise zur Sicherung des gesellschaftlichen Bestands und zur gesellschaftlichen Entwicklung bei. Sie sind darüber hinaus auch einem verschiedenen und ungleichen Zugriff auf ihre Produktivitätspotenziale ausgesetzt mit Konsequenzen wiederum für deren Ausformung selber – ein Aspekt, der Ursula Beer und Jutta Chalupsky (1993) empirisch durchaus in den Blick gerät.

Die gesellschaftliche Entwicklung selber ist in Ursula Beers (1990, S. 153) Theorie, was die Reorganisation einer Gesellschaftsformation angeht, wie gesagt als ständig notwendige Erzeugung einer „Korrespondenz" der Struktur der Produktivkräfte und der Produktionsverhältnisse zu denken; dort, wo dies misslingt, also im Falle der „Nicht-Korrespondenz" (ebd.) beider Strukturen, kommt es zur Transformation. Die Frage, ob Geschlechterungleichheit für den Kapitalismus nicht nur historisch konstitutiv und in ihm hervorgebracht und wirksam, sondern ob sie auch notwendig ist, kann daher am systematisch weitest reichenden an dieser Stelle an Ursula Beers Theorie herangetragen werden. Die Frage selber will ich folgendermaßen untergliedern: Ist in der kapitalistischen Gesellschaft ein Prinzip am Werk, das Geschlechterungleichheit erzwingt? Kommt die kapitalistische Gesellschaft ohne Geschlechterungleichheit aus?

Was die zuerst genannte Frage angeht, so zeigt sich, im Gegenteil, dass mit der Kapitalverwertung ein abstraktes Prinzip am Werk ist. Sie vollzieht sich prinzipiell ohne Ansehen der Person. Anders gesagt, prinzipiell ist es gleichgültig, welchen Geschlechts die Lohnarbeitskraft und auch die dahinter stehende Hausarbeitskraft sind (vgl. auch: Beer, 1991, vor allem: Heise, 1986, 1989). Und wenngleich die Geschlechter historisch betrachtet, wie mit und im Anschluss an Ursula Beer (1990) gezeigt worden ist, in verschiedener und ungleicher Weise durch Lohnarbeit vergesellschaftet und zu verschiedenen und ungleichen ‚Produktivkräften' geformt worden sind, so heißt dies nicht, dass es so sein und bleiben muss. Die darin schon mitschwingende, zweitgenannte Frage, ob der Kapitalismus auf Geschlechterungleichheit verzichten kann, wird weder von Ursula Beer selber gestellt noch lässt sie sich mit ihrer Theorie bejahen oder verneinen. Dennoch will ich ihr theoretisches Konstrukt aus der Perspektive der Kapitalverwertung auf diese Frage hin reformulieren, um die von Ursula Beer verfolgte Analyseperspektive in noch etwas anderer Weise weiter zu führen. Ob Geschlechterungleichheit für den Kapitalismus entbehrlich ist, dies ist in Ursula Beers Konstrukt folgendermaßen zu fragen: Kann eine „Korrespondenz" (Beer, 1990, S. 153) zwischen der Struktur der Produktionsverhältnisse und der Produktivkraftstruktur erzeugt werden, die zu beiden Seiten hin Geschlechtergleichheit enthält, ohne dass das kapitalistische Verständnis gesellschaftlicher Reproduktion infrage gestellt wäre? Und wenngleich sich unschwer an den gesellschaftlichen Gleichstellungstendenzen der vergangenen Dekaden ablesen lässt, dass dies möglich ist, so kann Ursula Beers Ansatz dann weitergehend noch als Hinweis auf die Notwendigkeit gelesen werden, diese Frage differenzierter zu stellen:

Welche Formen von Gleichheit sind in dieser Gesellschaftsformation möglich? Gibt es Formen von oder Ansprüche auf Gleichheit zwischen den Genus- Gruppen, die mit dem für die kapitalistische Gesellschaft spezifischen Reproduktionsmodus unvereinbar sind? Diese Fragen gewinnen ihre Brisanz im Horizont von Ursula Beers Theorie dadurch, dass sie zu denken sind im Zusammenhang von Markt-, „Versorgungs- und Fortpflanzungsökonomie", ihrer gesellschaftlichen Gewichtung und ihrer Verzahnung. Anders gesagt, für sich genommen ,kleinere' oder ,größere' Veränderungen in einzelnen Teilbereichen, etwa die erreichte Gleichheit von Frauen und Männern in bestimmten Beschäftigungssegmenten, erschließen sich in ihrer gesellschaftlichen Bedeutung erst dann vollständig, wenn analytisch mit veranschlagt wird, dass solche Veränderungen in einem Bereich gespeist sind aus dem Geschehen in anderen Bereichen und sich darauf auch wiederum auswirken. Dieses Gesamt von Markt-, „Versorgungs- und Forpflanzungsökonomie" analytisch im Blick zu behalten, dazu fordert Ursula Beers Ansatz auf.

Damit komme ich, viertens, zu meiner Schlussbemerkung bezüglich der Reichweite dieser Fassung von Geschlecht als Strukturkategorie. Festhalten will ich einen Vorzug und eine Begrenzung, die mit Blick auf meine Frage nach dem inneren Zusammenhang von moderner Gesellschaft und Geschlechterverhältnis von Bedeutung sind (vgl. zu anderen Aspekten auch: Gottschall, 2000, S. 170–171).

Der Vorzug von Ursula Beers Ansatz besteht bemessen an der Marxschen Theorie und deren bisherigen Interpretationen darin, dass sie die Engführung des gesellschaftlichen Produktions- und Reproduktionsprozesses auf die Produktion von Waren theoretisch transzendiert. In diesem Zusammenhang gelingt es ihr, Geschlecht, in welchen Konfigurationen von Gleichheit und Ungleichheit auch immer, als Strukturierungsprinzip des Reproduktions- und Produktionsbereichs aufzuzeigen und zu zeigen, wie die getrennten Ökonomien im Geschlechterverhältnis gefügt werden. Die Begrenzung, die im Kontext meiner Fragestellung festzuhalten ist, besteht darin, dass die Autorin Gesellschaft dabei ausschließlich als Produktions- und Reproduktionsweise in den Blick nimmt. Dagegen ist zum einen einzuwenden, dass Gesellschaft selbst dann, wenn sie nicht nur wie in der Marxschen Theorie als Produktionsweise, sondern als „Wirtschafts- und Bevölkerungsweise" thematisiert wird, darin nicht aufgeht. Und zum anderen bleibt ein Spezifikum der modernen Gesellschaft, nämlich ihre Ausdifferenzierung in verschiedene Funktionsbereiche, welche die getrennten Ökonomien durchzieht und auch in ihrem Verhältnis zueinander tangiert,[4] unterbelichtet.

2   Geschlecht als Strukturkategorie der modernen ausdifferenzierten Gesellschaft

In diesem Abschnitt geht es vor allem um die von Regina Becker-Schmidt vorgelegte Fassung von Geschlecht als Strukturkategorie, ergänzt um Anmerkungen Gudrun-Axeli Knapps zum Hannoveraner Ansatz. Erstens werden der Zuschnitt und die Theorietradition dieses Ansatzes skizziert. Zweitens wird gezeigt, wie die Frage nach dem inneren Zusammenhang von moderner Gesellschaft und Geschlechterverhältnis in Regina Becker-Schmidts Theorie gestellt wird. Drittens werden die Antworten betrachtet, die sie darauf gibt. Viertens folgt eine Anmerkung zur Reichweite ihrer Fassung der Strukturkategorie Geschlecht im Vergleich zu derjenigen Ursula Beers.

Zu Beginn des Hannoveraner Ansatzes steht – und damit komme ich zum ersten Punkt – eine empirische Untersuchung zum Umgang erwerbstätiger und

---

[4] So ist, um dies nur an einem Beispiel zu illustrieren, die Entwicklung von Gen- und Reproduktionstechnologien in Wirtschaft und Wissenschaft zweifellos Teil der Markt- und der „Fortpflanzungsökonomie" der kapitalistischen Produktionsweise. Anders gesagt, die von Ursula Beer, (1990, 1991) veranschlagte Trennungslinie von entgeltlichen und unentgeltlichen Leistungen ist zwar von eminenter Bedeutung; schließlich trifft sie ein Kerndilemma der kapitalistischen Gesellschaft, dass diese sich nämlich nicht ausschließlich marktvermittelt reproduzieren kann. Aber die Betrachtung dieser Trennungslinie alleine reicht nicht hin, um das Gefüge in den Blick zu nehmen, in dem generative und regenerative Leistungen erbracht werden.

zeitweise nicht erwerbstätiger Mütter mit den Anforderungen aus Erwerbs- und Hausarbeit. Ihre Befunde werden zum einen für sich genommen interpretiert (vgl. Becker-Schmidt et al., 1982, 1984). Zum anderen bilden sie das empirische Fundament weiterführender methodischer, methodologischer und gesellschafts-theoretischer Betrachtungen (vgl. vor allem: Becker-Schmidt et al., 1983). Heute umfasst der Hannoveraner Ansatz ein breites Spektrum soziologischer und sozial-psychologischer Arbeiten zur Gesellschaftsanalyse (vgl. im Überblick: Gott-schall, 2000, S. 171–184), verbunden mit erkenntnistheoretischen Reflexionen auf den Stand und die Entwicklung der Frauen- und Geschlechterforschung (vgl. vor allem: Becker-Schmidt und Knapp, 2000; Knapp, 1987, 1989, 1990, 2001a, b, 2003). In diesem Rahmen ist die hier interessierende Frage nach dem Zusammenhang von moderner Gesellschaft und Geschlechterverhältnis eine seiner Kernfragen, die insbesondere Regina Becker- Schmidts (1983, 1987a, b, 1991, 1995, 1998, 2000, 2001, 2003) Arbeiten in wechselnder Gestalt von Beginn an bis heute durchzieht.

Mit ihrem Ansatz bewegen sich Regina Becker-Schmidt und Gudrun-Axeli Knapp in der Tradition der älteren Kritischen Theorie, die sie bezüglich ihrer in Sachen Geschlecht unzureichenden und androzentrischen Betrachtungs-weisen aber auch kritisieren (vgl. Becker-Schmidt, 1992, S. 65–67; Knapp, 1996, S. 124). Selber zielen sie mit ihrer kritischen Bezugnahme auf die Frankfurter Schule, wie Regina Dackweiler, (1995, S. 134) das „Forschungsprogramm" des Hannoveraner Ansatzes zusammenfasst, auf eine „'Theorie gesamtgesellschaft-licher Reproduktionsverhältnisse', welche die Verschränkungen des Geschlechter-mit anderen gesellschaftlichen Herrschaftsverhältnissen in den sozialen Prozessen materieller, generativer und symbolischer Reproduktion in den analytischen Fokus rückt". Als Herrschaftsverhältnis wird dabei neben dem Geschlechter-verhältnis zunächst vor allem das Kapitalverhältnis in den Blick genommen (vgl. Becker- Schmidt, 1987a, 1991, 1998). In neueren Arbeiten finden sich Weiterungen der Analyseperspektive auf die Kategorie Ethnie hin (vgl. Becker-Schmidt, 2001, 2003, 2004).

Programmatisch wird, zweitens, die hier interessierende Frage nach dem inneren Zusammenhang von moderner Gesellschaft und Geschlechterverhält-nis von Regina Becker-Schmidt (1987a) bereits gegen Ende der achtziger Jahre formuliert. Es geht ihr um die Erforschung der „gesellschaftlichen Organisation des Geschlechterverhältnisses in ihren historisch fassbaren Konstellationen" (ebd.: 187). In der „Organisation des Geschlechterverhältnisses" drückten sich tiefer liegende Konflikte aus, die „gattungsgeschichtlich mit der Geschlechterdifferenz zusammenhängen" (ebd.; vgl. auch: Becker-Schmidt, 1989, 1992).[5] Außerdem drücke sich darin die Art und Weise aus, wie diese Konflikte bewältigt werden. Diese, ihre Bewältigung kann, da die Geschlechterdifferenz aus Sicht der Autorin nicht per se eine Hierarchie begründet, grundsätzlich auch egalitär vorgestellt werden (vgl. Becker-Schmidt, 1987a, S. 226, 2001, S. 100). Für den Kapitalismus macht sie ähnlich wie Ursula Beer (1990) aber ein hierarchisches Verhältnis der Geschlechter als historisches Konstituens aus (vgl. Becker- Schmidt, 1987a, 1991; vgl. auch: Gottschall et al., 2000, S. 178–179, 182), wobei Momente postulierter und potenzieller Gleichheit mit solchen faktischer Ungleichheit im Laufe der geschichtlichen Entwicklung immer wieder in Widerspruch geraten seien (vgl. Becker-Schmidt, 2000, S. 41–50). Der Umgang mit der Geschlechterdifferenz nun manifestiert sich nach Regina Becker-Schmidt (1987a, S. 194) gesellschaftlich in zweifacher Weise: in der „ineinander verschlungenen Entwicklung von Produktions- und Reproduktionsweisen" und in der „kulturellen Deutung und psychologischen Verarbeitung" der Differenz (ebd., S. 194); zwischen beidem bestünden wechselvolle Bezüge und Zusammenhänge. Neben den „materiellen und generativen ‚Produktionen'" werde, so Gudrun-Axeli Knapp (1992) zum Vorzug dieser Betrachtungsweise gegenüber Ursula Beers (1990) Theorie, auf diese Weise auch die „‚symbolische Ordnung'" als „analytisch zu unterscheidendes zweites Reproduktionssystem" (Knapp, 1992, S. 300) mit einbezogen (vgl. auch:

---

[5] Unter der Geschlechterdifferenz verstehen Regina Becker-Schmidt und Gudrun-Axeli Knapp (1995, S. 6) die „physiologisch begründete Unterscheidung im Rahmen eines Konzepts von Zweigeschlechtlichkeit", wobei „davon ausgegangen werden muss, dass Geschlechterdifferenzen, codiert als ‚Männlichkeit' und ‚Weiblichkeit', sozio-kulturelle Konstruktionen sind." Davon unterscheiden sie Geschlechtsidentität. Sie bezieht sich „über sexuelle Konnotationen hinaus auf die soziale Zuordnung von Individuen zu einem der beiden Geschlechter, denen gesellschaftlich bestimmte Kompetenzen, Verhaltensweisen und Praxisfelder zugeordnet werden" (ebd., S. 7). Unter „Geschlechterverhältnissen" verstehen sie das Gesamt an Geschlechterbeziehungen inklusive ihrer gesellschaftlichen Regulierung. Außerdem verweist dieser Begriff auf die „Organisationsprinzipien, durch welche die beiden Genus-Gruppen gesellschaftlich zueinander ins Verhältnis gesetzt werden. (…) Geschlechterverhältnisse in diesem systematischen Sinn sind Herrschafts- und Machtzusammenhänge, in denen die gesellschaftliche Stellung der Genus-Gruppen institutionell verankert und verstetigt wird" (ebd., S. 8). Später spricht Regina Becker-Schmidt (2000, S. 7, 154, Fußnoten) außerdem von „institutionalisierten Geschlechterarrangements" und von dem Geschlechterverhältnis, während von Geschlechterverhältnissen (im Plural) nur noch dann die Rede ist, wenn der „ethnographischen Vielfalt" Rechnung getragen werden soll.

Knapp, 1996, S. 129–130). Und anders als Ursula Beer und Jutta Chalupsky (vgl. Beer, 1990, S. 133–148; Beer und Chalupsky, 1993, S. 209–212), die ihr strukturtheoretisches Konstrukt für subjekttheoretische Fragen öffnen, verfolgt Regina Becker-Schmidt (1983, 1991) im Rahmen der vor ihr vertretenen Theorie-tradition je eigenständige, gleichwohl miteinander verbundene gesellschafts- und subjekttheoretische Perspektiven (vgl. auch: Knapp, 1996, S. 124).

Ähnlich wie Ursula Beer (1990) in der Frage nach dem Zusammenhang zwischen der „Form des Geschlechterverhältnisses" und der „Verfasstheit einer Gesellschaft" (Knapp, 1996, S. 126) deren verborgene Struktur oder deren „inneres Band" (Beer, 1990, S. 22) theoretisch zu erschließen sucht, richtet auch Regina Becker-Schmidt ihren Blick auf den inneren Zusammenhang von Gesell-schaft. Ausgehend von Theodor W. Adornos Verständnis von „Vergesellschaftung" bezie- hungsweise von „Vergesellschaftung" und „innerer Vergesellschaftung" als „Begriffspaar" in der älteren Kritischen Theorie[6] knüpft sie vor allem an seinen Begriff der „Totalität" an (vgl. Becker-Schmidt, 1991). Letztere stellt für sie jenes „ens realissimum" dar, „das alle Strukturgesetze in sich enthält, die die rapide voranschreitende Entwicklung bestimmen" (ebd.: 384–385). Außerdem übernimmt sie auch Theodor W. Adornos Verständnis dieser Strukturgesetze als „Tendenzen, ‚die mehr oder minder stringent aus historischen Konstituenten des Gesamtsystems folgen'" (ebd.). Als Konstituens von Gesellschaft begreift Regina Becker-Schmidt (1987a, S. 230) selber „die Beziehung zwischen Trennungs- und Differenzierungs-prozessen und Tauschprinzipien". Unter „kapitalistischen Tausch- verhältnissen" nun konstituiere sich Totalität, so schließt sie weiterhin an Theodor W. Adorno an, im „Prozess der Vereinheitlichung",[7] welcher sich durch die „Kombination zweier kontradiktorischer Vergesellschaftungsprinzipien", „Zusammenschluss und Trennung der differenten Teilbereiche", durchsetze (Becker- Schmidt, 1991, S. 385). Die so formierte „Beziehung zwischen Trennungs- und Differenzierungs-

---

[6] „Meint ‚Vergesellschaftung der Individuen' die Mechanismen, mittels derer die Subjekte in die sozialen Austauschprozesse hineingenommen werden (…), so zielt die Formulierung ‚innere Vergesellschaftung' auf die Modellierung der psychischen und mentalen Persön-lichkeitsstrukturen in kollektivem Ausmaß" (Becker-Schmidt, 1991, S. 87).

[7] „Der Prozess der Vereinheitlichung drückt sich zum einen in der immanenten Formation all jener sozialen Bereiche aus, die von der Dynamik kapitalistischer Entwicklung direkt erfasst werden (…) Verwertung, Rationalisierung, Bürokratisierung sind Leitlinien dieser Formation. Zum anderen ist die gleichlaufende Umgestaltung der sozialen Teilbereiche Vorbedingung für deren Fusionsfähigkeit." (Becker-Schmidt, 1991, S. 85).

prozessen und Tauschprinzipien" ist es demnach, welche die kapitalistische Gesellschaft in ihrem Innersten zusammenhält. Dort muss Geschlecht dieser Lesart nach auffindbar sein, damit von einer Strukturkategorie gesprochen werden kann. Wie Geschlecht nach Regina Becker-Schmidt in dieser Beziehung zum Tragen kommt, dies wird, drittens, nun anhand zweier chronologisch aufeinander folgender, gleichwohl ineinander verschachtelter Stationen ihrer Gesellschaftsanalyse in den Blick genommen: anhand des Theorems der „doppelten Vergesellschaftung" von Frauen in Haus- und Erwerbsarbeit (Becker-Schmidt, 1987b) und anhand der These, dass wir es bei der „geschlechtlichen Arbeits- und sektoralen gesellschaftlichen Funktionsteilung" mit einer „Strukturhomologie" zu tun haben (Becker-Schmidt, 1998, S. 102).

Das Theorem der „doppelten Vergesellschaftung" von Frauen speist sich aus einer noch weitgehend implizit an der Kritischen Theorie orientierten Interpretation von empirischen Befunden, welche in der eingangs genannten Untersuchung zu erwerbstätigen und zeitweise nicht erwerbstätigen Müttern gewonnen wurden (vgl. hierzu ausführlich auch: Dackweiler, 1995; Gottschall, 2000). Mit ihm steht ab den achtziger Jahren die gesellschaftliche Organisation von Haus- und Erwerbsarbeit im Mittelpunkt von Regina Becker-Schmidts Gesellschaftsanalyse.

Die heute vorfindbare „Dichotomie ‚Hausarbeit/Erwerbsarbeit'" ist für die Autorin das Ergebnis von „historischen Trennungsprozessen, in denen sich Elemente, die *einem* Kontext zugehören, voneinander abkoppeln" (Becker-Schmidt, 2001, S. 115, Hervorh. i. O.). Unter diesem „*einen* Kontext" ist die Arbeit zu verstehen, die zur Reproduktion der Gesellschaft notwendig ist und die im Auseinandertreten von Privat- und Volkswirtschaft räumlich und funktional separiert wurde. Diese „Separierung" von Haus- und Erwerbsarbeit stellt der Autorin zufolge ein „soziales Strukturproblem" dar (Becker-Schmidt, 2000, S. 25), was sie selber nicht weiter ausführt, was sich im Rahmen ihrer Gesellschaftsanalyse aber so interpretieren lässt, dass die Trennung der Bereiche eine zwar notwendige, aber keine hinreichende Voraussetzung für die kapitalistische Produktions- und Reproduktionsweise ist. Da nämlich erst die in beiden Bereichen geleistete Arbeit das für die Reproduktion der einzelnen Menschen wie der Gesellschaft erforderliche Gesamt ergibt, ist die erneute „Verknüpfung" (Becker-Schmidt, 1998) des Getrennten unerlässlich (vgl. hierzu auch: Aulenbacher, 2005). Die zentralen Begriffe, die Regina Becker-Schmidts (1983, S. 15–24; auch: 2003) Theorem der „doppelten Vergesellschaftung" von Frauen für die Analyse der Trennung und Verknüpfung von Haus- und Erwerbsarbeit bereit hält, lauten: „Widerspruch", „Ambivalenz" und „Ambitendenz" (Becker-Schmidt, 1983).

Die Sphären erfüllten je verschiedene Funktionen, welche nur bedingt abgestimmt und abstimmbar seien. So ließen sich beispielsweise industrielle Zeitstrukturen und Zeit im Leben mit Kindern kaum miteinander in Einklang bringen. Hieraus erwachse, was die objektive Seite der Trennung und Verknüpfung von Haus- und Erwerbsarbeit angeht, eine „komplexe Wiederspruchsstruktur" (Becker-Schmidt, 2003, S. 119). Außerdem seien die Bereiche auch in sich widersprüchlich, wenn beispielsweise in der Erwerbsarbeit in einem Zuge Maximen der Gewinnmaximierung und der Gebrauchswertorientierung gefolgt wird oder indem die Hausarbeit zwar als gesellschaftlich notwendig angesehen, aber nicht gratifiziert wird. Subjektiv, aufseiten der Frauen, seien diese Widersprüche erfahrbar als Ambivalenzen, erzeugt durch Anforderungen, welche strukturell nicht miteinander vereinbar sind und doch bewältigt werden müssen. Mit dem Kunstwort Ambitendenz schließlich bringt Regina Becker-Schmidt das Vereinbarkeitshandeln von Frauen auf den Begriff, mit dem sie die einander widersprechenden Anforderungen zu erfüllen suchen (vgl. Becker-Schmidt, 2003, S. 114–123).

Als subjektives Muster von allgemeinerer Gültigkeit ist die Ambitendenz Ausdruck und Ergebnis des in der modernen Gesellschaft beschrittenen Weges, das „soziale Strukturproblem" der Trennung und mangelnden Verknüpfung von Haus- und Erwerbsarbeit dadurch zu bewältigen, dass die Verknüpfung der Bereiche „personalisiert" und zum „Frauenproblem" gemacht wird (Becker- Schmidt, 2000, S. 25). Strukturell schlägt sich diese Art und Weise der Problemverarbeitung nach Regina Becker-Schmidt im „Ensemblecharakter von Frauenarbeit" (Becker-Schmidt 2003, S. 105) nieder, in der alltäglichen Bearbeitung divergenter Anforderungen aus Erwerbs-, Haus- und, wie die Verfasserin mit Blick auf die Globalisierungsdiskussion erweitert, Subsistenzarbeit. Zwar sind grundsätzlich auch Männer in die genannte Widerspruchsstruktur einbezogen (vgl. etwa die Weiterungen bei: Lenz, 1995; Kreckel, 1992; kritisch zu letzterer: Aulenbacher, 1994), aber für sie stellt sie sich Regina Becker-Schmidt (1991, S. 394) zufolge weniger widersprüchlich dar. Ihre Beteiligung an den getrennten Bereichen fügt sich gradliniger oder, allgemeiner gesagt, das vorherrschende Arrangement von Erwerbs- und Hausarbeit bedient in einem androzentrische und kapitalistische „Suprematieansprüche" (ebd.: 386). Allerdings handelt es sich bei der Personalisierung des kapitalistischen Reproduktionsdilemmas insofern nur bedingt um seine Lösung, als Ambivalenz und Ambitendenz auch „Belege dafür (seien, BA), dass ständig wiederkehrende Konflikte schwerlich verdrängt werden können" (Becker-Schmidt, 2003, S. 123). So werden der Autorin nach hier auch „Renitenz und Eigensinn" (ebd.) wach gehalten, aus denen Widerstand gegen die bestehenden Verhältnisse erwachsen kann (vgl. auch: Becker-Schmidt, 1991).

Ab den neunziger Jahren nimmt Regina Becker-Schmidt das gesellschaftliche Gefüge in nunmehr „offensiver Bezugnahme" (Dackweiler, 1995, S. 137) auf die Kritische Theorie dann in noch anderer Weise in den Blick. Die „Organisation der Triade ‚Vereinheitlichung – Zusammenschluss – Trennung'", wie sie oben im Kontext der Konstitution von „Totalität" unter „kapitalistischen Tauschverhältnissen" angesprochen worden ist (vgl. Becker-Schmidt, 1991, S. 385), interessiert sie nun über den Umgang mit der „Dichotomie ‚Hausarbeit/Erwerbsarbeit'" (Becker-Schmidt, 2001, S. 115) hinaus mit Blick auf die weiter gehende funktionale Differenzierung der Gesellschaft (vgl. auch: Dölling, 2003a) und somit auf das bei Ursula Beer wenig belichtete Spezifikum der Moderne. In diesem Zusammenhang fasst Regina, Becker-Schmidt (1998, S. 109) Gesellschaft mit Theodor W. Adorno als einen „Relationsbegriff", einen „Begriff, in dem sich Verhältnisse zwischen Elementen ausdrücken lassen". Als „Elemente" sieht sie in Übereinstimmung mit ihm die Menschen an, die abhängig von der „Art und Weise ihrer Vergesellschaftung" (ebd.) in die Gesellschaft eingebunden sind.

Außerdem fasst sie als „Elemente" von Theodor W. Adorno abweichend auch die gesellschaftlichen Sektoren, die „durch einen arbeitsteiligen Funktionszusammenhang in Relation zueinander stehen" (ebd.: 109–110). „Relationalität" gilt der Verfasserin in diesem Zusammenhang dann insofern als „Konstituens eines sozialen Verhältnisses", als die Relata dialektisch aufeinander bezogen sind. Jedes Relatum gewinnt seine Identität also erst dadurch, dass es auch das „Nicht-Identische" des je anderen ist (Becker-Schmidt, 2000, S. 47–48). Ob sich in der „Relationalität" – im Falle des Geschlechterverhältnisses: zwischen den Genus-Gruppen, im Falle des gesellschaftlichen Gesamts: zwischen den Sektoren – Egalität oder Hierarchien ausdrücken, hängt Regina Becker-Schmidt (2000, S. 40) zufolge dann von den Verhältnisbestimmungen, den „Konnexionen", ab. In ihnen wiederum machen sich gesellschaftliche Arrangements geltend.[8] Eine Fügung „gleichgerichteter Konnexionen" bezeichnet sie als „Nexus" (Becker-Schmidt, 2000, S. 39). Das ist ein institutioneller Zusammenhang, der einem

---

[8] „Der Begriff ‚Konnexion' verweist gleichermaßen auf Struktur und Handeln. In ihm steckt sowohl ‚nexus', was soviel wie Verbindung, Zusammenfügung, Verschlingung heißt, als auch ‚nectere', das Verb für ‚knüpfen' und ‚verflechten'. Konnexionen beziehen sich demnach sowohl auf die Modalitäten, die durch Denken und Tun gestiftet werden, als auch auf die gesellschaftlichen Arrangements, in die Handeln eingebettet ist." (Becker-Schmidt, 2000, S. 0) Hier findet die subjekt- und gesellschaftstheoretische Orientierung der Autorin ebenso wie ihre zweifache Blickrichtung auf die symbolische wie materielle und generative Seite gesellschaftlicher Reproduktion ihr begriffliches Pendant.

sozialen Verhältnis seine, je nach darin eingelagerten „Konnexionen", egalitäre oder hierarchische Gestalt verleiht.[9] In dieser Betrachtungsweise stellt sich die Frage nach dem inneren Zusammenhang von moderner ausdifferenzierter Gesellschaft und Geschlechterverhältnis dann als Frage danach, „wie die beiden Formen von Relationalität – die zwischen den Geschlechtern, die zwischen den gesellschaftlichen Sektoren – ineinander gepasst sind" (Becker-Schmidt, 1998, S. 85). In ihrer Suche nach einer Antwort darauf setzt die Autorin bei dem „Doppelstrategem ‚Trennen/Verknüpfen'" (ebd.) an, welches sie in Verbindung mit der Wirkung von Dualismen oder Dichotomien thematisiert.

Dualismen – im Geschlechterverhältnis beispielsweise Männlichkeit/Weiblichkeit, im gesellschaftlichen Zusammenhang beispielsweise Hausarbeit/Erwerbsarbeit – betonten Trennungen, indem sie an den Polen der jeweiligen Dichotomie Identitäten setzten (Becker-Schmidt, 1998, S. 85–86). In dieser Weise leisteten sie einer „verzerrten Wahrnehmung" (Becker-Schmidt, 2001, S. 115) Vorschub, in der Reziprozitäten und Verknüpfungen ausgeblendet würden und mit ihnen die Verhältnisse, in denen sie erfolgen. Dabei verfügten dualistische Konstruktionen (beziehungsweise verfüge die „Kategorie ‚Konstruktion'" überhaupt) über „eine ideelle und eine historisch-materielle Komponente (...), da sie sowohl Gedankengebäude als auch gesellschaftliche Gefüge bezeichnen" könne (Becker-Schmidt, 1998, S. 86). Ähnliches, so Regina Becker-Schmidt (1998, S. 95–99, 2001, S. 108–109) im Anschluss an Theodor W. Adornos Reflexionen zum Zusammenhang von Erkenntnis- und Gesellschaftskritik, gelte für den Begriff „Vermittlung", den sie auf diesem Wege einführt.

„Erkenntnistheoretisch lassen sich mit seiner Hilfe die logischen Implikationen des Unterscheidens untersuchen. Gesellschaftstheoretisch wirft er Licht auf die geschichtlichen Bewegungen, die Populationen fraktionieren, und auf die gesellschaftlichen Umstände, unter denen sich soziale Sphären ausdifferenzieren und tendenziell gegeneinander abdichten" (Becker-Schmidt, 1998, S. 86).

In beiden Dimensionen diene der Begriff der Vermittlung der Rekonstruktion von Reziprozitäten und Verknüpfungen, die durch Unterscheidungen und Trennungen unsichtbar gemacht würden. Eine solche Rekonstruktion von Bezogenheiten

---

[9] Als Beispiel für einen solchen „Nexus" führt Regina Becker-Schmidt (2000, S. 1–44) die von Ursula Beer (1990) analysierten, formal zwar voneinander unabhängigen, aber gleichgerichteten Rechtskomplexe an, welche Männern im Übergang vom Feudalismus zur Industriegesellschaft gesellschaftlich durchgängig eine übergeordnete Position gegenüber Frauen einräumten. Ein aktuelleres Beispiel für einen solchen „Nexus" wäre das fordistische Normalarbeitsverhältnis und die für diese Epoche spezifische Kleinfamilie.

und Verknüpfungen nimmt die Autorin vor. Dabei betrachtet sie zunächst die
„Dichotomie ‚Hausarbeit/Erwerbsarbeit'" in noch anderer Weise als zuvor und
anschließend dann das sektoral gegliederte gesellschaftliche Gefüge.
Regina Becker-Schmidt (2001, S. 113) unterscheidet im Hinblick darauf,
wie Vermittlungen im Allgemeinen und bezüglich der „Dichotomie ‚Haus-
und Erwerbsarbeit'" (Becker-Schmidt, 2001, S. 115) im Besonderen erfolgen,
zwischen Verknüpfungen und „falschen Verknüpfungen". Eine Verknüpfung
zeigt lediglich an, dass das Separierte vermittelt wird. Bei „falschen Verknüpfungen" hingegen handelt es sich um Vermittlungen, die sich unter „Herrschaftsbedingungen" und „fremdbestimmt" vollziehen (Becker-Schmidt, 2001,
S. 113, 113–116). Insofern nur bestimmten sozialen Gruppen, in unserem Falle:
der weiblichen und nicht gleichermaßen auch der männlichen Genus-Gruppe,
die Lasten bei der Rekombination des Getrennten, in unserem Falle: Haus- und
Erwerbsarbeit, aufgebürdet würden und sich dies für eben diese Gruppen nachteilig auswirke, seien „falsche Verknüpfungen" „Ausdruck sozialen Zwangs"
(Becker-Schmidt, 2001, S. 115–116). Von Zwang ist dabei in der Systematik von
Regina Becker- Schmidts (1987a, S. 205; vgl. auch: 2001, S. 124–127) Theorie,
die die Einbeziehung der Menschen in die Gesellschaft im Anschluss an die
ältere Kritische Theorie als ihre Hineinnahme in die sozialen Austauschprozesse
begreift, im Zusammenhang mit der Verletzung der Tauschprinzipien „Äquivalenz", „Reziprozität" und „Reversibilität" die Rede. An dieser Stelle geht es
vor allem um die Verletzung des Prinzips der „Reversibilität", die dazu führt, dass
die Tauschenden unter gegebenen gesellschaftlichen Verhältnissen nicht ohne
weiteres austauschbar sind.

Anders gesagt, prinzipiell ist es zwar gleichgültig, wer die Hausarbeit leistet,
unter gegebenen Voraussetzungen aber nicht.

Dies verfolgt Regina Becker-Schmidt (1998) auf mesosoziologischer Ebene
weiter, indem sie an Helga Krügers (1995) Lebenslaufforschung und ihren daraus
entwickelten „Institutionenansatz" in der Geschlechterforschung (Krüger, 2001,
S. 63) anknüpft. Im Anschluss an diese Autorin begreift sie den „gender bias,
der sich quer durch alle Einrichtungen zieht, die Lebensläufe strukturieren"
(Becker-Schmidt, 1998, S. 108, i.O.m.Hervorh. nach Krüger, 1995) als einen
„Nexus", durch den die Vereinbarung von Haus- und Erwerbsarbeit im Sinne
einer „falschen Verknüpfung" vorrangig Frauen zugemutet wird. Indem Mädchen
und Frauen in Institutionen wie Schule, Ausbildung, Beruf bei formaler Gleichstellung nach wie vor faktisch ungleich behandelt würden, addierten sich, so
argumentiert sie mit Helga Krüger (1995), für sie Nachteile und für Männer
Vorteile biographisch auf. Wirksam werde dieser „Nexus" dann, wenn beide
Lebensläufe in der „Paarbeziehung" aufeinander treffen, denn dort finde – wie

im Theorem der „doppelten Vergesellschaftung" ausgeführt – die Verknüpfung der beiden Arbeitsbereiche statt (vgl. Becker-Schmidt, 1998, S. 106–108 nach Krüger, 1995). Sie ist nach Regina Becker-Schmidt (ebd.: 104–105) Ergebnis individueller Aushandlungen von Männern und Frauen unter Berücksichtigung „innerer Motive" (zum Beispiel: Partnerschaftsvorstellungen) und „äußeren Zwangs" (beispielsweise: Arbeitsmarktchancen). Sie ist ihr zufolge aber auch Ergebnis einer „Vermittlung über die geschlechtlich unterschiedlich strukturierten Lebensläufe", deren zwingende Momente insofern im Verborgenen ruhten, als der „gender bias" (Becker-Schmidt, 1998 nach Krüger, 1995) der verschiedenen Institutionen selber der alltäglichen Wahrnehmung nicht ohne weiteres zugänglich ist. Dies liegt nach Regina Becker-Schmidt (1998, S. 100) daran, dass institutionelle Trennungen oder Abgrenzungen zwischen den Sektoren „Einsichten" – in die einzelnen Bereiche und den Gesamtzusammenhang sowie im übertragenen Sinne als Ergebnis von Lernprozessen – blockieren. Und so entfaltet der „Nexus" (Becker- Schmidt, 2000) zwar seine Wirkung bezogen auf die Arrangements und Beziehungen zwischen Männern und Frauen; er selbst und die „Konnexionen" (ebd.), die durch verschiedene Institutionen hindurch zu einem übergreifenden Muster der Über- und Unterordnung der Geschlechter gefügt werden, sind verdeckt.

Über diese mesosoziologischen Betrachtungen hinaus führt Regina Becker-Schmidt (2000, S. 56) ihre Betrachtungen zu Geschlecht als Strukturkategorie in Form eines forschungsprogrammatischen „Ausblicks" fort, indem sie die „Relationalität" zwischen den gesellschaftlichen Bereichen in den Blick nimmt (vgl. auch: Becker-Schmidt, 1998). In diesem Zusammenhang verfolgt sie die bereits genannte These, dass zwischen der „Organisation des Geschlechterverhältnisses" und der „Ordnung der sozialen Sphären" „Strukturhomologien" zu verzeichnen sind (Becker-Schmidt, 1998, S. 110).

„Sie ergeben sich aus dem Faktum, dass Geschlechterverhältnisse in die übergreifende Gesellschaft eingelassen sind und umgekehrt sich in der Rangordnung der sozialen Sphären geschlechtliche Hierarchien geltend machen" (ebd.).

Empirisch zeige sich dies darin, dass die Bedeutung der gesellschaftlichen Sphären sich an der Arbeitsteilung zwischen den Geschlechtern und an der Wertschätzung der von Frauen und Männern erbrachten Leistungen orientiert. Bereiche, welche vorrangig in der Zuständigkeit von Frauen angesiedelt sind, erführen eine geringere Wertschätzung als solche, welche vorrangig Männern zugewiesen beziehungsweise von ihnen beansprucht werden. Dies gelte für die für den Kapitalismus spezifische, zugleich androzentrische Vorrangstellung der Erwerbs- vor der Hausarbeit (vgl. Becker-Schmidt, 1995, S. 114–117, 2000, S. 56–62). Es gilt nach Regina Becker-Schmidt (1998, S. 111) aber auch

innerhalb des erstgenannten Sektors, denn es seien „in geschichtlicher Kontinuität die männlichen Aktionsfelder (Militärwesen, hohe Politik, Wirtschafts-
management), denen vorrangig soziale Relevanz zuerkannt wird". So gesehen
bezieht sich die genannte „Strukturhomologie" zunächst einmal auf die Hierarchie
zwischen den Genus-Gruppen und die Rangordnung zwischen den Sektoren.
Darüber hinaus geht es der Autorin aber auch um die Analyse der internen
Ausrichtung der Sektoren. Sie gerät ihr im Rahmen ihrer Betrachtungen zur
„Organisation der Triade ‚Vereinheitlichung – Zusammenschluss – Trennung'"
(vgl. Becker-Schmidt, 1991, S. 385) in den Blick und zwar insbesondere unter
dem Gesichtspunkt der darin wirksamen „widersprüchlichen Organisations-
prinzipien" (Becker-Schmidt, 1998, S. 111): „Zusammenschluss bei gleichzeitiger
Trennung, Interdependenz bei relativer Selbständigkeit" (Becker-Schmidt, 1991,
S. 386, i.O.m.Hervorh.).

„Die sozialen Sphären sind gegeneinander abgegrenzt, und doch müssen sie
(…) gegeneinander durchlässig sein. Jedem Sektor, der eine spezielle soziale
Funktion (…) zu erfüllen hat, muss eine relative Autonomie zugestanden werden,
dennoch gibt es Übergriffe von den wirkmächtigeren auf die nachrangigeren"
(Becker-Schmidt, 1998, S. 111; vgl. auch: Becker-Schmidt, 1995), durch welche
letztere den Belangen ersterer angepasst werden. Diese „Übergriffe" folgten
angesichts der hierarchischen Arbeitsteilung zwischen den Geschlechtern „nicht
nur politisch-ökonomischen Logiken, sondern auch andro-zentrischen" (Becker-
Schmidt, 1998, S. 110). Was die Sektoren als „Elemente" der Gesellschaft
(Becker-Schmidt, 1998, S. 109) angeht, so lässt sich zusammenfassend also
folgendes festhalten: Beides, ihre gesellschaftliche Anordnung und ihre interne
Ausrichtung, erfolgt nach Regina Becker-Schmidt (1991, S. 386) „unter dem
Diktat einer Hegemonie", in welcher sich politisch-ökonomische und, von der
Autorin an dieser Stelle ergänzt: militärische „Suprematieansprüche" mit andro-
zentrischen „verbünden". Das „Gegenbild" dieser Hegemonie im Kapital- und
Geschlechterverhältnis besteht in Heteronomie (ebd.).

Auf die in der älteren Kritischen Theorie selber gemeinten „Elemente" der
Gesellschaft, die Menschen, wirke sich dieser Zusammenhang dann insofern
aus, als ihre jeweilige gesellschaftliche Position Folge der „geschlechtlichen
Arbeits- und sektoralen gesellschaftlichen Funktionsteilung" ist (Becker-Schmidt,
1998, S. 102; vgl. auch: 2000, S. 60, 1987a). In dieser Weise vermittelt kommt
Geschlecht eine Funktion als Platzanweiser zu, verbunden mit der Zuweisung
ungleicher Arbeits- und Lebenschancen an Männer und Frauen und ungleicher
Chancen, die „Geschicke" der Gesellschaft zu beeinflussen (vgl. Becker-Schmidt,

1991, S. 386). Letzteres resultiert Regina Becker-Schmidt (1998, S. 85) zufolge unter anderem aus der Wirkung, die das „Doppelstrategem ‚Trennen/Verknüpfen‘" in Abhängigkeit von der gesellschaftlichen Position der Menschen zeitigt: Seitens der „gesellschaftlich starken Kräfte" nämlich ließen sich Trennungen zwischen den Sektoren durch „Koalitionen" überbrücken, während sie sich auf der Seite der „sozial Schwächeren" als „Dichotomien" darstellten (Becker-Schmidt, 1998, S. 110), welche unter „Herrschaftsbedingungen" und „fremdbestimmt" in Form „falscher Verknüpfungen" gehandhabt werden (Becker-Schmidt, 2001, S. 113).

In dieser Weise kommt Geschlecht nach Regina Becker-Schmidt also zweifach Bedeutung als Strukturkategorie zu. In das sektorale Gefüge der Gesellschaft eingelassen verleiht die Kategorie Geschlecht ihm mit seine Gestalt. Darüber vermittelt wirkt sie sich dann auf die Positionierung der Menschen darin aus.

In der hier verfolgten Fragestellung weist Regina Becker-Schmidts Ansatz, viertens, über denjenigen Ursula Beers hinaus, weil der gesellschaftliche Funktionszusammenhang darin nicht nur empirisch aufscheint, sondern systematisch einbezogen ist. Allerdings bleibt er in einem Punkt vage, der von Ursula Beer systematisch eingefangen wird. Ursula Beer macht die Vergesellschaftung durch Lohnarbeit als dasjenige Spezifikum der kapitalistischen und in anderer Weise der sozialistischen modernen Gesellschaft aus, durch welches die getrennten Ökonomien mittels der Kategorie Geschlecht aufeinander bezogen und miteinander verbunden werden. Dieser Vorgang ist in Regina Becker-Schmidts Ansatz theoretisch vorausgesetzt; selber interessiert sie sich in diesem Kontext für die objektive wie subjektive Seite dieser Verknüpfung mit Betonung der Art und Weise, wie die Menschen sich in den Verhältnissen einrichten. In diesem Zusammenhang wird die Vergesellschaftung durch Lohnarbeit in Regina Becker-Schmidts (1998) Ansatz als von außen gesetzter Zwang thematisiert, der das Handeln der Menschen in der „Paarbeziehung" (Becker-Schmidt, 1998 im Anschluss an Krüger, 1995) beeinflusst. Dieses Konstrukt wirft aber die Frage auf, inwieweit wir es hier mit einer systematisch relevanten Vermittlung zu tun haben. Zwar ist diese Lebensform nicht beliebig, denn in ihr treffen, mit Gudrun- Axeli Knapp (1996, S. 131) gesprochen, „Heterosexualität als spezifische kulturelle Normierung der Ausrichtung von Begehrensweisen" mit der bislang dominanten „sozialen Regulation der ‚Bevölkerungsweisen‘" und Ressourcenungleichheit zusammen. Auch ist sie in ihrer nochmals besonderen Ausprägung als Ehe/Familie mit dieser Gesellschaftsformation überhaupt erst herausgebildet worden. Aber dennoch gehört sie nicht zu ihren notwendigen Spezifika.

3   Schlussbemerkung

Ursula Beers und Regina Becker-Schmidts Theorien weisen einer je anderen Theorietradition verpflichtet und im Rahmen verschiedener Betrachtungsweisen das Geschlechterverhältnis und, mehr noch, die Geschlechterhierarchie als historisches Konstituens (und nicht nur als historische Voraussetzung) der kapitalistischen und der sozialistischen Variante der modernen Gesellschaft aus. Gesagt ist damit, dass die soziale Kategorie Geschlecht – und das macht sie zur Strukturkategorie – in den inneren Zusammenhang dieser Gesellschaftsformation(en) eingelassen ist. Ausdrücklich nicht gesagt ist damit, dass das Geschlechterverhältnis notwendig hierarchisch organisiert ist. Theoretisch und empirisch zeigt sich vielmehr eine in sich widersprüchliche Konstellation, in der die prinzipielle Gleichgültigkeit kapitalistischer Prinzipien gegenüber Geschlecht (wie auch weiteren Kategorien) mit postulierter, potenzieller und faktischer Gleichheit wie mit faktischer Ungleichheit einhergeht.

Literatur

Aulenbacher, B. (1994). Das Geschlechterverhältnis als Gegenstand von Ungleichheitsforschung. In C. Görg (Hrsg.), *Gesellschaft im Übergang. Perspektiven kritischer Soziologie* (S. 141–156). Wiss. Buchges.
Aulenbacher, B. (1995). Das verborgene Geschlecht der Rationalisierung. Zur Bedeutung von Rationalisierungsleitbildern für die industrielle und technische Entwicklung. In B. Aulenbacher & T. Siegel (Hrsg.), *Diese Welt wird völlig anders sein. Denkmuster der Rationalisierung* (S. 121–138). Centaurus-Verlag-Ges.
Aulenbacher, B. (2005). *Rationalisierung und Geschlecht in soziologischen Gegenwartsanalysen.* VS Verlag.
Becker-Schmidt, R. (1983). Widerspruch und Ambivalenz: Theoretische Überlegungen, methodische Umsetzungen, erste Ergebnisse zum Projekt „Probleme lohnabhängig arbeitender Mütter". In R. Becker-Schmidt et al. (Hrsg.), *Arbeitsleben – Lebensarbeit, Konflikte und Erfahrungen von Fabrikarbeiterinnen* (S. 13–43). Verlag Neue Gesellschaft.
Becker-Schmidt, R. (1987a). Frauen und Deklassierung, Geschlecht und Klasse. In U. Beer (Hrsg.), *Klasse Geschlecht, Feministische Gesellschaftsanalyse und Wissenschaftskritik* (S. 187–235). AJZ.
Becker-Schmidt, R. (1987b). Die doppelte Vergesellschaftung – Die doppelte Unterdrückung: Besonderheiten der Frauenforschung in den Sozialwissenschaften. In L. Unterkircher & I. Wagner (Hrsg.), *Die andere Hälfte der Gesellschaft. Soziologische Befunde zu geschlechtsspezifischen Formen der Lebensbewältigung. Österreichischer Soziologentag 1985* (S. 10–25). Verlag des Österreichischen Gewerkschaftsbundes.

Becker-Schmidt, R. (1989). Technik und Sozialisation. Sozialpsychologische und kultur-anthropologische Notizen zur Technikentwicklung. In D. Becker, et al. (Hrsg.), *Zeit-bilder der Technik. Essays zur Geschichte von Arbeit und Technologie* (S. 17–74). Dietz

Becker-Schmidt, R. (1991). Individuum, Klasse und Geschlecht aus der Perspektive der Kritischen Theorie. In W. Zapf (Hrsg.), *Die Modernisierung moderner Gesellschaften. Verhandlungen des 25. Deutschen Soziologentages in Frankfurt am Main 1990* (S. 383–394). Campus.

Becker-Schmidt, R. (1992). Verdrängung Rationalisierung Ideologie, Geschlechter-differenz und Unbewusstes, Geschlechterverhältnis und Gesellschaft. In G.-A. Knapp & A. Wetterer (Hrsg.), *Traditionen Brüche. Entwicklungen feministischer Theorie* (S. 65–113). Kore.

Becker-Schmidt, R. (1995). Homomorphismus. Autopoietische Systeme und gesellschaft-liche Rationalisierung. In B. Aulenbacher & T. Siegel (Hrsg.), *Diese Welt wird völlig anders sein. Denkmuster der Rationalisierung* (S. 99–119). Centaurus-Verlag-Ges.

Becker-Schmidt, R. (1998). Trennung, Verknüpfung, Vermittlung: Zum feministischen Umgang mit Dichotomien. In G.-A. Knapp (Hrsg.), *Kurskorrekturen. Feminismus zwischen Kritischer Theorie und Postmoderne* (S. 84–125). Campus.

Becker-Schmidt, R. (2000). Frauenforschung, Geschlechterforschung, Geschlechterverhält-nisforschung. In R. Becker-Schmidt & G.-A. Knapp (Hrsg.), *Feministische Theorien zur Einführung* (S. 14–62). Junius.

Becker-Schmidt, R. (2001). Was mit Macht getrennt wird, gehört gesellschaftlich zusammen. Zur Dialektik von Umverteilung und Anerkennung in Phänomenen sozialer Ungleichstellung. In G.-A. Knapp & A. Wetterer (Hrsg.), *Soziale Verortung der Geschlechter. Gesellschaftstheorie und feministische Kritik* (S. 91–131). Verlag West-fälisches Dampfboot.

Becker-Schmidt, R. (2003). Umbrüche in Arbeitsbiografien von Frauen: Regionale Konstellationen und globale Entwicklungen. In G.-A. Knapp & A. Wetterer (Hrsg.), *Achsen der Differenz. Gesellschaftstheorie und feministische Kritik II* (S. 101–132). Verlag Westfälisches Dampfboot.

Becker-Schmidt, R., & Knapp, G.-A. (2000). *Feministische Theorien zur Einführung.* Junius.

Becker-Schmidt, R., Knapp, G.-A., & Schmidt, B. (1984). *Eines ist zuwenig – beides ist zuviel. Erfahrungen von Arbeiterfrauen zwischen Familie und Fabrik.* Dietz.

Becker-Schmidt, R. et al. (1982). *Nicht wir haben die Minuten, die Minuten haben uns. Zeitprobleme und Zeiterfahrungen von Arbeitermüttern in Fabrik und Familie. Studie zum Projekt „Problem lohnabhängig arbeitender Mütter".* Verlag Neue Gesellschaft.

Becker-Schmidt, R. et al. (Hrsg.) (1983). *Arbeitsleben – Lebensarbeit. Konflikte und Erfahrungen von Fabrikarbeiterinnen.* Verlag Neue Gesellschaft.

Beer, U. (1983). Marx auf die Füße gestellt? Zum theoretischen Entwurf von Claudia v. Werlhof. *Prokla, 50,* März 83, 22–37.

Beer, U. (1984). *Theorien geschlechtlicher Arbeitsteilung.* Campus.

Beer, U. (1989). Geschlechtshierarchische Arbeitsteilung als Strukturelement von Gesell-schaft – Ein theoriepolitischer Kurzschluss der Frauenforschung? In U. Müller & H. Schmidt-Waldherr (Hrsg.), *FrauenSozialKunde. Wandel und Differenzierung von Lebensformen und Bewusstsein* (S. 298–316). AJZ.

Beer, U. (1990). *Geschlecht, Struktur, Geschichte. Soziale Konstituierung des Geschlechterverhältnisses.* Campus.

Beer, U. (1991). Zur Politischen Ökonomie der Frauenarbeit. In T. Brüsemeister et al. (Hrsg.), *Die versteinerten Verhältnisse zum Tanzen bringen* (S. 254–263). Dietz.

Beer, U., & Chalupsky, J. (1993). Vom Realsozialismus zum Privatkapitalismus. Formierungstendenzen im Geschlechterverhältnis. In B. Aulenbacher & M. Goldmann (Hrsg.), *Transformationen im Geschlechterverhältnis. Beiträge zur industriellen und gesellschaftlichen Entwicklung* (S. 184–230). Campus.

Dackweiler, R. (1995). *Ausgegrenzt und Eingemeindet. Die neue Frauenbewegung im Blick der Sozialwissenschaften.* Verlag Westfälisches Dampfboot.

Dölling, I. (2003a). „Einmal im Leben, zur rechten Zeit, sollte man an Unmögliches geglaubt haben". *Feministische Studien, 1,* 90–98.

Dölling, I. (2003b). Zwei Wege gesellschaftlicher Modernisierung. Geschlechtervertrag und Geschlechterarrangements in Ostdeutschland in gesellschafts-/modernisierungstheoretischer Perspektive. In G.-A. Knapp & A. Wetterer (Hrsg.), *Achsen der Differenz. Gesellschaftstheorie und feministische Kritik II* (S. 73–100). Verlag Westfälisches Dampfboot.

Godelier, M. (1973). System, Struktur und Widerspruch im ‚Kapital'. In Internationale marxistische Diskussion 8. Merve.

Gottschall, K. (2000). *Soziale Ungleichheit und Geschlecht, Kontinuitäten und Brüche, Sackgassen und Erkenntnispotentiale im deutschen soziologischen Diskurs.* Leske + Budrich.

Heise, H. (1986). *Flucht vor der Widersprüchlichkeit. Kapitalistische Produktionsweise und Geschlechterbeziehung.* Campus.

Heise, H. (1989). Gleichstellung und Ungleichstellung von Frauen und Männern sind (im entwickelten Kapitalismus) Vor- und Rückseite „Desselben". In U. Müller & H. Schmidt-Waldherr (Hrsg.), *FrauenSozialKunde. Wandel und Differenzierung von Lebensformen und Bewusstsein.* AJZ.

Heise, H. (1993). Überlebensprinzip Spannungsaufnahme, modernes Handlungssubjekt und Geschlechterverhältnis. Campus.

Knapp, G.-A. (1987). Arbeitsteilung und Sozialisation. Konstellationen von Arbeitsvermögen und Arbeitskraft im Lebenszusammenhang von Frauen. In U. Beer (Hrsg.), *Klasse Geschlecht. Feministische Gesellschaftsanalyse und Wissenschaftskritik* (S. 236–273). AJZ.

Knapp, G.-A. (1989). Männliche Technik – weibliche Frau. Zur Analyse einer problematischen Beziehung. In D. Becker et al. (Hrsg.), *Zeitbilder der Technik, Essays zur Geschichte von Arbeit und Technologie* (S. 193–253). Dietz.

Knapp, G.-A. (1990). Zur widersprüchlichen Vergesellschaftung von Frauen. In E.-H. Hoff (Hrsg.), *Die doppelte Sozialisation Erwachsener* (S. 17–52). DJI.

Knapp, G.-A. (1992). Macht und Geschlecht. Neuere Entwicklungen in der feministischen Macht- und Herrschaftsdiskussion. In G.-A. Knapp & A. Wetterer (Hrsg.), *TraditionenBrüche. Entwicklungen feministischer Theorie* (S. 287–325). Kore.

Knapp, G.-A. (1996). Traditionen – Brüche: Kritische Theorie in der feministischen Rezeption. In. E. Scheich (Hrsg.), *Vermittelte Weiblichkeit. Feministische Wissenschafts- und Gesellschaftstheorie* (S. 113–150). Hamburger Ed.

Knapp, G.-A. (2001a). Grundlagenkritik und stille Post. Zur Debatte um einen Bedeutungs-
verlust der Kategorie ‚Geschlecht'. In B. Heintz (Hrsg.), Geschlechtersoziologie.
Kölner Zeitschrift für Soziologie und Sozialpsychologie, Sonderheft/2001 (S. 53–74).
Wiesbaden.

Knapp, G.-A. (2001b). Dezentriert und viel riskiert: Anmerkungen zur These vom
Bedeutungsverlust der Kategorie Geschlecht. In G.-A. Knapp & A. Wetterer (Hrsg.),
Soziale Verortung der Geschlechter. Gesellschaftstheorie und feministische Kritik
(S. 15–62). Verl. Westfälisches Dampfboot.

Knapp, G.-A. (2003). Aporie als Grundlage: Zum Produktionscharakter der feministischen
Diskurskonstellation. In G.-A. Knapp & A. Wetterer (Hrsg.), *Achsen der Differenz,
Gesellschaftstheorie und feministische Kritik II* (S. 240–265). Verlag Westfälisches
Dampfboot.

Knapp, G.-A. (2004). Travelling Theories – Anmerkungen zu den epistemischen Ökonomien von ‚gender, race and class'. Vortrag auf dem 32. Kongress der Deutschen
Gesellschaft für Soziologie, München, Oktober 2004.

Kreckel, R. (1992). *Politische Soziologie der sozialen Ungleichheit.* Campus.

Krüger, H. (1995). Dominanzen im Geschlechterverhältnis: Zur Institutionalisierung von
Lebensläufen. In R. Becker- Schmidt & G.-A. Knapp (Hrsg.), *Das Geschlechterverhältnis als Gegenstand der Sozialwissenschaften* (S. 195–219). Campus.

Krüger, H. (2001). Gesellschaftsanalyse: Der Institutionenansatz in der
Geschlechterforschung. In G.-A. Knapp & A. Wetterer (Hrsg.), *Soziale Verortung der
Geschlechter, Gesellschaftstheorie und feministische Kritik* (S. 63–90). Verlag West-
fälisches Dampfboot.

Lenz, I. (1995). Geschlecht, Herrschaft und internationale Ungleichheit. In R. Becker-
Schmidt & G.-A. Knapp (Hrsg.), *Das Geschlechterverhältnis als Gegenstand der
Sozialwissenschaften* (S. 19–46). Campus.

Lerner, G. (1991). *Die Entstehung des Patriarchats.* Campus.

Maihofer, A. (2004). Von der Frauen- zur Geschlechterforschung – modischer Trend oder
bedeutsamer Perspektivenwechsel? In P. Döge, K. Kassner, & G. Schambach (Hrsg.),
Schaustelle Gender. Aktuelle Beiträge sozialwissenschaftlicher Geschlechterforschung
(S. 11–28). Kleine.

Polanyi, K. (1978). *The Great Transformation. Politische und ökonomische Ursprünge von
Gesellschaften und Wirtschaftssystemen.* Suhrkamp.

Ritsert, J. (1988). Gesellschaft. Einführung in den Grundbegriff der Soziologie. Campus.

von Werlhof, C. (1983). Lohn ist ein „Wert", Leben nicht? Auseinandersetzung mit einer,
linken' Frau. Eine Replik auf Ursula Beer. *Prokla 50,* März 83, 38–58.

Wagner, P. (1995). *Soziologie der Modeme, Freiheit und Disziplin.* Campus.

Soziale Konstruktion von Geschlecht: „Doing gender"

Regine Gildemeister

1 „Doing gender" ist die Antwort – aber was war die Frage?

Das Konzept des „Doing gender" ist in der Geschlechterforschung zu einem Synonym für die in der interaktionstheoretischen Soziologie entwickelten Perspektive einer „sozialen Konstruktion von Geschlecht" geworden. „Doing gender" zielt darauf ab, Geschlecht bzw. Geschlechtszugehörigkeit nicht als Eigenschaft oder Merkmal von Individuen zu betrachten, sondern jene *sozialen Prozesse* in den Blick zu nehmen, in denen „Geschlecht" als sozial folgenreiche Unterscheidung hervorgebracht und reproduziert wird. In diesem Sinne ist das Konzept des „Doing gender" eine Antwort auf die nur auf den ersten Blick einfache Frage: Wie kommt es zu einer Zweiteilung der Gesellschaft in „Frauen" und „Männer"?

Wir sind im alltagsweltlichen Denken gewöhnt, diese Frage unter Rekurs auf „die Natur" oder – moderner – auf „die Biologie" zu beantworten. Ein solcher Rückbezug aber war und ist für die sozialwissenschaftliche Geschlechterforschung nicht zu halten und daher in hohem Maße problematisch. Verweigert man sich dem Rekurs auf „die Natur" aber, erweist sich die oben aufgeworfene Frage, wie es zu der Zweiteilung der Menschen kommt, als äußerst komplex.

Ein erster Schritt, die einfache Verkoppelung von „Geschlecht" mit Natur und Biologie zu durchbrechen, erfolgte in den 50er Jahren in der angelsächsischen Sexualwissenschaft mit der Trennung von „sex" und „gender" (Stoller, 1968

R. Gildemeister (✉)
Eberhard Karls Universität Tübingen, Tübingen, Deutschland
E-Mail: regine.gildemeister@uni-tuebingen.de

© Der/die Autor(en), exklusiv lizenziert durch Springer Fachmedien Wiesbaden GmbH, ein Teil von Springer Nature 2021
S. M. Wilz (Hrsg.), *Geschlechterdifferenzen – Geschlechterdifferenzierungen*, Studientexte zur Soziologie, https://doi.org/10.1007/978-3-658-32211-3_6

nach Kessler & McKenna, 1978, S. 7 f.). Diese Unterscheidung wurde von der Frauenforschung der 70er Jahre aufgenommen (Rubin, 1975). Mit „sex" war das im engeren Sinne „biologische Geschlecht" (im Sinne von „biological raw material" (Rubin, 1975, S. 165) angesprochen: Anatomie, Physiologie, Morphologie, Hormone und Chromosomen. Der Terminus „gender" dagegen zielte auf das „soziale Geschlecht" im Sinne seiner sozialen und kulturellen Prägung. Im Mittelpunkt stand die kulturelle Variabilität der an Frauen (und Männer) gerichteten Verhaltenserwartungen, Eigenschaftszuschreibungen und sozialen Positionierungen, die eng mit der jeweiligen Arbeitsteilung zwischen den Geschlechtern korrespondieren. Die Unterscheidung von „sex" und „gender" richtete sich damit gegen die in Gesellschaft, Politik und Wissenschaft verbreitete „Natur der Frau"-Argumentation. Die soziale Ordnung und vor allem: die soziale Ungleichheit der Geschlechter wurde nicht als Folge körperlicher Differenzen gesehen, sondern in den Kontext sozio-kultureller Normierungen gestellt. Diese, so wurde betont, seien historisch spezifisch und daher wandelbar. Gleichzeitig blieb die grundlegende Teilung der Gesellschaft in Frauen und Männer unbefragt – sie galt als „natürlich".[1]

Genau wie im Alltagsdenken auch wurde der Körper damit als eine Art außerkultureller Tatbestand behandelt. Das, was in der Regel in der Kategorie „sex" als „biologische Grundlagen" gefasst wurde (eben: Anatomie, Hormone, Physiologie, Morphologie, Genetik etc.), war einem sozialwissenschaftlichen Zugang entzogen. Der Körper wurde auf diese Weise (sehr oft implizit) dem Reich der „Natur" zugewiesen und damit zum Gegenstand der Natur-Wissenschaften. In der Konsequenz hieß das, dass zwischen dem Reich der „Natur" und dem der „Kultur" eine Trennlinie gezogen wurde, wobei jedoch die „Natur" als eine Art „Grundlage" der Ausprägungen auf der Ebene der Kultur galt.[2] In der Übertragung der Alltagstheorie in die wissenschaftliche Analyse wurde der Geschlechterdualismus tendenziell zu einer Art zivilisatorischer Elaboration („gender") eines biologisch gedachten Substrats („sex"). Andere – gegenläufige – Ansätze wurden in dieser Zeit faktisch nicht beachtet. Es gab sie – aber sie

---

[1] Nicht zuletzt an den darin liegenden Aporien haben sich viele der konstruktionstheoretisch ansetzenden Arbeiten abgearbeitet, so West und Zimmerman (1987), Butler (1991), Gildemeister und Wetterer (1992).

[2] Auch dort, wo ‚Sozialisation' zum bestimmenden (‚ursächlichen') Faktor der Erklärung der Geschlechterdifferenz wurde (vgl. die Rekonstruktion bei Dausien, 1999), blieb die ‚natürliche Zweigeschlechtlichkeit' des Menschen unbefragte Grundlage der entsprechenden Modelle.

wurden in der öffentlich wirksamen Diskussion nur in geringem Umfang rezipiert (z. B. Goffman, 1977; Kessler & McKenna, 1978; Hagemann-White, 1984).

In der deutschsprachigen Debatte konnte sich die Unterscheidung von „sex" und „gender" nicht im gleichen Maße durchsetzen. Implizit war sie jedoch im Ziel der „Gleichberechtigung" enthalten, das es über den Abbau von soziokulturellen Normierungen und Benachteiligungen von Frauen zu erreichen galt. Auch hier wurde die „Natur der Frau"-Argumentation abgewehrt, stattdessen galt „Sozialisation" als „Ursache" für die beobachtbaren Geschlechterunterschiede. Relativ früh mischten sich in diesen Diskurs um die „Gleichberechtigung" Stimmen, die das „Anders-Sein" als eigene Qualität betonten und die Geschlechterdifferenz herausstellten: „Der Mensch ist zwei" (Diotima, 1989).[3]

Mit dem Erstarken der Frauenbewegungen wurde zum Ende der 70er Jahre zunehmend wie selbstverständlich von einem „Kollektivsubjekt Frau" ausgegangen, also von der Annahme, dass qua Geschlechtszugehörigkeit Fähigkeiten, Eigenschaften oder auch Interessen entwickelt und ausgeprägt werden, die *allen* Frauen gemeinsam sind und über die die „Geschlechterklassen" eindeutig voneinander getrennt werden können. Konzepte wie die des „weiblichen Lebenszusammenhangs", des „weiblichen Denkens", einer „weiblichen Moral" oder auch das Konzept des „weiblichen Arbeitsvermögens" waren weit verbreitet. Dabei galt die „weibliche Sprache" als kooperativer, die „weibliche Moral" als fürsorglicher, das „weibliche Arbeitsvermögen" als personenorientierter und weniger konkurrenz- und Ich-bezogen. Aus heutiger Sicht können diese die Geschlechterdifferenz fokussierenden Ansätze und Arbeiten als Versuch interpretiert werden, als Reaktion auf die gesellschaftlich tradierte „Zweitrangigkeit" von Frauen „Weiblichkeit" aufzuwerten – nicht Gleichbehandlung unter unveränderten (männlich) geprägten Bedingungen zu erreichen, sondern eine Eigenwertigkeit und darin bisweilen Überlegenheit von Frauen aufzuweisen (zur Kritik: Gildemeister, 1990). Indem vor allem um die Verhältnisbestimmung von „Differenz und Gleichheit" gerungen wurde, schien die traditionelle Forderung nach „Gleichheit" bzw. „Gleichberechtigung" an Bedeutung zu verlieren. Diese wurde dabei allerdings in der Regel sehr schlicht als „Angleichung an die Mannesstellung" (vgl. Gerhard, 1994, S. 24) interpretiert, ohne etwa nach einem Tertium comparationis zu suchen. In dieser Lesart entzog daher die Forderung

---

[3] Leider kann hier nicht auf den französischen „Differenz-Feminismus" (Galster, 2004) und den dort entwickelten, durchaus elaborierten theoretischen Hintergrund eingegangen werden, auf den sich auch die italienische Bewegung des „affidamento" rückbezieht (Kahlert, 2004).

nach „Gleichheit" der Anerkennung des „Spezifisch-Weiblichen" den Boden. Und auch die scheinbar salomonische Einsicht, dass nur bei Anerkennung der Differenz die Forderung nach Gleichheit Sinn mache (z. B. Gerhard, 1994, S. 24) löste (und löst) nicht das Paradox, dass das Insistieren auf der Differenz genau das verfestigt, was ein Ausgangspunkt der Kritik war: die Besonderung der Frauen zum „anderen Geschlecht" (de Beauvoir, 1951), ihr Ausschluss aus dem „allgemein Menschlichen", das in der Geschichte des Abendlandes fraglos mit dem „Männlichen" gleichgesetzt wurde (so schon Simmel, 1902).

2   Wer meint was mit „sozialer Konstruktion"?

Die Konzeption einer „sozialen Konstruktion von Geschlecht" hat sich erst mit Beginn der 90er Jahre in der Geschlechterforschung und in der Geschlechterpolitik verbreitet. In der Zwischenzeit ist die Rede von der „sozialen Konstruktion" der Geschlechterdifferenz und ihrer „Dekonstruktion" geradezu ubiquitär geworden. In dieser tendenziell inflationären Begriffsverwendung wird in der Regel nicht gesehen, dass die theoretischen Grundlagen der Studien, in denen der Begriff „Konstruktion" verwendet wird, sehr different sind, sodass der Begriff „konstruktivistische Ansätze" i. d. R. mehr verbirgt als erhellt. Nur unter dieser Bedingung, dass nämlich die (theoretischen) Differenzen in den Ansätzen übergangen werden, ist auch die umstandslose Verbindung von „Konstruktivismus" und „Postmoderne" zu verstehen. Im Folgenden werden in (sehr) knapper Form einige konstruktionstheoretische Zugänge im Feld der Frauen- und Geschlechterforschung in ihrer Heterogenität skizziert, um die Problematik zu verdeutlichen, die in einer derart inflationären Begriffsverwendung liegen. Im Weiteren wird dann nur *eine* Variante – die interaktionstheoretische und wissenssoziologische Tradition – systematischer aufgenommen, um an ihr die Grundzüge einer genuin soziologischen Perspektive zu verdeutlichen und dabei auch einige typische Missverständnisse zu illustrieren, die bei einer Differenzen übergehenden Rezeption entstanden sind. Viele dieser Missverständnisse resultier(t)en auch daraus, dass konstruktionstheoretische Perspektiven auf „Geschlecht" in einem politisch aufgeladenen Kontext entstanden und z. T. auch direkt auf diesen zielten.

So wäre es durchaus eine eigene Studie wert, die Frage zu verfolgen, warum vor allem mit Judith Butlers „Gender Troubles" (deutsch: „Das Unbehagen der Geschlechter", 1991) eine breite Rezeption „des" Konstruktivismus in der deutschsprachigen Frauen- und Geschlechterforschung einsetzte. Gerade diese Arbeit war in dem Sinne „politisch", als J. Butler sich hier äußerst kritisch mit

Grundströmungen in der Frauenbewegung auseinander setzte. Unter Bezugnahme auf die Diskurstheorie Michel Foucaults, den französischen „Poststrukturalismus" und die Lacansche Spielart der Psychoanalyse wird hier eine sehr eigenwillige Sozialphilosophie der Geschlechter entwickelt, die ihre Attraktivität vor allem aus einer „Irrealisierungsrhetorik" (Hirschauer, 1993) bezieht. In der Rezeption wurde „konstruktivistisch" in der Folge sehr oft mit „diskurstheoretisch" gleichgesetzt – eine ganze Reihe von Arbeiten, die sich aus völlig anderen Quellen speisten, wurden plötzlich vor diesem Hintergrund wahrgenommen.[4]

Dies betraf etwa mikrosoziologische Ansätze in der Tradition von Ethnomethodologie und Wissenssoziologie (Hirschauer, 1989; Gildemeister, 1992; Gildemeister & Wetterer, 1992), systemtheoretische Annäherungen, die sich auf Niklas Luhmann rückbeziehen (Pasero, 1995), oder auch Arbeiten, die ihren Ausgang von der Soziologie Bourdieus nehmen und mit der „sozialen Konstruktion" auf die Analyse von Habitusformationen abzielen (Engler, 1993; Dölling & Krais, 1997). Außerdem erschienen in dieser Zeit mehrere wissenschaftshistorisch angelegte Studien zum Phänomen der „sozialen Konstruktion von Geschlecht", die in ihrer theoretischen und empirischen Anlage ein sehr weites Spektrum abdecken. Ohne Anspruch auf Vollständigkeit seien hier nur die Analysen der Konstruktion der Zweigeschlechtlichkeit in den „Wissenschaften vom Menschen im 18. und 19. Jahrhundert" durch Claudia Honegger (1991) genannt, Thomas Laqueurs (1992) Untersuchung des Wandels vom „Eingeschlechtsmodell zum Zweigeschlechtermodell" von der Antike bis zur Gegenwart, in der er zeigt, dass bis weit in die Neuzeit hinein Frauen als „umgedrehte Männer", also als lediglich graduell unterschiedlich und nicht qualitativ different angesehen wurden, sowie die Studien zur „sozialen Konstruktion von Transsexualität" von Stefan Hirschauer (1993a). Auch die Arbeiten von Donna Haraway zur Reanalyse der Primatenforschung (1989) und Londa Schiebingers Fallstudien zur Klassifikation von Pflanzen und Tieren im 18. Jahrhundert (1995) verwenden den Begriff der Konstruktion und zeigen auf, wie die jeweiligen Vorstellungen einer zweigeschlechtlichen sozialen Ordnung auf die Analyse der „Natur" als Gegenstand von Biologie und Zoologie übertragen wurden.

Was diese von der theoretischen Anlage her äußerst unterschiedlichen Studien verbindet, ist, dass sie aus den unterschiedlichsten Perspektiven die Frage nach der Relationierung von Natur und Kultur in Bezug auf die Kategorie Geschlecht

---

[4] Dieser ‚Sog' wird z. B. im Heft „Kritik der Kategorie Geschlecht" der „Feministischen Studien" (Jg. 11, H.2,1/1993) deutlich, in dem die entsprechenden Arbeiten noch überwiegend abwehrend diskutiert wurden. Zur neueren Verortung vgl. Villa (2004).

neu aufwerfen. In dem Maße, in dem „Geschlecht" zu einem Gegenstand sozial-wissenschaftlicher Analyse wird, wird die Aufmerksamkeit zudem systematisch darauf gelenkt, dass dieser Gegenstand in einem grundsätzlichen Sinn sinn-haft strukturiert ist. Sie sind sich auch in dem Punkte einig, dass eine säuber-liche Trennung von Natur und Kultur unmöglich ist und folgern daraus, dass das sogenannte „biologische Geschlecht" („sex") der Analyse *nicht vorgelagert* werden kann. Aus am Körper verorteten Genitalien entstehen aus dieser Sicht noch keine Geschlechter und auch keine Geschlechterordnung – aber aus einer Geschlechterordnung heraus können Genitalien mit Bedeutung aufgeladen, zu „Geschlechtszeichen" werden. Eine naive Beziehung zwischen dem Begriff „Geschlecht" und dem damit erfassten „Gegenstand" könne es daher nicht geben – weder im Alltag sozialer Welten noch in der Wissenschaft. Begriffe sind kein „Abdruck", sie spiegeln die Welt nicht wider. Gegenstände oder Tatbestände sind daher nicht einfach „gegeben", sondern sie werden erzeugt: „konstruiert". Und das gilt eben auch für „Geschlecht".

Der Begriff der Konstruktion bleibt freilich in all diesen Ansätzen merkwürdig undefiniert – dabei umspannt der sogenannte „Konstruktivismus" ein weites Feld erkenntnistheoretischer Positionen. Im Kern geht es in diesem Zusammen-hang darum, welcher Status der Realität und der Wirklichkeit in der Erkenntnis zukommt. Als „gemäßigt" geltende „konstruktivistische Positionen" gehen von einer empirisch erfahrbaren, widerständigen Außenwelt aus, während der sog. „radikale Konstruktivismus" die informationelle Geschlossenheit des Sinnes-empfindungen verarbeitenden Gehirns unterstellt (autopoetisches System), wobei eine reale Außenwelt nur präsupponiert werden kann, aber prinzipiell als unzugänglich gedacht werden muss (vgl. Meinefeld, 1995; Sutter, 1997). Die Ausdifferenzierung und vielfältigen „Spielarten des Konstruktivismus" (Knorr-Cetina, 1989) verbieten es daher, von „dem" Konstruktivismus zu sprechen, zumal erkenntnistheoretische Positionen sich nicht linear in sozialwissenschaft-liche Theorien übersetzen. Entsprechend erfolgt auch in den genannten Studien der Frauen- und Geschlechterforschung die Verwendung des Begriffes der „Konstruktion" in vielfältiger und vieldeutiger Weise. Gerade die Ineinssetzung unter dem Terminus „Konstruktivismus" hat eine Reihe von Fallen und Missver-ständnissen produziert, aber – paradoxerweise – gleichzeitig auch den immensen Erfolg in der Rezeption in den letzten Jahren. Dieser Erfolg ist wohl vor allem in der facettenreichen Ausführung einer sehr schlichten Aussage zu sehen: Es gibt keine einheitliche Bestimmung dessen, was „weiblich" (oder: „männlich") ist. Darauf zielende Objektivierungsversuche sind gescheitert und *müssen* aus dieser Sicht scheitern.

3   Der interaktionstheoretische Zugang

Das Konzept des „Doing gender" wurde in einer expliziten und programmatischen Abgrenzung zur oben skizzierten „sex-gender"-Unterscheidung entwickelt. Es besagt im Kern, dass Geschlechtszugehörigkeit und Geschlechtsidentität als fortlaufender Herstellungsprozess aufzufassen sind, der zusammen mit faktisch jeder menschlichen Aktivität vollzogen wird und in den unterschiedlich institutionelle Ressourcen eingehen. Damit wird die mit dem „sex-gender- Modell" vorgegebene Sichtweise auf Geschlecht praktisch „umgedreht": Geschlecht bzw. Geschlechtszugehörigkeit wird nicht als quasi natürlicher Ausgangspunkt von und für Unterscheidungen im menschlichen Handeln, Verhalten und Erleben betrachtet, sondern als Ergebnis komplexer sozialer Prozesse. Erst diese im „Doing gender" gebündelten Prozesse machen etwa die Gebärfähigkeit von Frauen zur Grundlage eines separierten und tendenziell benachteiligenden Status – und nicht umgekehrt (Lorber, 1991, S. 356). Indem wir aber diesen Vorgang in der „Natur" oder der Biologie verankern („naturalisieren"), wird der Prozess der sozialen Konstruktion unsichtbar und tritt uns im Ergebnis als so hochgradig selbstverständlich entgegen, dass schon die Frage nach dem Herstellungsmodus i. d. R. Irritationen auslöst (vgl. Douglas, 1991).

Was heißt nun in *diesem* Zusammenhang „Konstruktion"? Dazu ist ein Blick in ein etymologisches Lexikon von Nutzen: „Konstruktion" stammt von dem lateinischen Verb „construere", übersetzt: aufschichten, zusammenschichten, erbauen, errichten. Studien im interaktionstheoretischen Ansatz richten die Aufmerksamkeit darauf, dem dynamisch-prozesshaften Charakter der sozialen Wirklichkeit auf die Spur zu kommen, eben jenem Umstand, dass soziale Wirklichkeit nicht einfach „da" ist, sondern erzeugt wird und sich auf- und zusammenschichtet. Nach den Modi der Konstruktion von Geschlecht zu fragen heißt gewissermaßen, ihren „Bauplan" zu erschließen. Wir haben im Alltag immer schon das fertige Gebäude, wir glauben zu wissen, wie es innen ausgestattet ist, wir ordnen ihm bestimmte Inhalte und Funktionen zu – in der Regel überprüfen wir nicht, wie stabil die Balken sind und woraus die Zwischenräume bestehen. Die Kategorie Geschlecht tritt uns immer schon als ein solches „Gebäude" oder „Gehäuse" entgegen, als nicht weiter hinterfragte „Realität". Der Herstellungsprozess, über den diese Kategorie erst sozial wirklich wird, ist in der Regel durch das Ergebnis verdeckt, er ist verschwunden. Um ihn aufzuschlüsseln, sind wir verwiesen auf die Analyse des komplementären Wechselspiels, das sich in sozialen Interaktionen herstellt. Die Analogie zum „Bauplan" hinkt, wie jede Analogie, denn Pläne sind zum einen intentional erstellt und zum anderen statisch. Beides trifft für das „Gebäude" Geschlecht nicht zu – aber dennoch macht die Analogie vielleicht deutlich, wie erst die Frage nach den Modi der Konstruktion von Geschlecht Phänomene erschließt, die sich ebenso wenig in der „Natur" finden lassen wie im individuellen Bewusstsein des Zeichenträgers – es bedarf einer anderen Dimension, eben der Dimension des Sozialen, in der sich solche Phänomene erst herstellen.

Dem Begriff der „Interaktion" kommt in diesem theoretischen Kontext eine zentrale und dem sozialwissenschaftlichen Laien in der Regel nicht geläufige Bedeutung zu – und daraus speisen sich eine ganze Reihe von Missverständnissen in der Geschlechterdebatte. In unserem Alltag denken wir in der Regel, dass Interaktion dadurch entsteht, dass mehr oder weniger vorsozial gedachte Personen – als „Frauen", als „Männer" – in Kontakt miteinander treten und dann mit- oder auch gegeneinander handeln. Die sozialwissenschaftliche Analyse in der hier angesprochenen Tradition dagegen betont, dass Interaktion einen *formenden Prozess eigener Art* darstellt, Zwänge impliziert, in die die Akteure involviert sind und denen sie nicht ausweichen können. Interaktion entsteht zwangsläufig immer dann, wenn Personen physisch präsent sind und sich wechselseitig wahrnehmen und aufeinander reagieren (können). Diese Sphäre der unmittelbaren Interaktion stellt eine eigenständige Analyseebene dar, weil hier basale (generative) Mechanismen wirksam werden, die dem Interaktionsgeschehen als solchem innewohnen.[5]

Einer dieser Mechanismen ist etwa der Zwang zur kategorialen und individuellen Identifikation (Goffman, 1994, S. 59) der Interaktionsteilnehmer – und dabei ist Geschlechtszugehörigkeit zentral. Aus einem solchen Blickwinkel wird die Frage nach der Geschlechtszugehörigkeit in gewissem Sinne aus dem einzelnen Individuum und seinem psycho-physischen „Geschlechtsein" herausverlagert. Stattdessen wird die Frage nach der Geschlechtszugehörigkeit als eine interaktive und situationstypische Praxis verstanden und dann als solche analysiert.

---

[5] Schon Georg Simmel hat in seinem Exkurs „Wie ist Gesellschaft möglich?" (1923) die Vergesellschaftung durch „soziale Wechselwirkung" in den Mittelpunkt seiner Soziologie gestellt. Besonders aufschlussreich sind in dieser Hinsicht auch die Analysen E. Goffmans zur alltäglichen (unmittelbaren) Interaktion als einer „universalen Voraussetzung des gesellschaftlichen Lebens" (1994, S. 58), in denen er zeigt, wie sich bereits in einfachsten Begegnungssituationen eine komplexe „Interaktionsordnung" ausbildet. Zur Interaktionsordnung als einem „Gegenstand in eigenem Recht" vgl. Goffman (1994).

4 Untersuchungen zur Transsexualität und ihre theoriestrategische Bedeutung

Das Konzept des „Doing gender" bzw. der interaktiven Konstruktion von Geschlecht basiert auf den Transsexuellenstudien von Harold Garfinkel (1967) und Susan Kessler und Wendy McKenna (1978). Harold Garfinkel hat in den 50er Jahren in der klassischen Studie zu „Agnes" (einer Mann-zu-Frau-Transsexuellen) zehn grundlegende Merkmale unseres Alltagsverständnisses von „Geschlecht" herausgearbeitet, die im Folgenden zu drei zentralen Aussagen kondensiert werden (vgl. dazu auch Kessler & McKenna, 1978, S. 113 f.):

- Vom Standpunkt des erwachsenen, vollsozialisierten Mitglieds unserer Gesellschaft aus gibt es zwei und nur zwei Geschlechter, männlich und weiblich (Annahme der Dichotomizität).
- Vom Standpunkt des erwachsenen, vollsozialisierten Mitglieds unserer Gesellschaft aus ist die Geschlechtszugehörigkeit am Körper eindeutig ablesbar; essenziell dafür sind die Genitalien (Annahme der Naturhaftigkeit).
- Vom Standpunkt des erwachsenen, vollsozialisierten Mitglieds unserer Gesellschaft aus ist die Geschlechtszugehörigkeit angeboren und unveränderbar. Ein Transfer zwischen den Geschlechtern ist unmöglich, das Geschlecht eines Menschen ist von der Geburt bis zum Tod gleich (Konstanzannahme).

Unabhängig von allen Studien zu kulturellen Relativierungen, in denen inzwischen aufgezeigt wurde, dass Kulturen nicht notwendig eine rigide zweigeschlechtliche Trennung praktizieren, dass für die Geschlechtszuordnung die Stellung im Lebenszyklus bedeutsam wird, ob z. B. eine Frau im gebärfähigen Alter ist oder nicht, unabhängig davon, dass in anderen Kulturen die Geschlechterdifferenz nicht notwendig zentral an den Genitalien orientiert wird und trotz aller innergesellschaftlichen Uneindeutigkeit wie etwa Transvestismus oder eben Transsexualität (Überblick in Kessler & McKenna, 1978; Hirschauer, 1993a), trotz aller Relativierung und auch kritischen Diskussionen innerhalb der Biologie um die Verfahren der Geschlechterbestimmung (Fausto-Sterling, 1985; Hagemann-White, 1984; Christiansen, 1995) werden vermutlich auch hier und heute alle Lesenden nicken und sagen: „So ist es". Die Teilung in zwei Geschlechter ist anscheinend eine der stabilsten Grundlagen unserer Wahrnehmung, unseres Verhaltens und Handelns, ja, unserer Selbst-Vergewisserung – sie ist zudem in sozialen Kontexten unhintergehbar.

Diese Haltung nimmt die interaktionstheoretische Perspektive indes genau nicht ein, sondern sie fragt stattdessen, wie es zu der binären und wechselseitig exklusiven Klassifikation von zwei Geschlechtern kommt und wie diese Klassifikation mit Bedeutungen aufgeladen (sinnhaft strukturiert) wird. Es ist gerade diese Voraussetzung, dass es zwei und nur zwei Geschlechter gebe, die sich aufgrund ihrer Körpergestalt und Physiologie eindeutig unterscheiden lassen, die zum *Ausgangspunkt* der Analysen in der so gerichteten Geschlechterforschung wurde. Wie kommt es zu dieser Unterscheidung? Wie arbeitet sie? Was ist der Motor, der diese Unterscheidung immer wieder antreibt?

Die besondere Bedeutung der Studien zu Transsexuellen für die Geschlechterforschung im Allgemeinen und für das Konzept des „Doing gender" im Besonderen liegt daher darin, dass im Falle der Transsexualität Geschlecht bzw. Geschlechtszugehörigkeit nicht „einfach" vorhanden ist und quasi naturwüchsig in der Lebensgeschichte realisiert wird, sondern dass ein Geschlechtswechsel angestrebt und vollzogen wird. Damit tritt Transsexualität in einen Gegensatz zu jenen grundlegenden Selbstverständlichkeiten des Alltagswissens, dass es „von Natur aus" zwei und nur zwei Geschlechter gibt und die Geschlechtszugehörigkeit am Körper eindeutig ablesbar, angeboren und unveränderbar ist. Garfinkel folgte in seiner Fallstudie „Agnes" damit dem auch andernorts fruchtbaren Prinzip, etwas über Konstruktionsweisen von „Normalität" zu erfahren, indem er analysierte, was geschieht, wenn diese Normalität verletzt wird. Transsexualität ist für die Geschlechterforschung nicht zuletzt deshalb in so besonderem Maße geeignet, weil im Prozess des Wechsels von einem Geschlecht zum anderen sich Prozesse der Geschlechtszuweisung und der Darstellung von Geschlecht in einer Art Zeitlupe vollziehen und auf diese Weise beobachtet werden können. Am Phänomen von Transsexualität können auf diese Weise das gesellschaftlich gehaltene Wissen sowie grundlegende Praktiken der Herstellung von „Geschlecht" explizit gemacht werden.

Auch Transsexuelle folgen – so die Ergebnisse Garfinkels – der Vorstellung einer „Natur der Zweigeschlechtlichkeit": Sie sind sich ihrer eigenen Geschlechtszugehörigkeit sicher. Nur wenige bezeichnen sich selber als „transsexuell". Im Fall von Agnes sind in der Stunde ihrer Geburt die konsensuell begründeten Merkmale einer Klassifikation „weiblich" nicht vorhanden – sie wächst als Junge heran. Dennoch betrachtet sie sich selbst – sie sagt: schon immer – als Frau. Als Frau mit einem Penis. Der Penis sei ein Fehler, der korrigiert werden müsse. Der Wunsch nach und die Entscheidung für die Operation, die diesen Fehler beseitigt, folgen eben jener alltagsweltlichen Überzeugung einer biologisch begründeten Natur der Zweigeschlechtlichkeit. Vor dieser Operation ist ihr Anspruch, eine Frau zu sein, diskreditierbar. Sie muss daher ständig darauf achten, dass diese für sie selbstverständliche Kategorisierung nicht von anderen bedroht wird. Die Fallstudie Agnes dokumentiert wie kaum eine andere, wie voraussetzungsvoll das „Frau-Sein" ist – es geht um *mehr* und um *anderes* als um auf eine „Rolle" bezogene Bündel von Verhaltenserwartungen. Es geht um komplexe ineinander verwobene und aufeinander verweisende Muster von „Weiblichkeit" und „Männlichkeit", die in jeweils situationsadäquater Weise im praktischen Handeln und Verhalten realisiert werden müssen. Indem Agnes lernt, neben einer angemessenen Erscheinungsweise (Kleidung, Frisur, Figur, Make-up etc.) die Kategorisierung verhaltens-, handlungs- und erlebnismäßig auszufüllen, erlernt sie zugleich die in die Muster eingewobene Asymmetrie: Zurückhaltung, Dienstbarkeit und Subordination als „weibliche" Qualitäten.

Am Beispiel von „Agnes" führt Garfinkel uns jene sozialen Praktiken vor, die alltäglich so in Routine übergegangen sind, dass wir sie i. d. R. nicht mehr bemerken. Dazu gehört mit an erster Stelle die Binarität und Zweipoligkeit der Geschlechterklassifikation. Sie stellt eines der grundlegenden Typisierungsmuster dar, in denen die soziale Welt sich ordnet. Sozial kompetente Akteure handeln auf dieser Grundlage und realisieren sie als „wirklich" – geschieht das nicht, setzen gesellschaftlich und historisch spezifische Reaktionen bis hin zu Ausgrenzungsprozessen ein. Vor diesem Hintergrund hat Garfinkel die Zweigeschlechtlichkeit als „a matter of objective, institutionalized facts, i.e. *moral facts*" (1967, S. 122, Herv. des Verf.) bezeichnet. Ein Überschreiten dieses moralischen Tatbestands wie etwa im Fall der Transsexualität löst keine Erschütterung der alltagsweltlich unhinterfragten Wirklichkeit aus, sondern führt zur Konstruktion eines Dritten als „anormal" und der darin enthaltenen Abwertung und Ausgrenzung. In diesem Sinne spricht Garfinkel von einer „Omnirelevanz" der Kategorie Geschlecht: Sie bildet einen „invariant but unnoticed backround (…) of everyday life" (1967, S. 118).

Schon Garfinkel weist dabei daraufhin, dass das Wissen um die Zweigeschlechtlichkeit im Alltag nicht auf Physiologie, Hormone und und oder Chromosome rekurriert, sondern auf Darstellungsleistungen und Interpretationen dieser Darstellungen. Die ebenfalls klassisch gewordene Untersuchung von Kessler und McKenna (1978) nimmt diese Fragestellung dezidiert auf. In sehr subtilen Forschungsarrangements gehen sie den Darstellungs-, Wahrnehmungs- und Geschlechtsattributionsprozessen im „Doing gender" sowie dem darin eingewobenen Mechanismus der differenten Wertung von „weiblich" und „männlich" nach: dem alltäglichen Phallozentrismus.

In der von ihnen untersuchten Population – amerikanische Frauen, Männer und Kinder – zeigt sich, dass der Penis das allein ausschlaggebende Kriterium der Geschlechtszuschreibung ist: „Penis equals male but vagina does not equal female" (Kessler & McKenna, 1978, S. 151). Es gibt keine positiven Merkmale, deren Feh- len zur Einstufung als „Nicht-Frauen" (also: als Mann) führen würde. Eine Person wird nur dann als „weiblich" wahrgenommen, wenn „männliche" Zeichen abwesend sind, und so folgern die Autorinnen: „In the social construction of gender male is the primary construction" (1978, S. 159). In dem damit offengelegten Modus der Konstruktion liegt ein wichtiger Ausgangspunkt für Generalisierungen und Strukturbildungen, denn das ausschlaggebende „Faktum" ist in alltäglichen Ab- läufen ja so gut wie nie sichtbar. Andere Merkmale (Kleidung, Frisur, Stimme, Mimik etc.) dienen als Hinweise auf die Existenz entsprechender Genitalien. Auf ihrer Grundlage wird angenommen, dass sie existieren. Nicht zuletzt deswegen ist die Schauseite in der Herstellung von Geschlecht so bedeutsam: Die Darstellung muss selbstevident sein. Nach der Geschlechtszugehörigkeit zu fragen, stellt einen Normbruch auf beiden Seiten dar. Kessler und McKenna betonen daher neben der Darstellungsleistung vor allem auch die „Arbeit" der Rezipienten, eine einmal getroffene Kategorisierung auch bei Ungereimtheiten aufrechtzuerhalten. Der Akteur ist vor allem für die initiale Kategorisierung verantwortlich – entsteht dabei keine Irritation, dann kann praktisch jede Äußerung dahin gewendet werden, die einmal getroffene Zuordnung zu unterstützen: „Gender is an anchor, and once people decide what you are, they interpret everything you do in the light of that" (Kessler & McKenna, 1978, S. 6). Wahrnehmung und Attribution können sich auf die machtvollste Ressource stützen, die jedem „Doing gender" zugrunde liegt: die Zweipoligkeit der Geschlechterkategorisierung als Tiefenschicht des Alltags- handelns. Durch die Unterstellung binärer Geschlechtlichkeit kann in faktisch jeder Interaktion auf ein Reaktions- und Interpretationspotenzial vertraut werden, das auch Irritationen noch verarbeitet. Die Attributionsmuster sind damit hochflexibel: Frauen können durchaus „unweiblich" sein – das macht sie aber noch nicht zu Nicht-Frauen. Genau diese Flexibilität wird ein Problem für Transsexuelle: In ihrer Sorge, sich durch „Fehler" in der Darstellung der angestrebten Geschlechtszugehörigkeit zu „verraten", wird Geschlecht für sie zu einem Dauerthema, dem sie sich nicht entziehen können.

Sieht man sich jetzt die „Modi der Konstruktion" im Wechselspiel sozialer Interaktionen genauer an, so zeigt sich, dass das Geschlechterverhältnis asymmetrisch und die soziale Wirklichkeit androzentrisch konstruiert ist. In der alltäglichen Wirklichkeit bedeutet dies, dass Frauen als Abweichung, als „Nicht-Männer" definiert sind. Männer dagegen sind nicht als „Nicht-Frauen" definiert – sie sind eben „Männer". Diese Grundstruktur des Geschlechterverhältnisses wirkt sich in faktisch allen sozialen Situationen aus, wird aber vor allem dort sichtbar, wo Frauen bzw. Männer aus den für sie vorgesehenen Verhaltensmustern und -stilen ausbrechen: Eine Frau darf inzwischen zwar Hosen tragen, ein Mann im Kleid ist aber immer noch etwas merkwürdig.

Mit der Studie von Kessler und McKenna wird die Perspektive gegenüber der Untersuchung von Garfinkel noch einmal geöffnet und weitergeführt: Es wird möglich, Übergänge als prospektiven und innovativen Umgang mit Klassifikationssystemen zu begreifen. Damit wird auf einer theoretischen Ebene das Problem des „Dazwischen" zumindest angegangen, seine Ausgrenzung als „Anomalie" problematisiert und kritisierbar. So kann das Phänomen der Transsexualität selber als Ausdruck einer historisch spezifischen Geschlechterkonstruktion analysiert werden. Einbezogen in ein medizinisches Behandlungsprogramm, in dem vor allem der Operationswunsch zu einem Nachweis für die Echtheit der angestrebten Geschlechtszugehörigkeit wird, entrichten Transsexuelle eine Art „Normalisierungstribut" (Hirschauer, 1993a, S. 328 ff.) an die sozial durchgesetzte Norm der Zweigeschlechtlichkeit („moral fact").

5   Interaktion und Institution

Vor dem Hintergrund dieser Studien macht es keinen Sinn, zwischen Natur („sex") und Kultur („gender") eine Trennlinie zu ziehen und gleichzeitig „die Natur" als Grundlage für die unterschiedlichsten kulturellen Formen anzusehen. Mit dem Konzept des „Doing gender" wird diese Relation abgelöst. An ihre Stelle tritt eine von West/Zimmerman erarbeitete dreigliedrige Neufassung. Sie unterscheiden:

- „sex": die *Geburtsklassifikation* des körperlichen Geschlechts aufgrund sozial vereinbarter biologischer Kriterien;
- „sex-category": die *soziale Zuordnung* zu einem Geschlecht *im Alltag* aufgrund der sozial geforderten Darstellung einer erkennbaren Zugehörigkeit zur einen oder anderen Kategorie. Diese muss der Geburtsklassifikation nicht entsprechen;
- „gender": die *intersubjektive Validierung* in Interaktionsprozessen durch ein situations-adäquates Verhalten und Handeln im Lichte normativer Vorgaben und unter Berücksichtigung der Tätigkeiten, welche der in Anspruch genommenen Geschlechtskategorie angemessen sind.

In dieser Neufassung werden Geburtsklassifikation („sex"), soziale Zuordnung („sex-category") und soziales Geschlecht („gender") als analytisch unabhängig

voneinander gedacht. Die wechselseitige reflexive Beziehung zwischen diesen
Dimensionen eröffnet gleichzeitig aber einen Weg, *Natur als kulturell gedeutete*
in die soziale Konstruktion von Geschlecht hineinzuholen. Sie bewahrt vor
dem Missverständnis, Geschlecht sei etwas, was ein Individuum „hat" und das
im alltäglichen Handeln nur seinen Ausdruck findet. Indem die Zugehörigkeit
zur „sex-category" ebenso wie die Innenrepräsentanz von „gender" permanent
von anderen bestätigt und interaktiv validiert werden muss, wird die schon von
George Herbert Mead herausgestellte intersubjektive Konstitution von sozialer
und personaler Identität in einen Bezug zur Geschlechtlichkeit gestellt. Man „hat"
ein Geschlecht erst dann, wenn man es für andere hat (vgl. Hirschauer, 1993a,
S. 53 f.). Das wird immer dann besonders deutlich, wenn eine Panne passiert, also
z. B. eine Verwechslung. Diese ist mindestens sehr peinlich – Verwechslungen
indizieren aber eben auch, dass die für so selbstverständlich gehaltene Struktur
auch brüchig werden kann.

Hier wird noch einmal deutlich, was damit gemeint ist, dass „Interaktion" eine
eigenständige Analyseebene in der Geschlechterforschung darstellt (nicht: die
einzige!). Um nun zu verstehen, warum sich diese streng binäre Klassifikation
und die darin eingelagerte Asymmetrie im Geschlechterverhältnis trotz des vielfach aufgedeckten brüchigen Charakters über lange Zeitreihen hinweg als stabil
erwiesen hat und immer noch erweist, ist es notwendig, eine andere Ebene als
die Analyse der unmittelbaren Interaktion bzw. des methodischen Apparates zur
Konstitution sozialer Wirklichkeit zu betreten: Die Analyse von Institutionen.[6]
Hier setzt eine im engeren Sinne wissenssoziologische Perspektive ein, die u. a.
in der Wissenssoziologie Berger/Luckmanns begründet ist, die aber auch viele
Anregungen aus den Arbeiten E. Goffmans und der Institutionentheorie von M.
Douglas bezogen hat.[7]

---

[6] „Gender als soziale Institution" wird auch in den als Lehrbuch konzipierten „Gender-
Paradoxien" (Lorber, 1999) zum Ausgangs- und Referenzpunkt der Analyse. Es werden
beeindruckend viele und vielfältige empirische und historische Forschungsergebnisse
zusammengetragen, die sehr plastisch werden lassen, wie „gender" auf allen Ebenen und in
allen Bereichen des Sozialen präsent ist und soziale Wirklichkeit durchdringt. Der Begriff
der Institution bleibt indes vage und wird theoretisch nicht entwickelt.

[7] Mit dieser Weiterung laufen jene Kritiken leer, die sich in der Rezeption allein auf die
mikro-soziologischen Studien in der ethnomethodologischen Tradition beziehen und ihnen
vorwerfen, dass sie die geschichtlich-genetische Verselbständigung (den „Überhang an
Objektivität") von Ungleichheitsverhältnissen nicht zu erfassen vermögen (z. B. Knapp,
1997, S. 503). Das ist auch nicht das Erkenntnisinteresse so gerichteter empirischer Analysen von face-to-face-Interaktionen. Schon bei West/Zimmermann aber erfolgt der Verweis auf „institutional arenas" (1987, S. 126) an strategisch wichtiger Stelle und auch

In dieser Perspektive wird weniger die Fragestellung verfolgt, wie soziale Wirklichkeit methodisch erzeugt wird, sondern wie soziale Ordnung als kollektiv produzierte zustande kommt und wie sie Menschen als objektiv erfahrbare Ordnung gegenübertritt. Oder, wie Berger/Luckmann schreiben: „Wie ist es möglich, daß menschliches Handeln (…) eine Welt von Sachen hervorbringt?" Und dann folgern: „(…) daß erst die Erforschung der gesellschaftlichen Konstruktion der Wirklichkeit zu ihrem Verständnis führt" (1970, S. 20, Herv. dort). Bereits hier wird deutlich, dass dieser Ansatz mit der Betonung, dass es eine Realität „sui generis", eine Welt von „Sachen" gebe, in einen Gegensatz tritt zum „radikalen" Konstruktivismus. Sehr explizit wird hier darauf hingewiesen, dass eine empirisch zugängliche, widerständige Außenwelt vorausgesetzt wird, an der sich sowohl alltagsweltliche Interaktionen als auch wissenschaftliche Analysen abarbeiten.[8]

An zentraler Stelle geht es diesem Ansatz um die Herausarbeitung jener Prozesse, die zu einer Objektivierung sozialer Ordnung führen, also dahin, dass diese als Realität „sui generis" erfahren wird. Dies sind vor allem Prozesse der Institutionalisierung und Legitimation. Die Analyse der „gesellschaftlichen Konstruktion von Wirklichkeit" hat also die Frage danach zum Zentrum, wie soziale Realität „erhärtet", objektiviert wird. Diesen Prozess der „Erhärtung", der Objektivierung aber zu analysieren, führt wieder zurück auf die Ebene der Interaktion – denn auf dieser Ebene wird soziale Wirklichkeit reproduziert. Das impliziert, dass auch noch so stabil erscheinende soziale Realität, auch noch so stabile Institutionen ständig reproduziert werden *müssen*. In diesem Prozess der Reproduktion aber öffnet sich soziale Realität für eine empirische Analyse der Herstellung bzw. der „Konstruktionsarbeit" (Knorr-Cetina, 1989, S. 92).

Indem jede Interaktion auf Typisierung und Klassifikation beruht, verweist sie gleichzeitig notwendig und unvermeidbar auf institutionelle Ordnungen:

---

wir (Gildemeister & Wetterer, 1992, S. 238 ff.) betonen die Notwendigkeit, die Ebene der unmittelbaren Interaktion zu überschreiten und entfalten die These der „sozialen Konstruktion von Geschlecht" in explizitem Bezug auf die Institutionalisierungskonzepte bei Berger/Luckmann und M. Douglas. Die Differenzen liegen weniger im Bezug auf solche historisch-genetischen Verselbständigungen als vielmehr im Strukturbegriff.

[8] Die sich daraus ergebenden methodologischen Konsequenzen werden in diesem Werk nicht weiter verfolgt. Damit sind seit einiger Zeit Ansätze in der interpretativen (rekonstruktiven) Sozialforschung befasst, insbesondere die hermeneutische Wissenssoziologie, vgl. z. B. Soeffner (1989).

Klassifikationen sind stets in umfassendere Wissenssysteme und in eine Vielzahl institutioneller Arrangements eingelassen, über die Verhaltensregelmäßigkeiten und situativ angemessene Handlungsmuster erst zuverlässig erwartbar werden. „Geschlecht" stellt in diesem Kontext ein in hohem Maße komplexitätsreduzierendes Klassifikationsschema dar, mit dem wir die Welt ordnen und unser Gegenüber einordnen. Bei der Kategorisierung von Personen kommt dieses Klassifikationsschema jedoch nicht einfach „zur Anwendung" – stattdessen aktualisieren die institutionellen Arrangements und das Wissen um die damit verbundenen Verhaltens- und Handlungsmuster umgekehrt permanent den Klassifikationsprozess. Diesen wechselseitigen Prozess hatte Erving Goffman im Auge, als er die Figur des „institutional genderism" und der „institutionellen Reflexivität" entwickelte, dass nämlich „Geschlecht" in sozialen Abläufen so institutionalisiert wird, „dass es genau die Merkmale des Männlichen und Weiblichen entwickelt, welche angeblich die differente Institutionalisierung begründen" (Kotthoff, 1994, S. 162).

Insofern ist es plausibel, wenn auch im Kontext dieser Ansätze betont wird, dass es *unvermeidlich* ist, eine Geschlechtsidentität („gender identity") auszubilden, also eine Art „Innenrepräsentanz" der Kategorie Geschlecht, die freilich im „Tun" permanent validiert werden muss. In einer Gesellschaft, die auf der Polarisierung der Geschlechter beruht, sich die gesamte Lebensgeschichte einzelner vom ersten Tag an auf dieser Grundlage errichtet, gibt es keine Möglichkeit des Identitätserwerbs jenseits eines Bezuges auf Geschlechtskategorien. Individuen ohne Geschlecht sind nicht vorstellbar. Zugleich ist dieser Prozess wie der der (allgemeinen) Sozialisation nie abgeschlossen: Es gibt keinen „Endpunkt" der Ausbildung auf die Geschlechtszugehörigkeit bezogener Identität – und damit auch keine Normativierung im Sinne von „richtiger", „reifer" o. ä. Identität.

Soweit einige Grundzüge der Argumentation, aus der sich zugleich auch die Reichweite dieses Ansatzes ergibt. Er zielt auf die Konstitution sozialer Ordnung als einem sinnhaften Handlungszusammenhang und dessen Reproduktion. Und um eben diese Ebene geht es auch, wenn Geschlecht in diesem Kontext angesprochen wird als ein „generatives Muster der Herstellung sozialer Ordnung". Dabei ist die Analyse sozialer Hierarchisierung und sozialer Ungleichheit explizit eingeschlossen – das zeigt ein Blick in die empirischen Analysen.[9]

---

[9] Einer der zentralen Unterschiede zur oben aufgerufenen Gleichheits-Differenz Fokussierung der frühen Frauenbewegung und Frauenforschung liegt darin, dass diese vor allem *die Folgen* der Unterscheidung als ‚Unterschiede' thematisiert, die Unterscheidung selbst aber unbefragt gelassen haben. Der wichtigste Ertrag der neuen Perspektive liegt

Ob Goffman oder Kessler/McKenna: Ihre Analysen beinhalten sowohl eine Rekonstruktion der interaktiven Prozesse, in denen vorgeblich „natürliche" Geschlechterdifferenzen hergestellt werden, als auch eine Rekonstruktion eben jener Mechanismen „institutioneller Reflexivität", über die die Geschlechterungleichheit naturalisiert und legitimiert wird.[10]

---

6   Fallen und Missverständnisse

Viele der (theoretisch heterogenen) Texte zur „sozialen Konstruktion von Geschlecht" entstanden vor dem Hintergrund einer sich politisch verstehenden und politisch motivierten Frauenforschung. In politischer Perspektive aber waren und sind alle diese Ansätze dann nicht ohne weiteres zu verwerten, wenn unter „politischer Perspektive" verstanden wird, klientelbezogene Interessen im Feld sozialer Ungleichheit zu vertreten. Sie entziehen der naturalisierenden Deutung des Geschlechterverhältnisses den Boden der „natürlichen Selbstverständlichkeit". Erst damit wurde es möglich, jene Reifizierung der Geschlechtskate-

---

darin, dass die Fokussierung auf die Prozesse der *Unterscheidung* (und deren institutionelle Verfestigung) in den letzten Jahren in der Geschlechterforschung sehr gehaltvolle empirische Analysen hervorgebracht hat, die sich auch zu sich selbst reflexiv verhalten und auf diese Weise die Falle der Reifizierung der Kategorie Geschlecht haben vermeiden können (beispielhaft etwa Thorne, 1993; vgl. dazu auch Kelle, 1999; Gildemeister, 2000; vgl. dazu auch Abschn. 5 dieses Beitrags).

[10] In einer relativ frühen Phase der Rezeption dieser Arbeiten wurde in lockerer Anlehnung an A. Gehlens Postulat der „Gleichursprünglichkeit von Natur und Kultur" die Annahme einer „Gleichursprünglichkeit von Differenz und Hierarchie" formuliert (Gildemeister & Wetterer, 1992, S. 229, Fn). Das war offenbar mindestens missverständlich, denn es wurde vielfach so gelesen, dass die binäre Unterscheidungslogik per se Hierarchisierung impliziere. Dafür gibt es im Text keine theoretische Begründung. Die Arbeiten von Goffman, Kessler/McKenna und auch West/Zimmerman zielen auf historisch-empirische Analysen, nicht auf theoretische Setzungen. Gemeint war damals, dass die Klassifikationsleistungen die Voraussetzung dafür sind, dass sich Geschlechter in ein hierarchisches Verhältnis zueinander setzen (lassen). Die Klassifikationen sind die Basis dafür, etwas als ‚gleich' oder ‚verschieden' zu bestimmen und insofern sind sie die Grundlage von Vereinseitigungen und Reifikationen. Darauf zielte und zielt bis heute die Kritik an der binären Geschlechterunterscheidung. Dass aber nun *jede* Unterscheidung immer und überall eine Hierarchisierung in sich trage, lässt sich logisch nicht begründen (vgl. zu dieser Diskussion auch Knapp, 1997).

gorien infrage zu stellen, die die Frauenbewegungen der 70er und 80er Jahre zu ihrer Selbstorganisation verwendeten. Insofern war und ist die Perspektive einer „sozialen Konstruktion von Geschlecht" in einem konventionellen Sinne nicht politikfähig. Dies gilt noch einmal in besonderer Weise für den interaktions-theoretisch-wissenssoziologischen Zugang. Die Reaktionen in den verschiedenen politischen Kontexten haben indes klar gemacht, dass auch dieser Ansatz offenbar alles andere als „unpolitisch" ist. Er hat – auf den ersten Blick – keine Botschaft außer: die Geschlechterdifferenz ist kontingent, es könnte auch alles ganz anders sein.

Das scheint wenig. Denn die erlebte Tatsächlichkeit sozialer Realität – sei es in der Schule, in der Familie, auf dem Arbeitsmarkt – lediglich mit einem „es könnte auch anders sein" zu konfrontieren, erzeugt in der Regel Abwehr. Der Ansatz stellt also keine Utopie bereit, er enthält keine normativen Fiktionen. Stattdessen baut er auf ein spezifisches soziale Wirklichkeit erschließendes Potenzial und insistiert auf der systematischen Differenz von praktischen und soziologischen Beschreibungen.

Damit ist die These der sozialen Konstruktion von Geschlecht zunächst einmal von der Alltagsperspektive her äußerst erfahrungsfern, ja noch mehr: Sie basiert darauf, dass man sich den eigenen Wissensbeständen gegenüber systematisch „dumm" stellt, dass man also so tut, als hätte man sie nicht, als könnte man sich von seinen eigenen Vorannahmen und Routinen befreien. Gefordert wird eine Perspektive künstlicher Fremdheit, eine „Befremdung" der eigenen Kultur (Hirschauer & Amann, 1997). Und schließlich ist eine wissenssoziologische Deutung stets handlungsentlastete Deutung. Mit anderen Worten: Sie entlastet vom Handlungsdruck und steht schon insofern quer zu primär „politisch" sich verstehenden Zugängen. Diese Anforderung an die wissenschaftliche Haltung gilt auch für andere Thesen aus dem Kontext dieses theoretischen Ansatzes, so etwa für die These der „sozialen Konstruktion psychischer Krankheit", der These der „sozialen Konstruktion der Kindheit", der These der „sozialen Konstruktion des Todes". In den entsprechenden – damit „praktisch" befassten – gesellschaft-lichen Bereichen stoßen diese Thesen in aller Regel auf Unwillen und oft auch auf Unverständnis. Immer wieder kommt es in der Rezeption von Forschungs-ergebnissen aus diesem Kontext zu ganz spezifischen Missverständnissen, die ins-besondere auf den Realitätsstatus der Aussagen zielen – der Verlust „natürlicher Selbstverständlichkeit" als Basis der eigenen Handlungsfähigkeit wird tendenziell als Bedrohung erfahren.

Wenn man also die Erfahrungsferne, die „Befremdung" und den Anspruch auf Handlungsentlastetheit zusammennimmt, dann wird deutlich, dass es zunächst auch nicht darum gehen konnte, eine neue politische Botschaft zu formulieren, sondern vielmehr darum, *das Erkenntnispotenzial* der Frauen- und Geschlechterforschung herauszufordern und zu erweitern. Dazu gehörte auch, die gängige Praxis der Frauenförderung kritisch in den Blick zu nehmen und darauf hinzuweisen, dass die dort herausgebildeten Formen sich in das Paradox verfangen, hierarchische Strukturen der Geschlechterverhältnisses dadurch abzubauen, dass die Differenz selbst neu dramatisiert und damit auch das binäre Grundmuster verfestigt wird. Überlegungen, was jenseits der Zweigeschlechtlichkeit liegen könnte, waren indes äußerst vage. Umso überraschender war es, dass sich im Rezeptionsprozess die These der „sozialen Konstruktion" dann gerade in *politischer* Hinsicht verselbständigte. Das Theorem der „sozialen Konstruktion" fand sich übersetzt in eine politische Strategie der „Dekonstruktion", einer Kategorie, die sich primär aus anderen theoretischen Quellen (insbesondere dem französischen Poststrukturalismus) speist.

Wenn etwa Judith Butler vor dem Hintergrund ihres sozialphilosophischen und diskurstheoretischen Ansatzes eine Politik interner Subversion der Geschlechterdichotomie durch parodistische Praktiken vorschlägt, so ist das Grundverständnis sozialer Wirklichkeit ein grundlegend anderes als die ebenfalls radikale Sicht im interaktionstheoretisch-wissenssoziologischen Ansatz, dass diese konstruierte Wirklichkeit gleichwohl nicht beliebig, nicht ohne weiteres hintergehbar ist. Auch hier würde indes nicht bestritten, dass auf der Ebene der Kunst, der Travestie, der Darstellung im Theater, im Film etc. das Spiel mit den Geschlechtergrenzen geführt werden und es u. U. dabei auch auf der Bewusstseinsebene zu Veränderungen kommen kann. Was in der Rezeption aber übersehen wurde: Die soziale Wirklichkeit der Geschlechter ist nicht in Film, Theater, Kunst und Literatur zu verorten, sondern in der alltäglich situierten Praxis der Gesellschaftsmitglieder, in ihrem Verhalten und Handeln. Die Missverständnisse kumulierten also darin, dass man sich auf sprachlich vermittelte Diskurse insbesondere von Medien reduzierte und dann zu dem Punkt kam, dass eine „bloß sprachliche Konstruktion" doch „eigentlich" nicht so wichtig sein könne.

In den letzten Jahren haben sich m. E. vor allem folgende Missverständnisse durch die Diskussion gezogen und zwar interessanterweise sowohl in der kritischen Zurückweisung des konstruktionstheoretischen Ansatzes als auch in der mehr oder weniger kritiklosen Übernahme mit dem Ziel einer naiv betrachteten „Dekonstruktion":[11]

---

[11] Die folgenden Punkte werden bewusst keinen Autorinnen/Autoren explizit zugeordnet – sie durchziehen praktisch alle mir bekannten kritischen Auseinandersetzungen mit ‚dem' Konstruktivismus in der Frauen- und Geschlechterforschung. Sie werden hier zur Verdeutlichung lediglich etwas zugespitzt.

1. In der These der „sozialen Konstruktion von Geschlecht" finde, so wird gesagt, eine Reduktion auf die Dimension sprachlich-interpretativer Repräsentation von „Bewusstseinsinhalten" statt.

2. In der These der „sozialen Konstruktion von Geschlecht" bleibe der Körper lediglich oberflächlicher Bezugspunkt von Klassifikationen; er werde nicht als selbst bedeutungskonstituierende Praxis gesehen.

3. In der These der „sozialen Konstruktion von Geschlecht" löse sich soziale Wirklichkeit auf in eine „frei flottierende Konstruktion" als gäbe es keine „harten" Gesellschaften und Strukturen, also als gäbe es keine Klassen, Schichten, differenten Lebensbedingungen. Oder noch pointierter: als gäbe es keine soziale Ungleichheit.

Aus diesen Punkten speist sich immer wieder das oben genannte zentrale Missverständnis, dass, wenn etwas „bloß konstruiert" sei, es eben nicht „wirklich wirklich" und daher dem individuellen Belieben unbegrenzt zugänglich sei. Diese letzte Wendung führt dann zu dem Vorwurf, dass so die reale („harte") Diskriminierung von Frauen nicht erfasst würde und nicht erfasst werden könne.

Zum ersten Missverständnis ist zu sagen, dass der Vorwurf einer „Reduktion auf Bewusstseinsinhalte" eine unzulässige Verkürzung des Verweises auf die „Sinnhaftigkeit" sozialwissenschaftlicher Gegenstände ganz allgemein impliziert. Gerade in den ethnomethodologisch inspirierten Arbeiten bezieht sich die Analyse sehr explizit nicht auf „Bewusstsein" bzw. allein auf sprachliche Äußerungen, sondern eben auf sprachliche und nichtsprachliche Handlungen sowie auf Bilder und andere Bedeutungsobjektivationen.[12] Insbesondere die Ethnomethodologie insistierte darauf, dass es sich bei der alltäglichen Wirklichkeitsherstellung um ein „Tun" handelt, um eine „Vollzugswirklichkeit", in der das „Tun" allerhöchstens auf eine präreflexive Weise bewusst ist. Man könnte auch sagen: Dem Tun unterliegt ein Wissen, das, wie Garfinkel einmal sagte, „mehr in den Knochen als im Kopf steckt".

Für die interaktionstheoretische Soziologie in einem weiteren Sinne ist der Vorgang der Sinnstiftung bzw. der Herstellung sozialer Ordnung im alltäglichen Handeln nichts, was analytisch von diesem Handeln selbst getrennt und in die Köpfe bzw. in das Bewusstsein von Personen verlagert werden könnte. Wenn

---

[12] Dass sie uns in der wissenschaftlichen *Analyse* dann als ‚Texte' entgegentreten, weil der methodische Zugriff auf Gegenstände/Handlungsabläufe in eine kommunizierbare Form gebracht werden muss, das ist eine andere Frage und verweist auf die enge Verbindung von Theorie und Methodologie in den hier diskutierten Ansätzen.

wir daher sagen, dass Geschlecht bzw. Geschlechtszugehörigkeit Voraussetzung und Ergebnis sozialer Interaktion ist, so geht die Unterstellung, es handle sich dabei lediglich um „Bewusstseinsinhalte", am Kern der Argumentation genau vorbei. In dieser Kritik wird die Analyse wiederum auf Individuen bezogen. Für die interaktionstheoretische und wissenssoziologische Perspektive aber ist es zentral, in der Interaktion eine eigenständige Analyseebene zu sehen, die sich auf Interaktion als solche bezieht und eben nicht auf „Bewusstsein" und „Bewusstseinsleistungen" handelnder Subjekte. Von einer permanenten reflexiven Distanznahme, einer bewusst-kognitiven Steuerung von Handlungen auszugehen, verfehlt gerade das Phänomen der interaktiven Konstitution sozialer Ordnung. Akteure bewegen sich in einem Netz von Bedeutungen, Interpretationen und Regeln – dieses Netz wird von den Teilnehmenden tagtäglich weitergeknüpft. Keine der empirischen Untersuchungen in dieser Tradition zielte darauf, die Bedeutung einer Handlung aus einer Nachzeichnung oder Beschreibung subjektiv entworfenen oder gemeinten Sinns zu erschließen. Im Zentrum standen vielmehr Analysen von (möglichen) Reaktionen – der antizipierbaren Reaktionsbereitschaft und den faktischen Reaktionen –, welche eine Handlung innerhalb eines Interaktionsablaufs auslöst. Bezogen auf die Geschlechtersoziologie ist das entscheidende Ergebnis ja gerade, dass durch die Unterstellung binärer Geschlechterklassifikation in faktisch jeder Interaktion im „Doing gender" auf ein Reaktionspotenzial vertraut werde, das auch Irritationen noch verarbeitet. Erst dadurch wird die enorme Beweglichkeit und Widersprüchlichkeit auf der Ebene inhaltlicher Füllung und Ausgestaltung verständlich: Die binäre Grundstruktur wird dadurch nicht berührt.

Zum zweiten Missverständnis: Wenn man „Sinnhaftigkeit" nicht verkürzt als „sprachlich-interpretative Repräsentation von Bewusstseinsinhalten" angeht, so liegt es nicht so fern, die Analyse in dem Sinne auf Körper und Körperlichkeit auszuweiten, als Körper Bedeutungen tragen und Bedeutungen sich im Erleben niederschlagen – schließlich muß, wie Goffman schreibt, jedes Individuum, wo immer es sich auch befindet, „seinen Körper dabeihaben" (Goffman, 1994, S. 152). Allerdings sei zugestanden, dass dazu konkrete Analysen in der Frauen- und Geschlechterforschung noch weitgehend ausstehen, da sich die Debatte zunächst auf die Abwehr der Essentialisierungsrhetorik konzentrierte. Ansätze dazu gibt es aber durchaus: Erving Goffman etwa analysiert ausführlich die spezifische Form der physischen Verletzlichkeit von Frauen, die sich aus der Interaktionslogik – nicht aus Körperkraft und Physiologie – zwischen Männern und Frauen ergibt (Goffman, 1994, S. 152 ff.), die sich aber im körperlichen Erleben (z. B. als Gefühl von Schutzbedürftigkeit oder Bedrohtheit) niederschlagen kann. „Der Körper als Träger des Selbst" (Field, 1978), die Bildförmigkeit körperlicher

Darstellungspraxis (Hirschauer, 1996), gehen immer auch in die soziale Praxis der Geschlechtskonstruktion ein. Generell sind lebensgeschichtliche, sich auch im Körpererleben niederschlagende Erfahrungen angesichts der Unvermeidlichkeit einer geschlechtlichen Zuordnung von der Geschlechtszugehörigkeit kaum zu sondern, und es müsste an dieser Stelle eine differenziertere Ausarbeitung zur Unterscheidung von Körper und Leib erfolgen[13] – nicht in einem abgrenzenden, sondern in einem integrativen Sinn. Damit könnte die in der leibphänomenologisch ausgerichteten Studie zur Transsexualität von G. Lindemann (1993b) vertretene These, Leiblichkeit als „Konstituens von Sozialität" (Lindemann, 1993b, S. 21) zu verstehen, nicht notwendig als Zurückweisung der interaktionstheoretischen Arbeiten zur sozialen Konstruktion von Geschlecht verstanden werden, sondern vielmehr als eine wichtige Erweiterung.

Zum dritten Vorwurf – Geschlecht werde zu einer „frei flottierenden Konstruktion" und sehe von den „harten" Strukturen sozialer Ungleichheit ab –, ist zu wiederholen, dass es in der Analyse der gesellschaftlichen Konstruktion der Wirklichkeit an zentraler Stelle darum geht, wie soziale Strukturen sich „erhärten" – objektivieren – und wie diese objektivierte gesellschaftliche Wirklichkeit ihrerseits auf menschliches Handeln zurückwirkt. „Bloße" oder „frei flottierende" Konstruktionen ohne soziale Vorgabe sind in dieser Perspektive nicht denkbar. Jede Handlung findet in dieser objektivierten gesellschaftlichen Wirklichkeit immer schon eine solche Vorgabe. Zugleich muss in jeder Handlung diese Vorgabe situationsangemessen und kontextsensibel ausgedeutet werden. Das dazu erforderliche „Wissen" ist wie schon oben eingeführt kein Abdruck, keine Widerspiegelung einer unabhängig existierenden äußeren Wirklichkeit. Es ist selbst das Ergebnis eines spezifischen gesellschaftlichen Konstruktionsprozesses. Als solches ist es aber durchaus „wirklich", oder wenn man so will: „objektiv". Nicht zufällig verkoppeln sich viele Untersuchungen zur sozialen Konstruktion von Geschlecht mit der Arbeitsteilung als einem weiteren grundlegenden Muster der Vergesellschaftung. Es zeigt sich dabei, dass die „Vergeschlechtlichung" (gendering) von Arbeit auf das Engste mit der differenten Wertung der Geschlechter verbunden ist und Benachteiligungen (bis hin zu Ausschlüssen) von Frauen zur Folge hat(te) (im Überblick: Wetterer, 1999, 2002).

---

[13] Diese hat in der phänomenologischen Soziologie eine lange Tradition, wurde aber bislang nur in der Studie von G. Lindemann (1993a) auf die Geschlechterforschung bezogen. Dabei verfolgt sie insbesondere die Frage, inwieweit und auf welche Weise die Asymmetrie in der Konstruktion der Geschlechterdifferenz auch in der geschlechtlichen Leiblichkeit einen Niederschlag findet.

Der in diesem Zusammenhang häufig verwendete Terminus der „geschlechts-spezifischen Arbeitsteilung" ist dabei grundsätzlich irreführend – so schon Erving Goffman (1977). Ähnlich wie bei anderen „geschlechtsspezifischen" Eigenschaften oder Verhaltensweisen wird auch hier das „zu Erklärende" zum „Erklärenden": Der Terminus der „Geschlechtsspezifik" suggeriert, dass die entsprechenden Phänomene unvermittelt an das biologische Geschlecht gebunden oder gar essenziell durch dieses „verursacht" werden (zur Kritik vgl. auch Hirschauer, 1994). Statt von „geschlechtsspezifischer" wird im Kontext entsprechender Arbeiten von „geschlechterdifferenzierender" (Gildemeister & Robert, 1999) oder sogar „geschlechter-konstituierender" (Wetterer, 1995) Arbeitsteilung gesprochen, um so zu verdeutlichen, dass die Arbeitsteilung eine der wichtigsten und grundlegendsten Ressourcen in der Herstellung von zwei Geschlechtern ist und nicht umgekehrt.[14]

Die implizite Kritik an den Analysen zur sozialen Konstruktion von Geschlecht in diesem Punkt ist wohl die, dass sie nicht rückbezogen werden auf Sozialstrukturanalysen und die gängigen in Terms von Klasse und Schicht gefassten Theorien sozialer Ungleichheit. Noch umfassender: sie werden nicht rückbezogen auf eine (kritische) Theorie der Gesellschaft. In dieser Kritik wird implizit der Anspruch vertreten, in den genannten Theorien „die Realität" bzw. die „objektive Realität" als solche erfassen zu können (so explizit z. B. Gottschall, 1998, S. 70). Aus der Perspektive des hier vertretenen Ansatzes gibt es jedoch keinen solchen privilegierten Standpunkt, von dem aus ein Zugang zur „Realität als solcher" – als einer „objektiv" gegebenen und unabhängig von historisch spezifischen gesellschaftlichen Konstruktionsprozessen „äußeren Wirklichkeit" – möglich wäre. Sehen wir uns vor diesem Hintergrund einige empirische Forschungen in der Denkweise der interaktionstheoretischen Soziologie an.

---

[14] In der englischsprachigen Literatur hatte sich diese Begriffsbildung bereits seit längerem vorbereitet, etwa indem dort systematisch von „gender factory" oder „gender at work" gesprochen wurde und so der die Geschlechterdifferenzierung „hervorbringende" Charakter der Arbeitsteilung betont wurde (vgl. dazu Wetterer, 2002, S. 19 ff.).

7   Forschungsfelder und empirische Untersuchungen

Garfinkel hatte aus seiner Transsexuellenforschung den Schluss gezogen, dass die Geschlechtszugehörigkeit in alltagsweltlichen Abläufen in dem Sinne „omnirelevant" sei als sie einen „invarianten aber unbemerkten" Hintergrund von Interaktionen bilde. West und Zimmerman (1987) schließen an diese Omnirelevanzannahme an, wenn sie fragen: „Can we ever not do gender?" und diese Frage mit einem strikten „No" beantworten. Folgt man der Omnirelevanzannahme, so können Prozesse des „Doing gender" in faktisch *jeder* sozialen Situation zum Gegenstand empirischer Geschlechterforschung werden. Dabei ist jedoch zu berücksichtigen, dass jene empirische Untersuchungen, die „nicht que(e)re" Phänomene wie die Trans- oder auch die Intersexualität (Kessler, 1990) zum Gegenstand haben, noch einmal verstärkt mit einem grundlegenden Problem konfrontiert sind: der Positionierung einer externen Beobachtung.

Die soziale Wirklichkeit *ist* zweigeschlechtlich strukturiert, die Differenz immer schon in die soziale Welt eingeschrieben und unsere Wahrnehmung darauf ausgerichtet, in jeder Situation Frauen und Männer zu unterscheiden. Im jeweiligen Untersuchungsfeld sind Forscher und Beforschte als Männer und Frauen erkennbar und als solche in den forschungsbezogenen Interpretationen und Auswertungen präsent (vgl. Gildemeister, 2000). Damit besteht für Analysen des „Doing gender" immer das Problem und die Herausforderung, die eigenen, oft nicht bewussten alltagsweltlichen Annahmen über „Unterschiede" der Geschlechter zu kontrollieren und zu reflektieren. Ein gutes Beispiel für dieses Problem sind Interaktionsanalysen (Konversationsanalysen) aus den 1970er Jahren, in denen in guter interaktionstheoretischer Tradition der Blick auf das Kommunikationsverhalten von Männern und Frauen gerichtet wurde, und in denen dann aus den dort zu beobachtenden Unterschieden auf differierende Sprechweisen und Verständigungsmuster von Frauen und Männern geschlossen wurde (z. B. Fishman, 1978).

In der Perspektive des „Doing gender" dagegen können die Untersuchungen auch gelesen werden als Analyse der Praxis der Unterscheidung, wie nämlich Geschlechtszugehörigkeit in Interaktionen in Handeln und Verhalten übersetzt („enaktiert") und damit hervorgebracht wird. Die Organisation der Interaktion und die Organisation des Sprechens bringen eine Vielzahl von Ereignissen hervor, die als Zeichen benutzt werden können, um die binäre Differenzierung nach Geschlecht herzustellen, aufrechtzuerhalten und zu validieren: Wer betritt zuerst einen Raum, wer eröffnet ein Gespräch, wer bezieht eine Position, wer setzt sich

als nächster Sprecher in einem Redezugwechsel durch etc. Dieser Perspektivenwechsel, dass nämlich mit dem „Doing gender" nicht „Unterschiede" untersucht
werden, sondern primär Prozesse der Unterscheidung in den Blick genommen
werden, ist erst in einigen wenigen Forschungsfeldern konsequent realisiert
worden, noch eher rudimentär in der Soziologie des Paares, etwas ausgebauter
in der Kinder- und Jugendlichenforschung sowie im Bereich der Arbeits- und
Berufsforschung.

Grundlegend für Untersuchungen zur *Paarsoziologie* können unter dem
Gesichtspunkt des „Doing gender" die von Goffman (1994, S. 142 ff.) heraus-
gestellten Paarbildungsregeln gelten. Über die Inszenierung von Größen-,
Alters-, Erfahrungs- und Kompetenzunterschieden wird auf der Paarebene eine
Komplementarität hergestellt, die es beständig ermöglicht, dass sich „Frauen und
Männer ihre angeblich unterschiedliche ‚Natur' gegenseitig wirkungsvoll vor-
exerzieren können" (ebd.: 143). Paarkonstellationen und die Interaktionslogik
ihrer Herstellung sind – wie schon oben erwähnt – auch die Grundlage für die
spezifische Form der physischen Verletzlichkeit von Frauen und ihre „Schutzbedürftigkeit". In Bezug auf die in Paarbeziehungen praktizierte Arbeitsteilung
weisen Fenstermaker et al. (1991) einerseits eine erstaunliche Flexibilität auf,
mit der Verhaltensbesonderheiten in Paarkonstellationen mit geschlechtlichem
Sinn aufgeladen werden können; anderseits zeigen sie, dass gerade die Hausarbeit
(bzw. ihre Vermeidung) in so hohem Maße „vergeschlechtlicht" („gendered") ist,
dass auch offenkundig ungleiche Verteilungen als „fair" und gerecht betrachtet
werden (ähnlich auch: Hochschild & Machung, 1993). Untersuchungen zu
Paaren und Paarbildungen aus dem geschlechtertheoretischen Blick des „Doing
gender" stehen derzeit noch in den Anfängen; gerade hier aber sind wichtige Auf-
schlüsse zur Hartnäckigkeit und Persistenz geschlechtlicher Ungleichheit qua
Naturalisierung der Differenz zu erwarten.

In der *Kinder- und Jugendlichenforschung* wird vor allem danach gefragt,
wie Kinder und Jugendliche das „kulturelle System der Zweigeschlechtlichkeit"
(Hagemann-White, 1984) erwerben und ihren eigenen Platz darin finden. Beispielhaft dafür sind die Untersuchungen von Barrie Thorne (1993) und Georg
Breidenstein und Helga Kelle (1998). Die Untersuchung von Thorne zu „gender
play" in der Schule kritisiert die Mädchen und Jungen vergleichende Forschung
dahin gehend, dass sie die Kohärenz innerhalb der Geschlechtsgruppen über-
treibe, „Mädchen ungleich Junge" wichtiger nehme als „Mädchen ungleich
Mädchen". Statt „getrennte Kulturen" zu untersuchen, sei es genauso wichtig,
jene Situationen in den Blick zu nehmen, in denen Mädchen und Jungen miteinander agieren, und Fragen zu stellen wie die, warum die Geschlechter-
trennung in (koedukativen!) Schulen sehr viel ausgeprägter ist als in vielen

Nachbarschaften. Erst so gerate die „Choreographie von Geschlechterseparation und Geschlechterintegration" (Kelle, 1999, S. 313) systematisch in den Blick. Breidenstein und Kelle (1998) nehmen die Frage nach der „Arbeit an der Geschlechtergrenze" in ihrer Untersuchung zu den Praktiken der Geschlechterunterscheidung in Schulklassen auf.

Auch sie kommen (ähnlich wie Thorne) zu dem Ergebnis, dass der situative Sinn und die situative Relevanz der Geschlechterunterscheidung sehr verschieden sein kann – die Bedeutung kann darin liegen, Spiele zu stimulieren und zu strukturieren, Tisch-Gruppen sich zusammenfinden zu lassen oder Außenseiter in die Klasse zu integrieren. Sie kann zurücktreten, wenn Mädchen und Jungen gemeinsam eine Aufgabe im Schulunterricht bearbeiten. Beide Studien zeigen, dass mit Geschlecht als „Zugehörigkeitsressource" nicht automatisch „männliche Dominanz" und „weibliche Subordination" aktualisiert werden, sondern dass die Dynamik von Macht und Dominanz ebenfalls kontextuell analysiert werden muss.

Unter der Fragestellung „doing gender while doing work" sind vor allem die Studien von Christine Williams (1989, 1993) und Robin Leidner (1991, 1993) klassisch geworden. So untersuchte Williams Frauen und Männer in geschlechtsuntypischen Berufen (männliche Krankenpfleger und Frauen in der US-Armee). Sie schließt dabei an die Überlegungen in den ethnomethodologischen Studien zur Transsexualität an, dass sich Konstruktionsweisen von „Normalität" vor allem dort gut erschließen lassen, wo diese „Normalität" verletzt oder durchbrochen wird. In ihren facettenreichen Untersuchungen stellt sie fest, dass von der jeweiligen Minderheit im Beruf erhebliche Anstrengungen unternommen werden, die „unpassende Geschlechtszugehörigkeit" so in das berufliche Alltagshandeln einzubringen, dass sie dem Stigma entgehen, als Frau „unweiblich" oder als Mann „unmännlich" zu sein. Dabei erzeugt das „Doing gender" für Männer in Frauenberufen erhebliche Vorteile, die ihnen Aufstiegschancen sichern („hidden glass escalator"), Frauen in Männerberufen dagegen stoßen auf vielfache Barrieren. In fast allen Berufsfeldern treffen wir auf das Phänomen, dass Frauen trotz hoher Qualifikation in ihren Berufen bis zu einem bestimmten Punkt und dann nicht mehr weiter kommen. Dieses Phänomen ist unter dem Begriff „gläserne Decke" („glass ceiling") bekannt geworden: Frauen können ihr Ziel sehen, aber sie stoßen mit dem Kopf an eine Decke, die so unsichtbar wie undurchdringlich ist. Die Studie von Robin Leidner über Versicherungsvertreter und Angestellte von Fast-Food-Ketten zeigt auf, dass auch dort, wo Frauen und Männer in gemischtgeschlechtlichen Arrangements arbeiten, sie ihre Arbeit (wechselseitig) in einer Weise interpretieren, die kongruent ist zur jeweiligen Geschlechtszugehörigkeit. Ihr Fazit ist, dass es kaum eine Arbeit gibt, die nicht als „männlich" oder „weiblich" gedeutet werden kann – es hängt allein davon ab, wer sie ausübt. Diese Überlegung stellt auch einen wichtigen Hintergrund für die Analyse des „Geschlechtswechsels" von Berufen dar (im Überblick: Wetterer 2002). Eine neuere Studie, die in dem Sinne in diesen Kontext gehört, dass sie die Reproduktion der Differenz in verschiedenen Berufen untersucht, ist die Studie von Bettina Heintz et al. (1997). In ihren Analysen wird aufgewiesen, dass Männer in frauendominierten Berufen wie der Krankenpflege ihre Geschlechtszugehörigkeit betonen, Frauen in männerdominierten Berufen (Informatik) dagegen die ihre in den Hintergrund treten lassen. In geschlechterausgeglichenen Berufen wie der Sachbearbeitung verliert diese „Geschlechter-Differenzierungs-Arbeit" auf der interaktiven Ebene an Bedeutung, stattdessen aber werden Arbeitszeitnormen, Mobilitätserfordernisse und der Ausschluss aus informellen Netzwerken zu strukturellen Hindernissen für die Berufswege von Frauen.

Aufgrund dieser und ähnlicher Ergebnisse entstanden mit den Forschungen immer neue Fragen, denn

„häufig stellt sich die soziale Praxis eben nicht so dar, dass die Kategorie ‚Geschlecht' in einer Weise interaktiv bedeutsam gemacht (…) wird, die es erlaubt, ihr eine eindeutige soziale Bedeutung (für die betreffende Situation) zuzuordnen" (Kelle, 2001, S. 41).

Der *Vorteil* der Transsexuellenforschung, an ihnen die alltäglichen Selbstverständlichkeiten geschlechtlicher Attributionen und (Selbst-) Darstellungen ans Licht bringen zu können, trägt dann nicht oder wendet sich sogar zum *Nachteil*, wenn es darum geht, der Frage der Bedeutung von Geschlecht in *verschiedenen Kontexten* auf den Grund zu gehen: Was hält unter welchen Bedingungen Prozesse der Geschlechterunterscheidung in Gang und wann und wie können sie in den Hintergrund treten oder sogar „vergessen" werden (Hirschauer, 2001)?

8   Ausblick

Die Geschlechterdebatte schwankt also seit einiger Zeit zwischen den Extremen einer „Dekonstruktionsstrategie", in der Freiheit von allen sozialen Zwängen versprochen wird, und einer erneuten Tendenz zur Reifizierung. Im Falle der Dekonstruktionsstrategie führt die Diskrepanz zwischen der Einschätzung von Geschlecht als „bloßer Konstruktion" und der täglichen Erfahrung einer nach wie vor mächtigen sozialen Wirklichkeit und Wirksamkeit der Geschlechterdifferenzierung zu Spannungen, die unter diesen Prämissen nicht auflösbar sind

und die u. U. erneut eine „Flucht in die Biologie" begünstigen (vgl. dazu Scott,
2001). Die Diskrepanz zwischen der Einschätzung von etwas als „irreal" und
der gleichzeitigen Erfahrung einer machtvollen sozialen Realität ist auch deswegen schwer zu bewältigen, weil die im Alltagsleben angelegte Tendenz zur
Routinisierung und Objektivierung sich gegenüber einer permanenten Reflexion
sperrt. Dauerreflexion – so schon H. Schelsky (1965) – ist nicht ohne weiteres
institutionalisierbar.

Deckt man die Bausteine des Konstruktionsprozesses sozialer Wirklichkeit auf, so impliziert das eben nicht, dass man beliebig oder voluntaristisch mit
dieser Wirklichkeit umgehen könnte. Eine vielzitierte Äußerung, die in diese
Richtung zielt, lautet: „What ist socially constructed can be reconstructed and
social relations can be rearranged" (Lorber, 1991, S. 355). Eine solche Aussage
macht zwar Mut, eröffnet aber in ihrem voluntaristischen Gehalt ein weites Feld
von Missverständnissen. Zudem transportiert dieser Satz unterschwellig noch
einen anderen Gehalt: er macht implizit einen Gegensatz auf – „What is socially
constructed ..." im Unterschied zu was? Es ist zu vermuten, dass hier latent eben
jenes Alltagswissen mitschwingt, nach dem eben nur „Natur" unveränderlich ist.
In dem Maße, wie etwas als „sozial" gilt, wird es mit Gestaltbarkeit und Mach-
barkeit verknüpft. Darin wird übersehen, dass auch die soziale Wirklichkeit in
dem Sinne „Wirklichkeit" ist, dass sie ständig die Erfahrung von Resistenz vermittelt. Man steht nicht nur symbolisch vor verschlossenen Türen, wenn man versucht die Präsenz von Frauen im Management der Wirtschaft oder in politischen
Gremien sichtbar zu erhöhen. In gewissem Sinn scheint die soziale Wirklichkeit mitunter noch weniger steuerbar und intentional gestaltbar zu sein als die so
„objektiv" und unveränderlich vor- und unterstellte „Natur". Die Sozialwissenschaften haben bislang weder ein Schaf namens „Dolly" hergestellt noch eine
Reproduktionsmedizin entwickelt, die von empirischen, leibhaftigen „Männern"
und „Frauen" gut absehen kann. „Natur" als das „Außen" der Gesellschaft –
das scheint immer weniger einen angemessenen Zugriff auf „Wirklichkeit" zu
ermöglichen und ist doch tief in unser Denken eingebrannt. Eine der wenigen,
die ihre Aufmerksamkeit darauf lenkt und die Erosion solcher fundamentalen
Dualismen unseres Denkens zum Thema macht, ist im Kontext der Frauen- und
Geschlechterforschung D. Haraway (1991), wobei ihr „postmoderner" Natur-
begriff allerdings viele Fragen offen lässt.

Im Falle der „Omnirelevanzthese" wird die Antwort des strikten „No" auf
die Frage „Can we ever not do gender?" inzwischen von unterschiedlicher Seite
infrage gestellt: theorieimmanent, wenn die Aufmerksamkeit darauf gelenkt wird,
dass in Interaktionen „gender" niemals allein, sondern stets simultan mit Klassen-
und ethnischen Unterschieden erzeugt wird und dabei auch in den Hintergrund

treten kann („doing difference": West & Fenstermaker, 1995, Fenstermaker & West, 2001), oder wenn erwogen wird, dass neben einem „Doing gender" auch ein „Undoing gender" denkbar sein müsse (Hirschauer, 1994). Eher von außen kommend wird angemahnt, dass die weltweite Institutionalisierung von Gleichberechtigungsnormen Folgen habe und „Geschlecht" inzwischen eher ein Unordnungs- als ein Ordnungsprinzip sei (Heintz, 2001). So „ordentlich" und unhintergehbar, wie im „Doing gender" unterstellt, funktioniere etwa das Ungleichgewicht (die Asymmetrie) zwischen den Geschlechtern nicht mehr; an die Stelle einer „Semantik der Differenz" sei eine „Semantik der Gleichheit" getreten, sodass die Reproduktion der asymmetrischen Geschlechterdifferenz nicht mehr automatisch und routineartig erfolge. Aus dieser Perspektive steigt die kontextuelle Kontingenz der Kategorie Geschlecht: Geschlecht muss relevant gemacht werden (vgl. Heintz & Nadai, 1998).

Mit beiden Perspektiven – der theorieimmanenten wie der von außen kommenden – ist die grundlegende Frage verbunden, inwieweit die Antwort eines rigiden „No" nicht außer Stande ist, sozialen Wandel systematisch aufzunehmen. Die oben skizzierten neueren Forschungen, die mit dem Konzept des „Doing gender" arbeiten, differenzieren zunehmend zwischen der Omni*präsenz* der Kategorie Geschlecht und ihrer *differenziellen Relevanz:* Die Organisation der Interaktion bringt zwar die geschlechtliche Kategorisierung der Akteure nahezu unvermeidlich hervor, und in diese sind Annahmen über Status- und Wertunterschiede zwischen den Geschlechtern („gender-status-beliefs": Ridgeway, 1997 und 2001) sehr subtil eingelassen. Inwieweit diese „gender-status-beliefs" aber mit der Kategorisierung auch automatisch und zwingend relevant (gemacht) werden und die Geschlechterasymmetrie sich damit selbstläufig reproduziert, ist nur über vermehrte, Oberflächen- und Tiefenstrukturen von Interaktionen sowie die Zeitdimension von sozialen Prozessen in den Blick nehmende empirische Forschung zu beantworten.

Auf die in der Einleitung aufgeworfene Frage, wie es zu der Zweiteilung der Gesellschaft in Männer und Frauen kommt, ist das Konzept des „Doing gender" also nur eine erste Antwort. Diese Antwort ist aber insofern sehr fruchtbar, als sie immer neue Fragen hervorbringt. Mit ihr kann in der sozialwissenschaftlichen Analyse nicht mehr einfach und selbstverständlich von einer fixierten und fixierbaren Geschlechterdifferenz ausgegangen werden; stattdessen sind wir gezwungen, in der Analyse sozialer Situationen zu reflektieren, ob und wie sich diese situativ, interaktiv, lebensgeschichtlich und nicht zuletzt qua Institutionalisierung herstellt und reproduziert. Die mit dem Konzept verbundene Prozessualisierung und Kontextualisierung der Kategorie Geschlecht verlangt zugleich, die Spannung zwischen der Sehnsucht nach Unabhängigkeit von allen sozialen Zwängen und der Unvermeidbarkeit sozialer Strukturierung auszuhalten. Nicht zuletzt das Aushalten dieser Spannung unterscheidet wissenschaftliche Forschung von politischer Bewegung.

Literatur

Berger, P. L., & Luckmann, T. (1970). *Die gesellschaftliche Konstruktion der Wirklichkeit: Eine Theorie der Wissenssoziologie.* Fischer.

Breidenstein, G., & Kelle, H. (1998). *Geschlechteralltag in der Schulklasse: Ethnographische Studien zur Gleichaltrigenkultur.* Juventa.

Butler, J. (1991). *Das Unbehagen der Geschlechter.* Suhrkamp.

Christiansen, K. (1995). Biologische Grundlagen der Geschlechterdifferenz. In U. Pasero & F. Braun (Hrsg.), *Konstruktion von Geschlecht* (S. 13–28). Centaurus-Verl.-Ges.

Dausien, B. (1999). „Geschlechtsspezifische Sozialisation" – Konstruktiv(istische)e Ideen zu Karriere und Kritik eines Konzeptes. In B. Dausien et al. (Hrsg.), *Erkenntnisprojekt Geschlecht. Feministische Perspektiven verwandeln Wissenschaft* (S. 216–246). Leske + Budrich.

de Beauvoir, S. (1951). *Das andere Geschlecht: Sitte und Sexus der Frau.* Rowohlt.

Diotima, Philosophinnengruppe aus Verona. (1989). *Der Mensch ist zwei: Das Denken der Geschlechterdifferenz.* Wiener Frauenverl.

Dölling, I., & Krais, B. (Hrsg.). (1997). *Ein alltägliches Spiel. Geschlechterkonstruktion in der sozialen Praxis.* Suhrkamp.

Douglas, M. (1991). *Wie Institutionen denken.* Suhrkamp.

Engler, S. (1993). *Fachkultur, Geschlecht und soziale Reproduktion: Eine Untersuchung über Studentinnen und Studenten der Erziehungswissenschaft, Elektrotechnik und des Maschinenbaus.* Deutscher Studien-Verlag.

Fausto-Sterling, A. (1985). *Myths of gender: Biological theories about women and men.* Basic Books.

Feministische Studien. (1993). Kritik der Kategorie Geschlecht 11 (2).

Fenstermaker, S. B., West, C., & Zimmerman, D. H. (1991). Gender inequality: New conceptual Terrain. In R. Lesser-Blumberg (Hrsg.), *Gender, family and economy: The triple overlap* (S. 289–307). Sage.

Fenstermaker, S. B., & West, C. (2001). „Doing Difference" revisited. Probleme, Aussichten und der Dialog in der Geschlechterforschung. In B. Heintz, (Hrsg.), *Geschlechtersoziologie.* Westdeutscher Verlag.

Field, D. (1978). Der Körper als Träger des Selbst. Bemerkungen zur sozialen Bedeutung des Körpers. In Kölner Zeitschrift für Soziologie und Sozialpsychologie, *Materialien zur Soziologie des Alltags* (Sonderband 20, S. 244–264).

Fishman, P. M. (1978). Interaction: The work women do. *Social Problems 25*(4), 397–406.

Galster, I. (2004). Französischer Feminismus. In R. Becker & K. Beate (Hrsg.), *Handbuch Frauen- und Geschlechterforschung. Theorien, Methoden, Empirie* (S. 42–48). VS Verlag.

Garfinkel, H. (1967). *Studies in ethnomethodology.* Prentice Hall.

Gerhard, U. (1994). Frauenforschung und Frauenbewegung – Skizze ihrer theoretischen Diskurse. In Deutsche Forschungsgemeinschaft (Hrsg.), *Sozialwissenschaftliche Frauenforschung in der Bundesrepublik Deutschland: Bestandsaufnahme und forschungspolitische Konsequenzen* (S. 12–28). Akademie.

Gildemeister, R. (1990). *Weibliches Denken – Männliches Denken. Oder sind zwei Geschlechter genug? Hg. v. IAG Frauenforschung der Gesamthochschule Kassel.* Gesamthochschul-Bibliothek.

Gildemeister, R. (1992). Die soziale Konstruktion von Geschlechtlichkeit. In I. Ostner & K. Lichtblau (Hrsg.), *Feministische Vernunftkritik. Ansätze und Traditionen* (S. 220–240). Campus.

Gildemeister, R. (2000). Geschlechterforschung (gender studies). In U. Flick, E. v. Kardoff, & I. Steinke (Hrsg.), *Handbuch der qualitativen Sozialforschung.* (S. 213–223). Rowohlt.

Gildemeister, R., & Robert, G. (1999). Vergeschlechtlichung – Entgrenzung – Revergeschlechtlichung. Geschlechterdifferenzierende Arbeitsteilung zwischen Rationalisierung der Arbeitswelt und ‚postindustriellem Haushaltssektor'. In C. Honegger, S. Hradil, & F. Traxler (Hrsg.), *Grenzenlose Gesellschaft? Verhandlungen des 29. Kongresses der Deutschen Gesellschaft für Soziologie in Freiburg i. Br.* (S. 110–126). Leske + Budrich.

Gildemeister, R., & Wetterer, A. (1992). Wie Geschlechter gemacht werden. Die soziale Konstruktion der Zweigeschlechtlichkeit und ihre Reifizierung in der Frauenforschung. In G.-A. Knapp & A. Wetterer (Hrsg.), *Traditionen Brüche: Entwicklungen feministischer Theorie.* (S. 201–254). Kore.

Goffman, E. (1977). The arrangement between the sexes. *Theory and Society 4,* 301–333.

Goffman, E. (1994). Das Arrangement der Geschlechter. In E. Goffman (Hrsg.), *Interaktion und Geschlecht* (S. 105–158). Campus.

Gottschall, K. (1998). Doing Gender While Doing Work? Erkenntnispotentiale konstruktivistischer Perspektiven für eine Analyse des Zusammenhangs von Arbeitsmarkt, Beruf und Geschlecht. In B. Geissler, F. Maier & B. Pfau-Effinger (Hrsg.), *FrauenArbeitsMarkt. Der Beitrag der Frauenforschung zur sozioökonomischen Theorieentwicklung.* (S. 63–94). Edition Sigma.

Hagemann-White, C. (1984). *Sozialisation: Weiblich – männlich?* Leske + Budrich.

Haraway, D. J. (1989). *Primate visions: Gender, race and nature in the world of modern science.* Routledge.

Haraway, D. J. (Hrsg.). (1991). *Simians, cyborgs, and women. The reinvention of nature.* Free Association.

Heintz, B. (2001). *Geschlecht als Unordnungsprinzip. Entwicklung und Perspektiven der Geschlechtersoziologie.* Westdeutscher Verlag.

Heintz, B., & Nadai, E. (1998). Geschlecht und Kontext. De-Institutionalisierungsprozesse und geschlechtliche Differenzierung. *Zeitschrift für Soziologie, 27*(2), 75–93.

Heintz, B., Nadai, E., Fischer, R., & Ummel, H. (Hrsg.). (1997). *Ungleich unter Gleichen: Studien zur geschlechtsspezifischen Segregation des Arbeitsmarktes.* Campus.

Hirschauer, S. (1989). Die interaktive Konstruktion von Geschlechtszugehörigkeit. *Kölner Zeitschrift für Soziologie und Sozialpsychologie 29,* 100–118.

Hirschauer, S. (1993a). *Die soziale Konstruktion der Transsexualität. Über die Medizin und den Geschlechtswechsel.* Suhrkamp.

Hirschauer, S. (1993b). Dekonstruktion und Rekonstruktion. Plädoyer für die Erforschung des Bekannten. *Feministische Studien 11*, 55–67.

Hirschauer, S. (1994). Die soziale Fortpflanzung der Zweigeschlechtlichkeit. *Kölner Zeitschrift für Soziologie und Sozialpsychologie 46*, 668–692.

Hirschauer, S. (1996). Wie sind Frauen, wie sind Männer? Zweigeschlechtlichkeit als Wissenssystem. In C. Eifert et al. (Hrsg.), *Was sind Frauen? Was sind Männer? Geschlechterkonstruktionen im historischen Wandel* (S. 240–256). Suhrkamp.

Hirschauer, S. (2001). Das Vergessen des Geschlechts. Zur Praxeologie einer Kategorie sozialer Ordnung. In B. Heintz (Hrsg.), *Geschlechtersoziologie* (S. 208–235). Westdeutscher Verlag.

Hirschauer, S., & Amann, K. (Hrsg.). (1997). *Die Befremdung der eigenen Kultur: Zur ethnographischen Herausforderung soziologischer Empirie.* Suhrkamp Verl.

Hochschild, A. R., & Machung, A. (1993). *Der 48-Stunden-Tag. Wege aus dem Dilemma berufstätiger Eltern.* Knaur Verlag.

Honegger, C. (1991). *Die Ordnung der Geschlechter: Die Wissenschaften vom Menschen und das Weib 1750–1850.* Campus.

Kahlert, H. (2004). Differenz, Genealogie, Affidamento: Das italienische ‚pensiero della differenza sessuale' in der internationalen Rezeption. In R. Becker & K. Beate (Hrsg.), *Handbuch Frauen- und Geschlechterforschung. Theorien, Methoden, Empirie* (S. 91–98). VS Verlag.

Kelle, H. (1999). Geschlechterunterschiede oder Geschlechterunterscheidung? Methodologische Reflexionen eines ethnographischen Forschungsprozesses. In B. Dausien et al. (Hrsg.), *Erkenntnisprojekt Geschlecht. Feministische Perspektiven verwandeln Wissenschaft* (S. 304–324). Leske + Budrich.

Kelle, H. (2001). „Ich bin der die das macht". Oder: Über die Schwierigkeit, „Doing gender"-Prozesse zu erforschen. *Feministische Studien 19*(2), 39–56.

Kessler, S. J. (1990). The medical construction of gender: Case management of intersexed infants. *Signs 16*(3), 3–26.

Kessler, S. J., & McKenna, W. (1978). *Gender. An ethnomethodological approach.* Wiley.

Knapp, G.-A. (1997). Differenz und Dekonstruktion: Anmerkungen zum „Paradigmenwechsel" in der Frauenforschung. In S. Hradil (Hrsg.), *Differenz und Integration. Die Zukunft moderner Gesellschaften.* (S. 497–513). Campus.

Knorr-Cetina, K. (1989). Spielarten des Konstruktivismus – Einige Notizen und Anmerkungen. *Soziale Welt 40*, 86–96.

Kotthoff, H. (1994). Geschlecht als Interaktionsritual? Nachwort. In E. Goffman (Hrsg.), *Interaktion und Geschlecht* (S. 159–194). Campus.

Laqueur, T. (1992). *Auf den Leib geschrieben: Die Inszenierung der Geschlechter von der Antike bis Freud.* Campus.

Leidner, R. (1991). Serving Hamburgers and selling insurances: Gender, work and identity in Interactive service jobs. *Gender & Society 52*, 154–177.

Leidner, R. (1993). *Fast food, fast talk: Service work and the routinization of everyday life.* University of California Press.

Lindemann, G. (1993a). Wider die Verdrängung des Leibes aus der Geschlechtskonstruktion. *Feministische Studien 11*, 44–54.

Lindemann, G. (1993b). *Das paradoxe Geschlecht. Transsexualität im Spannungsfeld von Körper, Leib und Gefühl.* Fischer-Taschenbuch.

Lorber, J. (1991). Dismantling Noahs Ark. In J. Lorber & S. A. Farrell (Hrsg.), *The social construction of gender* (S. 355–369). Sage.

Lorber, J. (1999). *Gender-Paradoxien*. Leske+Budrich.

Meinefeld, W. (1995). *Realität und Konstruktion: Erkenntnistheoretische Grundlagen einer Methodologie der empirischen Sozialforschung*. Leske+Budrich.

Pasero, U. (1995). Dethematisierung von Geschlecht. In U. Pasero & F. Braun (Hrsg.), *Konstruktion von Geschlecht* (S. 50–66). Centaurus-Verl.- Gesellschaft.

Ridgeway, C. L. (1997). Interaction and the conservation of gender inequality: Considering employment. *American Sociological Review 62*(1), 218–235.

Ridgeway, C. L. (2001). Interaktion und die Hartnäckigkeit der Geschlechter-Ungleichheit in der Arbeitswelt. In B. Heintz (Hrsg.), *Geschlechtersoziologie* (S. 250–275). Westdeutscher Verlag.

Rubin, G. (1975). The traffic in women: Notes on the „Political Economy" of sex. In R. R. Reiter (Hrsg.), *Toward an anthropology of women* (S. 157–210). Monthly Review Press.

Schelsky, H. (1965). Ist Dauerreflexion institutionalisierbar? Zum Thema einer modernen Religionssoziologie. In H. Schelsky (Hrsg.), *Auf der Suche nach Wirklichkeit*. Diederich Verlag.

Schiebinger, L. (1995). *Am Busen der Natur: Erkenntnis und Geschlecht in den Anfängen der Wissenschaft*. Klett-Cotta.

Scott, J. W. (2001). Die Zukunft von gender. Fantasien zur Jahrtausendwende. In C. Honegger & C. Arni (Hrsg.), *Gender. Die Tücken einer Kategorie* (S. 39–64). Chronos Verlag.

Simmel, G. (1923). *Soziologie. Untersuchungen über die Formen der Vergesellschaftung*. Duncker & Humblot.

Simmel, G. (1985, orig. 1902). Weibliche Kultur. In H.-J. Dahme & K. C. Köhnke (Hrsg.) *(1985): Schriften zur Philosophie und Soziologie der Geschlechter* (S. 159–176). Suhrkamp.

Soeffner, H.-G. (Hrsg.). (1989). *Auslegung des Alltags – Der Alltag der Auslegung*. Suhrkamp.

Stoller, R. J. (1968). *Sex and gender* (Bd. I). Science House.

Sutter, T. (Hrsg.). (1997). *Beobachtung verstehen, Verstehen beobachten: Perspektiven einer konstruktivistischen Hermeneutik*. Westdeutscher Verlag.

Thorne, B. (1993). *Gender play: Girls and boys in school*. Rutgers University Press.

Villa, P.-I. (2004). (De)Konstruktion und Diskurs-Genealogie: Zur Position und Rezeption von Judith Butler. In R. Becker & K. Beate (Hrsg.), *Handbuch Frauen- und Geschlechterforschung. Theorien, Methoden, Empirie* (S. 141–152). VS Verlag.

West, C., & Zimmerman, D. H. (1987). Doing gender. *Gender & Society 2*(1), 125–151.

West, C., & Fenstermaker, S. B. (1995). Doing difference. *Gender & Society 9*(1), 8–37.

Wetterer, A. (1995). Das Geschlecht (bei) der Arbeit. Zur Logik der Vergeschlechtlichung von Berufsarbeit. In U. Pasero & F. Braun (Hrsg.), *Kostruktion von Geschlecht* (S. 199–224). Centaurus-Verl.-Gesellschaft.

Wetterer, A. (1999). Ausschließende Einschließung, marginalisierende Integration. Geschlechterkonstruktion in Professionalisierungsprozessen. In A. Neusel & A. Wetterer (Hrsg.), *Vielfältige Verschiedenheiten. Geschlechterverhältnisse in Studium, Hochschule und Beruf* (S. 223–253). Campus.

Wetterer, A. (2002). *Arbeitsteilung und Geschlechterkonstruktion. „Gender at Work"* in *theoretischer und historischer Perspektive.* UVK.

Williams, C. B. (1989). *Gender differences at work: Women and men in nontraditional occupations.* University of California Press

Williams, C. B. (1993). *Doing ‚Women's Work'. Men in nontraditional occupations.* Sage.

Post-Ismen: Geschlecht in Postmoderne und (De)Konstruktion

Paula-Irene Villa

*„Wenn der Begriff der ‚Postmoderne' in der Gesell-
schaftstheorie, besonders in der feministischen, irgend-
eine Kraft oder Bedeutung hat, so ist diese am ehesten
in der kritischen Anwendung zu finden, die versucht zu
zeigen, wie die Theorie (...) stets in die Macht verwickelt
ist." (Butler, 1993a, S. 35).*

Jeweilige Dekaden bringen immer wieder (sozial-)wissenschaftliche Begriffe
hervor, die ein Eigenleben entwickeln. Diese sind bald in aller Munde und verlassen damit den eigentlichen Kontext der Wissenschaft, um in Feuilletons oder
gehobenen Gesprächsrunden des Fernsehens aufzutauchen. Umgekehrt ist die
sozialwissenschaftliche Begriffsbildung nie unabhängig von den sozialen und
ideologischen Konstellationen, in denen sie geschieht – auch Wissenschaft
ist soziale Praxis. Und so entfalten oft alltagsweltliche, (sub)kulturelle oder
tagespolitische Begriffe wissenschaftliche Wirkung im engeren Sinne, nämlich indem sie zu Kategorien der sozialwissenschaftlichen Theorie werden.
Beide Bewegungen – von der Alltagswelt in die Wissenschaft und von der
Wissenschaft in die Alltagswelt – sind nicht nur Thema in postmodernen bzw.
poststrukturalistischen Perspektiven, sondern markieren auch die Begriffe ‚Postmoderne', ‚Dekonstruktion' und ‚Poststrukturalismus', insbesondere in den
1980er und 1990er Jahren. Diese drei Kategorien teilen das Schicksal, überdeterminierte Schlagworte geworden zu sein, bei denen niemand sicher ist, was

P.-I. Villa (✉)
Ludwig-Maximilians-Universität München, München, Deutschland
E-Mail: paula.villa@soziologie.uni-muenchen.de

© Der/die Autor(en), exklusiv lizenziert durch Springer Fachmedien Wiesbaden
GmbH, ein Teil von Springer Nature 2021
S. M. Wilz (Hrsg.), *Geschlechterdifferenzen – Geschlechterdifferenzierungen,*
Studientexte zur Soziologie, https://doi.org/10.1007/978-3-658-32211-3_7

sie genau bezeichnen, aber von allen ‚irgendwie' – ob bei der morgendlichen
Zeitungslektüre oder auf soziologischen Fachtagungen – assoziativ verstanden zu
werden.

Nun füllt allein die chronologisch verfahrende (genealogische) Suche nach
dem Ursprung des Konzepts der Postmoderne kilometerweise Bibliotheksregale
und bringt doch nur ans Licht, dass die Postmoderne „kein klar umrissenes
Objekt, sondern ein vielstimmiges und fluktuierendes Diskursphänomen"
bezeichnet (Knapp, 1998a, S. 197), dessen einzelne Stimmen zudem multi-
disziplinär und ebenso politisch wie theoretisch oder ästhetisch klingen.[1] So viel-
stimmig der Begriff der Postmoderne ist, so diffus und strittig ist auch sein Inhalt.
Der Philosoph Wolfgang Welsch spricht in seiner Einführung zum Konzept der
Postmoderne entsprechend von mindestens vier Dimensionen, die allesamt
kontrovers diskutiert werden (Welsch, 1991, S. 9 ff.): Umstritten ist der Begriff
der Postmoderne laut Welsch bezüglich seiner Legitimität, seines Anwendungs-
bereichs, seiner zeitlichen Einordnung und seiner Inhalte. Sicher sei nur, so
Welsch weiter, dass ‚Postmoderne' für einen „vielfachen Wandlungsprozess"
(ebd., S. 11) stehe; also für Wandlungsprozesse in verschiedensten Bereichen
wie Wissenschaft, Ästhetik, Gesellschaft. Das enthält die Einsicht, dass ‚Postmoderne' je nach Kontext etwas Spezifisches meint. Ähnlich verhält es sich mit
den Begriffen der Dekonstruktion und des Poststrukturalismus, auch wenn diese
im Vergleich zum Begriff der Postmoderne die Feuilletons nicht gleichermaßen
beherrscht haben:

„‚Poststrukturalismus' steht (…) nicht für eine einheitliche Theorie oder
wissenschaftliche Methode" (Stäheli, 2000, S. 6). Vor diesem Hintergrund ist die
Rekonstruktion der Produktivität der Begriffe Postmoderne, Dekonstruktion und
Poststrukturalismus anhand ihrer Verwendung innerhalb spezifischer Kontexte
angemessener als eine semantische Ursprungssuche.

Im Nachfolgenden werden die Verwendungsweisen dieser uneindeutigen und
zugleich hoch produktiven Kategorien im Kontext der feministischen Theorie
der 1990er Jahre ausgeleuchtet. Die Fragen, die diese Ausführungen anleiten –
das Erkenntnisinteresse also – sind: „Wie wird Geschlecht aus postmodernen

---

[1] Es gibt selbstverständlich Überblickswerke zur Debatte um die Postmoderne. Hilfreich,
weil breit angelegt, mit einer glänzenden Einführung und mit einer umfangreichen Biblio-
graphie versehen, ist Welsch (1988). Einen Überblick zur feministischen Auseinandersetzung mit der Postmoderne im deutschsprachigen Kontext bietet Schlichter et al. (1998).
Zur US-Amerikanischen feministischen Debatte um die Postmoderne siehe Benhabib
(1993a).

bzw. poststrukturalistischen Perspektiven verstanden" und „Was meint (De) Konstruktion von Geschlecht"? Dazu ist zunächst eine Zusammenfassung derjenigen Strömungen im feministischen Denken notwendig, auf die postmoderne, poststrukturalistische und dekonstruktivistische Zugänge aufsatteln (1). Anschließend werden ‚Postmoderne' und ‚Poststrukturalismus' als feministische Perspektiven skizziert (2), um dann mit Judith Butler eine für diesen Zusammenhang paradigmatische Autorin eingehender zu betrachten (3), die für sich selber das Etikett des Poststrukturalismus vorsichtig annimmt, aber immer wieder als postmoderne Autorin rezipiert wurde und die – wie sich zeigen wird – sowohl de- wie konstruktivistisch argumentiert. Am Ende des Textes (4) steht ein thesenhafter Ausblick darauf, wie spezifische Begrenzungen und blinde Flecke postmoderner bzw. poststrukturalistischer Perspektiven im Rahmen der (auch feministischen) Geschlechterforschung überwunden werden können – ohne ihre besondere und besonders kritische Kraft zu verlieren.

1   Der Nährboden

Frauen- und Geschlechterforschung, auch viele feministische Perspektiven, teilen die Annahme, dass die Geschlechterdifferenz das zu erklärende Phänomen sei. *Wie* sie diese aber erklären, *wo* genau sie die Differenz verorten, *was* genau die Geschlechterdifferenz ist und welche Probleme sowie Potenziale sich aus der Differenz ergeben – darin unterscheiden sich Ansätze der Frauen- und Geschlechterforschung erheblich, wovon auch dieses Buch und sein Titel zeugen. Ist die Geschlechterdifferenz eine Strukturkategorie, ähnlich wie Klasse oder race/Ethnizität? Ist sie ein ideologisches Konstrukt, das herrschaftsförmig wirkt? Oder eine biologische Tatsache, ein ‚kleiner Unterschied' (Alice Schwarzer), der soziologisch nicht weiter interessant wäre, würde er nicht sozial einen so großen machen? Von einer gemeinsamen Problemdefinition bezüglich der ‚Geschlechterdifferenz' kann im Rahmen der Frauen- und Geschlechterforschung also ebenso wenig die Rede sein wie von gemeinsamen Methoden oder (auch politischer) Schlussfolgerungen.

Ein breiter Strang innerhalb des feministischen Denkens und der institutionalisierten Frauen- und Genderforschung geht aus vom de Beauvoirschen Leitmotiv „Als Frau wird man nicht geboren, man wird es" („On ne naît pas femme, on le devient") (de Beauvoir, 1992, S. 265). Diese Formulierung von de Beauvoir hat nicht nur Geschichte gemacht – indem sie einem Teil der Neuen Frauenbewegung als politisch-praxeologische Parole diente –, sondern enthält die Kernidee sämtlicher (de)konstruktivistischer Positionen feministischen und geschlechtersoziologischen Denkens. Dies insofern, als die Formulierung alle Positionen umfasst, „die darum bemüht waren (und sind, d. V.), den Sinn der Biologie als Schicksal, Biologie als Zwang zu überwinden" (Butler, 1995, S. 10). Zu diesen gehören auch postmoderne und dekonstruktivistische Perspektiven. Dekonstruktion, Konstruktion, doing gender – sie alle sind je verschieden konturierte Versionen des de Beauvoirschen Grundgedankens, der die Aufmerksamkeit auf *soziale* Aspekte des Geschlechts lenkt, um die alltagsweltliche Annahme der objektiv und faktisch gegebenen, unveränderlichen ‚Natur des Geschlechts' herauszufordern.

Dekonstruktivistische Perspektiven argumentieren beispielsweise in Anlehnung an Jacques Derrida, dass es keine ‚eigentliche' Wahrheit hinter den vielfältigen Sprechweisen, Erfahrungen und Kontexten eines Begriffs (‚Frau', ‚Weiblichkeit', ‚Geschlecht' z. B.) gibt: Die „allgemeine Strategie der Dekonstruktion" schreibt Peter V. Zima, umfasst auch „eine Subversion des Wahrheitsbegriffs als Sinnpräsenz" (Zima, 2001, S. 289). Das heißt, die ‚eigentliche' Wahrheit des Geschlechts beispielsweise verbirgt sich nicht in den Aussagen eines Textes (im weiteren Sinne) zum Frau-Sein oder in konkreten Erfahrungen, sondern – so die dekonstruktivistische Perspektive – in der Kluft zwischen den vielen, ständigen Nennungen des Geschlechts beispielsweise in einem Text. „Sinnverschiebung und Sinnzerfall" (ebd., S. 291) sind also die (Leer-)Stellen der Wahrheit, es gibt ein „unendliches Gleiten von Sinn" (Stäheli, 2000, S. 5). Hierauf wird im Abschnitt zu Judith Butler ausführlicher eingegangen werden. Wichtig ist hier zunächst nur, dass dekonstruktivistische Zugänge die Suche nach ‚der Wahrheit des Geschlechts' aufgeben und sich stattdessen auf das je spezifische Scheitern einer, ‚Wahrheit' konzentrieren.

Konstruktivistische Perspektiven hingegen legen ihr Augenmerk auf vor allem soziale Prozesse der Herstellung von Geschlecht, das ‚doing gender' qua konkreter Handlungen in konkreten Situationen. Beide Perspektiven teilen die Prämisse, dass das Geschlecht eine gemachte Struktur, eine in komplexen Prozessen von Menschen erzeugte Realität sei – und nicht eine natürlich gegebene, unveränderliche Eigenschaft aller Personen zu allen Zeiten. Sie teilen die Strategie der Ent-Naturalisierung: Frau- bzw. Geschlecht-Sein ist demnach keine Frage der Hormone oder der Anatomie, sondern Aspekt und Produkt des Sozialen. Das in den 1970ern und 1980ern das Feld der Frauen- und Geschlechterforschung dominierende ‚sex/gender-System' greift diese Einsicht auf, indem es den ‚kleinen Unterschied' als biologisches Geschlecht – den sex – definiert und die ‚großen Unterschiede', die spezifische Gesellschaften in spezifischen historischen Konstellationen daraus machen, als ‚gender' (vgl. u. a. Rubin, 1975, S. 16; Lerner, 1986, S. 301; für eine kritische Übersicht vgl. Becker-Schmidt & Knapp, 2000,

S. 65–73). Mit dieser Trennung wurde einerseits ein Begriffswerkzeug zur Verfügung gestellt, das wissenschaftlich und intellektuell überaus anregend war. Andererseits etablierte sich im Gefolge dieser Unterscheidung eine problematische Arbeitsteilung zwischen den Disziplinen und blinde Flecken in der feministischen bzw. der Geschlechterforschung wurden produziert. Im Rahmen des sex/gender-Systems sind nämlich die Sozialwissenschaften für den Bereich ‚gender‘ und die Naturwissenschaften für den Bereich ‚sex‘ zuständig.

Anders gesagt: Fragen nach der Natur*haftigkeit* des Geschlechts wurden aus der sozialwissenschaftlichen Betrachtung ausgesperrt und damit unter der Hand naturalisiert. Dies klingt zunächst paradox, denn tatsächlich befassen sich die Sozialwissenschaften nicht mit Fragen von Hormonen, Muskel- und Fettmassen oder Chromosomen im engeren, naturwissenschaftlichen Sinne. Ob aber die ‚Natur‘ der Geschlechterdifferenz als gegebene natürliche Tatsache jenseits gesellschaftlicher Verhältnisse im (nur scheinbar objektiven) Labor betrachtet werden kann, das ist eine der radikalen Fragen poststrukturalistischer und dekonstruktivistischer feministischer Ansätze. Sie zweifeln dieses an, indem sie fragen, ob „die angeblich natürlichen Sachverhalte des Geschlechts nicht in Wirklichkeit diskursiv produziert (werden), nämlich durch verschiedene wissenschaftliche Diskurse?" (Butler, 1991, S. 23). Verschiedene Aspekte dieser rhetorischen Frage werden in diesem Kapitel noch ausgiebig thematisiert.

‚Sozial statt natürlich‘ – gender statt sex – kann, wie angedeutet, Verschiedenes meinen: Handlungen, Ungleichheitsverhältnisse, Sozialisation, Arbeit, Bildung, symbolische und ideologische Aspekte, subjektlogisch und/oder diskursiv, um nur einige Dimensionen der soziologischen Thematisierung des „zur-Frau-Werdens" anzuführen. Meines Erachtens ist der je fokussierte Modus und der je kartographierte Ort der Konstruktion (vulgo: des Machens) der geeignetste, wenn es um die Einordnung verschiedener (de)konstruktivistischer Ansätze geht. Postmoderne und/oder poststrukturalistische sowie dekonstruktivistische Positionen beinhalten ein Verständnis von ‚sozial gemacht‘ als diskursiv, symbolisch und subjekttheoretisch. Damit ist aber noch nicht sehr viel gesagt, denn was genau ‚diskursiv‘ oder ‚subjekttheoretisch‘ meint, hört sich bei den verschiedenen ‚Stimmen‘ dieses ‚Diskurs-Chores‘ je anders an. Besagte Ansätze erheben jedoch nicht, zumindest nicht systematisch, ihre Stimme auf der Ebene von Interaktionen, Organisationen oder etwa materiellen Ungleichheiten. Besonders prominent ist in den hier behandelten Ansätzen vielmehr die Sprache bzw. der Diskurs als Ort und Modus von Geschlechtwerdung bzw. seiner Erzeugung. Dies scheint etwa im obigen Zitat von Butler auf, wenn sie die „angeblich natürlichen Sachverhalte des Geschlechts" als „in Wirklichkeit *diskursiv* produziert" bezeichnet. Poststrukturalistische und dekonstruktivistische

‚Brillen' des Geschlechts schauen immer darauf, wie Kategorien des Geschlechtlichen als sinnvolle, wirkmächtige, mit einem Wahrheitsanspruch ausgestattete
Kategorien fungieren; es geht ihnen um Sinn und Bedeutung und damit vor allem
um Aspekte des Sprachlichen und Symbolischen. In diesen spielen Analysen
von Macht und Herrschaft in poststrukturalistischen Ansätzen eine prominente
Rolle: Inwiefern ist die Rede, der Diskurs auch Teil von Herrschaft? Durch
diese Brille lässt sich dagegen kaum auf Handlungspraxen oder ökonomische
Strukturen schauen. Bevor anhand der Arbeiten von Judith Butler eine diskurstheoretische und damit eher poststrukturalistische und nur bedingt postmoderne
Autorin vorgestellt und ihre Thematisierung von Geschlecht als Dekonstruktion
ausgeleuchtet wird, wird nachfolgend die Debatte darüber zusammen gefasst,
ob Postmoderne und Feminismus eine (un)glückliche Ehe eingehen – wie ich in
Anlehnung an Cornelia Klinger formulieren möchte (Klinger, 1998). Aus dieser
Darstellung sollte deutlich werden, inwiefern poststrukturalistische und postmoderne Positionen im Kontext der Geschlechterforschung Grundannahmen
teilen – und inwiefern sie sich unterscheiden.

2   Postmoderne und Poststrukturalismus: Entsorgung des geschlechtlichen Subjekts aus geordneten Verhältnissen?

Wie eingangs erwähnt, existiert die Postmoderne nicht als kohärentes, klar
umrissenes Objekt. Als Begriff umfasst sie eine Reihe von Bedeutungen: Postmoderne als Epochenbezeichnung (postmodernity), Postmoderne als Theorie
bzw. Denkstil (postmodernism) und Postmoderne als ästhetische Kategorie, vor
allem in Architektur und Literatur(-wissenschaft) seit den 1960er Jahren und in
den 1990er als Begriff des ‚Zeitgeistes' (vgl. Knapp, 1998b, S. 26 ff.; Villa, 2004,
S. 234 f.; Welsch, 1991, 1988; Zima, 2001). Erstere sollen hier interessieren, die
ästhetischen bzw. architektur- oder literaturtheoretischen lasse ich außen vor.

Postmodernity im Sinne einer Epochenbezeichnung wird z. B. von Zygmunt
Bauman im Kontrast zur Moderne verwendet, um eine neue Form sozialer und
individueller Verfasstheit zu markieren (Bauman, 1995). Pluralisierung, vor
allem von Lebensstilen und -formen, Fragmentierung, Medialisierung und insbesondere die durchgreifende Prägung der sozialen Lebenswelten durch und für
den Konsum sind für ihn die herausragenden Merkmale einer post-, also nach-
modernen Epoche. Die auf einem enormen ökonomischen Wohlstand in den
westlichen Wohlfahrtsstaaten aufsattelnden Prozesse von Individualisierung und
Pluralisierung – so die Diagnose – verflüssigen ehemals durch Institutionen und

Strukturen wie Klassen oder Regionen normierte Lebensläufe. Postmaterielle Fragen wie Identität, Stil, Gestaltung des eigenen Lebens werden angesichts der in diesen geopolitischen Kontexten gelösten materiellen Fragen prominent. Durch die diagnostizierte Auflösung institutioneller Zwänge werden individuelle Identitäten sowohl fragiler wie vielfältiger. Diese sind nicht mehr durch Klassen- oder Geschlechtszugehörigkeit gegeben, sondern werden innerhalb einer gleichzeitigen Vielzahl von Lebensstilen und Kontexten (Subkulturen, Medien, Milieus z. B.) ständig neu gebildet. Insbesondere durch den marktförmig organisierten Konsum stehen eine Vielzahl von Stilen, Ästhetiken, Orientierungen und letztendlich Werten als sichtbare Optionen zur Verfügung, so Baumans Diagnose. Dadurch gewinnen öffentliche und private Aushandlungsprozesse bezüglich Deutung und Sinn gegenüber ehemals lebensweltlichen Traditionen und institutionell erzeugten Zwängen an Bedeutung.

Zusammen mit der angenommenen Pluralisierung und Partikularisierung des Sozialen im Rahmen post-industrieller Gesellschaften, wie sie vor allem von Daniel Bell (1973) diagnostiziert wurden, scheint in einer Diagnose der sozialen Postmoderne vor allem das Element der Vielfalt, des Pluralen, der Fragmentierung eines ehemals ‚großen Ganzen‘ vorherrschend. ‚Die‘ Gesellschaft, ‚das Patriarchat‘, ‚die Normen‘ – all dies gehört in den Ansätzen der postmodernity einer vergangenen modernen Epoche an. In ihrer kritischen Durchsicht postmoderner feministischer Perspektiven konstatiert Sylvia Walby: „Some post-modernists argue that not only is the concept of patriarchy essentialist, but so is also that of ‚women‘“ (Walby, 1992, S. 34). Anders formuliert, aber von der Kernidee her analog, sieht Judith Butler in der „Begriffsherrschaft“ (Butler, 1993a, S. 34) ein Kernelement modernen Denkens, weil Großbegriffe die faktische Vielfalt und Unabschließbarkeit der von ihnen vermeintlich umfassten Realitäten auslöschen. Hier ist bereits der Übergang von sozialwissenschaftlicher Diagnose der Postmoderne zum postmodernen (erkenntnis-)theoretischen Denken angedeutet, von der weiter unten noch ausführlicher die Rede sein wird.

Postmoderne Zeitdiagnosen hinterfragen also, so lässt sich postmodernity bilanzieren, Vorstellungen der Einheitlichkeit und normativen Integration komplexer Gesellschaften und setzen diesen die Diagnose von Vielfalt entgegen. Dies bedeutet jedoch nicht, dass Autoren wie Bauman oder Bell die gesellschaftliche Verklammerung qua zentraler Produktionsmodi oder Diskursen ignorieren. Im Gegenteil: Auch bei ihnen gibt es sozialen ‚Kitt‘. Für Bell (z. B. 1973, S. 10) ist die technologische, ja technokratische Orientierung des Sozialen das Charakteristikum der post-industriellen und post-modernen Gesellschaft. Und für Bauman hat der Konsum die ehemals zentrale Position von Arbeit als Organisationsmodus sozialer Anerkennung, Integration und Teilhabe abgelöst:

„In der heutigen Gesellschaft wird das Konsumentenverhalten (…) zum kognitiven wie moralischen Brennpunkt des Lebens, zum Band, das die Gesellschaft zusammen hält und zum zentralen Gegenstand des Systemmanagements. Mit anderen Worten: es rückt genau in die Position, die in der Vergangenheit – während der ‚modernen' Phase der kapitalistischen Gesellschaft – von der Arbeit in Form der Lohnarbeit be- setzt war. Das heißt, die Individuen sind zuallererst als Konsumenten (…) gefragt." (Bauman, 1995, S. 79)

Konsum ist für Bauman aber, im Unterschied zur modernen ‚Arbeit', durch Vielfalt charakterisiert. Es gibt nicht die eine Art von Konsum, wohl aber – so muss man interpretieren – die eine Art der Arbeit. Auch für Bell ist insbesondere die kulturelle Sphäre in grundlegender Weise pluralistisch und heterogen. Deutlich dürfte nun geworden sein, dass erstens die Diagnose der postmodernity als gesellschaftlicher Zustand durchwebt ist von anderen post-Diagnosen (post-industriell, post-materiell, post-institutionell), zweitens eine Fokussierung auf kulturelle Aspekte wie Lebens- oder Konsumstile und in konkreten Lebenswelten verhandelbaren Werten vorherrscht sowie drittens das spezifisch postmoderne Moment in der sichtbaren und verfügbaren Heterogenität dieser Stile bzw. Werte besteht. Nicht Produktionsweisen oder institutionelle Strukturen bilden den Schwerpunkt der Analyse – wenngleich die Diagnosen wie bei Bauman oder Bell daran anknüpfen –, sondern die Relevanz des Kulturellen und die z. T. optimistisch gefärbte Anerkennung dessen Vielfalt (vgl. auch Welsch, 1991, S. 30). Im Rahmen feministischer bzw. geschlechtertheoretischer Analysen hat die (post-moderne) Fokussierung auf Aspekte kultureller Bedeutungen einen zentralen Stellenwert erhalten. So postuliert etwa die Politologin Nancy Fraser (1995) eine „postmoderne Konzeption" des öffentlichen Raums: „The public sphere is a site where social meanings are generated, circulated, contested, and reconstructed" (S. 287) – mit Nachdruck auf ‚meanings'. Ergänzt wird der Nachdruck auf Bedeutungen um das Insistieren auf Vielfalt. Für Walby ist das Konzept der Postmoderne überhaupt gleichzusetzen mit Fragmentierung als diagnostischen und (erkenntnis-)theoretischen Leitbegriff (Walby, 1992, S. 32).[2]

Diese Versionen von *postmodernity* als Gesellschaftsdiagnose sind von verschiedenen Seiten, insbesondere von feministischen Autorinnen, scharf kritisiert

---

[2] So auch Welsch: „Die Postmoderne beginnt dort, wo das Ganze aufhört. (…) Vor allem nützt sie das Ende des Einen und Ganzen positiv, indem sie die zutage tretende Vielfalt in ihrer Legitimität und Eigenart zu sichern und zu entfalten sucht. Hier hat sie ihren Kern. Aus dem Bewusstsein des unhintergehbaren Wertes der verschiedenen Konzeptionen und Entwürfe (und nicht etwa aus Oberflächlichkeit und Indifferenz) ist sie radikal pluralistisch. *Ihre Vision ist eine Vision der Pluralität*" (Welsch, 1991, S. 39; Hervorh. i. O.).

worden. Und auch wenn für die feministischen und geschlechtersoziologischen Debatten Ausprägungen des *postmodernism* (als Theorieströmung) weitaus einflussreicher gewesen sind, möchte ich doch auf entsprechende Kritik kurz eingehen. Die beschriebene Fragmentierung und Pluralisierung von Lebenswelten, von Stilen, Kulturen und Normen im Rahmen des *postmodernism* ist zeitlich in den USA – wo *postmodernism* breit und kontrovers rezipiert wurde[3] – zusammen gefallen mit den politischen Auseinandersetzungen in der zweiten Frauenbewegung um die vermeintlich oder real unsichtbar gemachte Vielfalt der Frauen.

Auf diese zunächst durch lesbische oder Women of Color angestoßene Infragestellung der Kategorie ‚Frau(en)' als empirisch tragfähigem Begriff und als Leitkategorie des Politischen nehmen alle Autorinnen in postmodernen und/ oder post-strukturalistischen bzw. dekonstruktivistischen Kontexten Bezug. Worauf sie sich beziehen, ist „(dass) sich die ‚Geschlechtsidentität' nicht aus den politischen und kulturellen Vernetzungen herauslösen (lässt), in denen sie ständig hervorgebracht und aufrechterhalten wird" (Butler, 1991, S. 18). Hierauf hatten „schwarze und postkoloniale Feministinnen" aufmerksam gemacht, die darauf insistierten, dass das vermeintlich universale, allumfassende Subjekt ‚Frau' eigentlich auf der impliziten Verallgemeinerung ‚weißer, heterosexuell lebender Mittelschichtsfrauen' beruhte, was wiederum zum „Verschweigen und der Unsichtbarmachung der Erfahrungen, Kämpfe und Theorien minorisierter Frauen (…)" führte (Gutiérrez Rodríguez, 2004, S. 241). Frau, so lässt sich übersetzen, gibt es nicht im Singular – weder empirisch, noch theoretisch noch politisch. Dazu sind die konkreten Weiblichkeiten, die spezifischen Existenzweisen und die jeweiligen Bedeutungen des Geschlechts sozial zu sehr verortet in – womöglich ihrerseits stark fragmentierten – unterschiedlichen Kontexten wie Klasse/Schicht, Nationalstaat, Ethnizität/race, Alter, Sexualität, Religion usw. Angenommen wird in z. B. post-kolonialen Perspektiven vielmehr, dass all diese „Achsen der Differenz" (Becker-Schmidt & Knapp, 2000, S. 103) simultan und in konfligierender Weise wirksam sind und dass ihre Einebnung zugunsten der Universalkategorie ‚Frau(en)' eine immanent unterdrückerische Strategie ist, ein ‚kolonialer' Gestus.

Verschiede Differenzstrukturen sind demnach faktisch derart wirksam, dass sie nicht durch eine Großstruktur zusammen gehalten werden. Die konkreten Erfahrungen von Frauen in diesen komplexen Strukturen könnten nicht mehr auf ein Gemeinsames hin gedacht oder beforscht werden: „There is, quite

---

[3] Und wo der sog. ‚Kommunitarismus' z. B. von A. Etzioni als (allerdings politisch konservative) postmoderne Strömung eingeschätzt wird (vgl. Zima, 2001, S. 87–92).

simply, no transcendental location possible in the United States of the 1990's"
bemerkt die feministische post-koloniale Autorin Chandra Talpade Mohanty
(1995, S. 83). Frauen hätten demnach keinen gemeinsamen sozialen Ort und
keine gemeinsamen Namen, keinen sie alle bezeichnenden ‚Signifikanten'.
Dekonstruktivistisch zugespitzt formuliert Diane Elam, dass es in der bisherigen feministischen Theorie und Praxis eher ein zuviel an Gewissheiten
gäbe (Elam, 1994, S. 31) und es nun darum gehen müsse, die Ungewissheit und
Unbestimmtheit *(indetermancy)* in Bezug auf Kategorien wie ‚Frauen' oder
‚Unterdrückung' anzuerkennen und auszuloten (ebd., S. 33 ff., 59). Wer nämlich
voller guter politischer Absichten etwa von ‚der Befreiung' ‚der Frauen' spräche,
lösche damit faktisch in repressiver Manier die Vielfalt und Unterschiedlichkeit
geschlechtlicher Realitäten aus.

Dies nicht nur, weil es ‚die' Frauen oder die eine Unterdrückung realiter nie
gibt, sondern immer nur jeweils spezifische Formen von Unterdrückung oder
konkrete Frauen, sondern auch weil Großbegriffe per se suspekt sein müssen:
Sie sind keine neutralen Universalia. Vielmehr sind (Ordnungs-)Begriffe immer
auch Herrschaftsausübung, da sich historisch spezifische, also partikulare
Bestimmungen als das Universale setzen können und faktisch gesetzt haben.
Der Mensch ist – philosophiegeschichtlich – in Wirklichkeit ‚Mann', Frau ist
in (feministischer) Wirklichkeit weiß, heterosexuell, mittelschichts-zugehörig,
‚Sexualität' meint faktisch implizit eine normierte und idealisierte Form von
Heterosexualität, Geschichte ist die ‚Geschichte der Sieger' usw. Hierauf heben
postmoderne Theorien *(postmodernism)* besonders ab, wie sich noch zeigen wird.

Ohne hier auf die breiten Kontroversen um die plausible, politisch
unbedingt notwendige und wissenschaftlich wie politisch hochproduktive
Fragmentierung der Kategorie ‚Frau' in Folge dieser Kritik eingehen zu können,[4]
lässt sich doch festhalten, dass sie in der – unfreiwilligen – Konvergenz mit
Ansätzen des postmodernism zu einer zeitweilig das Feld der (feministischen)
Geschlechterforschung dominierenden riskanten Abkehr von Strukturanalysen
des Geschlechterverhältnisses geführt hat. Die De-Thematisierung ökonomischer Verhältnisse (Walby, 1992, S. 35 f.) zugunsten anderer, hauptsäch-
licher kultureller (Repräsentations-)Formen des Geschlechts, insbesondere im
Zusammenwirken mit den als *postmodernist* zu bezeichnenden Ansätzen, macht
bisweilen vergessen, dass es durchaus so etwas wie Großstrukturen gibt, die

---

[4] Nachzulesen ist dies bei Gutiérrez Rodríguez (2004) bzw. der dort angegebenen Literatur
sowie in Mohanty (1995).

bürgerlich-kapitalistische Geschlechterverhältnisse (Becker-Schmidt & Knapp, 2000, S. 39–62) kennzeichnen und die von anderen Differenz- bzw. Hierarchiesystemen eben nicht vollkommen außer Kraft gesetzt, nicht einmal relativiert werden:

> „Das soziale Verhältnis, in das die Geschlechter eingespannt sind, ist Resultat eines komplexen Prozesses: Polarisierende Unterscheidung, diskriminierende Bewertung, disparitäre Behandlung und ungleiche Positionierung der Menschen qua Geschlecht greifen ineinander. Das bringt die Genus-Gruppen – unabhängig von ihrem Willen – in eine Oppositionsbeziehung, die einen strukturellen Hintergrund hat: Besser- versus Schlechterstellung." (Becker-Schmidt und Knapp, 2000, S. 61)

Die „ungleiche Positionierung" beruht auf der nach wie vor konstitutiven Trennung von Produktions- und Reproduktionsarbeit in kapitalistischen Gesellschaften, die selbstverständlich eine enorme Vielfalt an Ausprägungen und Folgeerscheinungen – von Unterstellungen bzgl. des ‚Sozialcharakters' von Frauen und Männern über geschlechtsspezifische Ungleichheitslagen bis hin zu systemischen Aspekten wohlfahrtsstaatlicher Regulierungen – aufweist.[5]

Nicht nur postkoloniale oder post-strukturalistische Versionen feministischen Denkens weisen einen „sozialwissenschaftlich-gesellschaftsanalytischen Mangel" (Becker-Schmidt & Knapp, 2000, S. 111) auf, wenn sie die hartnäckigen und komplexen gesellschaftlichen Strukturen aus dem Blick verlieren, die in der Spaltung zwischen Produktions- und Reproduktionssphäre und den damit verbundenen Spaltungen zwischen ‚privat' und ‚öffentlich' oder ‚subjektiv' und ‚objektiv' liegen.[6] Auch Nancy Fraser beharrt auf der Notwendigkeit, „diskursive Analysen der Geschlechtersignifikationen mit strukturellen Analysen der Institutionen und der politischen Ökonomie zusammenzubringen" (Fraser, 1993, S. 149). Diese Aufgabe steht, so meine Einschätzung, weiterhin aus – wenngleich die inzwischen nüchternen feministischen Anschlüsse an postmoderne und poststrukturalistische Perspektiven auf solche Synthesen hin arbeiten. Denn die kritische Dezentrierung bisheriger ‚Gewissheiten' der (feministischen) Analysen

---

[5]Vgl. hierzu auch Knapp in diesem Band.

[6]Am sozialwissenschaftlichen bzw. gesellschaftstheoretischen Defizit vor allem feministischer Perspektiven stoßen sich auch Nicholson und Seidman (z. B. 1995, S. 8) und nehmen ihr kritisches Unbehagen an den Verkürzungen postmodernen Denkens zum Anlass für ihren Sammelband. Dies wird ausführlich in ihrer Einleitung zum Buch thematisiert (ebd., S. 1–38).

muss nicht zwangsläufig das Struktur-Kind mit aus dem Bad ausschütten, wenngleich dies faktisch häufig geschieht.

Auch die zuvor skizzierten Ansätze von Zygmunt Bauman und Daniel Bell ignorieren weitestgehend wesentliche Erkenntnisse feministischer Kritik, für die die moderne Gesellschaft nie in sich homogene, kohärente und unter ‚offiziellen' Leitparadigma integrierte Gefüge waren. So kritisiert Knapp in ihrer Auseinandersetzung mit Bauman dessen unterkomplexe Sicht moderner Gesellschaften ebenso wie dessen Ausblendung realer materieller Zwänge für Frauen in seiner Vision der Postmoderne: „Die Lebenswelten der weiblichen Subjekte [in der vermeintlichen Postmoderne, P.-I. V.] sind hier weniger durch Konsumfreiheit als durch die unentgoltene und als Lebensleistung deklassierte Haus- und Familienarbeit und deren gesellschaftliche Funktionalität mit der ‚zweckgerichteten Rationalität des Systems verbunden' (…)". (Knapp, 1998b, S. 47). Die Ausblendung weiblicher Wirklichkeiten kristallisiert das Problem postmoderner Sozialdiagnosen: Sie nehmen einzelne empirische Tendenzen – wie Pluralisierung, Individualisierung, post-industrielle Produktionsformen – auf, die sicherlich beobachtbar sind und eine tatsächliche qualitative Neuerung gesellschaftlicher Verfasstheit andeuten, verallgemeinern diese aber in empirisch unzulässiger Weise (vgl. Knapp, 1998b, S. 48 f.).

An gesellschaftsdiagnostische Aussagen andockend, diese aber theoretisch und begrifflich wendend, sind postmoderne Theorien *(postmodernism)* für das feministische Denken und für die Geschlechterforschung besonders relevant. Als Epistemologie bzw. kritische Denkbewegung, die auch die Bedingungen des Denkens und Wissens selbst betrifft, richten sich postmoderne Theorien gegen vermeintlich ‚moderne' Episteme und verstehen sich selbst als neue Form desWissens (Lyotard, 1994). Das Neue der Postmoderne knüpft direkt an obige Ausführungen an, indem das besagte neue Wissen „den Rekurs auf die großen Erzählungen ausschließt", wie Lyotard in seinem berühmten Essay (1994, S. 175) formuliert, der als einer der Begründungstexte postmoderner Philosophie gilt. Als große Erzählungen gelten paradigmatische „Metaerzählungen" der modernen Philosophie wie z. B. zunehmende Rationalität im Sinne der Aufklärung, die Emanzipation des Menschen durch Naturbeherrschung, Teleologie der Geschichte als zunehmenden Fortschritt usw. „Modernes Wissen hatte je die Form der Einheit, und diese Einheit war durch den Rückgriff auf große Meta-Erzählungen zustande gekommen. (…) Die Neuzeit bzw. Moderne hatte drei solcher Meta-Erzählungen hervorgebracht: die Emanzipation der Menschheit (in der Aufklärung), die Teleologie des Geistes (im Idealismus) und die Hermeneutik des Sinns (im Historismus)" schreibt Welsch über Lyotard (Welsch, 1991, S. 32). Lyotard plädiert nicht nur nachdrücklich dafür, solchen Metaerzählungen keinen

Glauben mehr zu schenken (Lyotard, 1994, S. 7), sondern macht diese skeptische Abkehr zur Kernidee postmodernen Denkens schlechthin. Postmodernes Denken sehne sich nämlich nicht nach der verlorenen Einheitserzählung, sondern begreife die Partikularisierung, Relativierung und Pluralisierung des Wissens als Positives: „Die Gerechtigkeit wäre folgende: der Vielfalt und Unübersetzbarkeit der ineinander verschachtelten Sprachspiele ihre Autonomie, ihre Spezifizität zuzuerkennen, sie nicht aufeinander zu reduzieren; mit einer Regel, die trotzdem eine allgemeine Regel wäre, nämlich lasst spielen (…) und uns in Ruhe spielen:" (Lyotard im Gespräch mit Jean-Pierre Dubost nach Welsch, 1988, S. 33).

Leben und leben lassen wäre die saloppe Devise der postmodernen Denkweise, die Lyotard hier formuliert. Spielen bezieht sich hierbei auf die Wittgensteinsche Formulierung von ‚Sprachspielen', die ihre je eigene Wahrheit und Logik haben und die sich nicht ordnen lassen auf eine übergeordnete Wahrheit hin. Konsens – philosophischer, lebensweltlicher oder politischer Natur – ist für Lyotard denn auch nicht mehr angemessen. Vielmehr sei Dissens, die permanente Auseinandersetzung und die Anerkennung der Verschiedenheiten der vor allem politisch bessere Weg in der Postmoderne: „Ein Unrecht entsteht, wenn man dieselbe Urteilsregel auf verschiedene Diskursarten zugleich anwendet" rekonstruieren Warmer und Gloy (nach Zima, 2001, S. 153) Lyotards auch politisch motiviertes Kernstück des ‚postmodernen Wissens'. Hiermit ist das Problem gemeint, welches dann entsteht, wenn man einen je spezifischen Begriff von beispielsweise ‚Wahrheit', ‚Gleichheit' oder ‚Gerechtigkeit' auf verschiedenste (z. B. wissenschaftliche, kulturelle, politische, ökonomische oder historische) Kontexte anwendet, um sie zu bewerten. Dies kann – so die postmoderne Kritik – nur herrschaftsförmig geschehen.[7] Was also z. B. in einem Kontext gerecht ist, kann in einem anderen anders bewertet werden. Dieses ‚Leben und leben lassen' bedeutet nun nicht, wie Lyotard selber betont hat, ein ‚anything goes' oder ‚alles ist erlaubt' (vgl. Welsch, 1991, S. 35 f.). Vielmehr geht es in postmodernen Perspektiven um die Anerkennung von Heterogenität, von Vielfalt und radikaler Kontextualisierung des Wissens als Faktum z. B. in historischer Perspektive oder in Bezug auf spezifische Bevölkerungsgruppen in modernen Gesellschaften. Demnach gab und gibt es faktisch eine Vielfalt von Wissensformen, von Lebenswelten, von Rationalitäten oder Werten – auch wenn diese unter den ‚Großerzählungen' oft unsichtbar gemacht wurden bzw. noch werden. Die Vielfalt und Heterogenität müssen immer wieder reflektiert und zur

---

[7] Zum Begriff des Diskurses und seinen Implikationen vgl. weiter unten Abschn. 3.

Disposition gestellt werden – allerdings sucht man in den einschlägigen Texten vergeblich nach Kriterien hierfür, die jenseits eines Nebeneinanders von Wissensformen anwendbar wären.

Zusammenfassend lässt sich postmodernes Denken als die radikale Kritik dreier Topoi der Moderne (oder vermeintlichen Moderne) fassen, ohne dass utopische Alternativen dazu entworfen würden:

1. *Kritik an universalisierenden Paradigmen* z. B. bezüglich der Deutung von Geschichte oder Gesellschaft („post-metaphysisches Denken", vgl. Klinger, 1998, S. 25). ‚Fortschritt', ‚Emanzipation', ‚Vernunft' z. B. werden aus postmoderner Sicht als homogenisierende Abstraktionen betrachtet, die die tatsächliche Vielfalt und Widersprüchlichkeit sozialhistorischer Logiken unterschlagen und damit politisch repressiv wirken. Diese Kritik ist aus feministischer Sicht insofern produktiv, als etwa die Frauengeschichtsschreibung auch immer auf die nicht eingelösten, den Leitbildern widersprechenden oder zumindest von diesen abweichenden Lebenswirklichkeiten von Frauen insistiert hat. Der ‚Fortschritt' der Geschichte z. B. hat sich für die Genus-Gruppe der Frauen häufig als fragwürdig erwiesen: Durch die Reflexion auf den systematischen Ausschluss von Frauen aus der bürgerlichen Öffentlichkeit (vgl. Fraser, 1995, S. 288–295) werden auch vermeintlich neutrale Kategorien wie Demokratie, Menschenrechte oder Universalismus in einer historischen Perspektive als faktisch partikulare entlarvt. Als Vernunftkritik konvergiert diese Verabschiedung mit feministischen und post-kolonialen Denkbewegungen: „The epistemological stories philosophers have told tend primarily to be about the expierences, problems, and acts of repression of a stereotypically white, Western, masculine self" schreibt die postmoderne Philosophin Jane Flax (Flax, 1992a, S. 451).

2. *Kritik am Begriff des Subjekts* der Moderne. Postmoderne Perspektiven verabschieden auch einen Subjektbegriff, der als universeller, mit-sich-identischer, kohärenter und autonomer entworfen ist (vgl. z. B. Flax, 1992b, S. 74). Als „Tod des Menschen" hat Seyla Benhabib in kritischer Absicht diese Kritik – fälschlich, wie ich meine – bezeichnet (Benhabib, 1995, S. 231). Sie verweist damit auf die postmoderne Annahme, ‚das Subjekt' sei radikal in den jeweils historischen Kontexten situiert. Es agiert nicht nur in ihnen, sondern wird von ihnen überhaupt erst hervorgebracht. Das Subjekt wird zum Faszinosum: Die Frage, welche Subjekte politisch „von Gewicht" (Butler) sind, wird zum Dreh- und Angelpunkt theoretischer Analysen. Hierauf wird der Abschnitt zu Judith Butler ausführlicher eingehen, die sich der Subjektkritik besonders zuwendet.

3. *Kritik an normativen Letztbegründungen.* Was emanzipatorisch, unterdrückerisch oder herrschaftsstabilisierend ist, dies lässt sich nicht a priori oder unter Verweis auf abstrakte Normen ausloten, sondern nur entsprechend ihrer kontextuell betrachteten Wirkungsweise. Ambivalenz ist das Stichwort für diese Kritik, die darauf beruht, dass kein normativer Begriff des Politischen (‚Gerechtigkeit', ‚Demokratie', ‚Universalismus', ‚Toleranz', ‚Humanismus', ‚Gleichheit' usw.) abschließend definierbar ist. Vielmehr sind die konkreten und realitätsmächtigen Gehalte dieser Kategorien nicht nur faktisch immer anfechtbar und diskussionswürdig, sie sollen es zudem auch sein. Es sei, so die postmoderne Kritik, ein politischer Fehler und ein Ausdruck von Herrschaft dazu, eine spezifische Version z. B. von ‚Gleichheit' auf alle Konstellationen anzuwenden.

Für die dezidiert anti-postmodern argumentierende politische Philosophin Seyla Benhabib sind diese Grundannahmen – zumindest in ihren starken, radikalen Versionen – mit feministischen Anliegen unvereinbar (vgl. Benhabib, 1995, S. 236). Für sie sind damit individuelle Handlungsfähigkeit sowie die normative Legitimation feministischer Praxis und Theorie verloren. Dass dies nicht das letzte Wort in der Debatte um Postmoderne und Feminismus sein muss, das wird etwa an den Antworten von Judith Butler auf diese Einwände deutlich.

3   Judith Butler: Das postsouveräne Subjekt im Netz der Diskurse[8]

An den bisherigen Ausführungen dürfte der enorme Stellenwert der Sprache für postmodernes Denken deutlich geworden sein. Postmodern argumentierende Theorien fokussieren weniger soziale Verhältnisse als strukturelle Organisationsgefüge oder als materielle Ungleichheiten, sondern als Diskursensembles und symbolische Ordnungen. Und hier trifft sich die Postmoderne mit dem Poststrukturalismus. Poststrukturalistische Theorien verstehen – bei allen Unterschieden in der jeweiligen Ausrichtung – die Sprache bzw. den Diskurs als den Ort, an dem soziale Wirklichkeit organisiert wird (vgl. Weedon, 1990, S. 35).

---

[8] Die nachfolgenden Ausführungen basieren auf Villa, (2004).

Diskurs ist demnach in einer poststrukturalistischen Perspektive der soziale Ort und der soziale Modus der (Re)Produktion des Geschlechts. Allerdings ist Diskurs nicht schlicht ‚Sprache' oder gar – noch schlichter – ‚Text'. Judith Butlers Arbeiten stellen für eine solche Perspektive das sicherlich markanteste und zugleich prominenteste Beispiel dar.

Diskurs und Sprache

Die Fokussierung auf Sprache bzw. Diskurs hat bei Butler zwei wesentliche Bezugspunkte: Michel Foucault und John L. Austin. Für Foucault, der zu den ‚Gründervätern' poststrukturalistischer Ansätze gerechnet wird (vgl. Knapp, 1998b, S. 31; Stäheli 2000, S. 6; Weedon 1990, S. 25, 33), ist Diskurs eine historisch je spezifische Form der Konstitution von Wissen, zu der immer auch Praxis bzw. „Materialität" gehört, „die sich nicht auf die rein semiotischen Aspekte von Aussagen beschränkt" (Bublitz, 2003, S. 7). Es geht also darum, wie Aussagen dazu kommen, wahr zu sein. Diskurse sind sprachlich-begriffliche Organisationsformen von Wirklichkeit, die insofern „produktiv" (Butler, 1993b, S. 129) sind als sie materielle Realitäten produzieren – indem sie u. a. Handlungen von Menschen anleiten, weil sie das dazugehörige Denken strukturieren. Mehr noch, Diskurse sind Formationen, die den Bereich des Denkbaren überhaupt abstecken. Aufgrund ihrer produktiven, wirklichkeitserzeugenden Kraft ist es angemessener von ‚diskursiven Praxen' zu sprechen. Solche diskursiven Praxen sind allgemein „eine [jeweilige, P.-I.V.] Gesamtheit von anonymen, stets im Raum und in der Zeit determinierten Regeln, die in einer gegebenen Epoche und für eine gegebene soziale (…) Umgebung die Wirkungsbedingung der Aussagefunktion definiert haben" (Foucault, 1992, S. 171).

Damit verabschiedet sich der poststrukturalistische Diskursbegriff von der Idee, Sprache sei bloßes Abbild einer gegebenen Wirklichkeit. Die Vorstellung, nach der sich die Wirklichkeit der Welt auch jenseits ihrer diskursiven Konfiguration finden ließe, ist mit einem poststrukturalistischen Zugang nicht (mehr) vertretbar. Dies gilt auch – und gerade – für scheinbar objektive Wirklichkeiten wie ‚Natur' oder ‚Körper': So entstehen im 18. Jahrhundert Foucault zufolge (vgl. Foucault, 1977) naturwissenschaftlich-medizinische und psychiatrische Diskurse, die überhaupt erst bestimmte Körper ‚hervorbringen' wie der hysterische weibliche Körper, der asexuelle Kindskörper, der homosexuelle Körper, der wahnsinnige Körper usw. Selbstverständlich sind gleichgeschlechtliche Praxen oder kindliche Körper auch lange vor dem frühen 18. Jahrhundert wirklich; die diskurstheoretische Perspektive redet keiner esoterischen Magie der Sprache das Wort, nach der Worte einfach Dinge erzeugen. Doch ist die Klassifikation, die Ordnung von Körpern als ‚normal',

‚pervers', ‚hysterisch', ‚mütterlich', ‚gesund' usw. geprägt durch die Klassifikationen der Sprache. Und diese Klassifikation ist weder der Wahrnehmung noch dem Selbsterleben äußerlich – im Gegenteil, sie ist ihre Bedingung. Diskurse sind weiterhin historisch variabel (wenn nicht gar kontingent) und Herzstück von Machtverhältnissen. Da Diskurse mit Wahrheitsansprüchen operieren, sind sie auch immer verflochten mit Macht und ihrer Legitimation (vgl. Bublitz, 2003, S. 15). Zusammenfassend und allgemeiner formuliert: Nichts steht außerhalb des Diskurses, schon gar nicht jenes, was für uns ‚natürlich' und damit scheinbar außersprachlich ist. Denn auch die ‚Natur' ist ein Begriff der abgrenzenden Bestimmung (nicht Kultur, nicht zivilisiert usw.), also ein historisch umkämpfter und ein mit Ideologien und Mythen behafteter Begriff.

Judith Butler greift systematisch und in produktiver Fortführung auf den Foucaultschen Diskursbegriff zurück und definiert für sich:

> „‚Diskurs' ist nicht bloß gesprochene Wörter, sondern ein Begriff der Bedeutung; nicht bloß, wie es kommt, dass bestimmte Signifikanten bedeuten, was sie nun mal bedeuten, sondern wie bestimmte diskursive Formen Objekte und Subjekte in ihrer Intelligibilität ausdrücken. In diesem Sinne benutze ich das Wort ‚Diskurs' nicht in seiner alltagssprachlichen Bedeutung, sondern ich beziehe mich damit auf Foucault. Ein Diskurs stellt nicht einfach vorhandene Praktiken und Beziehungen dar, sondern er tritt in ihre Ausdrucksformen ein und ist in diesem Sinne produktiv." (Butler, 1993b, S. 129)

An Foucault anschließend, verfährt Butler im Rahmen ihrer Diskurstheorie ‚genealogisch', d. h. sie sucht nach den historischen Linien, in denen die ‚Intelligibilität' von Diskursen entsteht bzw. erzeugt wird.[9] Der „Genealogie der Geschlechter-Ontologie" (Butler, 1991, S. 60) gilt ihr Hauptinteresse, d. h. der diskursimmanent angelegten, von Foucault inspirierten Rekonstruktion solcher normativer Wissensformationen, die die Zweigeschlechtlichkeit als naturgegebene, wesenhafte und damit ‚richtige', weil eigentlich wirkliche Differenz erscheinen lassen. Sie will damit untersuchen, wie „bestimmte *kulturelle* Konfigurationen der Geschlechtsidentität die Stelle des ‚Wirklichen' eingenommen haben und diese durch geglückte *Selbst-Naturalisierung* ihre Hegemonie festigen und erhalten" (ebd., Hervorh. i. O.). Es geht also auch hier um eine konstruktivistische Perspektive darauf, wie sich die Geschlechterdifferenz – als System einer naturhaften Zweigeschlechtlich-

---

[9] Intelligibilität bedeutet wörtlich ‚Lesbarkeit' und meint hier (soziale) Sinnhaftigkeit.

keit – durch soziale Prozesse durchsetzt. Darüber hinaus geht es Butler darum, wie sich die diskursive Matrix der Zweigeschlechtlichkeit materialisiert – wie sie also real wird. Allerdings geht Butler nicht sozialkonstruktivistisch vor, indem sie etwa empirisch oder historisch konkrete Prozesse der Erzeugung der Geschlechterdifferenz analysiert.[10] Vielmehr arbeitet Butler gewissermaßen dekonstruktivistisch. Das tut sie, indem sie ihr Augenmerk darauf lenkt, dass vermeintlich stabile und eindeutige Identitäten bzw. vermeintlich stabile und eindeutige Diskurse eigentlich immanent mehrdeutig, instabil und inkohärent sind. Heterosexualität, weiblich, schwul, Frau, Geschlechtskörper – diese (und andere) Kategorien werden von Butler dekonstruktivistisch gelesen.

Zitate und Dekonstruktion

Was eine dekonstruktivistische Lektüre nun ist, kann hier nicht erschöpfend dargestellt werden. Grundsätzlich meint eine dekonstruktivistische Lektüre-Strategie im Sinne Derridas „eine Subversion des Wahrheitsbegriffs als *Sinnpräsenz*" (Zima, 2001, S. 289; Hervorh. i. O.). Die Wahrheit eines Textes, eines Begriffs, eines Diskurses offenbart sich in dekonstruktivistischer Lektüre eben nicht in diesen selbst, sondern in den Verschiebungen und „Verschiedenheitsbeziehungen zwischen allen anderen Bedeutungen" (Weedon, 1990, S. 207). Das, was also ein Begriff wie z. B. ‚lesbisch' oder ‚männlich' bedeutet, kann nicht hermeneutisch innerhalb eines Textes erkannt werden, sondern nur durch den Blick auf die ständigen, unaufhaltsamen Verschiebungen durch Wiederholungen verstanden werden.

Hierauf nimmt Butler immer wieder Bezug, wenn sie auf sprachliche Performativität als „ständig wiederholende und zitierende Praxis" (Butler, 1995, S. 22) abhebt. Sobald gesprochen oder geschrieben wird – sei es die neueste Ausgabe der Cosmopolitan, sei es das Gespräch mit der Kollegin oder Freundin, sei es die amtliche Vorgabe zum gender mainstreaming –, treten SprecherInnen bzw. LeserInnen und Schreibende in bereits bestehende Diskurse und Semantiken ein, die sie zu nutzen gezwungen sind, um überhaupt verstanden zu werden. Jedes Wort ist ein Zitat. Doch sind Zitate niemals „einfach Ausfertigungen desselben Sinns" (ebd., S. 299). Vielmehr ist jedes Zitat, mithin jegliches Sprechen eine

---

[10] Es gibt viele „Spielarten des Konstruktivismus" (Knorr-Cetina, 1989); im Rahmen der Gender Studies sind insbesondere ethnomethodologische, wissenssoziologische, phänomenologische und (wissenschafts-)historische Zugänge von Bedeutung. Vgl. ausführlicher hierzu Gildemeister in diesem Band sowie einführend Becker-Schmidt und Knapp (2000, S. 63–102).

„Reiteration", wie Butler unter expliziter Bezugnahme auf Derrida formuliert (Butler, 1998, S. 208),[11] denn es liegen weder SprecherInnen noch Kontexte des Sprechens/Schreibens je in identischer Form vor. Wer wo was zu wem in welcher Absicht sagt, dies ist allen Konventionen zum Trotz je einzigartig. Folglich haben Begriffe, hat der in ihnen transportierte Sinn kein Anfang und kein Ende; er kann nicht auf ein ‚Original' zurückgeführt und auch nicht abschließend festgelegt werden. Sinn „gleitet" vielmehr „unendlich" (Stäheli, 2000, S. 5), weil Sprache genutzt und nicht museal fixiert wird – und damit ein wenig wie ‚stille Post' funktioniert. Sprechen als diskursive Praxis bedeutet zwangsläufiges Zitieren – „es gibt keine Möglichkeit, nicht zu wiederholen" (Butler, 1998, S. 147) –, allerdings sind die Wiederholungsformen und ihre semantischen Effekte relativ offen. Für Butler geht es nicht um die Frage, *ob* man wiederholt z. B. indem der Begriff ‚Frau', ‚schwul' oder ‚gender' in einer Gesetzesvorlage, als politische Parole oder im Kneipengespräch benutzt wird, sondern um das Problem „*wie* wir wiederholen" (vgl. Butler, 1991, S. 217; eig. Hervorh.). Genau hier setzt für Butler politische Handlungsmächtigkeit, setzt feministische Praxis an. Kritik geht für sie vor allem auf in „subversive(r) Wiederholung" (ebd., S. 216). Jeder Sprechakt, der, wie eben dargestellt, gezwungen ist, sich auf bestehende sprachliche und außersprachliche Konventionen zu stützen, kann potenziell ein Akt des Widerstands sein. Dies umso mehr, als die Widerständigkeit weniger abhängt von der kritischen Absicht der konkreten Person, sondern Effekt einer letztendlich unkontrollierbaren, endlosen Wiederholungskette von Sprache selbst ist.

Der ironische Umgang mit Begriffen, das ‚Ausstellen' und „Anführen" (Butler, 1998, S. 26) sind die von Butler favorisierten Beispiele dafür, dass das Sprechen die eingebaute Widerständigkeit besitzt, aus den Kontexten heraus zu brechen, aus denen sie – immer vorläufig – kommt und in neuartiger, eventuell politisch kritischer Weise zu zirkulieren (ebd., S. 63 f.). Die Wiederaneignung vormals abwertender Äußerungen wie ‚nigger' oder ‚queer' durch soziale und künstlerische Bewegungen sind für Butler erfolgreiche Beispiele, die sie immer wieder (vgl. z. B. ebd., S. 143 ff.) gegen (auch feministische) Zensurbestrebungen etwa gegen rassistische oder pornographische Äußerungen in den USA anführt. Zitate können also auch Kritik sein, Politik ist „Sprachkampf" (ebd., S. 64). Allerdings bleibt Butler eine systematische Analyse der Bedingungen schuldig, unter denen

---

[11] Zum Begriff der ‚Iterabilität' bei Derrida vgl. einführend Zima (2001, S. 290–297) sowie Weedon (1990, S. 206–212).

sich neue – immer vorläufige – sprachliche Konventionen nicht nur entwickeln, sondern auch politisch relevant werden können. Und es bleibt m. E. fraglich, ob eine solche Analyse mit einer diskurstheoretischen dekonstruktivistischen Perspektive überhaupt geleistet werden kann, denn Sprache und Sprechen entwickeln ein je nach sozialem Ort sowohl der sprechenden Personen wie der Rede selbst sehr unterschiedliche Wirkungen. So macht es einen enormen Unterschied, ob eine Studentin Kritik an konkreten Studieninhalten äußert – oder ob die Dekanin dieselbe Kritik formuliert. Es macht auch einen erheblichen Unterschied für die soziale Anerkennung z. B. von Homosexualität, ob das Bundesverfassungsgericht gleichgeschlechtliche Beziehungen der Ehe gleichstellt – oder ob dies von schwullesbischen AktivistInnen gefordert wird. Obwohl jede dieser sprachlichen Praxen *etwas* bewirkt und obwohl dieses etwas immer in gewisser Weise unkalkulierbar bleibt (die Studentin kann es etwa bis zur ersten Seite einer Zeitung schaffen, andere können sich ihrer Position anschließen oder es kann aufgrund ihrer Kritik zu einer sozialen Bewegung zur Reform des Bildungssystems kommen), so macht der soziale Ort für die Relevanz der Sprechakte einen nicht zu leugnenden Unterschied. Anders gesagt: die Macht der Worte ist nicht zu verwechseln mit dem Recht auf das ‚gewichtige' Wort. Für letzteres bedarf es einer im engeren Sinne sozialwissenschaftlichen Perspektive, die die außersprachlichen Kontexte des Sprechens und Schreibens systematisch betrachtet.[12]

Die Brisanz der dekonstruktivistischen und diskurstheoretischen Perspektive, wie sie Butler vertritt, deutet sich an: Konkrete Personen sind nicht ‚Herr ihrer Rede', sie sind auch nicht, wie sich nachfolgend zeigen wird, ‚Herr ihrer selbst', und Kritik speist sich nicht aus einem utopischen Jenseits von bestehenden, ambivalenten Diskursen. Beide Aspekte haben für viel Unbehagen gesorgt. So fragt Seyla Benhabib, neben Nancy Fraser eine der profiliertesten Kritikerinnen postmoderner und poststrukturalistischer feministischer Theorien:

> „Wie kann man von einem Diskurs konstituiert sein, ohne von ihm determiniert zu sein? (…) Was befähigt das Selbst, die Geschlechtercodes zu ‚variieren', hegemonischen Diskursen zu widerstehen? (…) Kann diese (die Butlersche, d. V.) Theorie die Fähigkeiten der Handlungsfähigkeit und Umdeutung, die sie Individuen zuschreiben will, begründen, und d. h. (…) den Widerstand dieses selben Selbst gegen Macht-/Diskursparadigmen erklären?" (Benhabib, 1993b, S. 109 f.).

---

[12] Weiterführend, und an Butler trotz ihrer eigenen Skepsis, wie ich meine, anschlussfähig ist für dieses Problem die Bourdieusche Kritik an der Linguistik in Bourdieu (1990). Ausführlich bei Villa (2003, S. 133 ff.).

Subjekte

Butler kann durchaus eine Theorie des Selbst begründen, die den Widerstand konkreter Subjekte systematisch berücksichtigt. Allerdings impliziert dies eine andere Vorstellung vom Subjekt und auch eine Neuformulierung von Handlungsmächtigkeit. Die Butlerschen Überlegungen zum Subjekt und ihre Kritik am ‚traditionellen' Subjektbegriff sind zweifach eingebettet in ihrer Geschlechtertheorie: Zum einen ist ihre Kritik im engeren Sinne politisch motiviert, zum anderen ist ihr Erkenntnisinteresse philosophisch-theoretischer Natur. Kritisch gegen die totalisierende Verwendung der identitätslogischen Kategorie ‚Frau' in der feministischen Theorie und Praxis, beharrt Butler darauf, dass sich „die ‚Geschlechtsidentität' nicht aus den politischen und kulturellen Vernetzungen herauslösen (lässt)" (Butler, 1991, S. 18). Und so lässt sich auch das Subjekt ‚Frau' nicht aus den konkreten Produktions- und Existenzweisen herauslösen, in denen es real wird.

Vor allem auf die Produktionsbedingungen von Subjekten richtet Butler ihr Augenmerk, die Existenzweisen geraten ihr dabei aus dem Blick. Sie will – z. B. in ihrem Buch „Psyche der Macht" (Butler, 2001) – der Frage nachgehen, wie das Subjekt konstituiert oder „geformt" wird (Butler, 1993b, S. 130). Mit ihrer „antifundamentalistischen Methode" (Butler, 1991, S. 36, 1993a, S. 37) bezweckt Butler explizit die Destabilisierung bzw. ‚Befreiung' vermeintlich fixer und gegebener Kategorien wie Vernunft, Universalität, Identität oder Subjekt. Diese sind davor zu bewahren, abschließend definiert zu werden. So ist prinzipiell auch „das Subjekt niemals vollständig konstituiert, sondern wird immer wieder neu entworfen (subjected) und produziert" (Butler, 1993a, S. 45). Auch an diesem Punkt zeigt sich die deutlich poststrukturalistische Perspektive Butlers (vgl. Weedon, 1990, S. 49 ff.). Subjekte sind für Butler den Diskursen – auch den feministischen – nicht vorgängig. Vielmehr werden diese durch hegemoniale Diskurse erst erzeugt, wie sie (auch hier wieder in Anlehnung an Foucault) postuliert. Dabei geht Butler davon aus, dass Subjekte realiter – zumindest bislang – nur als mit-sich-identische sowie als Kollektivsubjekte intelligibel sind, Subjekte also identitätslogisch verfasst sein müssen. Um der Konstitution und damit auch Hervorbringung von Subjekten nachzugehen, bezieht sich Butler auf Althusser, Hegel, Foucault und Lacan. Sie will „diskursive Identitätserzeugung" (Butler, 2001, S. 83) mit der Analyse von Subjektivationsprozessen nachzeichnen: „‚Subjektivation' bezeichnet den Prozess des Unterworfenwerdens durch Macht und zugleich den Prozess der Subjektwerdung" (Butler, 2001, S. 8). Subjekte sind für Butler nicht Personen oder Individuen (ebd., S. 15), vielmehr sind Subjekte diskursive Formationen bzw. „sprachliche Gelegenheiten" (ebd.): „Individuen besetzen die Stelle des

Subjekts (…) und verständlich werden sie nur, soweit sie gleichsam zunächst in der Sprache eingeführt werden" (ebd.).

Subjektivationsprozesse sind maßgeblich von den aufeinander verwiesenen Modi der Anrufung und Umwendung geprägt. Anrufungen sind diskursive „Gepflogenheiten", wohingegen die Umwendung ein subjektives, ein psychologisches Moment enthält. Anrufungen bezeichnen nach Althusser (1977) spezifische Weisen der Anreden, d. h. die Verleihung eines Namens, eines sozialen Titels, der seinerseits auf eine Identität bezogen ist. „Die Anrede ruft das Subjekt ins Leben" formuliert Butler (1998, S. 43), denn man kann nur in den Kategorien angerufen werden, die intelligiblen Subjekten zur Verfügung stehen. Personen werden durch Anrufungen aufgefordert, eine Bezeichnung, einen Namen anzunehmen, d. h. sich mit diesem zu identifizieren. Diese Anrufungen verleihen Anerkennung, denn sie verwenden intelligible Titel (vgl. Butler, 2003, S. 37 ff.). Der Vorgang des Annehmens (der Umwendung) ist dabei nicht so sehr die Bestätigung einer vorausgehenden Identität, vielmehr ist die Annahme eines Namens/Titels selbst Teil des Prozesses der Subjektivation. Das Ich wendet sich um – dies kann auch wörtlich verstanden werden, denkt man z. B. an Anreden im öffentlichen Raum – und damit sich selbst zu. Dies bedeutet auch, dass sich Individuen in sprachliche Subjekt-Positionen immer wieder positionieren (lassen), womit Subjektivation ein unaufhörlicher Prozess ist. Umwendungen als Teil der Subjektwerdung sind für Butler vor allem deshalb zentral, weil sie darauf verweisen, dass sich das Subjekt nur mittels eines Umwegs seiner/ihrer selbst sicher sein kann.

Zu dem von ihr kritisierten Subjektbegriff gehört die Idee des autonomen, mit sich selbst identischen, authentischen Subjekts, das womöglich sozialen Macht- und Herrschaftsverhältnissen vorgelagert oder äußerlich ist. So arbeitet Butler gegen das „Trugbild der Souveränität" des Subjekts an (Butler, 1998, S. 29). Ihre Argumentation wendet sich gegen die Vorstellung, Subjekthaftigkeit sei unvermittelt: „Das Subjekt, das als sprechendes Wesen auftaucht, ist fähig, sich selbst als ein ‚Ich' zu zitieren" (Butler, 1993b, S. 131). Sie meint damit, dass sich Subjekte nur kennen können, indem sie sich selbst ansprechen, sich sozusagen zitieren: „Erst durch Rückwendung gegen sich selbst erlangt das Ich überhaupt den Status eines Wahrnehmungsobjekts" (Butler, 2001, S. 158). Wir sind also auf eine eigentümliche Uneigentlichkeit angewiesen, wenn wir uns auf uns selbst beziehen.

Auch hier argumentiert Butler also im obigen Sinne diskurstheoretisch (und damit poststrukturalistisch), da wir uns selbst nur durch das Zitieren bestehender sprachlicher Kategorien (er)kennen können. Und sie argumentiert herrschaftskritisch insofern, als Subjektivationsprozesse normativ sind: „Die

Normen, nach denen ich mich anerkennbar zu machen suche, sind nicht wirklich meine. Sie kommen nicht mit mir in die Welt" (Butler, 2003, S. 48). In den Subjektivationskategorien ist Geschichte sedimentiert, das Ich gelangt nicht durch autonome Entscheidung über seine/ihre Identität zur Anerkennung, sondern durch das Platziertwerden in bereits bestehende Subjektpositionen, die ihrerseits von Ausschlüssen konstituiert sind. Identitätskategorien, Anrufungen und Umwendungen wären für Butler womöglich nicht besonders problematisch, wären sie nicht auch immer totalisierend und „ausschließend" (Butler 1993a, S. 49). Als Frau angesprochen zu werden bedeutet die vorläufige Ausblendung anderer Subjektpositionen, die man einnehmen könnte: „Die Behauptung, ich sei etwas, impliziert eine vorläufige Totalisierung meines ‚Ichs'" (Butler, 1996, S. 18). Spricht beispielsweise jemand als Wissenschaftlerin, tut sie dies nicht als Tochter, Geliebte oder chronisch kranke, asiatische und lesbische Migrantin. Diese anderen Subjektpositionen werden also (immer nur vorläufig!) verworfen, wenn eine Subjektposition eingenommen wird. Solche Verwerfungen sind im Kontext der Subjektivation auch deshalb problematisch, weil „der Prozess der Subjektformierung ein Prozess der Unsichtbarmachung (ist)" (Butler, 2001, S. 177) – und zwar im biographischen, psychischen Sinne. Nicht nur nach außen hin sind wir gezwungen, uns in einer Subjektposition und damit Identität zu verorten, auch nach innen wirkt die Verwerfung potenzieller Subjektpositionen und Identitäten als konstitutiver Teil dessen, was wir sind. Identität ist immer auch das, was man nicht ist, argumentiert Butler psychoanalytisch und machttheoretisch (und *de*- konstruktivistisch): Frau-Sein ist nicht-Mann-Sein, homosexuelle Identität beruht konstitutiv darauf, nicht heterosexuell zu sein usw. Und – dies ist so trivial wie bedeutsam – immer auch umgekehrt: Die homosexuelle Identität beruht auf der Verwerfung der heterosexuellen Identität usw.

Solche konstitutiven Verwerfungen stellen sich unbewusst und unwillentlich her, sie sind „keine einzelne Handlung, sondern der wiederholte Effekt einer Struktur" (Butler, 1998, S. 196). Wie Butler am Beispiel der „heterosexuellen Melancholie" (Butler, 2001, S. 138) unter Rückgriff auf Freuds Theorie der Melancholie ausführt (vgl. Butler, 1991, S. 93–110, 2001, S. 127–135), verdankt das Subjekt seine spezifische Existenz – etwa als Frau oder als Homosexueller – einem notwendigen und ermöglichenden Verlust anderer möglicher Existenzen. Der Verlust geht dem Subjekt nicht nur voraus, er macht das Subjekt als Ich erst möglich. Sobald sich ein Ich erkennt und sich damit eine Identität (oder mehrere) aneignet, hat es bestimmte Verluste erlitten. Da dies aber vor der (notwendig reflexiven) Bewusstwerdung geschieht, kann der Verlust nicht betrauert werden, sondern bleibt „gesperrt". Wir wissen nicht, wer wir hätten sein können und können damit nicht offen um das (oder die) trauern, was (oder wer) wir nicht sind. Wenn Verluste dem reflexiven Bewusstsein entzogen sind (Butler, 2001, S. 170) und nicht offen betrauert werden können, leben sie als „Selbstzerknirschung" (ebd., S. 132) fort.

Das, was verworfen oder verloren wurde, ist nun keinesfalls beliebig oder im Rahmen primärer Sozialisation etwa von Eltern frei wählbar. Vielmehr sind anerkannte Subjektpositionen von Machtverhältnissen reguliert. Im Kontext derzeit hegemonialer Diskurse sind z. B. eindeutige Geschlechtsidentitäten gefordert, ist Heterosexualität weiterhin die Norm und sind in spezifischer Weise materialisierte Geschlechtskörper notwendig. Das Subjekt geht nach Butler also auf zwei Ebenen aus einer „Verlustspur" (Butler, 2001, S. 181) hervor: Zum einen wird auf der individuell-subjektiven Ebene das Subjekt-als-Identität durch die Verwerfung dessen produziert, was es nicht ist. Zum anderen werden auf der politischen bzw. sozialen Ebene (ideal)typischerweise nur solche Subjekte anerkannt, deren Identität in gängigen Kategorien – und Gesetzen – intelligibel ist. Wo aber ist dann noch Handlungsfähigkeit angesiedelt? Wie kann ein solches Subjekt kritisch oder widerständig agieren? Wie ließen sich feministische Subjekte begründen, die Widerstand gegen diskriminierende und Ungleichheit produzierende Diskurs- und Herrschaftsregimes nicht nur formulieren, sondern auch leben könnten (vgl. Benhabib, 1993b, S. 109 f.)?

Butlers Antwort hierauf ist zweifach: Zunächst entwirft sie eine andere Lesart des Subjekts, nämlich als „postsouveränes Subjekt" (Butler, 1998, S. 198). Weiterhin deutet Butler (kritische) Handlungsfähigkeit nicht als willentliche Absicht autonomer Individuen, sondern verortet sie „genau an solchen Schnittpunkten, wo der Diskurs sich erneuert" (Butler, 1993b, S. 125). Diese Erneuerung findet unentwegt statt. So tun ‚konkrete Täter(innen)' durchaus etwas, auch etwas womöglich Kritisches, aber was sie tun, übersteigt ihre individuelle Kontrolle und ihre konkrete Zeit (vgl. Butler, 2001, S. 19 f.). Das postsouveräne Subjekt, das also um seine bzw. ihre Abhängigkeit und Verstricktheit mit herrschaftsförmigen Diskursstrukturen weiß, agiert im Spannungsfeld von diskursiver Konstitution und sprachlicher Reiteration. Wenn wir gezwungen sind zu zitieren und wenn wir nur intelligibel sind aufgrund von Sperrungen und Verwerfungen, so ist es dennoch möglich, subversiv und kreativ mit diesen Bedingungen umzugehen. So sind etwa Umwendungen keine reinen Gehorsamsakte, sondern potenziell kreativ. Die Verweigerung von vereindeutigenden und totalisierenden Anrufungen oder der ironische Umgang mit ihnen ist Handlungsfähigkeit. Sie ist begründet im notwendig fragilen und komplexen Charakter der Subjektkonstitution, ist also systematisch innerhalb bestehender Praxen eingebunden. Kritische Handlungsfähigkeit wird „zu der Frage, wie die Signifikation und Resignifikation funktionieren" (Butler, 1991, S. 212).

Verwirrte Geschlechter

Butlers Thematisierung des Geschlechts knüpft an die de Beauvoirsche Einsicht in die „Gewordenheit der Frau" an, radikalisiert diese aber um eine konstruktivistische Perspektive auf das vermeintlich natürliche oder biologische Fundament, auf das de Beauvoir noch ebenso selbstverständlich wie problematisch gebaut hatte. Für Butler ist klar, dass „das Geschlecht keine vordiskursive anatomische Gegebenheit sein (kann)" (Butler, 1991, S. 26). Da aber – auch in Teilen der feministischen Theorie – das Geschlecht immer noch als teilweise natürliche Tatsache behandelt wird, geht es Butler darum, „die angeblich natürlichen Sachverhalte des Geschlechts" (ebd., S. 3) als angebliche zu entlarven, ihnen den ontologischen Status zu nehmen und zu zeigen, dass auch der Geschlechtskörper (sex) ein – sehr realer – Effekt hegemonialer Diskurse ist. Ziel ihrer „Genealogie der Geschlechterontologie" (ebd., S. 60) ist weiterhin, „zur Geschlechter-Verwirrung an(zu)stiften" (ebd., S. 61), d. h. zu subversiven und kreativen Umgangsweisen mit dem Geschlecht. Dies kann logischerweise nicht aus einer utopischen Position jenseits bestehender Diskurse und Machtverhältnisse geschehen, sondern nur innerhalb bestehender diskursiver Praxen. Hierfür ist eine Analyse der Konstitutionsmodi, die „Metaphysik der Substanz" (Butler, 1991, S. 28) des Geschlechts hilfreich. Erkennt man, dass Diskurse und Normen institutionalisierte Wunschvorstellungen sind und stellt man die unkontrollierbare und immanent offene Dynamik diskursiver Praxis in Rechnung, dann erweist sich auch die Realität des Geschlechts (als Identität und nicht-diskursive Praxis) als brüchig, inkohärent, widersprüchlich und prozesshaft, und damit auch als veränderbar.

Der performative Charakter des Geschlechts besteht in der „ritualisierten Produktion" (ebd.) spezifischer Akte, die ihrerseits die „Verkörperung von Normen" (ebd., S. 305) darstellen. Aus idealtypischen, meist diffusen, inkohärenten Normen von Weiblichkeit bzw. Männlichkeit, die diskursiv sind, werden konkrete Handlungsweisen, die – insbesondere als Effekt zeitlicher Prozesse – auch Körper formen bzw. Körper nur in bestimmter Weise sichtbar, also signifikant werden lassen. Geschlechtsidentität ist permanente Praxis (vgl. Butler, 1991, S. 212), weil die idealisierten Normen, denen diese entsprechen (wollen und sollen) widersprüchlich und diffus sind. Allerdings verschleiern performative Akte durch die Logik der Inszenierung einer angeblich natürlichen Substanz ihren sozialen Charakter. Sie verschleiern, dass sie die Natur produzieren, welche sie angeblich zum Ausdruck bringen. So betrachtet, sind performative Geschlechtsidentitäten Naturalisierungsstrategien (vgl. Butler, 1991, S. 60 f., 74, 112). Und so ist die Aufgabe, „als substantivistische Identität zu gelten, (…) eine mühsame Aufgabe" (Butler, 1991, S. 212), denn das Tun muss immer so tun, als sei es sich selbst verwirklichende Natur. An dieser Stelle ist es wichtig darauf hinzuweisen, dass Butler mit dieser Auffassung keinesfalls einer willkürlichen, beliebigen oder gar künstlichen theatralischen Darstellung des Geschlechts das Wort redet. Sie kritisiert ausdrücklich solche Interpretationen, die ihr unterstellen, den performativen Charakter des Geschlechts wie einengende Kleider abzulegen und sich einfach neue anzuziehen (Butler, 2001, S. 97). Sie will vielmehr auf die Gleichzeitigkeit normativer Zwänge und ihrer produktiven, ermöglichenden Kraft hinweisen. Nur wer versteht, welche Bedingungen uns konstituieren, ist auch in der Lage, diesen „die Stirn zu bieten" (ebd., S. 100).

Butler stellt damit mit ihrer Geschlechtergenealogie die Existenz einer authentischen oder eigentlichen Natur des Geschlechts infrage. Sie tut dies zunächst auf der Ebene von gender als Geschlechtsidentität. Dabei stellt sie Letztere als solche dar, die „in einem bestimmten Sinne Beziehungen der Kohärenz und Kontinuität zwischen dem anatomischen Geschlecht (sex), der Geschlechtsidentität (gender), der sexuellen Praxis und dem Begehren stiften und aufrechterhalten" (Butler, 1991, S. 38). Anerkannte Geschlechtsidentitäten sind demnach solche, bei denen sex, gender und sexuelle Orientierung in scheinbar kohärenter Weise aufeinander bezogen sind. Anatomie, Lust und Geschlechtsidentität scheinen sich zu bedingen. Butler zeichnet nun die diskursive Produktion der Beziehungen zwischen ihnen nach und liest sie als weitaus weniger kohärent als sie uns (und vielen Theoretikerinnen) erscheinen. Die Kohärenz und Kontinuität stellt sich vielmehr durch politische Regulierungen, diskursive und kulturelle Praktiken und spezifische ‚Gesetze' (Heteronormativität z. B.) her. Anders formuliert: Frau zu sein, weil man Männer begehrt und weil man eine weibliche Anatomie hat, ist ein zirkulärer Begründungszusammenhang. Keine der drei Komponenten ist naturgegeben oder ontologisch begründet, sondern offen für gesellschaftliche und individuelle Reflexion und Auseinandersetzung. Nicht zuletzt, um dies zu belegen, bezieht sich Butler häufig auf drag und Travestie, queere Identitäten jenseits eindeutiger sexueller Identitäten und popkulturellen Veruneindeutigungen von Geschlecht als wegweisende Phänomene: „Parodistische Vervielfältigung der Identitäten nimmt der hegemonialen Kultur ihren Anspruch auf naturalisierte oder wesenhafte geschlechtlich bestimmte Identitäten" (Butler, 1991, S. 203). Ob diese auch politisch z. B. im feministischen Sinne wirksam ist, das hinterfragt Butler durchaus (vgl. ebd., S. 204 ff.). Aber sie beharrt darauf, dass jegliche „Entnaturalisierungen" (Butler, 1995, S. 179) subversiv sein *können*.

Körper und geschlechtliche Materialität
Die dekonstruktivistische Lesart intelligibler Geschlechter impliziert eine Destabilisierung und De-Naturalisierung auch von sex als Körpergeschlecht, für die Butler vielfach kritisiert worden ist – insbesondere, weil Entnaturalisierung

mit Entmaterialisierung gleichgesetzt wurde.[13] Der Gedanke, dass „das biologische Geschlecht bereits durch die Geschlechtsidentität kulturell konstruiert" sei (Butler, 1995, S. 16), mündet bei Butler in eine intensive Auseinandersetzung mit der Materialität des Geschlechts. Für Butler sind die „angeblich natürlichen Sachverhalte", die im sex enthalten sind, „in Wirklichkeit diskursiv produziert, nämlich durch verschiedene wissenschaftliche Diskurse" (Butler, 1991, S. 23). So ist auch die Unterscheidung zwischen sex und gender, die lange Zeit die Debatten innerhalb feministischer Theorien orientiert hat, selbst eine diskursive, sozial-wissenschaftlich fundierte Trennung. Es ist eine Unterscheidung, die für Butler nicht nur diskursiv produziert, sondern auch falsch ist, weil sie die symptomatisch moderne Trennung von Körper und Geist reproduziert und damit phallogozentrisch ist (vgl. ebd., S. 31).

Verwirrenderweise verortet Butler ihre Überlegungen zur Materialität des Geschlechts im Kontext des Konstruktivismus. Dies ist deshalb zunächst erstaunlich, weil Butler – wie gezeigt – methodologisch und erkenntnistheoretisch dekonstruktivistisch argumentiert. Und es ist auch deshalb erstaunlich, weil mit Konstruktivismus in der Geschlechterforschung üblicherweise handlungstheoretische Perspektiven wie die Ethnomethodologie gemeint sind. Und dennoch trifft auch auf Butler das Etikett ‚Konstruktivismus' durchaus zu: Für Butler muss eine konstruktivistische Perspektive auf den Körper vor allem „den Bereich der Zwänge berücksichtigen" (Butler, 1995, S. 132), die die historisch und kulturell spezifischen Materialisierungsprozesse prägen. Die Aufdeckung dieser Zwänge und ihres sozialen bzw. diskursiven Charakters dient der politischen Perspektive, den Körper von seinem ontologischen oder natürlichen Nimbus zu befreien und damit einer „Rückkehr zum Körper (…), dem Körper als einem gelebten Ort für eine Reihe sich kulturell erweiternder Möglichkeiten" (ebd., S. 11; Hervorh. i. O.). In ihrem Versuch, den Körper neu zu denken, greift sie auf den Begriff der Materialität zurück. Sie begreift Materialität als diskursiven Effekt „ständig wiederholende(r) und zitierende(r) Praxis" (ebd., S. 22). Die sexuelle Differenz ist im obigen Sinne diskursiv erzeugt. Materie ist für Butler keine prädiskursive Masse, sondern ein zeitlicher Prozess der Einschreibung (ebd., S. 31) – konkrete Körpergrenzen und Beschaffenheiten stabilisieren sich in biographischen Prozessen, die ihrerseits die „Morphogenese" des Ichs darstellen. Allerdings, und dies ist oft in der Auseinandersetzung mit Butlers Gedanken zur Materiali-

---

[13] Die Aufzählung und Darstellung der kritischen Stimmen würde hier den Rahmen sprengen. Ich verweise deshalb nur auf die Diskussion und Literatur in Villa (2003, insbes., S. 77–101).

tät des Körpers unterschlagen worden, fallen dabei Diskurs und Materie nicht zusammen. Der Körper ist nicht Text: Sprache und Materialität sind „niemals vollkommen identisch noch vollkommen verschieden" (Butler, 1995, S. 100). Butler lehnt zwar die Vorstellung ab, Materialität sei irreduzibel (ebd., S. 54) bzw. eine „Verdinglichung" (ebd., S. 52), doch ist sie nachdrücklich dafür, den Begriff der Materie als etwas Eigenlogisches beizubehalten.

Dafür ist die Zusammenführung von Konstruktion und Faktizität, von Natur und Kultur, von Essenz und Phänomen notwendig, die Butler im Sinne eines Gewordenseins von Sein vollzieht. Körper nehmen durch Subjektivationsprozesse eine Morphe an (vgl. ebd., S. 101 ff.). Ich-Werdung ist nämlich auch die „Annahme eines Platzes, die Territorialisierung eines Objekts" (ebd., S. 139) und zwar, hier argumentiert Butler psychoanalytisch mit Bezugnahme auf Lacan, über die Inkorporation normativer ‚Bilder' durch die Selbst-Identifikation im Spiegel. Zum Erwerb der eigenen Identität gehört ganz wesentlich das Bild, welches man sich – z. B. vor dem Spiegel – von sich selber macht: „Das Ich wird um das spekuläre Bild der Körpers selbst herum gebildet" (Butler, 1995, S. 108). Dieses Bild ist jedoch kein Abbild, sondern eine „*Antizipation,* ein konjunktivistischer Entwurf" (ebd.; Hervorh. i. O.). Ein solcher Entwurf impliziert vor allem regulative Diskurse zur Zweigeschlechtlichkeit und Heteronormativität. Wie oben gezeigt, sind solche Diskurse aber immanent brüchig und widersprüchlich. Und nur folgerichtig sind auch die „projektiven Idealisierungen" (ebd., S. 125), die die Morphogenese konstituieren, inkohärent und instabil. Das führt dazu, dass wir nie den Körper haben, den wir meinen haben zu müssen oder haben zu können. Dass die Geschlechtsdifferenz als naturgegebene Tatsache ein Diskurs-effekt ist, ist indes im Kontext feministischer Auseinandersetzungen nicht neu. Gerade im Kontext von Wissenschaftskritik und -geschichte haben zahlreiche AutorInnen zeigen können, wie sich insbesondere seit Beginn der Moderne eine Vernaturwissenschaftlichung der Zweigeschlechtlichkeit durchgesetzt hat, die herrschaftspolitisch weitreichende Konsequenzen hatte und noch hat. Butler greift in ihrer Analyse der diskursiven Erzeugung dichotomer Morphologien auf diese Einsichten nicht zurück und fällt damit m. E. hinter den Stand entsprechender Diskussionen zurück.

Ein weiteres Defizit der Butlerschen Analyse von Materialität, das in der Rezeption vielfach scharf kritisiert wurde, ist die Ausblendung des gefühlten, des konkreten und unhintergehbaren Leibes aus ihren Überlegungen. Ihr Körper-begriff bleibt eigentümlich steril und bisweilen ungenau. Er ist zwar keines-falls nur Text, sondern wird von Butler in seiner Eigenlogik gewürdigt (vgl. z. B. Butler, 1995, S. 98), d. h. als eine eigenlogische Realität angesehen, die eben nicht in den diskursiven Bedeutungen aufgeht, die sie prägen. Und auch sie wendet sich – wie viele andere Autorinnen im Rahmen der Debatten um den Geschlechtskörper – ausdrücklich gegen eine „kulturnominalistische" Perspektive (Butler, 1995, S. 25), die dem Sozialen ein kausales Primat gegenüber dem Natürlichen einräumen würde. Doch bleibt trotz dieser Abgrenzungen und Ansprüche ein systematisches Durchdenken dessen aus, was es bedeutet, ein Leib zu sein. Wie sich also Diskurse zu Erlebnissen, zu Gefühlen wie Scham oder Lust materialisieren, darüber schweigt Butler. Butler postuliert auf der konzeptuellen Ebene die Verschränktheit von Konstruktion und Faktizität, verwendet aber ihre gesamte textliche Energie darauf, die Konstitution von Materialität im Hinblick auf ihren Ursprung zu analysieren. Den subjektiv-sinnenhaften Effekten wendet sie sich indes nicht zu. Allerdings ist es durchaus möglich, die produktiven Überlegungen von Butler zur Materialität des Geschlechtskörpers mit anderen Perspektiven wie der Leibphänomenologie zu verknüpfen (vgl. Villa, 2003, S. 137–140).

4 Konstitution und Konstruktion: Ausblick auf eine viel versprechende Verbindung

Nimmt man Judith Butler als poststrukturalistische, dekonstruktivistisch argumentierende und bedingt postmoderne Autorin, lässt sich anhand ihrer Aussagen die eingangs gestellte Frage nach dem Status von ‚Geschlecht' in solcher Perspektive folgendermaßen beantworten: Das Geschlecht als Diskurs der Zweigeschlechtlichkeit hat den Anschein des Natürlichen, da diese diskursive Matrix herrschaftsförmig ihre eigene soziale Genese und Wirkungsweise verschleiert. Die Intelligibilität des Geschlechts wird erzeugt durch die zirkuläre Konstitutionslogik von sex, gender und Sexualität. Dieser Erzeugungszusammenhang ist hinsichtlich all seiner Elemente ebenso immanent instabil und widersprüchlich wie materiell ‚wirklich': Auch (Geschlechts-)Körper sind Resultate der zwangsheterosexuellen und zweigeschlechtlichen Matrix. Konkrete Männer und Frauen sind eingebunden in Sprache bzw. Diskurse, die sie als Subjekte erst ermöglichen, wenngleich Personen nicht deckungsgleich mit Subjekten sind. Subjektpositionen sind – z. B. als Namen oder Titel – ‚Orte' innerhalb der Sprache, an denen Menschen überhaupt sinnvoll solche sein können: ohne Namen oder Anrede keine Existenz. Zugleich sind diese Namen oder Anreden (Frau, Mann, Vater, Schwester, Lehrerin, Lesbe, Bürger usw.) keine eindeutigen Kategorien. Ihr Sinn *ist* nie, sondern flottiert. Dieses ‚Gleiten' von Sinn betrifft nicht nur spezifische, geschlechtlich wirksame Kategorien der Rede, sondern auch Körper bzw. die Materialisierung von Geschlecht: ‚den' Frauen- oder Männerkörper gibt es faktisch nicht.

Zum Abschluss möchte ich einige tentative Überlegungen anstellen, die zwei zentrale Probleme dieser Auffassung von Geschlecht betreffen. Zunächst ist Butler bzw. sind poststrukturalistische und dekonstruktivistische Positionen geeignet, die Konstitutionsmodi der Zweigeschlechtlichkeit in ihrer aktuellen Form zu analysieren. Sie schauen auf Diskurse und allgemeine Fragen von Subjekt, Herrschaft und Sprache. Doch sind diese Analysen weder historisch noch konkret empirisch. Das heißt, die konkrete Umsetzung z. B. davon, *wie* genau ein Diskurs zu Gefühl, eine Rede zu erlebter Identität, ein Diskurs zu Herrschaft wird – diese Fragen sind konstruktivistischer Natur. Konstitution und Konstruktion, so meine Einschätzung, brauchen einander, um ein plausibles Bild davon zu zeichnen, wie aus Subjektpositionen konkrete Männer und Frauen werden und wie diese wiederum in verobjektivierten gesellschaftlichen Strukturen verortet werden. Letzteres ist die genuin sozialwissenschaftliche Frage nach den ‚Verhältnissen', eine gesellschaftstheoretische Perspektive, die inzwischen, meine ich, nicht ohne einen systematischen Blick auf Diskurse auskommen kann. Doch steht die Integration von Struktur, Konstitution und Konstruktion noch aus und sie wird die Geschlechterforschung in den kommenden Jahren intensiv beschäftigen.

Literatur

Althusser, L. (1977). *Ideologie und ideologische Staatsapparate. Aufsätze zur marxistischen Theorie*. VSA.

Bauman, Z. (1995). *Ansichten der Postmoderne. Hamburg: Argument-Verl. Beauvoir, Simone de (1992): Das andere Geschlecht. Sitte und Sexus der Frau*. Rowohlt.

Becker-Schmidt, R., & Knapp, G.-A. (2000). *Feministische Theorien zur Einführung*. Junius.

Bell, D. (1973). *The coming of post-industrial society. A venture in social forecasting*. Basic Books.

Benhabib, S. (1993a). Feminismus und Postmoderne. Ein prekäres Bündnis. In S. Benhabib, J. Butler, D. Cornell, & N. Fraser (Hrsg.), *Der Streit um Differenz. Feminismus und Postmoderne in der Gegenwart*. Fischer.

Benhabib, S. (1993b). Subjektivität, Geschichtsschreibung und Politik. In S. Benhabib, J. Butler, D. Cornell, & N. Fraser (Hrsg.), *Der Streit um Differenz. Feminismus und Postmoderne in der Gegenwart* (S. 105–121). Fischer.

Benhabib, S. (1995). *Selbst im Kontext. Kommunikative Ethik im Spannungsfeld von Feminismus, Kommunitarismus und Postmoderne*. Suhrkamp.

Bourdieu, P. (1990). *Was heißt Sprechen? Zur Ökonomie des sprachlichen Tausches*. Braumüller.

Bublitz, H. (2003). *Diskurs*. Transcript.

Butler, J. (1991). *Das Unbehagen der Geschlechter*. Suhrkamp.

Butler, J. (1993a). Kontingente Grundlagen: Der Feminismus und die Frage der Postmoderne. In S. Benhabib, J. Butler, D. Cornell, & N. Fraser (Hrsg.), *Der Streit um Differenz. Feminismus und Postmoderne in der Gegenwart* (S. 31–58). Fischer.

Butler, J. (1993b), Für ein sorgfältiges Lesen. In S. Benhabib, J. Butler, D. Cornell, & N. Fraser (Hrsg.), *Der Streit um Differenz. Feminismus und Postmoderne in der Gegenwart* (S. 122–131). Fischer.

Butler, J. (1995), *Körper von Gewicht. Die diskursiven Grenzen des Geschlechts.* Berlin-Verl.

Butler, J. (1996). Imitation und Aufsässigkeit der Geschlechtsidentität. In S. Hark (Hrsg.), *Grenzen lesbischer Identität* (S. 15–37). Querverl.

Butler, J. (1998). *Haß spricht. Zur Politik des Performativen.* Berlin-Verl.

Butler, J. (2001). *Psyche der Macht. Das Subjekt der Unterwerfung.* Suhrkamp.

Butler, J. (2003). *Kritik der ethischen Gewalt. Adorno Vorlesungen 2002.* Suhrkamp.

de Beauvoir, S. (1992). *Das andere Geschlecht. Sitte und Sexus der Frau.* Rowohlt.

Elam, D. (1994). *Feminism and Deconstruction. Ms. en abynen.* Routledge.

Flax, J. (1992a). The end of innocence. In J. Butler & J. W. Scott (Hrsg.), *Feminists Theorize the Political* (S. 445–463). Routledge.

Flax, J. (1992b). Postmoderne und Geschlechter-Beziehungen in der Feministischen Theorie. *Psychologie & Gesellschaftskritik 63/64,* 69–102.

Foucault, M. (1977). *Sexualität und Wahrheit, Bd. 1: Der Wille zum Wissen.* Suhrkamp.

Foucault, M. (1992). *Archäologie des Wissens.* Suhrkamp.

Fraser, N. (1993). Pragmatismus, Feminismus und die linguistische Wende. In Benhabib et al. (Hrsg.), *Der Streit um Differenz. Feminismus und Postmoderne in der Gegenwart* (S. 145–160). Fischer

Fraser, N. (1995). Politics, culture, and the public sphere: Towards a postmodern conception. In L. Nicholson & S. Seidman (Hrsg.), *Social postmodernism. Beyond identity politics* (S. 287–314). Cambridge University Press.

Gutiérrez Rodríguez, E. (2004). Postkolonialismus: Subjektivität, Rassismus und Geschlecht. In R. Becker & B. Kortendiek (Hrsg.), *Handbuch der Frauen- und Geschlechterforschung* (S. 239–247). VS Verlag.

Klinger, C. (1998). Liberalismus-Marxismus-Postmoderne. Der Feminismus und seine glücklichen oder unglücklichen „Ehen" mit verschiedenen Theorieströmungen im 20. Jahrhundert. In A. Hornscheidt, G. Jähnert, & A. Schlichter (Hrsg.), *Kritische Differenzen – Geteilte Perspektiven. Zum Verhältnis zwischen Feminismus und Postmoderne* (S. 18–41). Westdeutscher.

Knapp, G.-A. (1998a). ‚Hunting the Dodo': Anmerkungen zum Diskurs der Postmoderne. In A. Hornscheidt, G. Jähnert, & A. Schlichter (Hrsg.), *Kritische Differenzen – Geteilte Perspektiven. Zum Verhältnis zwischen Feminismus und Postmoderne* (S. 195–228). Westdeutscher.

Knapp, G.-A. (1998b). Postmoderne Theorie oder Theorie der Postmoderne? Anmerkungen aus feministischer Sicht. In G.-A. Knapp (Hrsg.), *Kurskorrekturen. Feminismus zwischen Kritischer Theorie und Postmoderne* (S. 25–83). Campus.

Knorr-Cetina, K. (1989). Spielarten des Konstruktivismus. Einige Notizen und Anmerkungen. *Soziale Welt 1/2,* 86–96.

Lerner, G. (1986). *Die Entstehung des Patriarchats.* Campus.

Lyotard, J.-F. (1994). *Das postmoderne Wissen.* Passagen-Verl.

Mohanty, C. T. (1995). Feminist encounters: Locating the politics of experience. In L. Nicholson & S. Seidman (Hrsg.), *Social postmodernism. Beyond identity politics* (S. 68–86). Cambridge University Press.

Nicholson, L., & Seidman, S. (1995). Introduction. In L. Nicholson & S. Seidman (Hrsg.), *Social Postmodernism. Beyond Identity Politics* (S. 1–38). Cambridge University Press.

Rubin, G. (1975). The traffic in women: Notes on the political economy of sex. In R. R. Reiter (Hrsg.), *Toward an anthropology of women* (S. 157–210). Monthly Review Press.

Schlichter, A., Hornscheidt, A., & Jähnert, G. (Hrsg.) (1998). *Kritische Differenzen – Geteilte Perspektiven. Zum Verhältnis zwischen Feminismus und Postmoderne*. Westdeutscher.

Stäheli, U. (2000). *Poststrukturalistische Soziologien*. Transcript-Verl.

Villa, P.-I. (2003). *Judith Butler zur Einführung*. Campus.

Villa, P.-I. (2004). (De)Konstruktion und Diskurs-Genealogie: Zur Position und Rezeption von Judith Butler. In R. Becker & B. Kortendiek (Hrsg.), *Handbuch der Frauen- und Geschlechterforschung* (S. 141–152). VS Verlag.

Walby, S. (1992). Post-post-modernism? Theorizing social complexity. In M. Barret & A. Phillips (Hrsg.), *Destabilizing theory. Contemporary femirrist debates* (S. 31–52). Polity Press.

Weedon, C. (1990). *Wissen und Erfahrung. Feministische Praxis und Poststrukturalistische Theorie*. Efef- Verl.

Welsch, W. (Hrsg.) (1988). *Wege aus der Modeme. Schlüsseltexte der Postmoderne - Diskussion*. VCH.

Welsch, W. (1991). *Unsere postmoderne Moderne*. VCH.

Zima, P. V. (2001). *Moderne/Postmoderne*. Francke.

Ohne Ansehen der Person? De-Institutionalisierungsprozesse und geschlechtliche Differenzierung

Bettina Heintz

Als sich die Frauenforschung in den 70er Jahren zu etablieren begann, hat sie den Unterschied zwischen den Geschlechtern als Leitdifferenz gesetzt und darüber ihre Legitimation bezogen. Die mit Nachdruck vertretene These, dass Gesellschaften auch und vor allem geschlechtlich differenziert sind, war gegen den Mainstream der Soziologie gerichtet, der die Geschlechterdifferenz entweder nicht thematisierte oder als ein Phänomen behandelte, das im Zuge der Modernisierung von selbst verschwinden wird. Aus modernisierungstheoretischer Sicht sind die Funktionsprinzipien moderner Gesellschaften unvereinbar mit einer Zuweisung von Positionen und Rollen nach zugeschriebenen Kriterien – Geschlechterungleichheit wird entsprechend als ein vormodernes Relikt betrachtet, das auf eine unvollständige Modernisierung verweist.

Beide Positionen sind jedoch verkürzt und tragen der Komplexität der heutigen Geschlechterverhältnisse zu wenig Rechnung. Weder lässt sich ein säkularer Trend hin zu einer geschlechtsindifferenten Sozialordnung feststellen, noch ist die Geschlechterungleichheit so allumfassend, wie es die Frauenforschung ursprünglich behauptet hatte. Stattdessen sind wir heute mit einer Vielfalt von Formen und Intensitätsgraden geschlechtlicher Differenzierung und Ungleichheit konfrontiert. Es gibt Bereiche, in denen die Geschlechterungleichheit nahezu unverändert fortbesteht (z. B. Einkommen, Verteilung der Hausarbeit, berufliche Segregation), andere, in denen die Unterschiede zwischen den Geschlechtern praktisch verschwunden sind (z. B. Bildungsgrad, Recht), und dritte schließlich, in denen die Ungleichheiten konditional sind, d. h. nur unter

B. Heintz (✉)
Universität Luzern, Luzern, Schweiz
E-Mail: bettina.heintz@unilu.ch

S. M. Wilz (Hrsg.), *Geschlechterdifferenzen – Geschlechterdifferenzierungen*, Studientexte zur Soziologie, https://doi.org/10.1007/978-3-658-32211-3_8

spezifischen Bedingungskonstellationen auftreten (z. B. Erwerbsverhalten). Augenscheinlich hat die Geschlechterdifferenz nicht mehr die gleiche Ordnungsfunktion wie noch im 19. Jahrhundert, gleichzeitig weist sie jedoch in vielen Bereichen eine verblüffende Persistenz auf. Wie lässt sich diese Entwicklung erklären?

Im Folgenden wird eine Erklärungsmöglichkeit vorgestellt. Im Anschluss an neuere institutionentheoretische Arbeiten wird zunächst argumentiert, dass es im Zusammenhang mit der Durchsetzung des Gleichberechtigungsprinzips zu einer De-Institutionalisierung der Geschlechterdifferenz gekommen ist mit der Folge, dass Geschlechterasymmetrien nicht mehr kulturell und rechtlich abgesichert sind und damit zunehmend illegitim werden. Im zweiten Abschnitt wird die Vermutung formuliert, dass unter dieser Bedingung Interaktion der Hauptmechanismus ist, über den sich geschlechtliche Asymmetrien reproduzieren. Dieser Mechanismus kommt jedoch nur unter spezifischen Voraussetzungen zum Tragen. Diese Voraussetzungen werden in einem dritten Abschnitt am Beispiel der Wissenschaft spezifiziert. Zum Schluss wird die Argumentation noch einmal kurz zusammengefasst.

1   De-Institutionalisierung und kontextuelle Kontingenz

Die im 19. Jahrhundert entwickelte Vorstellung, dass Frauen und Männer grundsätzlich verschieden sind und ihre Andersartigkeit in ihrem unterschiedlichen Körper gründet, ließ die ungleiche Behandlung von Frauen und Männern lange Zeit als ‚natürlichen‘ und damit legitimen Sachverhalt erscheinen (vgl. exemplarisch Hausen, 1976; Honegger, 1991). Zu einem gesellschaftlichen Problem wurde die Benachteiligung von Frauen erst dann, als das Modell einer grundlegenden Verschiedenheit der Geschlechter durch die Vorstellung ihrer prinzipiellen Gleichheit ersetzt wurde. Die Ablösung des Differenzmodells durch eine Semantik der Gleichberechtigung stellt einen fundamentalen Einschnitt dar mit weitreichenden, auch strukturellen Folgen. Dies vor allem deshalb, weil das Prinzip Gleichberechtigung nicht eine auf westliche Länder und postmoderne Milieus beschränkte Norm ist, sondern auf globaler Ebene institutionalisiert wurde und die Geschlechterverhältnisse weltweit affiziert.

Ein Indiz für die globale Verankerung des Gleichberechtigungsprinzips ist die hohe Ratifikationsquote der UN-Konvention zur Beseitigung jeder Form der Diskriminierung der Frau (CEDAW). Die Frauenrechtskonvention, die 1979 von der UN-Vollversammlung verabschiedet wurde und zu den sechs Kernkonventionen des globalen Menschenrechtsregimes gehört, wurde von über 90 % der Länder ratifiziert (Wotipka & Ramirez, 2005). Um sich gegenüber der Weltöffentlichkeit zu legitimieren, müssen sich Länder heute zumindest formal zum Prinzip der Gleichberechtigung bekennen (Ramirez & McEneaney, 1997; Heintz et al., 2001). Die Tatsache, dass sich viele Länder unabhängig von ihrem Entwicklungsgrad und ihrer kulturellen Tradition offiziell zum Prinzip der Gleichberechtigung bekennen und ihm zumindest auf einer symbolischen Ebene Rechnung tragen – Gleichstellungsbehörden einrichten, Arbeitschutzgesetze für Frauen aufheben (z. B. Nachtarbeitsverbot), Lehrpläne angleichen –, verweist auf die globale Reichweite dieser Norm (Berkovitch, 1999).[1] So enthalten die meisten Verfassungen heute einen Gleichberechtigungs- oder Anti-Diskriminierungsartikel, und fast 30 % der Länder haben zusätzlich eine Formulierung aufgenommen, die dem Staat eine aktive Rolle bei der Durchsetzung der Gleichberechtigung zuweist. Beispielhaft dafür ist das deutsche Grundgesetz, das in Art. 3 folgenden Passus enthält: „Männer und Frauen sind gleichberechtigt. Der Staat fördert die tatsächliche Durchsetzung der Gleichberechtigung von Frauen und Männern und wirkt auf die Beseitigung bestehender Nachteile hin." Damit wird die Herstellung von Geschlechtergleichheit nicht mehr als ‚privates' Anliegen der Frauen definiert, sondern als ein Problem, das die Gesellschaft insgesamt angeht und für dessen Lösung der Staat verantwortlich ist.[2] Verfassungen sagen zwar wenig über die faktischen Verhältnisse aus, sie geben jedoch Auskunft über die Selbstbeschreibungen der Länder und über interne wie externe Erwartungshaltungen (vgl. Heintz & Schnabel, 2005).

Die Durchsetzung des Gleichberechtigungsmodells war eine wesentliche Voraussetzung dafür, dass geschlechtsspezifische Ungleichheit überhaupt wahrgenommen und als illegitim interpretiert werden konnte (Ramirez, 2001). D. h. die Geschlechterungleichheit wurde erst dann zu einem sozialen

---

[1]Gleichstellungsbehörden sind heute praktisch weltweit verbreitet: 1998 gab es nur 12 Staaten, die noch keine Frauenministerien oder Gleichstellungsbüros installiert hatten, und es waren keineswegs nur die hoch industrialisierten Ländern, die bereits relativ früh Gleichstellungsbehörden einrichteten (True & Mintrom, 2001).

[2]Dies erklärt, weshalb Ungleichheiten zwischen den Geschlechtern vor allem in jenen Bereichen reduziert wurde, die staatlichen Regulierungen zugänglich sind – im Recht, im Bildungsbereich und im öffentlichen Dienst. Heute studieren an den deutschen Universitäten ungefähr gleich viele Frauen wie Männer, die Einkommensungleichheit ist im öffentlichen Dienst geringer als in der Privatwirtschaft und seit den 70er Jahren wurde die Gesetzgebung nach und nach dem im Grundgesetz formulierten Gleichberechtigungsgrundsatz angepasst.

und als ungerecht empfundenen Problem, als sich Gleichberechtigung als weltweite Norm etablierte und der ursprünglich auf Männer beschränkte Inklusions-
anspruch auch auf Frauen ausgedehnt wurde. Diese Entwicklung lässt sich
im Anschluss an den soziologischen Neo-Institutionalismus als eine De-
Institutionalisierung der Geschlechterdifferenz interpretieren (vgl. Heintz &
Nadai, 1998). Ronald Jepperson hat in einem wichtigen Aufsatz vorgeschlagen,
zwischen der Institution und ihren Reproduktionsmechanismen deutlicher
zu unterscheiden und den Begriff der Institution von der Vorstellung selbstverständlicher Handlungsroutinen zu lösen. Aus seiner Perspektive können
Institutionen in unterschiedlichem Maße institutionalisiert sein (Jepperson, 1991).
Die entscheidende Differenz liegt in der Art der Reproduktionsmechanismen.
Hoch institutionalisierte Institutionen werden durch habitualisiertes Handeln
reproduziert, die Verhaltenserwartungen sind internalisiert und werden nicht
weiter infrage gestellt. Im Falle einer De-Institutionalisierung kommt es zu
einer Verschiebung der Reproduktionsmechanismen von routinehaftem Vollzug
(„enacting") zu bewusstem und gezieltem Handeln („acting"). Im Zuge dieser
Umstellung wird das eigene Handeln zunehmend begründungspflichtig und die
Institution verliert ihren überindividuellen Faktizitätscharakter (vgl. dazu ausführlicher Nedelmann, 1995).

Jepperson vertritt nun die These, dass eine Institution auch dann aufrechterhalten werden kann, wenn ein solcher Prozess der De-Institutionalisierung
eingesetzt hat. Höflichkeitsformen sind ein gutes Beispiel, um zu zeigen, dass
De-Institutionalisierungsprozesse nicht automatisch zu einer Auflösung der
Institution führen. Die in den 50er Jahren nicht weiter reflektierte Erwartung, dass
der Herr der Dame die Tür aufhält und ihr in den Mantel hilft, überlebt als selbst-
verständliches Handlungsprogramm nur dann, wenn dies tatsächlich und ohne
Peinlichkeiten geschieht (vgl. einschlägig Walum, 1978). Sobald diese wechselseitige Erwartung zum Gegenstand von Überlegungen und situationsspezifischen
Entscheidungen wird, – nur dann, wenn die Frau eine Dame ist, sie mir gefällt,
keine feministischen Allüren hat, oder auf Frauenseite: nur dann, wenn der Herr
älter ist, wir uns in einem privaten Kontext treffen und er meine Unabhängigkeit
respektiert –, setzt ein Prozess der De-Institutionalisierung ein: Die gegenseitige
Verhaltenserwartung verliert an Selbstverständlichkeit und der Herr und die
Dame müssen – situationsspezifisch, ohne darüber zu reden, aber dennoch aufeinander abgestimmt! – entscheiden, welche Verhaltensform gewählt wird.

De-Institutionalisierung ist folglich nicht gleichzusetzen mit der Auflösung
einer Institution, sondern verweist zunächst nur auf eine Veränderung ihrer
Reproduktionsmechanismen. Während die Individualisierungsthese aus dem Abbau

normativer Vorgaben vorschnell auf Entstrukturierung und Auflösung schließt, verhilft Jeppersons Vorschlag dazu, zwischen der Institution und ihren Reproduktionsmechanismen genauer zu unterscheiden. Herren mögen Damen zwar immer noch in den Mantel helfen, dies geschieht jedoch nicht mehr automatisch, sondern ist Folge einer bewussten und situationsabhängigen Entscheidung. Dies zeigt, dass das Verhaltensprogramm zwar unter Umständen weiterhin befolgt wird, die Aufrechterhaltung der Institution aber zunehmend kontextabhängig und damit potenziell prekär wird.

Folgt man der Argumentation von Jepperson, so impliziert eine De-Institutionalisierung der Geschlechterdifferenz also nicht, dass die soziale Differenzierung zwischen den Geschlechtern verschwindet, sondern bedeutet zunächst nur, dass sich die Mechanismen geändert haben, über die sie hergestellt wird. Da die Ungleichheit zwischen den Geschlechtern keine legitime Basis mehr hat und entsprechend begründungspflichtig ist, wird die Ungleichbehandlung von Männern und Frauen nicht mehr routinehaft und selbstverständlich vollzogen. Gleichzeitig kann sie aber nur bei Strafe der Illegitimität über offenkundig gezieltes Handeln hergestellt werden. Wahrscheinlicher ist, dass sie in diesem Fall über Mechanismen reproduziert wird, die im Hintergrund wirken und deren geschlechterdifferenzierende Wirkung nicht auf den ersten Blick erkennbar ist. Um dies am Beispiel der Arbeitsmarktsegregation zu illustrieren: Obschon praktisch alle formalen Barrieren weggefallen sind, die Frauen von bestimmten Ausbildungswegen oder beruflichen Tätigkeitsfeldern ausgeschlossen haben, ist der Arbeitsmarkt nach wie vor in hohem Grade geschlechtsspezifisch segregiert. Während die berufliche Segregation bis in die 1960er Jahre zu einem erheblichen Teil über formale Regulierungen erfolgte – geschlechtsspezifische Lehrpläne, traditionelles Ehe- und Familienrecht, Berufsverbote und Sonderschutzgesetzgebungen (z. B. Nachtarbeitsverbot) – und über die Vorstellung einer grundlegenden Verschiedenheit der Geschlechter legitimiert war, zeigen viele Studien, dass heute andere – indirektere und informellere – Mechanismen für die Kanalisierung von Männern und Frauen in unterschiedliche Tätigkeitsfelder verantwortlich sind (vgl. Chang, 2000; Gildemeister et al., 2003, sowie als Überblick Heintz et al., 1997; Kap. 1).

Diese Umstellung der Reproduktionsmechanismen hat zur Folge, dass sich Geschlechterhierarchien nur unter bestimmten Bedingungen aufbauen und stabilisieren können. Da die Geschlechterungleichheit normativ nicht mehr abgesichert ist, verliert sie ihren Status als durchgängiges gesellschaftliches Ordnungsprinzip und wird zu einem kontextspezifischen und potenziell instabilen Phänomen.

2   Ungleichheit und Interaktion

Ich gehe im Folgenden davon aus, dass unter dieser Bedingung Interaktion der Hauptmechanismus ist, über den sich geschlechtliche Asymmetrien reproduzieren, und die Erklärung entsprechend auch interaktionstheoretisch ansetzen muss.[3]

Institutionen werden zwar auch im Falle hoher Institutionalisierung über Interaktionen reproduziert; die Routinehaftigkeit und die damit verbundene geringere Kontingenz des Handelns erlauben es jedoch, makrosoziale Phänomene bis zu einem gewissen Grad ohne Rekurs auf die Handlungsebene zu analysieren (zum Verhältnis von mikro- und makrosoziologischen Erklärungen vgl. Heintz, 2004). Mit diesem interaktionstheoretischen Zugang vertrete ich eine ähnliche Auffassung wie Randall Collins, der dafür plädiert, die Analyse sozialer Ungleichheit interaktionstheoretisch zu fundieren (Collins, 2000). Für Collins sind Makrostrukturen – z. B. Organisationsstrukturen oder segregierte Arbeitsmärkte – ‚fiktive' Größen, die sich aus einer Vielzahl von Mikrobegegnungen zusammensetzen und über diese erklärt werden müssen (vgl. zu diesem radikal reduktionistischen Programm Collins, 1981). D. h. anstatt die Zunahme der Einkommensungleichheit über Makrokonstellationen zu erklären (z. B. Stärke der Gewerkschaften, Wirtschaftswachstum, industrielle Struktur etc.), ist sie nach Collins' Auffassung auf die konkreten Interaktionsprozesse zurückzuführen, innerhalb derer individuelle Gehälter oder Tarifverträge ausgehandelt werden. Collins' Forderung, Makrokonstellationen in ‚Mikrosituationen' zu übersetzen, muss jedoch in zwei Punkten relativiert werden. Während Collins eine radikal reduktionistische Position vertritt, ist der Rückbezug auf die Interaktionsebene vor allem dann angebracht, wenn Verhaltensmuster an Selbstverständlichkeit verlieren, d. h. im Falle von De-Institutionalisierungsprozessen (s. oben). Zudem

---

[3]Ein alternativer Reproduktionsmechanismus sind Arrangements, die zwar vordergründig geschlechtsneutral sind, sich aber auf die beiden Geschlechter unterschiedlich auswirken. Beispiele dafür gibt es viele: Arbeitsbewertungssysteme, die die typisch weiblichen Tätigkeiten tiefer bewerten als die männlichen, Anciennitätsregeln, die ununterbrochene Berufsverläufe als Norm setzen, oder Arbeitszeitnormen, die von einer vollumfänglichen Verfügbarkeit der Arbeitskräfte ausgehen. Während mit dem ‚gender mainstreaming' ein Instrument zu Verfügung steht, solche versteckten Benachteiligungen zu entdecken, ist es ungleich schwieriger, die geschlechtliche Imprägnierung von augenscheinlich sachbezogenen Interaktionen zu erkennen und sie zu einem öffentlich diskutierten Tatbestand zu machen.

bietet sich eine interaktionstheoretische Erklärung sozialer Ungleichheit nicht in jedem Fall an, sondern vor allem dann, wenn die kategoriale Zugehörigkeit gut sichtbar ist und zwischen den Gruppen dichte Interaktionsbeziehungen bestehen. Beide Voraussetzungen sind im Falle der Geschlechtszugehörigkeit in stärkerem Maße gegeben als z. B. bei Klassen- oder ethnischen Beziehungen.

Angesichts der im Berufsleben hochgehaltenen Norm, zugeschriebene Merkmale zu ignorieren und berufliche Interaktionen ‚ohne Ansehen des Geschlechts' zu vollziehen, ist die Annahme einer interaktionsvermittelten Herstellung von beruflicher Ungleichheit allerdings keineswegs selbstverständlich. Wie ist es unter dieser Bedingung überhaupt möglich, dass die Geschlechtszugehörigkeit den Verlauf und das Ergebnis von Interaktionen beeinflussen kann? Der Grund dafür liegt zum einen in der Eigenheit von Interaktionssystemen 1) und zum andern in der besonderen Rolle, die Geschlechtszugehörigkeit in Interaktionen spielt 2) Beides zusammen erklärt, weshalb geschlechtsspezifische Erwartungen und Stereotype sogar in jene Interaktionsprozesse einfließen können, die besondere Sachlichkeit für sich reklamieren.

1. Interaktionen lassen sich als flüchtige soziale Systeme interpretieren, die sich über gemeinsame Anwesenheit ausdifferenzieren (Luhmann, 1972; Kieserling, 1999). Da Interaktionssysteme auf wechselseitiger Wahrnehmung beruhen, können sie von Personenmerkmalen, die sich der Wahrnehmung aufdrängen, nicht vollständig abstrahieren. Diese Merkmale sind vor allem körperlicher Art. „Plötzliches Nasenbluten", so Luhmanns einschlägiges Beispiel, „wird man kaum übersehen können wie Spritzer auf der Tischdecke" (Luhmann, 1984, S. 562). Dies gilt auch dann, wenn das Sichtbare, normativ gesehen, zu ignorieren ist. Körperliche Stigmata sind dafür ein Beispiel, aber je nach Kontext auch Hautfarbe und Geschlecht. Der gesellschaftliche Imperativ, dass funktionsirrelevante Merkmale zu übersehen sind, greift zwar in beruflichen Interaktionen stärker durch als in „Kommunikationen au trottoir" (Luhmann), dennoch wird er auch hier nur bedingt befolgt. Denn Erving Goffmans „civil inattention" ist ein Gebot, das in der Praxis nicht immer zu erfüllen ist (Goffman, 1963). Durch besondere Anstrengungen lässt sich das Wahrgenommene zwar aus dem Gespräch verbannen, vollständig verdrängen lässt es sich jedoch nicht. Wenn der Bewerber in einem Vorstellungsgespräch errötet, dann wird dies kaum explizit thematisiert, dennoch prägt die Wahrnehmung seines Errötens den weiteren Interaktionsverlauf. Man schaut weg oder tut so, als ob man nichts gesehen hätte, aber man weiß es jetzt und leitet

aus dem Wahrgenommenen Vorstellungen darüber ab, wie sich diese Person als Vorgesetzter wohl verhalten wird.[4] Sozial relevant werden augenfällig sichtbare Merkmale vor allem dann, wenn sich daran generalisierte Verhaltenserwartungen – Stereotype – anknüpfen lassen und die Merkmale Rückschlüsse auf außerberufliche Zusammenhänge und Rollenverpflichtungen erlauben, die zum Sachkontext keinen Bezug haben oder ihm sogar zuwider laufen. Wenn jemand in einem professionellen Zusammenhang errötet, dann lassen sich daraus keine Hinweise auf anderweitige Rollenverpflichtungen und damit verbundene Erwartungen ableiten. Und während man in privaten Beziehungen legitimerweise erwarten kann, dass auf familiäre Verpflichtungen Rücksicht genommen wird (Luhmann, 1984, S. 569 f.) – wer Kinder hat, darf damit rechnen, dass ihm das vorzeitige Verlassen einer Abendeinladung nicht als Unhöflichkeit ausgelegt wird –, sind funktionsgebundene Interaktionen indifferent gegenüber den Rollen, die die Teilnehmer sonst noch ausüben, oder sollten es zumindest sein: Es interessiert nicht (bzw. es hat nicht zu interessieren), dass der Arbeitnehmer gerade eine Scheidung hinter sich hat oder Mitglied in einem Sportverein ist – und erst recht sind daraus keine Ansprüche abzuleiten, weder aufseiten des Arbeitnehmers noch des Arbeitgebers. Solange die außerberufliche Situation aus dem Wahrgenommenen nicht direkt erschließbar ist, lässt sich das Gebot der Indifferenz relativ problemlos erfüllen. Sobald jedoch das Wahrgenommene – die (weibliche) Geschlechtszugehörigkeit zum Beispiel – Rückschlüsse auf die private „Hinterbühne" erlaubt, kann es den Verlauf der Interaktion beeinflussen, auch ohne explizit zum Thema gemacht zu werden (vgl. Weinbach & Stichweh, 2001). Dies gilt sogar, wie der Mechanismus der ‚statistischen Diskriminierung' zeigt, für bloß unterstelltes zukünftiges Verhalten. Unabhängig von der faktischen Familiensituation führt allein die Erwartung der Arbeitgeber, dass Frauen ‚statistisch gesehen' ihr berufliches Engagement zugunsten der Familie reduzieren, zu einer Ungleichbehandlung am Arbeitsplatz.

2. Als hochgradig sichtbares Merkmal drängt sich die Geschlechtszugehörigkeit dem Auge in besonderem Maße auf. Sie erlaubt eine Einordnung, die sehr

---

[4]Da sich der Körper der Anwesenden nicht einfach übersehen lässt, kann er auch gezielt eingesetzt werden, um Interaktionen zu stören oder sogar zu stoppen. Vgl. dazu Luhmanns erfahrungsgesättigte Liste von Interaktionsstörungen an Universitäten, mit der er den gesellschaftlichen Imperativ, zugeschriebene Merkmale zu übersehen, souverän ignoriert (Luhmann, 1984, S. 563).

viel einfacher zu handhaben ist als eine Kategorisierung nach dem graduellen Merkmal der Hautfarbe und zuverlässiger funktioniert als eine Einteilung nach dem nur indirekt erschließbaren sozialen Status.[5] Dies ist der Grund dafür, weshalb in Interaktionen immer und zuallererst nach Geschlecht kategorisiert wird: Interaktion ohne gegenseitige geschlechtliche Identifizierung ist praktisch ausgeschlossen.[6] Dies erkennt man an den Irritationen, die entstehen, wenn das Gegenüber nicht eindeutig als Mann oder Frau identifiziert werden kann. Cecilia Ridgeway (2001) bezeichnet die Geschlechtszugehörigkeit deshalb als „kulturelles Superschema". Die Tatsache, dass wir Menschen automatisch in Männer und Frauen einteilen, bedeutet allerdings nicht, dass die Geschlechtszugehörigkeit sozial immer relevant ist. Wir stellen zwar fest, dass unser Gegenüber eine Frau ist, je nach Situation können jedoch andere Kategorisierungen im Vordergrund stehen, z. B. der soziale Status, die Nationalität oder der Beruf. Die Sortierung von Menschen in Männer und Frauen ist mit anderen Worten ein Angebot, das zur weiteren sozialen Differenzierung genutzt werden kann, aber nicht genutzt werden muss. Die Geschlechtlichkeit von Personen ist zwar als Hintergrunderwartung immer präsent, aber nicht in jedem Interaktionskontext wird das Geschlecht zu einem wichtigen Interpretationsschema. Es sind durchaus Situationen vorstellbar, in denen die Geschlechtszugehörigkeit gezielt neutralisiert oder auch schlicht vergessen wird. Während eine gezielte Neutralisierung bewusste Anstrengungen erfordert, kann die Geschlechtszugehörigkeit auch von anderen Kategorisierungen – z. B. Schicht oder ethnische Zugehörigkeit – überdeckt werden

---

[5]Dies gilt erst recht für andere Mitgliedschaftskategorien (wie etwa ‚Mutter', ‚CDU-Mitglied' oder ‚Professor'), die in der Regel nicht aus der körperlichen Erscheinung abgelesen werden können, sondern sich erst in Interaktionen oder via explizite Kennzeichnungen erschließen. Während ein Irrtum bei der Geschlechtskategorisierung nicht bloß den Kategorisierten trifft, sondern für den Kategorisierer mindestens ebenso peinlich ist, sind Fehlkategorisierungen im Falle von Berufen oder Verwandtschaftsbeziehungen eine lässliche soziale Sünde. Solche Unterschiede der sozialen Ahndung indizieren, ob es sich bei den Mitgliedschaftskategorisierungen um basale oder um sekundäre Einordnungen handelt.

[6]Obschon die Kategorisierung nach Geschlecht einfacher zu bewerkstelligen ist als die Einteilung nach Hautfarbe oder sozialer Stellung, ist sie ein sozial höchst voraussetzungsvoller sozialer Prozess. Denn die „Geschlechtszeichen" sind nicht von Natur aus gegeben, sondern Ergebnis einer weitgehend routinisierten Darstellungspraxis, und müssen vom Betrachter gedeutet und zu einem Gesamtbild zusammengefügt werden (vgl. Hirschauer, 1989).

und dadurch in den Hintergrund geraten.[7] Beide Phänomene – die gezielte
Neutralisierung wie auch das Vergessen von Geschlecht – sind allerdings
immer erst ein zweiter Schritt, der erst nach der basalen Geschlechterunterscheidung zustande kommt und entsprechend besonders voraussetzungsvoll ist
(Hirschauer, 2001).[8]

In beruflichen Kontexten sind die Voraussetzungen für eine soziale Irrelevanz des
Geschlechts zwar besonders günstig, dennoch zeigen interaktionstheoretische
Untersuchungen, dass das Geschlecht auch in jenen Situationen wirksam werden
kann, in denen die Geschlechtszugehörigkeit gezielt ignoriert oder durch andere
soziale Rollen, z. B. jene des Wissenschaftlers oder des Vorgesetzten, in den
Hintergrund gedrängt wird (Ridgeway, 2001; Ridgeway & Correll, 2000; Glick
& Fiske, 1999). Für Ridgeway ist Interaktion der Grundmechanismus, über den
die Geschlechterhierarchie in der Arbeitswelt hergestellt und reproduziert wird –
die Einkommensdifferenzen zwischen Männern und Frauen, die geschlechtliche Etikettierung von Berufen, die Präferenzen der Arbeitgeber für männliche
Arbeitnehmer und die Bildung geschlechtlicher Interessengruppen. Aus ihrer
Sicht kann die Geschlechterdifferenz auch dann den Interaktionsverlauf prägen,
wenn sich die Interagierenden nicht bewusst als Männer oder Frauen adressieren
und die Geschlechtszugehörigkeit für den Interaktionszweck keine unmittelbare
Bedeutung hat. Der Grund dafür liegt in der Unausweichlichkeit geschlechtlicher
Kategorisierung. Die Tatsache, dass wir Menschen unweigerlich in Männer und
Frauen einteilen, hat, so Ridgeway, zur Folge, dass die Geschlechtszugehörigkeit
latent immer präsent ist und deshalb leicht aktiviert werden kann. Auch wenn wir
uns in einem professionellen Zusammenhang als Rollenträger begegnen – z. B.
als Studierende und Professor(innen) –, sind diese Rollen und die damit verbundenen Verhaltensskripte aus ihrer Sicht immer auch geschlechtlich eingefärbt.
Auch in Situationen, in denen die Initialkategorisierung gezielt außer Kraft
gesetzt oder durch andere soziale Mitgliedschaften überlagert wird, nehmen wir
uns unbewusst (auch) als Frauen oder als Männer wahr.

---

[7]Bei gewissen Berufsgruppen gehört gezielte Neutralisierung zum professionellen Handeln.
Man denke etwa an den Gynäkologen oder an die Krankenschwester, die einen Patienten
katheterisiert.

[8]Empirische Studien, die sich aus einer interaktionstheoretischen Perspektive mit der
Neutralisierung von Geschlecht beschäftigen, sind immer noch an einer Hand abzuzählen,
vgl. aber Bettie (2000), Gildemeister et al. (2003), Heintz et al. (1997), Thorne (1993),
Wilz (2002).

Die Tatsache, dass die Geschlechtskategorisierung latent immer präsent ist, ist deshalb sozial folgenreich, weil an die Geschlechtszugehörigkeit normative Vorstellungen – Geschlechterstereotypen – geknüpft sind, die aufgrund ihres dichotomen Charakters eine enorm komplexitätsreduzierende Wirkung haben und aufgrund ihrer Diffusität praktisch immer anwendbar sind. Denn die Kategorisierung hat nur dann einen interaktiven Nutzen, wenn sie mit Vorstellungen darüber verknüpft ist, wie sich die Kategorisierten im Normalfall verhalten. Solche stereotypisierenden Vorstellungen sind im Falle der Geschlechtskategorisierung gegeben, nicht aber z. B. bei einer Kategorisierung nach Augenfarbe oder Haarwuchs. Komplexe Verhaltensweisen und Interaktionsprozesse können auf diese Weise interpretativ auf ein dichotomes Schema reduziert werden: ‚Männer handeln eben so.' Entscheidend für die Erklärung geschlechtsspezifischer Ungleichheit ist der Umstand, dass die Geschlechterstereotypen in der Regel asymmetrisch angelegt sind, d. h. eine Überlegenheit des männlichen Geschlechts unterstellen. In beruflichen Zusammenhängen ist diese Asymmetrisierung besonders folgenreich. Ridgeway spricht in diesem Zusammenhang von „gender status beliefs". Männern wird unterstellt, dass sie sachlicher und kompetenter sind und durch ihr Privatleben weniger abgelenkt werden.

Wie Ridgeway zeigt, wird an diesen Erwartungen auch dann festgehalten, wenn das faktische Verhalten ihnen widerspricht – Frauen z. B. dieselbe Qualifikation, Professionalität und Berufsorientierung aufweisen wie die Kollegen, mit denen sie verglichen werden. Das Beharrungsvermögen von Geschlechterstereotypen ist für sie der Hauptgrund dafür, weshalb Geschlechterungleichheit auch dann fortbesteht, wenn sich ihre ursprüngliche strukturelle Basis verändert hat.

Hinzu kommt, dass die im Berufskontext herrschende Norm der Sachrationalität es schwierig macht, die geschlechtliche Einfärbung von Interaktionen überhaupt zu erkennen (vgl. auch Anm. 3). Da Stellen mit Individuen besetzt sind, die (auch) über ihre persönlichen Merkmale definiert werden – z. B. als Personen, die spezifische außerberufliche Qualifikationen mitbringen und noch in andere Interaktionszusammenhänge eingebunden sind –, gibt es jedoch genügend Ansatzstellen, an denen sich geschlechtsspezifische Erwartungen festmachen können.

Ridgeway vertritt, um die Argumentation noch einmal zusammenzufassen, die Auffassung, dass sich die Geschlechtszugehörigkeit praktisch immer in berufliche Interaktionen einschreibt und über die Aktivierung von asymmetrisch angelegten Geschlechterstereotypen zur Herstellung von Geschlechterungleichheit führt, und zwar auch dann, wenn die beruflichen Interaktionen unter dem Gebot der geschlechtlichen Indifferenz stehen und andere Kategorisierungen für den Interaktionszweck relevanter sind, z. B. die Stellung in der Organisationshierarchie. Die Ursache für diese interaktive Omnipräsenz des Geschlechts liegt darin, dass das Geschlecht als basales Klassifikationsschema jederzeit aktiviert werden kann und mit ihm generalisierte Verhaltenserwartungen – Stereotypen – verbunden sind, die aufgrund ihres dualen und diffusen Charakters eine stark komplexitäts-reduzierende Wirkung haben: ohne kognitiven Aufwand lässt sich die Wirklich-keit auf zwei entgegen gesetzte und asymmetrisch gebaute Typen reduzieren.[9] Mit ihrer Omnirelevanzthese verbaut sich Ridgeway allerdings die Möglichkeit, nach Variation zu suchen, d. h. die Kontextbedingungen zu identifizieren, unter denen die von ihr postulierte Dynamik zum Tragen – oder eben auch *nicht* zum Tragen – kommt. Unter welchen spezifischen Bedingungen färbt die Geschlechts-zugehörigkeit den Interaktionsverlauf, auch wenn dies funktional unan-gepasst und den Beteiligten gar nicht bewusst ist? Oder umgekehrt: Lassen sich Bedingungskonstellationen identifizieren, unter denen sich Interaktionsprozesse tatsächlich ‚ohne Ansehen des Geschlechts' vollziehen? Der Forschungsliteratur lassen sich zwei mögliche Antworten auf diese Frage entnehmen. Die erste bezieht sich auf die Ebene der Organisation, die zweite auf die Ebene der Gruppe.

a) *Organisationssoziologische* Überlegungen legen die Vermutung nahe, dass in hoch formalisierten Organisationen von zugeschriebenen und personalen Merkmalen eher abstrahiert wird. Im Idealfall sind formale Organisationen – das klassische Beispiel ist der von Max Weber beschriebene Idealtypus der Bürokratie – soziale Gebilde, die sich ausschließlich an Sachgesichtspunkten orientieren und zwischen Person und Rolle strikt unterscheiden. Dies gilt, so könnte man vermuten, auch für die Geschlechtszugehörigkeit. Darauf weisen jedenfalls einige empirische Studien hin (vgl. etwa Tomaskovic-Devey & Skaggs, 1999, 2001; Reskin & McBrier, 2000). Diese Studien geben zwar keinen Aufschluss darüber, wie die Interaktionsprozesse im Einzel-nen ablaufen, sie zeigen jedoch, dass zwischen dem Formalisierungsgrad einer Organisation und den beruflichen Integrationschancen von Frauen ein Zusammenhang besteht. Offenbar wird das Prinzip der Leistungsgerechtigkeit in bürokratisierten Organisationsstrukturen eher umgesetzt, während sich in informell organisierten Betrieben, in denen die Grenze zwischen Person und Rolle verschwimmt und Entscheidungen ad hoc getroffen werden, die von Ridgeway beschriebenen Mechanismen eher entfalten können. Eine

---

[9]Der feministische Diskurs hat hier ironischerweise einen verstärkenden Effekt, indem er die Geschlechterdifferenz als Leitdifferenz behandelt und dadurch die Geschlechterunter-schiede ständig präsent hält.

explizite Festlegung von Einstellungsvoraussetzungen, Aufstiegskriterien, Arbeitsanforderungen und Bewertungsverfahren fördert mit anderen Worten leistungsorientierte Rekrutierungs- und Beförderungspraktiken und erschwert damit Entscheidungen, die nach Maßgabe subjektiver Kriterien und auf der Basis funktional irrelevanter Merkmale getroffen werden. Formalisierung hat damit eine doppelte Konsequenz: Die Geschlechtszugehörigkeit wird offiziell unter Beachtungsverbot gestellt und Interaktionen spielen eine geringere Rolle. Sobald klare Regeln existieren, braucht nicht mehr verhandelt zu werden.[10]

b) Wie Rosabeth Moss Kanter (1977) in ihrer bekannten Untersuchung gezeigt hat, ist die geschlechtliche *Zusammensetzung der (Arbeits-)Gruppe* ein entscheidender Faktor für die Aktivierung von Geschlechterstereotypen. In einem weitgehend geschlechtshomogenen Feld muss die Geschlechterdifferenz nicht besonders markiert werden – nicht die Geschlechtszugehörigkeit, sondern andere Merkmale prägen den Interaktionsverlauf (vgl. ähnlich auch Ridgeway, 2001, S. 255). Sobald Frauen jedoch in der Minderheit sind, wird die Geschlechtszugehörigkeit zu einer zentralen Interpretationskategorie: Frauen werden nicht primär als Berufskolleginnen wahrgenommen, sondern vor allem als Vertreterinnen ihres Geschlechts und entsprechend stereotypisiert. Kanter spricht in diesem Zusammenhang von „tokens".[11] Während Kanter der Auffassung war, dass diese Stereotypisierungen mit zunehmendem Frauenanteil abnehmen und sachbezogenen Interaktionen Platz machen, zeigen neuere Untersuchungen, dass ein zahlenmäßiger Anstieg der minoritären Gruppe nicht automatisch zu vermehrter Integration, sondern gerade umgekehrt zur

---

[10]Eine wichtige Randbedingung ist allerdings die Organisationsgröße. Wie aus der Untersuchung von Tomaskovic-Devey und Skaggs (2001) hervorgeht, hat Formalisierung vor allem in großen Organisationen bzw. in Tätigkeitsfeldern mit vielen Beschäftigten einen integrierenden Effekt, während in kleinen Unternehmen die Neigung offensichtlich größer ist, die Mitglieder – auch geschlechtlich – zu personalisieren.

[11]Kanter hat ihr *tokenism*-Konzept zwar anhand einer empirischen Untersuchung zur Situation von Frauen in einem Männerberuf entwickelt, ihre Analyse beansprucht jedoch Gültigkeit für alle Minderheiten. Aus Kanters Sicht ist nicht das Geschlecht der entscheidende Faktor, sondern das numerische Verhältnis von Minderheit und Mehrheit. Eine Reihe von Nachfolgeuntersuchungen hat jedoch gezeigt, dass sich diese Verallgemeinerung nicht aufrechterhalten lässt. Zum einen sind die Ergebnisse nicht einfach auf andere Minderheiten (z. B. minoritäre Ethnien) zu übertragen, zum andern machen männliche *tokens* nicht die gleichen Erfahrungen wie weibliche (vgl. dazu Heintz et al., 1997, insb. Kap. 2).

einer zunehmenden Polarisierung entlang der Geschlechtergrenzen verläuft: das Geschlecht wird als Interpretationskategorie zunehmend relevant (vgl. etwa Allmendinger & Hackman, 1999). Erst bei einem Frauenanteil von etwa 40 % versachlichen sich die Beziehungen und die Geschlechtszugehörigkeit wird zu einem kategorialen Merkmal neben anderen.[12]

Zusammengefasst weisen diese Forschungsergebnisse darauf hin, dass Interaktion ohne Geschlechtskategorisierung zwar nicht möglich ist, der wahrgenommene Unterschied aber nur unter spezifischen Bedingungen soziale Folgen hat. Abschließend sollen diese Überlegungen am Beispiel der Wissenschaft noch etwas ausgeführt werden. Lassen sich in der Wissenschaft Bedingungskonstellationen identifizieren, die ähnlich wie die Formalisierung von Organisationsstrukturen oder die Ausgewogenheit der Geschlechterzusammensetzung in Arbeitsgruppen dazu beitragen, dass Sachkriterien gegenüber partikularistischen Bewertungen Vorrang besitzen und Interaktionsprozesse ‚unter Absehung des Geschlechts' verlaufen? Die empirische Grundlage bildet eine vergleichende ethnographische Studie, in der die Bedeutung der Geschlechterdifferenz in vier Disziplinen (Architektur, Botanik, Meteorologie, Pharmazie) untersucht wurde (vgl. Heintz et al., 2004, 2007).[13]

3   Ohne Ansehen des Geschlechts? Das Beispiel der Wissenschaft

Für die Frage, inwieweit geschlechtliche Zuschreibungen auch in sachorientierten Kontexten wirksam sind, ist die Wissenschaft ein besonders instruktiver Testfall. Nirgendwo anders ist das Prinzip, Leistungen ausschließlich nach Sachkriterien zu beurteilen und von personalen Merkmalen zu abstrahieren, eine so grundlegende Funktionsvoraussetzung wie in der Wissenschaft. Partikularistische

---

[12]Die Ergebnisse der verschiedenen Untersuchungen widersprechen sich allerdings teilweise, vgl. den Überblick über die Forschungsliteratur bei Allmendinger und Podsiadlowski (2001).

[13]Die Studie wurde durch den Schweizerischen Nationalfonds im Rahmen des sozialwissenschaftlichen Schwerpunktprogramms „Demain la Suisse" gefördert. Die Feldforschung in der Meteorologie und Pharmazie wurde von Martina Merz durchgeführt, in der Architektur und Botanik von Christina Schumacher.

Beurteilungen verletzen in diesem Fall nicht bloß das Prinzip der Leistungsgerechtigkeit, sie untergraben zusätzlich eine kognitive Regelstruktur, die nicht nur für das Selbstverständnis der Wissenschaft, sondern auch für ihr praktisches Funktionieren entscheidend ist (vgl. exemplarisch Merton, 1985). Da Leistungsgerechtigkeit in der Wissenschaft sozial *und* epistemisch begründet ist, ist zu vermuten, dass Frauen in der Wissenschaft auf weniger Barrieren stoßen als in anderen Berufsfeldern. Dies scheint jedoch nicht – oder jedenfalls nicht durchgehend – der Fall zu sein: Auch in der Wissenschaft ist das Geschlecht ein Unterschied, der einen Unterschied macht (vgl. als Überblick Heintz, 2004, S. 57 ff.).

Aber auch hier ist das Bild nicht einheitlich: die Arbeitsbedingungen und Aufstiegschancen von Frauen variieren je nach Disziplin bzw. Disziplinengruppe. Darauf weisen jedenfalls die wenigen quantitativen Untersuchungen hin, die die Situation von Frauen in der Wissenschaft disziplinenvergleichend untersucht haben. Wer in einem naturwissenschaftlichen Fach tätig ist, kann damit rechnen, intensiv betreut zu werden, Zeit für die Forschung zu haben und die Qualifikationsarbeiten relativ rasch abzuschließen, und dies gilt unabhängig vom Geschlecht. Ganz anders in den typischen Frauenfächern. Hier ist die Belastung durch die Lehre größer und die Betreuung schlechter, und dies betrifft besonders die Frauen. Zum anderen ist der Geschlechtereffekt in vielen Fällen indirekt und wird vor allem über die Studienwahl vermittelt: Frauen sind vorwiegend in Disziplinen tätig, in denen die Arbeits- und Qualifikationsbedingungen generell schlechter und die wissenschaftlichen Begründungsverfahren wenig standardisiert sind, sodass Raum bleibt für Personalisierungen und geschlechtliche Zuschreibungen (vgl. Leemann, 1999; Leemann & Heintz, 2000).

Ein ähnlich heterogenes Bild zeigt sich auch in der genannten qualitativen Studie: durchgehende und disziplinenübergreifende Geschlechterunterschiede sind kaum auszumachen.[14] Entsprechend stellt sich auch hier die Frage, inwieweit sich Bedingungskonstellationen identifizieren lassen, die den Spielraum für geschlechtliche Personalisierungen einschränken und dazu führen, dass

---

[14]Einschränkend ist darauf hinzuweisen, dass sich die Untersuchung auf öffentlich zugängliche Interaktionskontexte beschränkte. Zu den unter Ausschluss der Öffentlichkeit stattfindenden, für die spätere Karriere jedoch entscheidenden Berufungskommissionen, Habilitationsausschüssen und Herausgebersitzungen von Zeitschriften hatten wir keinen Zugang. Zum andern bezieht sich die Studie vorwiegend auf Angehörige des Mittelbaus, da die Zahl der Professoren – und erst recht der Professorinnen – in den vier untersuchten Instituten zu klein war, um sie systematisch berücksichtigen zu können.

Sachkriterien gegenüber partikularistischen Zuschreibungen Vorrang besitzen. Im Folgenden sollen drei Konstellationen kurz beschrieben werden, auf die die Ergebnisse dieser Studie hinweisen (vgl. ausführlicher und mit Belegen Heintz et al., 2004).

1. *Standardisierung der wissenschaftlichen Verfahren.* Ein entscheidender Faktor scheint der Standardisierungsgrad der wissenschaftlichen Verfahren zu sein. Hohe Standardisierung bedeutet, dass es explizite und kontrollierbare Verfahren gibt, wie Daten zu erzeugen und Hypothesen zu begründen sind. Sobald es solche eigenständigen Verfahren gibt, stehen breit akzeptierte Sachkriterien zur Verfügung, nach denen sich wissenschaftliche Leistungen beurteilen lassen und auf die man sich im Falle von Meinungsverschiedenheiten berufen kann. Beispielhaft dafür sind die Laborwissenschaften (z. B. Pharmazie, experimentelle Physik, Molekularbiologie) und die Mathematik. Den Gegenpol dazu bilden qualitativ verfahrende Feldwissenschaften, z. B. Botanik, Zoologie, Archäologie oder Ethnologie. In qualitativen Feldwissenschaften lassen sich die Verfahren zur Datenerhebung nur bedingt kodifizieren – oft handelt es sich weniger um ein *know-that* als vielmehr um ein *know-how,* das praktisch eingeübt statt diskursiv vermittelt wird (Roth & Bowen, 2001). Und auch wenn es explizite methodische Regeln gibt, lässt ihre konkrete Anwendung einen relativ großen Spielraum offen, der durch eine Kombination von persönlichen *skills* und Erfahrungswissen gefüllt wird.
In Disziplinen, in denen die Verfahren der Datengewinnung und der Hypothesenbegründung standardisiert sind, ist eine Trennung von Person und Leistung im Prinzip realisierbar. Die persönlichen Merkmale der Forschenden – Reputation, Werdegang, Ausbildungsort oder Alter – sind Informationen, die für die Beurteilung der Resultate nicht relevant sind. In Disziplinen dagegen, in denen die Methoden wenig systematisiert sind, ist eine personenunabhängige Leistungsbeurteilung nur beschränkt möglich. Da Feldbeobachtungen oft alleine durchgeführt werden, gibt es keine überprüfbare Garantie dafür, inwieweit die Aussagen auf wissenschaftlich akzeptierten Grundlagen beruhen und nicht auf den subjektiven Einschätzungen der Forscherinnen und Forscher. Es sind in diesem Fall vor allem die persönliche Glaubwürdigkeit des Forschers und die narrative Konsistenz seiner Darstellung, die aus Sicht der Kolleginnen und Kollegen für die Zuverlässigkeit der Resultate bürgen, mit der Folge, dass Kontroversen in Feldwissenschaften häufiger und unentscheidbarer sind als in den Laborwissenschaften oder in der Mathematik (vgl. exemplarisch McCook, 1996; Rees, 2001).

Insofern hat der Standardisierungsgrad der wissenschaftlichen Verfahren einen ähnlichen Effekt wie die Formalisierung von Organisationsstrukturen. Er macht es möglich, die Leistung von der Person zu trennen, die sie erbracht hat. Persönliche Merkmale mögen zwar wahrgenommen werden, sie sind aber für die Einschätzung eines Experiments oder die Beurteilung eines Beweises nicht oder jedenfalls weniger relevant als in Disziplinen, in denen die wissenschaftlichen Verfahren und Beurteilungskriterien wenig systematisiert oder kontrovers sind.

Sobald jedoch die Einschätzung der Person des Forschers in die Leistungsbeurteilung einfließt, können auch die Geschlechtszugehörigkeit und die damit assoziierten Stereotypen die Bewertung beeinflussen, ohne dass dies immer bewusst sein muss. Da „gender status beliefs" (Ridgeway, 2001) in der Regel Männer bevorteilen, insbesondere was die Einschätzung professioneller Kompetenz anbelangt, wirken sich solche Personalisierungen für Frauen negativ aus.

2. *Rollenspezifische Inklusion.* In modernen, funktional differenzierten Gesellschaften nehmen Individuen nicht als ‚ganze Menschen', sondern nur ausschnitthaft am Arbeitsleben teil. Abstrakt gesehen richten sich Organisationserwartungen an die Träger einer bestimmten Rolle und nicht an konkrete Individuen in ihrer individuellen Besonderheit. Was außerhalb oder jenseits der beruflichen Anforderungen liegt – die persönliche „Hinterbühne" gewissermaßen – ist für die Organisation im Prinzip nicht relevant und muss in beruflichen Interaktionen gezielt übersehen werden (vgl. Abschn. 2). Dies gilt auch für die Wissenschaft, in der Wissenschaftler und Wissenschaftlerinnen als Forschende interessieren und nicht in ihren weiteren Rollen und Aktivitäten. Was eine Professorin außerhalb ihrer Arbeit tut, ob sie am Abend Rotwein trinkt, Kirchgängerin ist oder hohen Blutdruck hat, ist in der Regel nicht bekannt und darf höchstens hinter ihrem Rücken zum Gesprächsgegenstand werden. Während sich eine solche Dissoziation von Persönlichem und Beruflichem in den Text- und Laborwissenschaften relativ einfach bewerkstelligen lässt, ist sie in den Feldwissenschaften kaum möglich: Die Forschungsgruppen arbeiten und leben oft tage- oder sogar wochen- und monatelang auf engstem Raum zusammen. Die für eine sachrationale Beurteilung entscheidende Trennung zwischen Person und Rolle kann unter dieser Bedingung kaum aufrechterhalten werden. Ähnlich wie in Disziplinen, in denen die wissenschaftlichen Verfahren wenig standardisiert sind, können auch in diesem Fall geschlechtsspezifische Stereotypen die Bewertung der Forschungsleistungen beeinflussen, und zwar auch dann wenn die Feldarbeit schon lange abgeschlossen ist.

3. *Kooperationszwang.* Ein weiterer Faktor, der sich auf den Spielraum geschlechtlicher Zuschreibungen auswirkt, ist die Organisationsform der wissenschaftlichen Arbeit. Es gibt Disziplinen, in denen vorwiegend alleine gearbeitet wird und der Austausch mit Kolleginnen und Kollegen nur punktuell erfolgt, und andere, die hochgradig arbeitsteilig organisiert sind und in denen die Wissenschaftler bei der Durchführung ihrer Forschung auf die Resultate und Kompetenzen ihrer Teamkollegen angewiesen sind. Richard Whitley (1982) spricht in diesem Zusammenhang von „mutual dependence". In Disziplinen, in denen die Kooperation forschungssachlich begründet wird, ist eine partikularistische Personalauswahl besonders dysfunktional. Wer in der Durchführung seiner Forschung auf andere angewiesen ist, wird seine Mitarbeiter und Kolleginnen nach Kompetenzkriterien auswählen, und nicht nach persönlichen Sympathien oder sozialen Homologien. In Disziplinen hingegen, in denen vorwiegend alleine gearbeitet wird oder die Zusammenarbeit eher freiwilligen Charakter hat, können partikularistische Gesichtspunkte eher zum Zuge kommen. Die schlichte Tatsache, dass es sozial schwieriger ist, mit dem anderen Geschlecht ein Klima informeller Kollegialität herzustellen, schafft Barrieren und fördert die Tendenz, Kooperationspartner auszuwählen, die sozial vertraut sind und zu denen sich zwanglos eine Beziehung „gemütlicher Distanz" aufbauen lässt (Luhmann, 1964, S. 318).

4   Schluss

Eine Positionszuweisung nach zugeschriebenen Kriterien widerspricht dem Prinzip der Gleichberechtigung und der spezifischen Inklusionslogik moderner Gesellschaften. Aus differenzierungstheoretischer Sicht wird Inklusion in funktional differenzierten Gesellschaften nicht mehr einheitlich über zugeschriebene Merkmale, sondern auf der Basis von funktional definierten Sachgesichtspunkten geregelt: Es sind die Funktionssysteme selbst, die auf der Basis ihrer Aufgabenstruktur über die Inklusionsvoraussetzungen entscheiden, und es sind Organisationen, die die jeweiligen Inklusionsmodalitäten implementieren (Luhmann, 1997, S. 843 ff.). Dieser Inklusionslogik entspricht auf normativer Ebene das Postulat der Chancengleichheit. Alle haben im Prinzip die gleichen Chancen, medizinisch versorgt zu werden oder eine Universität zu besuchen. Entscheidend ist allein, ob sie die sachrational begründeten Voraussetzungen erfüllen – tatsächlich krank sind oder ein Abiturzeugnis vorweisen können. Dies hat zur Folge, dass funktionsindifferente Merkmale wie Geschlecht, ethnische

Zugehörigkeit oder Herkunft als Inklusionskriterien an Bedeutung verlieren (müssten), zumindest dann, wenn sie zum Funktionszweck der Institution keinen Bezug haben, d. h. nicht sachimmanent begründbar sind.

Die spezifische Inklusionslogik moderner Gesellschaften und die Durchsetzung des Gleichberechtigungsprinzips haben zur Folge, dass geschlechtliche Zuschreibungen normativ nicht mehr abgesichert sind und entsprechend illegitim werden. Ich habe diese Entwicklung als ,De-Institutionalisierung der Geschlechterdifferenz' bezeichnet und die These vertreten, dass unter dieser Bedingung eine makrosoziologische Erklärung geschlechtlicher Ungleichheit nicht mehr ausreicht, sondern durch eine interaktionstheoretische Erklärung ergänzt werden muss. Im Gegensatz zu Cecilia Ridgeway, die die Auffassung vertritt, dass Interaktionen immer geschlechtlich eingefärbt sind, habe ich dafür plädiert, den Rahmen, innerhalb dessen Interaktionen stattfinden, stärker zu berücksichtigen, als sie es tut. Es macht einen Unterschied, ob Interaktionen „au trottoir" stattfinden – während einer Busfahrt oder bei einem zufälligen Flirt in der Kneipe – oder ob sie funktionsspezifisch und organisatorisch konditioniert sind (vgl. Kieserling, 1999; Kap. 11). Geschlechtliche Zuschreibungen sind in der Wissenschaft illegitimer als in der Familie und Personalisierungen, die auf die private „Hinterbühne" Bezug nehmen, sind in formalen Organisationen weniger am Platz als in informell strukturierten Arbeitszusammenhängen. Dies bedeutet nicht, dass die organisatorischen Rahmenbedingungen den Interaktionsverlauf determinieren, dazu sind Interaktionsprozesse zu eigensinnig, aber sie geben Restriktionen vor, denen in der Interaktion Rechnung zu tragen ist.

Um beurteilen zu können, in welchem Ausmaß es im Interaktionsverlauf zu geschlechtlichen Personalisierungen kommt, reicht der allgemeine Verweis auf den Formalisierungsgrad von Organisationsstrukturen allerdings nicht aus. Es müssen zusätzliche Bedingungen spezifiziert werden, die die geschlechtliche Kategorisierung trotz ihrer Unausweichlichkeit latent halten. Solche Bedingungen habe ich am Beispiel der Wissenschaft zu spezifizieren versucht, indem ich drei Konstellationen beschrieben habe, bei denen die Tendenz zu einer personalisierenden Beurteilung abgeschwächt ist. Diese drei Konstellationen weisen ähnlich wie die organisationssoziologischen Befunde darauf hin, dass sich die von Ridgeway beschriebene Dynamik nicht immer aufbaut, sondern vor allem dann, wenn der Handlungs- und Interpretationsspielraum wenig strukturiert ist. In solch offenen Situationen bietet sich die Geschlechtszugehörigkeit als eine leicht zugängliche Interpretationskategorie an, über die Geschlechterstereotypen in Interaktionen einfließen und am Ende zu einer Ungleichbehandlung führen können.

Literatur

Allmendinger, J., & Hackman, J. R. (1999). Mitigating the stress of gender recomposition: A cross-institutional, cross-national analysis. In U. Pasero & F. Braun (Hrsg.), *Wahrnehmung und Herstellung von Geschlecht. Perceiving and Performing Gender* (S. 188–203). Westdeutscher Verlag.

Allmendinger, J., & Podsiadlowski, A. (2001). Segregation in Organisationen und Arbeitsgruppen. In B. Heintz (Hrsg.), *Geschlechtersoziologie. Sonderband 41 der Kölner Zeitschrift für Soziologie und Sozialpsychologie* (S. 276–307). Westdeutscher Verlag.

Berkovitch, N. (1999). *From motherhood to citizenship. Women's rights and international organisations.* John Hopkins University Press.

Bettie, J. (2000). Women without class: Chicas, cholas, trash, and the presence/absence of class identity. *Signs, 26*(1), 1–35.

Chang, M. L. (2000). The evolution of sex segregation regimes. *American Journal of Sociology, 105*(6), 1658–1701.

Collins, R. (1981). On the microfoundations of macrosociology. *American Journal of Sociology, 86*(5), 984–1014.

Collins, R. (2000). Situational stratification: A micro-macro-theory of inequality. *Sociological Theory, 18*(1), 17–42.

Gildemeister, R., Maiwald, K.-O., Scheid, C., & Seyfarth-Konau, E. (2003). Geschlechterdifferenzierungen im Berufsfeld Familienrecht: Empirische Befunde und geschlechtertheoretische Reflexionen. *Zeitschrift für Soziologie, 32*(5), 396–417.

Glick, P., & Fiske, S. T. (1999). Gender, power dynamics, and social interaction. In M. M. Ferree, J. Lorber, & B. B. Hess (Hrsg.), *Revisioning Gender* (S. 365–398). Sage.

Goffman, E. (1963). *Behavior in public places. Notes on the social organization of gatherings.* Free Press.

Hausen, K. (1976). Die Polarisierung der ‚Geschlechtscharaktere'. Eine Spiegelung der Dissoziation von Erwerbs- und Familienleben. In W. Conze (Hrsg.), *Sozialgeschichte der Familie in der Neuzeit Europas* (S. 363–393). Klett.

Heintz, B. (2004). Emergenz und Reduktion. Neue Perspektiven auf das Mikro/Makro-Problem. *Kölner Zeitschrift für Soziologie und Sozialpsychologie, 56*(1), 1–31.

Heintz, B., & Nadai, E. (1998). Geschlecht und Kontext. De-Institutionalisierungsprozesse und geschlechtliche Differenzierung. *Zeitschrift für Soziologie, 27*(2), 75–93.

Heintz, B., & Schnabel, A. (2005). *National constitutions as a mirror of global norms? A quantitative analysis of gender rights in national constitutions, 1980–2000* (Publikation in Vorbereitung).

Heintz, B., Nadai, E., Fischer, R., & Ummel, H. (1997). *Ungleich unter Gleichen. Studien zur geschlechtsspezifischen Segregation des Arbeitsmarktes.* Campus.

Heintz, B., Müller, D., & Roggenthin, H. (2001). Gleichberechtigung zwischen globalen Normen und lokalen Kontexten. Deutschland, Schweiz, Marokko und Syrien im Vergleich. In B. Heintz (Hrsg.), *Geschlechtersoziologie. Sonderband 41 der Kölner Zeitschrift für Soziologie und Sozialpsychologie* (S. 398–430). Westdeutscher Verlag.

Heintz, B., Merz, M., & Schumacher, C. (2004). *Wissenschaft, die Grenzen schafft. Geschlechterunterschiede im disziplinären Vergleich.* transcript

Heintz, B., Merz, M., & Schumacher, C. (2007). Die Macht des Offensichtlichen. Voraussetzungen geschlechtlicher Personalisierung in der Wissenschaft. *Zeitschrift für Soziologie, 36*(4), 261–281.

Hirschauer, S. (1989). Die interaktive Konstruktion von Geschlechtszugehörigkeit. *Zeitschrift für Soziologie, 18*(2), 100–118.

Hirschauer, S. (2001). Das Vergessen des Geschlechts. Zur Praxeologie einer Kategorie sozialer Ordnung. In B. Heintz (Hrsg.), *Geschlechtersoziologie. Sonderband 41 der Kölner Zeitschrift für Soziologie und Sozialpsychologie* (S. 208–235). Westdeutscher Verlag.

Honegger, C. (1991). *Die Ordnung der Geschlechter. Die Wissenschaft vom Menschen und das Weib.* Campus.

Jepperson, R. L. (1991). Institutions, institutional effects, and institutionalism. In W. W. Powell & P. J. DiMaggio (Hrsg.), *The new institutionalism in organizational analysis* (S. 143–163). Chicago University Press.

Kanter, R. M. (1977). Some effects of proportions on group life: Skewed sex ratios and responses to token women. *American Journal of Sociology, 82*(5), 965–990.

Kieserling, A. (1999). *Kommunikation unter Anwesenden. Studien über Interaktionssysteme.* Suhrkamp.

Leemann, R. J. (1999). Wissenschaft als Beruf? unveröff. Abschlussbericht zum quantitativen Teil des Projekts „Wissenschaft als Beruf? Ursachen und Ausdrucksformen der Untervertretung der Frauen in der Wissenschaft". Zürich.

Leemann, R. J., & Heintz, B. (2000). Mentoring und Networking beim wissenschaftlichen Nachwuchs. Empirische Ergebnisse einer Studie zu Karriereverläufen von Frauen und Männern an den Schweizer Hochschulen. In J. Page & R. J. Leemann (Hrsg.), *Karriere von Akademikerinnen. Bedeutung des Mentoring als Instrument der Nachwuchsförderung* (S. 49–72). Bundesamt für Bildung und Wissenschaft.

Luhmann, N. (1964). *Funktionen und Folgen formaler Organisation.* Duncker & Humblot.

Luhmann, N. (1972). Einfache Sozialsysteme. In N. Luhmann (Hrsg.), *Soziologische Aufklärung* (Bd. 2, S. 21–38). Westdeutscher Verlag.

Luhmann, N. (1984). *Soziale Systeme.* Suhrkamp.

Luhmann, N. (1997). *Die Gesellschaft der Gesellschaft.* Suhrkamp.

McCook, S. (1996). "It may be truth, but it is not evidence": Paul du Chaillu and the legitimation of evidence in the field sciences. *Osiris 11,* 177–197.

Merton, R. (1985). Die normative Struktur der Wissenschaft. In R. Merton (Hrsg.), *Entwicklung und Wandel von Forschungsinteressen. Aufsätze zur Wissenschaftssoziologie* (S. 86–99). Suhrkamp.

Nedelmann, B. (1995). Gegensätze und Dynamik politischer Institutionen. In B. Nedelmann (Hrsg.), *Politische Institutionen in Wandel. Sonderband 35 der Kölner Zeitschrift für Soziologie und Sozialpsychologie* (S. 15–40). Westdeutscher Verlag.

Ramirez, F. O. (2001). Frauenrechte, Weltgesellschaft und die gesellschaftliche Integration von Frauen. In B. Heintz (Hrsg.), *Geschlechtersoziologie. Sonderband 41 der Kölner Zeitschrift für Soziologie und Sozialpsychologie* (S. 356–374). Westdeutscher Verlag.

Ramirez, F. O., & McEneaney, E. (1997). From women's suffrage to reproduction rights? Cross-national considerations. *International Journal of Comparative Sociology, 38,* 6–24.

Rees, A. (2001). Practising infanticide, oberserving narrative: Controversial texts in a field science. *Social Studies of Science, 31*(4), 507–532.

Reskin, B., & McBrier, D. (2000). Why not ascription? Organization's employment of male and female managers. *American Sociological Review, 65,* 210–233.

Ridgeway, C. L. (2001). Interaktion und die Hartnäckigkeit der Geschlechter- Ungleichheit in der Arbeitswelt. In B. Heintz (Hrsg.), *Geschlechtersoziologie. Sonderband 41 der Kölner Zeitschrift für Soziologie und Sozialpsychologie* (S. 250–275). Westdeutscher Verlag.

Ridgeway, C., & Correll, S. (2000). Limiting gender inequality through interaction: The end(s) of gender. *Contemporary Sociology, 29,* 110–120.

Roth, W.-M., & Bowen, M. (2001). ‚Creative Solutions' and ‚Fibbing Results': Enculturation in field ecology. *Social Studies of Science, 31*(4), 533–556.

Thorne, B. (1993). *Gender play. Girls and boys in school.* Open University Press.

Tomaskovic-Devey, D., & Skaggs, S. (1999). Degendered jobs? Organizational processes and gender segregated employment. *Research in Social Stratification and Mobility, 17,* 139–172.

Tomaskovic-Devey, D., & Skaggs, S. (2001). Führt Bürokratisierung zu geschlechtsspezifischer Segregation? In B. Heintz (Hrsg.), *Geschlechtersoziologie. Sonderband 41 der Kölner Zeitschrift für Soziologie und Sozialpsychologie* (S. 308–332). Westdeutscher Verlag.

True, J., & Mintrom, M. (2001). Transnational networks and policy diffusion: The case of gender mainstreaming. *International Studies Quarterly, 45,* 27–57.

Walum, L. R. (1978). The changing door ceremony: Notes on the operation of sex roles in everyday life. In J. Lofland (Hrsg.), *Interaction in everyday life* (S. 51–60). Sage.

Weinbach, C., & Stichweh, R. (2001). Die Geschlechterdifferenz in der funktional differenzierten Gesellschaft. In B. Heintz (Hrsg.), *Geschlechtersoziologie. Sonderband 41 der Kölner Zeitschrift für Soziologie und Sozialpsychologie* (S. 30–52). Westdeutscher Verlag.

Whitley, R. (1982). The establishment and structure of the sciences as reputational organizations. In N. Elias, H. Martins, & R. Whitley (Hrsg.), *Scientific establishments and hierarchies* (S. 313–357). Reidel Verl.

Wilz, S. M. (2002). *Organisation und Geschlecht.* Leske + Budrich.

Wotipka, C. M., & Ramirez, F. O. (2005). World society and human rights: An event history of the convention on the elimination of all forms of discrimination against women. http://www.wcfia.harvard.edu/conferences/internationaldiffusion/papers.asp.

Neutralisierung, Aktualisierung, Invisibilisierung. Zur Relevanz von Geschlecht in Systemen und Netzwerken

Veronika Tacke

1 Einleitung

Im Rahmen der soziologischen Systemtheorie liegt inzwischen eine Reihe von Beiträgen vor, die der Frage nachgehen, welcher Stellenwert der Geschlechterdifferenz in der modernen Gesellschaft zukommt.[1] Ein hohes Maß an Übereinstimmung besteht dabei in diesen Arbeiten bezüglich der Annahme und Beobachtung einer insgesamt abnehmenden gesellschaftlichen Relevanz von Geschlechterdifferenzen. Begründet wird dies mit dem gesellschaftstheoretischen Argument, dass der historische Übergang von der ständischen zur modernen, funktional differenzierten Gesellschaft mit einem radikalen Wechsel der Teilnahmebedingungen von Individuen an Gesellschaft einhergeht. Gesellschaftsstrukturell geht mit diesem Übergang die Aufhebung partikularer Zugangsbeschränkungen und eine entsprechende Neutralisierung der Geschlechterdifferenz einher, wie sie der in Stände hierarchisch differenzierten Gesellschaft noch strukturell entsprach (Weinbach & Stichweh, 2001).[2]

---

[1] Vgl. nur: Tyrell (1986), Luhmann (1988), Pasero (1994), Weinbach und Stichweh (2001), Pasero und Weinbach (2003), Weinbach (2004), im Überblick: Hellmann (2004).

[2] Die Einsicht und Feststellung, dass in der modernen Gesellschaft „Geschlecht als Ordnungsfaktor zunehmend irrelevant" wird (Heintz & Nadai, 1998), ist nicht exklusiv der Systemtheorie zuzurechnen.

V. Tacke (✉)
Universität Bielefeld, Bielefeld, Deutschland
E-Mail: veronika.tacke@uni-bielefeld.de

S. M. Wilz (Hrsg.), *Geschlechterdifferenzen – Geschlechterdifferenzierungen*, Studientexte zur Soziologie, https://doi.org/10.1007/978-3-658-32211-3_9

Dieses auf historische und gesamtgesellschaftliche Strukturentwicklungen bezogene Argument der Neutralisierung geschlechtlicher Differenzierungen stellt die empirisch vorfindlichen geschlechtlichen Ungleichheitsverhältnisse nicht in Abrede, die innerhalb der modernen Gesellschaft nach wie vor und vielfältig zu beobachten sind und sich offenbar mit einiger Persistenz fortschreiben. Es ist jedoch erst die Einsicht, dass solche geschlechtlichen Differenzierungs- und Ungleichheitsphänomene *keinen* strukturellen Rückhalt mehr in der primären Differenzierungsform der Gesellschaft finden, die sie innerhalb der Gesellschaft ,auffällig' werden lässt und soziologisch zu einem anspruchsvollen Erklärungsproblem macht. Wäre die Geschlechterdifferenz dagegen in der Primärstruktur der Gesellschaft verankert, gäbe es damit auch für die Soziologie kaum ein Problem.[3]

Auf die Anschlussfrage, *wie* denn die Differenz der Geschlechter – gleichsam dennoch – in der modernen Gesellschaft aktualisiert und fortgeschrieben wird, haben systemtheoretische Beiträge zwar verschiedene Antworten gegeben. Grosso modo weisen sie aber auch hier in eine gleiche Richtung: Die paradoxe Gleichzeitigkeit von gesellschaftsstruktureller Aufhebung und faktischer Fortschreibung geschlechtlicher Asymmetrien in der modernen Gesellschaft wird aufgelöst, indem das Begründungsproblem auf unterschiedliche Ebenen innergesellschaftlicher Systembildung verteilt wird (vgl. Heintz, 2001; Weinbach & Stichweh, 2001; Pasero, 2003; Weinbach, 2003). Kurz gesagt: Während für die gesellschaftlichen Funktionssysteme wie Wirtschaft, Politik, Recht, Wissenschaft, Erziehung usw. die Neutralisierung der Geschlechterdifferenz jedenfalls wahrscheinlicher ist als ihre Fortschreibung, sind mit der Selbstregulierung von Interaktions- und Organisationssystemen Bedingungen verbunden, die ihre Aktualisierung und strukturelle Fortschreibung möglich machen – sie jedenfalls nicht ausschließen. Folgt man diesem Argument, sind es vor allem Interaktionssysteme, in denen der Unterschied Mann/Frau laufend aktualisiert, d. h. an Personen abgelesen wird, sich dabei über Aspekte der Körperlichkeit aufdrängt und seine „soziale Distinktionskraft" (Weinbach, 2004, S. 53) entfaltet.

---

[3] Die feministische Geschlechterforschung zeigt bisweilen die Neigung, der Geschlechterdifferenz und -ungleichheit eine gesellschaftsstrukturell primäre Bedeutung zuzurechnen. Im „Subtext" sei auch die geschlechtliche Neutralität moderner Sozialstrukturen, etwa der Bürokratie, Ausdruck hegemonialer Maskulinität (vgl. Acker, 1991; Witz & Savage, 1992). Weil theoretische Prämisse (Vergeschlechtlichung) und erklärungsbedürftiges Problem (Vergeschlechtlichung) zusammenfallen, neigt das Argument allerdings zur Tautologie: Strukturen sind vergeschlechtlicht, weil sie vergeschlechtlicht sind.

Der vorliegende Beitrag bestreitet dieses Argument nicht, sondern sondiert Möglichkeiten seiner Ergänzung. Vermutet wird, dass jenseits der primären Differenzierungsstruktur der Gesellschaft, die Funktionssysteme, Organisationen und Interaktionen einschließt, auch und nicht zuletzt sekundäre Formen der Struktur- und Ordnungsbildung zur Stabilisierung der Geschlechterdifferenz beitragen. Als eine sekundäre Strukturbildung werden dabei soziale Netzwerke eingehend behandelt und ihr möglicher Beitrag im Zusammenhang der Aktualisierung und Stabilisierung von Geschlechterdifferenzen sondiert.[4]

Der Beitrag ist wie folgt aufgebaut: Im Anschluss an eine Rekapitulation einschlägiger Argumente, die sich auf die primären Systeme der Gesellschaft beziehen (Abschn. 2), werden Struktur und Funktionsweise von Netzwerken beleuchtet (Abschn. 3). Diese unterscheiden sich durch ihren Primat der Adressen – und den damit angesprochenen personenbezogenen Partikularismus – von den Primärsystemen der Gesellschaft (Abschn. 3.1). Gefragt wird zunächst, welche strukturellen Merkmale Netzwerke aufweisen, die das Aufgreifen geschlechtlicher Differenzen wahrscheinlich machen und auch das Potenzial besitzen, zur Stabilisierung geschlechtlicher Ungleichheiten in der Gesellschaft beizutragen (Abschn. 3.2). Vor diesem Hintergrund wird sodann am Fall von Organisationen gefragt, in welcher Weise sich Netzwerke auch in primären Systemen einnisten und diese mit ihren partikularen Selektionen beeinflussen können (Abschn. 4). Mit der Beobachtung, dass der partikulare Einfluss von Netzwerken sich in Organisationen weitgehend ‚schweigend‘ vollzieht, sind Fragen der Thematisierung bzw. Nicht-Thematisierung bereits angesprochen. Sie verweisen auch auf Fragen der Legitimität. Dies betrifft zum einen die Frage der kommunikativen Darstellbarkeit von partikularistischen Netzwerken in der Gesellschaft, zum anderen die Legitimität der Thematisierung des Geschlechts der an Gesellschaft teilnehmenden Individuen. In der Verbindung beider Gesichtspunkte betrachtet der Beitrag abschießend (Abschn. 5) zum einen ‚Frauennetzwerke‘, zum anderen ‚Männernetzwerke‘ und fragt nach den Bedingungen und Folgen, die mit der Differenz zwischen ihrer Darstellung und ihrer Herstellung jeweils verbunden sind.

---

[4] Interessante Ansatzpunkte in dieser Richtung bietet der Beitrag von Ohlendiek (2003), der die Frage allerdings nicht systematisch mit Bezug auf das Verhältnis primärer und sekundärer Ordnungsbildung sowie Fragen der Thematisierung und Nicht-Thematisierung von Netzwerken betrachtet.

2   Die Neutralisierung von Geschlecht im Kontext der primären Differenzierungsstruktur der Gesellschaft

Im Folgenden soll zunächst jener Argumentationsstand in der Systemtheorie zusammenfassend skizziert werden, demgemäß die moderne Gesellschaft zur Neutralisierung geschlechtlicher Differenzierungen tendiert. In der Darlegung und Differenzierung dieses generellen Arguments, das bei den Modi der Inklusion[5] von Individuen in die moderne Gesellschaft ansetzt, wird bereits auf Einschränkungen und Folgeeffekte der Neutralisierungstendenz hingewiesen, auf die der Beitrag im Weiteren zurückkommt.

Weil und soweit die moderne Gesellschaft als eine funktional differenzierte Gesellschaft vor allem aus Funktionssystemen, Organisationen und Interaktionen besteht, werden Individuen nicht als eine Einheit in die Gesellschaft einbezogen, sondern ihr Einbezug oder Ausschluss vollzieht sich stets nur selektiv in diesen sozialen Systemen der Gesellschaft.[6] Die Differenzierungsform der funktionalen Differenzierung ist sogar überhaupt nur unter der Bedingung möglich, dass Individuen nicht mehr *eine* Position in der Sozialstruktur einnehmen (Totalinklusion), sondern vielmehr – auf der Grundlage ihrer Freistellung aus ständischen Bindungen – unter den je eingeschränkten Sinn- und Relevanzgesichtspunkten, die mit den ausdifferenzierten Systemkontexten verbunden sind, an Kommunikation teilnehmen (partiale Inklusionen). Zum Modus der Inklusion stratifizierter Gesellschaften, der Individuen ihre sozialen Möglichkeiten ausgehend von der Zugehörigkeit zu einem Stand einheitlich zuweist, gibt es in der modernen Gesellschaft keine Entsprechung mehr. Mit der Auflösung der ständischen Vollinklusion von Individuen und der Delegation von

---

[5] Der Begriff der Inklusion bezeichnet die Inanspruchnahme von Individuen durch soziale Systeme. Inklusionen sind Kommunikationen, die die Hinsichten spezifizieren, in denen Individuen als Personen für relevant gehalten werden für systemspezifische Kommunikationen, sei es in Funktionssystemen, Organisationen oder Interaktionen. Nicht an systemexternen Merkmalen, sondern aus den jeweiligen Systemkontexten heraus entscheidet sich, unter welchem je spezifischen Gesichtspunkt Individuen als Adressen für Kommunikation in Anspruch genommen werden und für den Fortgang der jeweiligen Systemkommunikation für relevant (Inklusion) oder irrelevant (Exklusion) gehalten werden (Luhmann, 1995a, S. 241).

[6] Das Verhältnis von Individuum und Gesellschaft wird in der Systemtheorie entsprechend nicht anhand ‚kompakter' Annahmen von ‚Entfremdung' oder ‚Freiheit' beschrieben, sondern mit dem Begriffspaar von Inklusion und Exklusion differenziert formuliert.

Inklusionsfragen an die Funktionssysteme der modernen Gesellschaft wird nicht nur der ‚Stand', sondern damit auch das ‚Geschlecht' als Zugangskriterium zu gesellschaftlichen Rollen im System neutralisiert.

Am deutlichsten lässt sich für die *Funktionssysteme* der Gesellschaft eine Neutralisierung und entsprechend auch historisch abnehmende Relevanz geschlechtlicher Differenzierungen feststellen (Weinbach & Stichweh, 2001). Die funktionsspezifische Codierung der Kommunikationen als wirtschaftliche, rechtliche, religiöse usw. bedeutet, dass Individuen über spezifische Rollen in die Kommunikation einbezogen werden, die jeweils erwartbar machen, was erwartet werden kann (Luhmann, 1997, S. 738 f.). Die Leistungs- und Publikumsrollen, als z. B. Politiker/Wähler, Produzent/Konsument, Lehrer/Schüler, Arzt/Patient sind dabei sinnhaft aufeinander eingestellt, nicht dagegen an anderen eigenen Rollen der Person orientiert. Sie sind entsprechend auch nicht beliebig von einem Systemkontext in einen anderen übertragbar: So besagt die Rollenasymmetrie in der Interaktion zwischen Professorin und Student nicht, dass der Professorin auch im Wartezimmer des Arztes der Vortritt gegenüber z. B. Studenten gebührt. Weder ist mit der Übernahme einer Rolle die Übernahme eines kompakten Rollen-bündels noch mit dem Geschlecht eine Zuweisungsregel für mögliche Rollen ver-bunden, so wie dies in ständisch differenzierten Gesellschaften der Fall war.

Differenzierungen nach dem Geschlecht kommen in Funktionssystemen durchaus vor. Sie verweisen einerseits auf – im Abbau befindliche – historische Kontinuitäten dar (vgl. Weinbach & Stichweh, 2001), sind andererseits aber nicht durchweg als Diskriminierungen zu werten. Wenn in der Erziehung Mädchen besondere Aufmerksamkeit im naturwissenschaftlichen Unterricht zuteil wird, lernen sie deshalb ja keine andere Physik als Jungen. Dies weist bereits auf die funktional relativierte Relevanz der Unterscheidung hin. Die funktionale Rolle der Geschlechterdifferenz lässt sich nicht zuletzt daran ablesen, dass geschlecht-liche Differenzierungen, wo sie vorkommen, nicht die Leistungsrollen der Systeme betreffen (Lehrer, Ärzte, Anwälte usw.), sondern an Besonderheiten der Publikumsrolle ansetzen: In diesem Sinne sind Männer typischerweise keine Klienten bei Gynäkologen, können diese Leistungsrolle aber ebenso ein-nehmen wie Frauen. Anders im professionellen Sport, der geschlechtliche Differenzierungen im Zusammenhang der Leistungsrollen vorsieht.[7] Diese Differenzierung stützt sich auf die funktionale Bedeutung von Körpern für dieses

---

[7] Der – wenig erkennbar durch funktionale Gesichtspunkte begründete – Ausschluss des Zugangs von Frauen zum Priesteramt in der katholischen Kirche ist in diesem Zusammen-hang allerdings zu notieren.

Funktionssystem und bezieht ihre Legitimität aus der Annahme einer grundsätzlich unterschiedlichen Ausstattung der Geschlechter mit körperlicher Leistungsfähigkeit. Die Differenzierung impliziert keine geschlechtliche Asymmetrie,
sondern sichert vielmehr beiden Geschlechtern gleichermaßen Möglichkeiten,
auch Gold zu gewinnen.[8]
Während für die Funktionssysteme der modernen Gesellschaft das Postulat
der „Inklusion aller" gilt, ist für *Organisationen* die „Exklusion der meisten"
der legitime Normalfall (Luhmann, 2000, S. 390 f.). Auf der einen Seite ist dies
pure Faktizität: Nicht alle können an allen Organisationen teilnehmen. Auf der
anderen Seite müssen Organisationen auch aus strukturspezifischen Gründen
selektiv über Inklusionen und Exklusionen entscheiden können. Denn als formale
Systeme „entscheidungsmäßiger Selbststeuerung" (Geser) können sie sich nur
reproduzieren, wenn sie Mitgliedschaften an generalisierte Zustimmung binden
und Inklusionen entsprechend auch revidieren, also Exklusion vollziehen können.
Die formale Entscheidbarkeit über Inklusion und Exklusionen ist konstitutiv,
weil erst sie sichert, dass Organisationen sich von der sozialen Umwelt ihrer Mitglieder unabhängig machen und ihre Entscheidungsproduktion stattdessen an aus-
gewählten Sachumwelten ausrichten können (seien es globale Marktnischen für
Militärtechnologie oder kommunale Programme der Altenförderung).[9]
Im Rahmen ihrer Entscheidungsmöglichkeiten können Organisationen zwar
Kriterien für Inklusion in hohem Maße selektiv formulieren. Und obgleich
schon damit immer nur sehr wenige an Organisationen als Mitglieder teilnehmen
können, ist damit doch nicht gesagt, dass Organisationen partikularistisch
darüber befinden, wer für Inklusion infrage kommt. Formale Organisationen
orientieren sich nicht sozial an der Person, sondern operieren vielmehr – genau
wie Funktionssysteme – universalistisch in dem Sinne, dass sie *keine anderen* als

---

[8] Aus dem gleichen, leistungsbezogenen, Grunde wird dann zum Skandal, wenn Personen,
denen ein männliches Geschlecht zugeschrieben wird, in Frauenligen entdeckt werden (wie
kürzlich an einem Fall in der Presse berichtet wurde).

[9] Die Selektivität der Inklusion sichert nicht nur, dass Organisationen Mitglieder im Hinblick auf hoch spezifische Zwecke wählen können, sondern sie diese Zwecke auch
unabhängig von der Zustimmung der Mitglieder ändern können, wenn die Umwelt der
Nicht-Mitglieder dies nahe legt. Anderenfalls blieben sie – wie assoziative Organisationen
(Vereine) – von ihrer Mitgliederumwelt abhängig. Formale Organisationen dagegen
können ihre Reproduktion – durch Generalisierung von Motivlagen im Austausch gegen
das generalisierte Medium Geld – von der sozialen Umwelt ihrer Mitglieder unabhängig
machen (Luhmann, 1964). Diese ‚Versachlichung' erklärt – im Sinne Webers – ihr
Rationalisierungspotenzial.

systemspezifische und damit sachliche Lösungen für Inklusionsfragen kennen. Nicht an externen Relevanzgesichtspunkten oder persönlichen Kontakten und Bindungen, sondern an internen Problemstellungen und Prämissen, die mit ‚Stellen' bezeichnet sind, erweist sich die Relevanz oder Irrelevanz von Individuen für Mitgliedschaft in formalen Organisationen. In diesem Sinne unterscheiden sich Funktionssysteme und Organisationen zwar generell darin, ob für sie die ‚Inklusion aller' oder aber die ‚Exklusion der meisten' gilt, für beide Systemtypen ist aber ein *universalistischer* Modus der Inklusion konstitutiv.

Auch Organisationen regulieren Inklusionsfragen also nicht qua Geschlecht, wohl aber ist zu Recht darauf hingewiesen worden, dass geschlechtliche Differenzierungen in Organisationen über Zurechnungen von Geschlechtsrollenstereotypen relevant werden können (Weinbach & Stichweh, 2001). Dem Inklusionsmodus von Organisationen entsprechend werden diese nicht ‚irgendwie', sondern im Zusammenhang der Kompetenzen und Erfordernisse aktualisiert, die mit Stellen und entsprechend spezifischen Arbeitsrollen verbunden sind. Einschränkend wirkt das Geschlechtsstereotyp dabei speziell für die Möglichkeiten von Personen weiblichen Geschlechts, denn nur in diesem Fall werden über das Stereotyp auch eigene andere Rollenverpflichtungen – in Familie und Haushalt – hieran assoziiert. In der Ausformung als „weibliches Arbeitsvermögen" prägt das an externen Rollen gewonnene Attributionsmuster dabei stereotype Annahmen auch über Möglichkeiten im Rahmen systeminterner Rollen. Das Geschlechtsstereotyp greift dabei auch und sogar dort, wo die Zurückweisung traditionaler sozialer Rollen an ‚Karrierefrauen' beobachtet wird (Weinbach, 2003, S. 153). So werden Managerinnen zwar durchaus „erfolgversprechende Eigenschaften" zugeschrieben, diese werden aber im Kontext des geschlechtlich differenzierenden Attributionsmusters als „wesentlich instabiler empfunden (...) als die Eigenschaften, die Männern zugesprochen werden" (Kirchler et al., 1996, S. 163, zit. ebd., S. 154).

Die Einschränkung des universalistischen Inklusionsmodus durch Geschlechtsstereotype bezieht sich in Organisationen auf die Relevanz von Individuen als Personal – und damit Personen mit spezifischen Kompetenzen und Fähigkeiten. Sie entspricht damit der allgemeinen Beobachtung, dass eine Verankerung der geschlechtlichen Differenz in Systemen immer dort wahrscheinlich wird, wo in diesen ein Bedarf entsteht, ihre psychischen Umwelten als Personen aufzufassen (vgl. Weinbach & Stichweh, 2001). Mit der „Form Person" (Luhmann, 1995b) ist dabei eine Struktur der Kommunikation angesprochen, ein Bündel aus Erwartungen hinsichtlich von Verhaltensmöglichkeiten, an dem die Kommunikation ihre Fortsetzungsmöglichkeiten antizipiert. Die Person ist dabei eine adressierbare Instanz und soziale Erwartung, die immer auch geschlechtlich

verstanden wird und im System geschlechtlich differenzierend wirken kann,
wenn auch nicht muss.

Ihrer Struktur gemäß erscheinen vor allem *Interaktionssysteme* prädestiniert
dafür, Gelegenheiten und Möglichkeiten aufzugreifen, geschlechtliche
Differenzen an Personen abzulesen und diese als Zurechnungen im Fortgang der
Kommunikation selektiv zu verwenden. Der Grund wird im Rahmen der Systemtheorie darin gesehen, dass Interaktionssysteme im Unterschied zu Funktionssystemen und Organisationen auf der Anwesenheit der Teilnehmer beruhen und
ihr „Zurechnungswesen" (Hellmann, 2004, S. 38) sich konstitutiv auf Wahrnehmungsbedingungen stützt. Unter Bedingungen der Wahrnehmung des
Wahrgenommenwerdens kann die Kommunikation von Aspekten auch körperlicher Kopräsenz kaum absehen. Es kommt zum nahezu unvermeidlichen Ablesen
des Geschlechts an ‚body outlines', stimmlichen Tonlagen, Gestik und Mimik,
wobei geschlechtliche Selbstpräsentationen etwa durch Kleidung oder Körper-
schmuck den „geschlechtlichen Erkennungsdienst" der Interaktion unterstützen
(Tyrell, 1986).

Zur Wahrscheinlichkeit der Aktualisierung der Geschlechterdifferenz trägt ihre
einfache informationelle Handhabbarkeit bei. Sie wird am wahrscheinlichsten
dabei dort, wo es in Interaktionen an Personenkenntnis mangelt und Indikatoren für funktionale oder organisatorische Rollen fehlen, die das Geschlecht der
Person in der Interaktion auf Distanz zu bringen vermögen. So sind Interaktionen
in Behandlungszimmern von Zahnärzten erwartbar weniger durch das Geschlecht
der beteiligten Personen strukturiert als spontane Interaktionen unter Fremden in
Kneipen oder „au trottoir".

Zusammenfassend kann man die Tendenzen so formulieren: Einerseits
können ein Abbau und eine Neutralisierung der Geschlechterdifferenz in
den primären Systemen der modernen Gesellschaft festgestellt werden, insbesondere in den Funktionssystemen der Gesellschaft. Soweit das Geschlecht
von Personen funktional relevant wird, kann es auch *explizit* zum Thema werden.
Andererseits wird das Geschlecht unmittelbar an Personen abgelesen (in Interaktionen, einschließlich professionellen und organisierten Interaktionen). Die
Aktualisierung bleibt dabei in der Kommunikation überwiegend *implizit*. Sie wird
als wahrnehmungsgestütztes Wissen relevant für Kommunikation, bleibt aber
– auch in ihren diskriminierenden Struktureffekten – der Kommunikation selbst
entzogen.[10]

---

[10]Vgl. für eine ausführliche theoretische Begründung des Verhältnisses von impliziter und
expliziter Kommunikation im Zusammenhang der strukturellen Kopplung von Bewusstsein
und Kommunikation: Hiller (2005).

Zwar unterscheiden sich die primären Systemtypen hinsichtlich ihres Potenzials zur Aktualisierung geschlechtlicher Differenzierungen. Zugleich kann aber von einer generellen Tendenz der – *kommunikativen* – Neutralisierung der Geschlechterdifferenz gesprochen werden. Denn wo die Differenz explizit in der Kommunikation vorkommt, ist sie tendenziell funktional neutralisiert und legitim, und wo sie nicht funktional begründbar ist, tendiert sie dazu, im Bereich der impliziten Kommunikation zu verbleiben – und in diesem Sinne dann kommunikativ neutralisiert zu sein.[11]

Mit der Unterscheidung expliziter und impliziter Kommunikation ist bereits – auf der Seite der Inklusion – ein wichtiges Problem sichtbar gemacht, den faktischen Fortschreibungen geschlechtlicher Asymmetrien gesellschaftlich – also kommunikativ –, habhaft' zu werden. Ein korrespondierendes Problem wird auf der anderen Seite sichtbar, der Seite der Exklusion. Exklusionen sind die stets mitgeführte, zwangsläufig andere Seite der Inklusion.[12] Exklusion kommt damit in der modernen Gesellschaft in zwei Varianten vor: Als Exklusion, die „nur geschieht", und als Exklusion, die „explizit vollzogen" wird (vgl. Stichweh, 2004, S. 355 ff.).[13] Im zuerst genannten Fall meint dies, dass Individuen im System nicht auffallen, weder eine ausdrückliche Negation ihrer Relevanz markiert wird, noch eine Kommunikation beobachtbar ist, die an die jeweilige Person adressiert wird. Im zweiten Fall bedeutet Exklusion, dass sie kommunikativ markiert wird.[14] Exklusion heißt dann nicht lediglich ‚draußen sein', sondern meint die

---

[11] Statt von einer „De-Thematisierung" von Geschlecht zu sprechen (Pasero, 1995), ziehe ich es vor, zwischen impliziter und expliziter Kommunikation zu unterscheiden. Vgl. kritisch zum Konzept der De-Thematisierung auch Nassehi (2003).

[12] Das gilt schon deshalb, weil Inklusionen (als Kommunikation von Gesichtspunkten der Rele-vanz) stets von allem anderen absehen, das unter den je systemeigenen Gesichtspunkten nicht relevant ist oder hinderlich für die Aufrechterhaltung und Fortsetzung der Kommunikation. Für die Möglichkeit der Ausdifferenzierung und Fortsetzung system-spezifischer Kommunikation ist das ‚Absehen-können-von' auf der Seite der Inklusion im Übrigen konstitutiv. Dies impliziert zugleich, dass funktionale Differenzierung Exklusion voraussetzt, eben die gesellschaftliche Freisetzung von Individuen aus ständischer (Voll-) Inklusion und für funktional differenzierte Modi der (partialen) Inklusion.

[13] Auch hier – und in beiden Fällen – geht es um ein ‚Absehen-von', in diesem Falle dem Absehen von solchen Hinsichten und Merkmalen, die Teilnahmemöglichkeiten im System eröffnen würden.

[14] Wo sie nicht markiert wird, ist sie die zwangsläufig andere Seite der Inklusion. Individuen fallen im System nicht auf, „es wird keine ausdrückliche Negation vollzogen, aber es läßt sich auch keine Kommunikation beobachten, die an die jeweilige Person adressiert wird" (Stichweh, 2004, S. 355). Der Beobachter stellt Exklusion fest, die „nur passiert".

kommunikative Beförderung von Individuen ‚nach draußen'. Es werden Hinsichten und Merkmale formuliert und Personen zugerechnet, die deren Möglichkeiten der Teilnahme an Funktionssystemen oder Organisationen und damit auch ihre Interaktionsmöglichkeiten limitieren.

Aus dieser Unterscheidung der Exklusionsformen kann bereits entnommen werden, dass zum einen nicht jedes Exklusionsereignis als Problem und Skandal in der Kommunikation erscheinen muss. Exklusionen können alltägliche und undramatische Normalereignisse in der modernen Gesellschaft sein, und sie sind dies mitunter auch dann, wenn sie als explizite Exklusionen vorkommen.[15] Zum anderen bleiben Exklusionen vielfach gesellschaftlich unbeobachtet und in ihrem Vollzug massenhaft „unauffällig" (Stichweh, 2004). Gesellschaftlich fallen Exklusionen nicht als Einzelereignisse auf, sondern sie werden als soziales Problem erst registriert, wenn sie sich – im Resultat – als kumulative Exklusionen aus Funktionssystemen und deren Organisationen darstellen.[16]

Auf Einzelereignisse sind Exklusionen kaum zurückführbar. Auch kategoriale – z. B. geschlechtliche – Exklusionen lassen sich im Allgemeinen kaum an Einzelsituationen festmachen, vielmehr fallen sie im Resultat auf. Eine Zurückführung des Einzelfalls auf bestimmte Ursachen bzw. Merkmale (Geschlecht) ist schon angesichts einer Vielzahl von kommunikativen Situationen und beteiligten Systemen faktisch nur als simplifizierende Zurechnung möglich – damit zwar im Resultat ‚immer', im Einzelfall aber ‚nie' plausibel. Dazu trägt bei, dass nicht nur Inklusionen, sondern auch Exklusionen auf dem ‚Absehen von' beruhen. Die Thematisierung, was im System relevant (Inklusion) und was im System nicht relevant ist (Exklusion), bedeutet eben keineswegs, dass alles auch *thematisiert* wird.

---

[15] So ist die Entlassung eines Patienten als gesund aus dem Gesundheitssystem ein positiv bewerteter Fall von Exklusion.

[16] Als soziales Problem werden Exklusionen nicht schon mit Bezug auf Exklusionen aus einzelnen Organisationen registriert, sondern – erst und zunächst – vielen Organisationen eines Funktionskontextes. Darauf wird gesellschaftlich typischerweise zunächst mit Formen „korrigierender Inklusion" reagiert (Stichweh, 2004). Organisationen mit dieser Funktion sind z. B. Sonderschulen oder Resozialisierungseinrichtungen – und aktuell solche Organisationen, die in „Vorbereitungskursen" die Inklusionschancen von Jugendlichen in Ausbildungsorganisationen verbessern sollen. Zumal die „korrigierende Inklusion" ihren Erfolg in der Zeit nicht garantieren kann, trägt sie zur Unauffälligkeit der Exklusion bei. Letztlich aber wird Exklusion erst als soziales Problem registriert, wenn sie die Teilnahme von Individuen an Funktionssystemen kumulativ unwahrscheinlich macht und ihre Möglichkeiten der Lebensführung erheblich eingeschränkt werden.

Mit expliziten Formen der Exklusion ist schon deswegen nicht zu rechnen, weil jedes ‚Nein' in der Kommunikation konfliktgenerierend wirkt. Stichweh zufolge (2004, S. 355 ff.) besteht eine Eigentümlichkeit der modernen Gesellschaft sogar darin, dass sie die konfliktgenerierende ‚Neins' eher abbaut. Das ‚Nein' – die explizite Exklusion – wird tendenziell invisibilisiert. So richten sich die Aufmerksamkeiten, etwa im Rahmen von Bewerbungsverfahren, Ausschreibungen, Wettbewerben und Auktionen danach stets auf das ‚Ja', also die explizite Inklusion. Das ‚Nein', die explizite Mitteilung der Irrelevanz, wird dagegen vermieden. Bei Bewerbungen auf Professuren werden z. B. Ablehnungen ohne individuelle Begründungen und so stark zeitverzögert mitgeteilt, dass sie für den Adressaten keinen besonderen Informationswert mehr haben, wenn sie eintreffen (ebd., S. 356).[17]

Im vorliegenden Zusammenhang wird sich im Weiteren zeigen, dass Mechanismen der Invisibilisierung des ‚Nein' in zwei spezifischen Hinsichten bedeutsam sein können. Denn zum einen scheinen in die Inklusionsform von *Netzwerken* Mechanismen der Invisibilisierung des ‚Nein' eingebaut zu sein, zum anderen kann gefragt werden, inwieweit Invisibilisierungen des ‚Nein' sich am *Geschlecht* festmachen lassen.

3   Primäre und sekundäre Ordnungsbildung. Zur Relevanz von Geschlecht in Netzwerken

Inwieweit können die fortgesetzten Geschlechterasymmetrien in der modernen Gesellschaft befriedigend über die Herstellungsbedingungen in den drei Systembildungskontexten beschrieben werden? Zweifel scheinen angebracht, wenn das Begründungsproblem vor allem auf Interaktionssysteme und ihre interne „Architektur" reduziert wird (Weinbach, 2004, S. 53). Zwar sind Interaktionen in der Gesellschaft allgegenwärtig, aber ihre Effekte bleiben schon deshalb eingeschränkt, weil von Aggregationen zwischen den Systemebenen nicht auszugehen ist – so als setzten sich geschlechtliche Differenzierungen, die in Interaktionen hervorgebracht und aktualisiert werden, auf den Ebenen von

---

[17] In der Abfolge vieler Bewerbungen gibt es für die Betroffenen dann „keinen Zeitpunkt und kein Ereignis" mehr, an dem die Exklusion aus universitären Leistungsrollen „sich definitiv vollzogen hätte" (ebd., S. 356). Am Ende bleibt nur noch ein Akt der „Selbstexklusion", der in der resignativen Feststellung besteht, sich „nie wieder" auf eine entsprechende Stelle zu bewerben (ebd.).

Organisationen und Funktionssystemen bruchlos fort. Zwar schließt die Selbst-
referenz sozialer Systeme ein, dass sie Konditionierungen aus anderen Systemen
übernehmen, dabei stehen aber – um im Bild der Systemebenen zu bleiben
– geschlechtlichen Konditionierungseffekten ‚von unten' nicht weniger als
funktionale Neutralisierungseffekte ‚von oben' gegenüber.

Sofern Beschreibungen geschlechtlicher Differenzierungen entlang der
Inklusionsmodi der primären Differenzierungsstruktur der Gesellschaft an
– damit bezeichnete – Grenzen stößt, liegt die Frage nahe, welchen Beitrag
sekundäre Formen der gesellschaftlichen Struktur- und Ordnungsbildung zur
Reproduktion geschlechtlicher Differenzierungen und Ungleichheiten in der
modernen Gesellschaft beitragen. Zwar ist die moderne, funktional differenzierte
Gesellschaft primär durch eine Binnendifferenzierung in Funktionssysteme,
Organisationen und Interaktionen gekennzeichnet; sie ist zugleich aber offen für
Strukturreichtum.[18]

Netzwerke

Eine Form der sekundären Strukturbildung stellen in der modernen Gesellschaft soziale Netzwerke dar (vgl. Tacke, 2000a; Bommes & Tacke, 2005,
2006). Die Vielfalt ihres Vorkommens kann man dabei bereits an typischen
Namensgebungen ablesen: Nachbarschaftsnetzwerk, Migrationsnetzwerk,
Korruptionsnetzwerk, Policy-Netzwerk, Wissenschaftlernetzwerk, Wirtschafts-
förderungsnetzwerk, Absolventennetzwerk, Unternehmensnetzwerk, Zuliefer-
netzwerk, Arbeitslosennetzwerk, Frauennetzwerk, Innovationsnetzwerk usw.
Gegenstand sollen im Weiteren hier allerdings keine interorganisatorischen
Netzwerke sein, in denen Personen als Mitglieder im formellen Auftrag von
Organisationen kommunizieren. Im vorliegenden Zusammenhang interessieren
vielmehr solche Netzwerke, die als persönliche Beziehungsnetzwerke bezeichnet

---

[18] Die Gesellschaft schließt sekundäre Formen der Ordnungsbildung nicht aus, sieht diese
vielmehr sogar vor. Nichts anderes besagt es auch, wenn in der Systemtheorie vom *Primat*
einer Differenzierungsform der Gesellschaft die Rede ist. Für alle sekundären Strukturen
gilt aber, dass ihr Entstehen und ihre Einsatzmöglichkeiten nicht beliebig sind, sondern
den Regulierungen der gesellschaftlichen Primärstruktur unterliegen. Das ‚Geschlecht'
bezeichnet in diesem Sinne dann keine „sekundäre Differenzierung". Vgl. Pasero (1994,
S. 277).

werden und sich – in welchem Kontext auch immer – auf der Grundlage persönlicher Bekanntschaften bilden.

Ganz allgemein gilt, dass sich Netzwerke über soziale Adressen konstituieren.[19] Dabei steuert die Kommunikation personale Adressen an und mobilisiert dabei Optionen und Möglichkeiten, die mit diesen Adressen jeweils verbunden sind und an ihnen entdeckt werden. Netzwerke stützen sich in ihrer Konstitution auf die Primärsysteme der Gesellschaft und sind in diesem Sinne sekundäre Formen der Ordnungsbildung. Denn die Möglichkeiten und Optionen, die sie an Individuen als sozialen Adressen als attraktiv entdecken, beruhen auf den *Inklusionsprofilen* der einbezogenen Personen. Bezeichnet sind damit die je individuellen Geschichten aus Teilnahmen (Inklusionen) und Nicht-Teilnahmen (Exklusionen) an den primären Sozialsystemen der Gesellschaft, insbesondere Funktionssystemen und Organisationen. Ihre Inklusionsprofile machen soziale Adressen für reziproke Leistungskommunikation mehr oder weniger interessant. Dabei knüpfen Netzwerke nicht nur an die Beobachtung multipler Inklusionen und entsprechend ‚positive' Karrieren an. Auch kann die Attraktivität der Inklusionsprofile von sozialen Adressen auf eingeschränkten Zugangsmöglichkeiten, kumulierten Exklusionen und Negativkarrieren beruhen. Migrationsnetzwerke sind dafür ein einschlägiges Beispiel.[20]

Über die Kombinatorik von sozialen Adressen vermögen Netzwerke sinnhaft heterogene und im Prinzip beliebige sachliche Möglichkeiten und Kontexte zu verknüpfen. Soweit sie dabei Schranken beliebiger Adressierbarkeit überwinden müssen, die mit funktionalen und organisationalen Rollen in der gesellschaftlichen Kommunikation verbunden sind, ist Netzwerkbildung prekär. Sofern diese Schranken aber überwunden werden, vermögen Netzwerke im Modus einer reziproken Leistungskommunikation ein mehr oder weniger spezifisches Leistungsspektrum zu stabilisieren. Das Spektrum der Leistungen kann dabei sachlich eng umgrenzt ausfallen, wie z. B. im Falle von Expertennetzwerken, in denen es etwa nicht selbstverständlich ist, dass Netzwerkteilnehmer auch in Fragen der Wohnungssuche adressierbar sind. Oder das Leistungsspektrum kann, wie im Falle von Migrationsnetzwerken, in hohem Maße diffus und in der sachlichen Auslegung möglicher Netzwerkleistungen expansiv angelegt

---

[19] Als personalisierbare Adressen kommen neben Individuen auch Organisationen infrage. Der vorliegende Aufsatz geht – zumal Organisationen bekanntlich kein Geschlecht haben – nicht speziell auf formale Organisationsnetzwerke ein. Die Rolle von Organisationen für personale Netzwerke wird gleichwohl relevant sein.

[20] Vgl. als Fallstudie Müller-Mahn (2000) sowie deren Rekonstruktion in Tacke (2000a).

sein (Vermittlung von z. B. Erwerbsarbeit, Transport- und Wohnmöglichkeiten, Gesundheits- und Rechtsleistungen etc.). Die Unterscheidbarkeit von Typen der Netzwerkbildung legt zwar nahe, dass soziale Adressen entlang typisierbarer Inklusions- und Exklusionsprofile in Netzwerke einbezogen werden (z. B. Migranten aus einem bestimmten ägyptischen Dorf, Wissenschaftler einer bestimmten Subdisziplin etc.). Kennzeichnend aber ist gleichwohl, dass soziale Adressen für und in Netzwerken stets *partikular* relevant werden und sich als Netzwerkadressen im Kontext einer reziproken Leistungskommunikation bewähren. Grundlage der Netzwerkbildung sind in diesem Sinne bekannte und für kontext- und rollenübergreifende Ansinnen auch mobilisierbare soziale Adressen.[21]

Es ist damit der *Primat der sozialen Adressen,*[22] durch den sich Netzwerke konstitutiv von den Primärsystemen der Gesellschaft unterscheiden und der es möglich macht, heterogene Sach- und Sinnkontexte in der gesellschaftlichen Kommunikation zu verknüpfen. Die primären Systeme dagegen folgen – aufgrund der Differenzierung von sozialem Sinn, die mit der funktionalen Differenzierung der Gesellschaft verbunden und bezeichnet ist – stets einem *Primat der sachlichen Problemstellung;* sie gehen also von je spezifischen, sei es funktionalen oder organisatorischen Problemstellungen, aus und steuern auf deren – und keinen anderen – selektiven Sinngrundlagen Personen als Adressen und Zurechnungspunkte für Mitteilungen an.

---

[21] Für die Bildung von Netzwerken ist damit das Wissen und die Attraktivität sozialer Adressen keine hinreichende Bedingung. Vorausgesetzt ist auch deren soziale Mobilisierbarkeit. Bekanntschaft ist vorausgesetzt, zugleich genügen aber auch wiederholte Kontakte in funktionalen oder formalen Rollen nicht schon, um andere und kontextübergreifende Sinnbezüge und Möglichkeiten an sozialen Adressen zu mobilisieren. Dafür sorgen nicht zuletzt die systemspezifischen Rollen, die Adressierungen in jeweils anderen Hinsichten entmutigen und zugleich legitime Möglichkeiten bereitstellen, weitergehende kommunikative Ansinnen abzulehnen. Der Hausarzt mag in der Nachbarschaft wohnen, aber auch aus regelmäßigen Konsultation in seiner Praxis ergibt sich nicht schon die Möglichkeit, ihn jenseits seiner professionellen Rolle und unter Absehung damit verbundener Rollenasymmetrien in Anspruch zu nehmen.

[22] Auf den Primat der sozialen Adressen machen nicht zuletzt sozialtheoretische und formale Netzwerkansätze aufmerksam (Burt, 1982; Granovetter, 1985). Sofern man daran dann system-theoretisch anschließt, ist der Primat jedoch empirisch zu verstehen, nicht dagegen gesellschaftstheoretisch. Gesellschaftstheoretisch gilt der Primat der Systemdifferenzierung – der Netzwerkbildung entsprechend als sekundäre Ordnungsbildung sichtbar macht. Vgl. ausführlicher: Tacke (2000a).

Netzwerk und Geschlecht

Angesichts der fast beliebigen Anlässe und treibenden Motive für die Bildung von Netzwerken sowie der Vielfalt der Gesichtspunkte, die an individuellen Inklusionsprofilen attraktiv für Netzwerkbildung sein können, ist zunächst nicht anzunehmen, dass Netzwerke sich prinzipiell mit Bezug auf das Geschlecht der Teilnehmer bilden. Zugleich ist im empirischen Sinne kaum zu bestreiten, dass Netzwerke häufig erkennbar vergeschlechtlicht sind. Damit liegt die Vermutung nahe, dass die Vergeschlechtlichung von Netzwerken und die Aktualisierung von Geschlechterdifferenzen in Netzwerken zur geschlechtlichen Differenzierung auch in den Sozialsystemen der Gesellschaft, vor allem Organisationen, beitragen können.

Im Folgenden soll zunächst danach gefragt werden, ob und inwieweit Netzwerke aus strukturellen Gründen dazu prädestiniert sind, geschlechtliche Differenzen zu aktualisieren und fortzuschreiben. Als Bezugspunkt für Vergleiche werden dabei insbesondere Interaktionen und Organisationen herangezogen.

Weil Netzwerke sich über *Personen* als Adressen konstituieren, liegt es zunächst nahe, dass ihr Strukturpotenzial zur Aktualisierung von Geschlechterdifferenzen demjenigen vergleichbar ist, das für Interaktionen und Organisationen aufgewiesen wurde. Netzwerke setzen allerdings die Anwesenheit der Teilnehmer nicht voraus. In diesem Sinne wird nicht laufend und zwangsläufig jener „geschlechtliche Erkennungsdienst" (Tyrell, 1986) aktiviert, der in Interaktionen mit Wahrnehmungsbedingungen und auch körperlichen Kopräsenzen verbunden ist. Empirisch sind Interaktionen aber sowohl für das Anlaufen von Netzwerken wie auch für die zwischenzeitliche soziale Bestätigung der Relevanz sozialer Adressen bedeutsam. In diesem Sinne sind z. B. Tagungen, und nicht zuletzt deren Pausen und Abendprogramme, für die Stabilisierung von Netzwerkkontakten unter Wissenschaftlern zentral. Anders als formale Organisationen, die Personen nicht willkürlich, sondern gemäß Regeln etwa der Zuständigkeit adressieren, können Netzwerke zwanglos an interaktiv erzeugte Differenzierungen hinsichtlich der Relevanz oder Irrelevanz von Personen anschließen.

Dabei ist für Netzwerke, mehr noch als für Organisationen, erwartbar, dass sie Geschlechtsrollenstereotype aktivieren. Denn Netzwerke beruhen darauf, dass sie ihre Möglichkeiten an den Inklusionsprofilen von Personen suchen, also Adressen immer auch im Hinblick auf Potenziale, Möglichkeiten und Rollen in anderen Kontexten absuchen. Soweit das Stereotyp ‚Frau' eine Beschränkung externer Sozialbezüge auf Haushalt und Familie impliziert, bedeutet dies für Netzwerke ein differenzielles Attraktivitätsdefizit weiblicher Adressen. Dem steht allerdings entgegen, dass Netzwerke anhand von Adressen anlaufen, die bekannt sind. Zumal die Inklusionsprofile von Frauen faktisch immer weniger dem Stereotyp entsprechen, vermag dieser durch Personenkenntnis substituiert zu werden. Zentraler scheint in diesem Zusammenhang das Argument, dass geschlechtsstereotype Attributionsmuster auch auf die Leistungsrollen von Frauen – und selbst noch erfolgreiche ‚Karrierefrauen' – durchschlagen. Zuschreibungen der Instabilität von Erfolgsmustern, die damit angesprochen sind, dürften aber gerade für Netzwerke ein unattraktives Merkmal von Adressen sein, zumal gerade für Netzwerke ihre Stabilisierung in zeitlicher, sachlicher und sozialer Hinsicht prekär ist.

Mit der Bedeutung von Personen als Adressen ist zugleich der partikularistische Modus der Inklusion in Netzwerke angesprochen. Bedeutsam ist daran nicht allein, dass Netzwerke in der Lage sind, sich exklusiv geschlechtlich zu bilden – denn das können auch Organisationen (z. B. Frauenhäuser). Strukturell gesehen ist vielmehr das Fehlen universalistischer Inklusionskritierien bedeutsam. Teilnahme an Netzwerken beruht auf dem Prinzip der Selbstergänzung, dies aber nicht – wie im Falle der Mitgliedschaft in Organisationen – auf formalen oder assoziativen Prinzipien (vgl. Stichweh, 2000). Weder kann man in Netzwerken – wie in Vereinen – durch Beitrittserklärung Mitglied werden und mit Aufnahme prinzipiell rechnen, sofern man die erklärten Zwecke teilt, noch kann man sich in Netzwerken – wie in formalen Organisationen – um definierte Stellen bewerben, dabei erwartend, dass dem Mitgliedschaftswunsch entsprochen wird, sofern man den Stellenkriterien formal entspricht und Leistungskriterien bestmöglich erfüllt. Netzwerke kennen keine Mitgliedschaftsrollen, keine Stellenausschreibungen und keine an formalen Regeln orientierten Personalauswahlverfahren. Sie beziehen Adressen partikular, d. h. sozial an der Person orientiert, ein.

Man mag im Umfeld von Netzwerken auf sich aufmerksam machen und Interesse an Teilnahme signalisieren, aber für das Anmelden von Ansprüchen auf Teilnahme gibt es keine Grundlage. Das hängt damit zusammen, dass Inklusion in Netzwerke operativ kein Beitrittsakt ist, sondern den Einbezug in eine reziprozitätsgestützte Leistungskommunikation bedeutet und sich dabei als sachliche und soziale Bewährung erst in der Zeit erweist. Damit ist für Netzwerke zugleich das Fehlen expliziter Formen der Kommunikation von Relevanz und Irrelevanz typisch. Während in Organisationen Inklusionen und Exklusionen explizite – und damit auch konfliktfähige – kommunikative Akte sind, können Fragen der Inklusion und Exklusion in Netzwerken über weite Strecken als implizites Wissen kommuniziert und damit latent gehalten werden. Gehört man schon oder noch nicht, immer noch oder schon nicht mehr zu einem bestimmten

Netzwerk?[23] Mit den Zeitstrukturen der Kommunikation von Reziprozität und ihren Latenzen ist in Netzwerke ein Mechanismus der Invisibilisierung des ‚Nein' eingebaut. Man wird aus Netzwerken nicht explizit ausgeschlossen – und auch Aufnahmebegehren müssen, wo sie als Kommunikation vorkommen, nicht explizit abgelehnt werden, um faktisch nicht zur Inklusion zu führen. Denn auch Inklusion erweist sich nur operativ an Reziprozitätskommunikation und damit erst in der Zeit.

Zwar kann an einem Netzwerk im Resultat auch kategoriale, etwa geschlechtliche Exklusion beobachtet werden, aber für entsprechende Konflikte gibt es in Ermangelung expliziter und zeitlich fixierbarer Inklusions- und Exklusionsereignisse keine handfesten Anhaltspunkte. Konflikte werden schon damit im Ansatz entmutigt. Dazu kommt, dass Netzwerke Teilnehmer immer partikular – und damit eben nicht kategorial – einbeziehen. Gerade da, wo explizite Kriterien und formale Regeln des Einbezugs fehlen, können Vorwürfe in der Kommunikation zurückgewiesen werden, dass der Nicht-Einbezug einer oder mehrerer Personen ursächlich auf ein bestimmtes personales Merkmal, ihr Geschlecht, zurückzuführen ist.[24] Weil also in Netzwerken nicht Personenkategorien, sondern immer nur Personen im Horizont von idiosynkratischen Kontakten und Inklusionsgeschichten relevant werden, können selektive Zurechnungen von Inklusionsfragen auf Geschlechterdifferenzen im Konfliktfall als unbegründet zurückgewiesen und der entsprechenden Person selbst als Fehlzurechnung attribuiert werden. Auch das Wissen darum entmutigt Konflikte. So gesehen, beruhen Netzwerke nicht nur auf partikularem Einbezug, sondern sie entziehen sich strukturell auch generellen Erwartungen und expliziten Ansprüchen, dem Inklusionsuniversalismus der Gesellschaft zu entsprechen.

Neben den Bedingungen der Aktualisierung von Geschlechterdifferenzen in der Netzwerkkommunikation sowie den Besonderheiten ihres Inklusionsmodus lassen sich schließlich auch Strukturgründe dafür benennen, dass Netzwerke ein höheres Potenzial zur Stabilisierung von Geschlechterdifferenzen aufweisen als Interaktionen.[25] Denn Netzwerke sind nicht lediglich ephemere Systeme, die

---

[23] Angesprochen ist damit auch die stets prekäre Stabilisierung von Netzwerkgrenzen (vgl. Bommes & Tacke, 2006).

[24] Ausnahmen sind Netzwerke, die sich explizit als ‚Frauennetzwerke' und ‚Männernetzwerke' deklarieren – und damit eine Inklusionsbedingung markieren.

[25] Es sei daran erinnert, dass in der systemtheoretischen Diskussion zur Geschlechterfrage vor allem Interaktionssysteme das Potenzial zugetraut wird, geschlechtlichen Differenzierungen in der Gesellschaft „soziale Distinktionskraft" (Weinbach) zu verleihen.

ihre Reproduktion einstellen, wenn die Bedingung wahrnehmbarer Kopräsenz der Teilnehmer entfällt. Vielmehr stellen Netzwerke, sofern ihre stets prekäre Stabilisierung gelingt, vergleichsweise *überdauernde* Strukturbildungen dar.[26] Zugleich können sie – anders als Interaktionen – auch *ortsunabhängig* operieren und eignen sich mitunter auch für globale Strukturbildung. Die strukturellen Merkmale und Möglichkeiten von Netzwerken heben sich von jenen der Interaktion deutlich ab und bringen sie mit Organisationen zumindest ‚auf Augenhöhe'. Gemeint ist damit, dass erst ihre delokalisierte und zeitstabile Struktur eine notwendige (wenn auch keine hinreichende) Bedingung dafür erfüllt, dass Netzwerke mit ihrem Partikularismus selektiv auf Strukturen der primären Sozialsysteme der Gesellschaft wirken können. Ephemere Interaktionen sind dazu ersichtlich allenfalls punktuell in der Lage. Schon in Organisationen aber bedeutet Einfluss nicht lediglich, eine einzelne Entscheidung oder Entscheidungssituation, sondern Entscheidungsprämissen und -prozesse zu kontrollieren – und damit einen zeitflexiblen und delokalisierten Zusammenhang aus vielen Entscheidungen.[27]

Gleichwohl wird im Folgenden nicht anhand von Entscheidungsprozessen, sondern mit Bezug auf Einzelentscheidungen der Frage nachgegangen, wie und unter welchen Bedingungen es personalen Netzwerken möglich wird, Einfluss auf Organisationssysteme zu gewinnen. Ausgangspunkt und Gegenstand sind dabei Entscheidungen über Mitgliedschaften, also wiederum Inklusionsfragen. Deren Relevanz liegt im Zusammenhang der Frage nach geschlechtlichen Differenzierungen und Benachteiligungen empirisch auf der Hand. Wiederum aber geht es um die Frage struktureller Möglichkeiten, vor allem die, wie sich der Universalismus von Organisationen und der Partikularismus von Netzwerken im Kontext von Inklusionsentscheidungen in Organisationen zueinander verhalten. Denn empirisch gesehen bedeutet die Tatsache, dass Organisationen auf universalistischen Modi der Inklusion beruhen (also keine anderen als systemspezifische Kriterien für Inklusionen kennen), nicht zwangsläufig auch, dass sie dem Partikularismus von Netzwerken widerstehen. Die These ist vielmehr, dass Organisationen nicht trotz, sondern wegen ihres Universalismus zum Einfalls-

---

[26] Sie erreichen indes, weil sie von Personen und deren Lebensdauer abhängig bleiben, nicht die Lebensdauer von Organisationen.

[27] Den man dann – wie Luhmann gelegentlich – selbst als ein ‚Netzwerk' beschreiben mag. Damit ist dann allerdings nicht – wie hier – eine auf der Kombination personaler Adressen bezogene Sozialform gemeint, sondern im sehr allgemeinen Sinne ein heterarchischer Verknüpfungsmodus von Systemoperationen.

tor für Netzwerkpartikularismen werden. Diese können, müssen sich aber nicht zwangsläufig als geschlechtliche Partikularismen darstellen.[28]

4   Zur Selektivität von Netzwerken im Organisationskontext

Exemplarisch soll hier ein empirisches Beispiel als Ausgangspunkt dienen, das partikulare Inklusionsverhältnisse in Organisationen sichtbar macht, die sich auf Netzwerkselektivitäten beziehen lassen. Das Beispiel bezieht sich dabei auf ungleiche Inklusionschancen im Rahmen der Rekrutierung von Auszubildenden in einem deutschen Unternehmen der Automobilindustrie (Bommes, 1996). Dem Fokus der Studie gemäß werden die Benachteiligungen und Exklusionseffekte nicht auf Geschlechterfragen bezogen, sondern betreffen die eingeschränkten Zugangsmöglichkeiten jugendlicher Migranten zu Ausbildungsplätzen. Instruktiv ist das Beispiel aber im exemplarischen Sinne gleichwohl. Denn es zeigt, dass sich beobachtbare kategoriale Ausschlüsse und Nachteile auch auf der Rückseite partikularer Netzwerkselektivitäten in Organisationen einstellen können.

Nun erwiesen die Auswertungen der personenbezogenen Merkmale von erfolgreichen und nicht erfolgreichen BewerberInnen um einen Ausbildungsplatz nicht allein, dass jugendliche Migranten relativ geringer zum Zuge kamen. Auch zeigte sich, dass für rund 60 % der in einem Jahrgang rekrutierten Auszubildenden galt, dass bereits deren Vater oder Mutter im Unternehmen beschäftigt waren. Im Verhältnis dazu lag dieser Anteil unter den BewerberInnen um einen Ausbildungsplatz nur bei rund 30 % (ebd., S. 41).[29] In der Größenordnung überraschte dieses Ergebnis auch die Vertreter der Personalabteilung, zumal auch der Gesichtspunkt verwandtschaftlicher Beziehungen kein offizielles Kriterium der Einstellung darstellte.

---

[28] Um Missverständnisse zu vermeiden: Das Argument ist im Folgenden nicht, dass ausschließlich soziale Netzwerke für Abweichungen vom Universalismus in Organisationen sorgen oder sorgen können. Wohl aber wird angenommen, dass Netzwerke – zumal sie die zuvor schon benannten Strukturmerkmale aufweisen – in besonderer Weise dazu beitragen. Im Übrigen aber ist für das folgende Argument die Beobachtung zentral, dass Organisationen – trotz und wegen ihres Inklusionsuniversalismus – Partikularismen zulassen und davon auch profitieren können.

[29] Es geht dabei jeweils um mehrere Hundert Bewerbungen pro Jahr und entsprechend hohe Rekrutierungszahlen, z. B. 450 Bewerbungen/137 Rekrutierungen.

Wie ist dies möglich? Erklärungen durch informelle Kontakte und personen-
bezogene Beziehungsnetzwerke liegen nahe: Betriebsangehörige mögen mit
Referenz auf ihre Elternrolle z. B. einen Betriebsrat hinsichtlich seiner Möglichkeiten adressiert haben, in relevanten Entscheidungsarenen der Organisation ein
gutes Wort für die Söhne und Töchter einzulegen oder doch seinerseits Adressen
mit Zugang zur entsprechenden Personalentscheidung zu mobilisieren. Sofern
dabei, um im Beispiel zu bleiben, mit dem Betriebsrat eine kontextuell bestimmte
Rolle im Spiel ist, lässt sich vermuten, dass der erworbene ‚Kredit' auf eine
Gegenleistung sich als Unterstützung im Kontext betrieblicher Interessenpolitik
und -vertretung auszahlt. Soweit aber, um weiter im Beispiel zu bleiben, der
Betriebsrat gerade nicht in dieser seiner Rolle angesprochen wurde, sondern unter
einem ‚sachfremden' Aspekt (Verwandtschaft) und damit als Person und Netz-
werkadresse mobilisiert wird, kann im Prinzip auch die reziproke Gegenleistung
im Netzwerk eine Währung annehmen, die mit dem Kontext von Organisation
und Betriebspolitik nichts zu tun hat.

Sichtbar wird: Netzwerke, die sich im Organisationskontext einnisten, setzen
Inklusionen in organisatorische Mitgliedschaftsrollen voraus, die allgemein erst
Zugang zum System eröffnen. Entlang der Differenzierung von Arbeitsrollen in
Organisationen sind Mitgliedschaften aber nicht mit einheitlichen Möglichkeiten
des Zugangs auch zu Entscheidungen des Systems verbunden. Schon in der sachlichen Differenzierung von organisatorischen Rollen und Zugängen können damit
Anreize zur Bildung von Netzwerken innerhalb von Organisationen liegen. Wie
das Beispiel zeigt, müssen aber die Leistungen in Netzwerken gerade nicht auf
einen spezifischen Sinnkontext (Organisation) beschränkt bleiben. Vielmehr
können sie mit Inklusionen und Rollenerwartungen auch anderer Systeme verbunden sein (Elternrolle in der Familie, Mitgliedsrolle in der Gewerkschaft).

Netzwerke nutzen nicht nur Zugänge zu organisations- und funktionsspezi-
fischen Leistungen und Karrieren für ihre eigene Reproduktion, sondern sie
produzieren damit zugleich auch Ausschlüsse. Die differenzielle Exklusion
jugendlicher Migranten hat somit nicht notwendig und primär etwas mit ihren
eigenen Inklusionsprofilen und Leistungen zu tun, sondern beruht auch darauf,
dass ihre Eltern nicht in gleicher Weise in den sozialen Netzwerken verankert
sind, die sich im Kontext gewerkschaftlicher und betrieblicher Traditions-
bildungen in Unternehmen herausbilden.

Das Beispiel zur Rekrutierung von Auszubildenden in Großbetrieben ist für
den vorliegenden Zusammenhang weder aufgrund detaillierter Beschreibungen
von Netzwerkstrukturen interessant, noch weil dieselben sich nachvollziehbar
auf Geschlechterdifferenzen bezögen, sondern vielmehr, weil die aufgewiesenen

Inklusionsverhältnisse treffend als „schweigend" bezeichnet werden (ebd.). In welchem Sinne aber sind sie schweigend?

Evident ist zunächst, dass Inklusionsverhältnisse, die über persönliche Beziehungsnetzwerke realisiert werden, im kommunikativen Sinne schweigend sind, weil sie in Handbüchern zum betrieblichen Personalmanagement nicht auftauchen und zu den Selbstbeschreibungen eines modernen ‚Human Ressource Management' auch in den Organisationen nicht passen.[30] Kommunikative Darstellungen des organisatorischen Personalmanagements, die Aspekte und Kriterien der Leistung in den Vordergrund stellen, sind deshalb aber nicht lediglich symbolischer Talk, der sich als solcher dadurch auszeichnet, vom faktischen organisatorischen Handeln und Entscheiden entkoppelt zu sein (Brunsson, 1989). Denn empirisch finden – zumal in großen Organisationen – ja durchaus offizielle, an sachlichen Kriterien orientierte Bewerbungsverfahren und leistungsbezogene Tests und Einstellungsgespräche statt.

Wie können personale Netzwerke aber unter dieser einschränkenden Bedingung partikularen Einfluss auf organisatorische Personalentscheidungen gewinnen? Dies hat offenbar etwas mit dem universalistischen Prinzip – also der Versachlichung – der Inklusion in Organisationen zu tun. Paradox formuliert: Wenn im Prinzip jeder an Organisationen teilnehmen kann, der die Kriterien erfüllt, kann es im Prinzip dann auch jeder sein, *sofern* er die Kriterien erfüllt. Anders gesagt: Versachlichung produziert Indifferenz. Weil der an Sachkriterien orientierte Inklusionsmodus von der Individualität der Personen abstrahiert und sie im Hinblick auf systemeigene Kriterien vereinheitlicht, hält er keinen Mechanismus bereit, der auf eine bestimmte Person für eine bestimmte Stelle führt.[31] Zugespitzt formuliert: Welche Bewerberin soll eingestellt werden, wenn im Personalauswahlverfahren eben alle Verbliebenen die formell definierten Einstellungs- und Leistungskriterien erfüllen? Die Symmetrie der Alternativen, die dabei nicht auf der Seite der Individuen vorliegt, sondern über die versachlichten Inklusionskriterien der Organisation erzeugt wird, benötigt eine Asymmetrie.

Grundsätzlich können Netzwerke in jene Lücke einspringen, die der Inklusionsuniversalismus der Organisation in Bezug auf Personen hinterlässt. Weil Organisationen eben keine anderen als ihre systemeigenen Selektions-

---

[30] Nur im Nachhinein werden sie annonciert – man lese nur Firmengeschichten.

[31] Auch hier ist auf Arbeitsmärkte zu verweisen, die mit Bezug auf Qualifikationsprofile im einen Falle zu viele, im anderen Falle gar keine passenden BewerberInnen bereit halten mögen.

kriterien kennen und damit Indifferenz gegenüber der Individualität von Personen erzeugen, vermag die partikularistische Orientierung, die Netzwerke mit ihrem Primat personaler Adressen auszeichnet, von der Symmetrie personeller Alternativität entlasten – und damit einen Beitrag zur organisatorischen Unsicherheitsabsorption leisten.

Allerdings überlassen Organisationen Netzwerken nicht beliebig das Feld. Generell verfügen gerade sie ja über einen Mechanismus, der von der Symmetrie der Alternativität entlastet.[32] Sie entscheiden – und orientieren dabei Entscheidungen an anderen Entscheidungen. Mit Bezug auf Personalentscheidungen ist dabei typisch, dass Organisationen Kommissionen formell einsetzen, also auf Interaktionen zurückgreifen, um allgemeine Mitgliedschaftskriterien weitergehend zu spezifizieren. Dazu gehört auch, dass Personen zu Bewerbungsgesprächen gebeten werden, sie also über ihre in Lebensläufen schriftlich dokumentierten Leistungen hinaus in Interaktionen auf Aspekte der persönlichen Befähigung und Eignung hin abgesucht werden.[33] Insofern es sich um ‚organisierte Interaktionen‘ handelt, sind sie durch Organisation konditioniert. Zugleich aber sind solche Interaktionen offene Flanken für Konditionierungen auch durch Netzwerke, jedenfalls dann, wenn sie Mitglieder einbeziehen, die als Personen zugleich in Reziprozitätskommunikationen von Netzwerken einbezogen sind (also Doppelinklusion vorliegt).

Das Netzwerk bleibt in der Interaktion typischerweise latent, also schweigend. Dafür sorgen bereits Einschränkungen, die sich aus der Kommunikation in organisatorischen Mitgliedschaftsrollen ergeben sowie auch das Wissen, dass Personalvorschläge organisatorisch im Allgemeinen nur aufgegriffen werden, wenn sie in der versachlichten Semantik von Leistung, Qualifikation und Eignung zur Geltung gebracht werden. Nur auf diese Weise kann in Organisationen dem Rechtfertigungsbedarf entsprochen werden, der – als Möglichkeit von Rückfragen und Bitte um Begründung – die Entscheidungskommission stets begleitet. Mit ihren eigenen Strukturen sind Netzwerke allerdings für die Anpassung ihrer partikularen Personalofferten an organisatorische Ansprüche in besonderer

---

[32] Nun würfeln Organisationen nicht und sie verhungern auch nicht, wie der bekannte Esel von Budrian angesichts der Gleichheit der Strohsäcke, zwischen denen er steht. Organisationen *entscheiden;* das ist ihre Form, die Symmetrie der sachlichen Alternativität zu asymmetrisieren (Luhmann, 2000).

[33] Weil Gesichtspunkte der ‚persönlichen Befähigung‘ und ‚Eignung‘ stets an Personen individuell abgelesen werden, erscheinen diese Kriterien in der vorliegenden Perspektive als eine organisatorisch institutionalisierte Konzession an soziale Netzwerke.

Weise geeignet. Denn immerhin gehören die Beobachtung und die reflexive Thematisierung von Adressen sowie das Monitoring der mit Adressenprofilen verbunden Potenziale zum Alltagsgeschäft der Netzwerkkommunikation, die in dieser Hinsicht Züge des Klatsches aufweist (March & Sevón, 1984). Hinsichtlich des Wissens über Personen scheinen sie nicht nur Organisationen, sondern auch den Möglichkeiten der organisierten Interaktion strukturell überlegen. Sie können an Personen nicht nur aktuell präsente, sondern im Rahmen des Inklusionsprofils vielfältige Gesichtspunkte aktualisieren, darunter auch solche, die eine Bevorzugung im Kontext der Organisation erwarten lassen und zur sachlichen Rechtfertigung organisatorischer Personalentscheidungen beizutragen vermögen.

Einschränkungen für die partikulare Promotion von Personen und die Anpassung netzwerkintern relevanter Personalofferten an organisatorische Ansprüche ergeben sich – das liegt auf der Hand – einerseits aus Anforderungen und Kriterien, die durch Stellen definiert sind, andererseits daraus, dass das Monitoring personaler Adressen im Rahmen individueller Inklusionsprofile zwar vielfältiges, aber keineswegs beliebiges Personenwissen erzeugen kann, das Organisationen dann erfolgreich angedient werden könnte. Die strategische Geschicklichkeit eines Netzwerkes kann sich in diesem Zusammenhang nicht zuletzt darin erweisen, seine Möglichkeiten nicht erst in der Personalentscheidung selbst zur Geltung zu bringen, sondern bereits in der Spezifikation der Ausschreibungs- und Stellenbesetzungskriterien.[34] Im Grenzfall kann die Entscheidung für eine bestimmte Person auf diese Weise bereits in den Bereich einer an Sicherheit grenzenden Wahrscheinlichkeit gebracht werden, ohne dass das Netzwerk in der Entscheidungssituation selbst noch durch entsprechende Teilnehmer präsent sein müsste.

Die faktischen Inklusionsverhältnisse können schweigend bleiben, weil Netzwerke zur Übersetzung eigener Relevanzen von Personen in systemkompatible Kriterien der Inklusion in der Lage sind.[35] Erst und nur auf der Seite der Organisation aber findet sich der eigentliche Grund, warum jene Inklusionsver-

---

[34] Zugänge zu Entscheidungssituationen sind immer vorausgesetzt.

[35] Man mag daher meinen, dass es ‚Akteure‘ sind, die in Netzwerken und Organisation agieren und Relevanzen im eigenen Interesse optimieren. Zum einen aber sind die Übersetzungen netzwerkinterner in organisatorische Kriterien kommunikative Leistungen von Netzwerken; zum anderen können weder ‚der Akteur‘ noch ‚das Netzwerk‘ für die Organisation entscheiden. Entscheiden kann – für die Organisation – nur die Organisation selbst.

hältnisse, die am Beispiel der Rekrutierung von Auszubildenden exemplarisch dargelegt wurden, stillschweigend sich vollziehen. Denn Organisationen *können* gar nicht anders, als die Rekrutierung ihrer Mitglieder sich selbst – also den eigenen Entscheidungen – zuzurechnen, unabhängig davon, welchen Beitrag persönliche Beziehungsnetzwerke daran haben und sich selbst zuschreiben. Denn nicht das Netzwerk, das mit Bezug auf Personen selektiv mitwirkt, sondern die Organisation teilt das Ergebnis des Personalauswahlprozesses formell mit, unterschreibt Ausbildungsverträge und verschickt Absagen an BewerberInnen. Das Netzwerk produziert seinen Beitrag im Kontext organisatorischen Entscheidens in diesem Sinne stets anonym (Luhmann, 2000, S. 243).

Eine Folge des ‚Schweigens‘ von Netzwerken im Kontext organisationaler Entscheidungen ist, dass die Nicht-Berücksichtigten – seien es Frauen, Kinder von Migranten oder Herr Meier – sich ihre Irrelevanz im organisatorischen Bewerbungsverfahren als Defizit eigener Leistungen zurechnen lassen müssen. Weil die Organisation die Entscheidung samt Begründungslasten übernommen hat und das Netzwerk auch in der Kommunikation relevanter Prämissen nicht offiziell in Erscheinung tritt, steht es für Zurechnungen nicht zur Verfügung und bleibt für Rechtfertigungsanfragen unerreichbar. An die Organisation gerichtete Bitten um Begründung, die, gegebenenfalls auch in Anspielung auf Netzwerke, Zweifel an der Sachlichkeit und Eigenständigkeit organisatorischer Entscheidungen formulieren, können mit Befremden sowie damit rechnen, der Person zugerechnet zu werden. Die partikularen Selektivitäten und Beiträge von Beziehungsnetzwerken bleiben – nicht zuletzt aufgrund des organisatorischen Selbstzurechnungsmechanismus von Entscheidungen – schweigend.

Ergänzend ist hinzuzufügen, dass Organisationen prinzipiell dazu in der Lage sind, Netzwerke in ihrem Kontext auch formell zum Thema und Entscheidungsgegenstand zu machen. Sie können sie z. B. mit personellen Konsequenzen dort verbinden, wo – zugunsten von Netzwerkleistungen – gegen organisatorische Erwartungen in Mitgliedsrollen verstoßen wird. Das ist zunächst unwahrscheinlich. Denn zum einen ‚verstecken‘ sich Netzwerke – nicht zuletzt aus diesem Grunde – mit ihrer Kommunikation in der Kommunikation. Zum anderen sorgt organisatorische Indifferenz für die Unwahrscheinlichkeit ihrer Thematisierung. Indifferenz ist nicht allein, wie oben am Beispiel eingeführt, Folge der Versachlichung im organisatorischen Umgang mit Personen und auch nicht lediglich ein residuales Phänomen. Vielmehr sehen Organisationen bei weitem nicht für alle Fragen und Eventualitäten eigene Entscheidungen und entsprechende Strukturen vor. Sie verlassen sich laufend auch auf fremderzeugte Beiträge und Strukturen und verleihen überhaupt nur wenigen Kommunikationen, die in ihrem Kontext vorkommen, organisatorische Relevanz, indem sie ihnen das Licht der Entscheidung aufsetzen (und damit Indifferenz in Differenz verwandeln). Sie überlassen damit auch Netzwerken ein weites Feld für Aktivitäten im Organisationskontext.

In den Bereich des Wahrscheinlichen rückt die formelle organisatorische Thematisierung von Netzwerken schließlich nicht nur dort, wo erkennbar gegen organisatorische Erwartungen verstoßen wurde, sondern auch, wo Organisationen im Rahmen ihrer eigenen Programme und Probleme von Netzwerkleistungen in spezifischer Weise profitieren. Bekanntlich wird gelegentlich sogar der Umfang persönlich mobilisierbarer Adressen und Netzwerkkontakte zum offiziellen Kriterium für Mitgliedschaft in Organisationen, etwa im Bereich des Kundendienstes (Kundenadressen), in Verlagen (Autorenkontakte) oder auch bei Berufungen an Universitäten (internationale Kontakte).[36] Dort, wo personale Netzwerke nicht nur mit, sondern im definierten Rahmen der formellen Wahrnehmung spezifischer Aufgaben in Mitgliedschaftsrollen entstehen, liegt ihre Funktionalisierung und Anerkennung durch Organisationen nahe. Indem sie personale Netzwerke zum eigenen Vorteil aus der „darkness of informality" herausziehen, verleihen Organisationen ihnen zugleich legitime Darstellbarkeit. Zwangsläufig erkennen sie damit aber auch jene partikularistischen Inklusionsverhältnisse an, auf die sich personale Netzwerke in ihrer Herausbildung und Stabilisierung auch in diesem Fall stützen.

Organisationen greifen stillschweigend, aber auch offen auf personale Netzwerke zurück. Mit Bezug auf Fortschreibungen geschlechtlicher Partikularismen im Kontext von Organisationen scheinen weniger die formal ‚anerkannten', auf sachspezifischen Rollenkontakten aufruhenden und offiziell darstellbaren Netzwerke relevant, als vielmehr die ‚stillschweigenden' Beziehungsnetzwerke, die von persönlicher Bekanntschaft ausgehend diffuse Möglichkeiten im Organisationskontext kombinieren. Gleichwohl ist ein solcher Schluss nicht zulässig, weil die Frage, ob geschlechtliche Partikularismen und Asymmetrien im Netzwerk vorliegen, nicht den Maßstab ihrer Anerkennung durch Organisation bildet. Organisationen interessiert an Netzwerken nur deren sachliches Leistungspotenzial, nicht zwangsläufig auch der personale Partikularismus, auf dem sie sozial beruhen. Die Differenz zwischen organisatorisch schweigenden und organisatorisch anerkannten, darstellbaren Netzwerken ist durch Organisation erzeugt und in diesem Sinne nur von organisatorischen Relevanzen abhängig. Geschlechtliche Partikularismen und Asymmetrien spielen dafür, anderes gesagt,

---

[36] Vgl. zu diesen und weiteren Beispielen Bommes und Tacke (2005).

keine besondere Rolle – eben auch dann nicht, wenn sie faktisch im Netzwerk vorliegen.

Der damit bereits angesprochene Unterschied zwischen der (thematisierenden) *Darstellung* und der (auch ‚schweigend' möglichen) *Herstellung* von Netzwerken ist mit Bezug auf geschlechtliche Differenzen gleichwohl auch unmittelbar relevant und bedeutsam. Dies wird sichtbar, wenn man ‚Frauen-' und „Männernetzwerke" unterscheidet und nach deren Darstellungs- und Herstellungsmöglichkeiten in der Gesellschaft fragt. Dies soll im abschließenden Abschnitt beispielhaft geschehen.

5   Bedingungen der Herstellung und der Darstellung von vergeschlechtlichten Netzwerken

Schon allgemein legen Netzwerke als Gegenstand soziologischer Beobachtung heute nahe, zwischen ihrer Darstellung und ihrer Herstellung sorgsam zu unterscheiden.[37] Netzwerke in Politik, Wirtschaft, Religion, Wissenschaft oder Erziehung ebenso wie in formalen Organisationen oder sozialen Bewegungen haben nicht nur an Bedeutung gewonnen. Die Semantik des Netzwerkes transportiert auch auffällig positive Konnotationen und neigt mitunter ins Modische. Organisationen postulieren Netzwerke als Alternative zur Bürokratie, in sozialen Bewegungen gelten Netzwerke als Inbegriff der Zivilgesellschaft, und wo sich früher Arbeitskreise oder Vereine bildeten, scheinen heute ‚Netzwerke' zu entstehen.

Damit ist einerseits schon gesagt, dass nicht jeder Darstellung eines sozialen Zusammenhangs als ‚Netzwerk' auch die Herstellung als ein Netzwerk entsprechen und sozial gelingen muss.[38] Andererseits wird sich aber auch nicht jedes Netzwerk, das sich als ein solches sozial herzustellen vermag, als Netzwerk darstellen. Das ist evident im Falle von Korruptionsnetzwerken, illegalen Schleuseroder kriminellen Beschaffungsnetzwerken. Solche Beispiele lassen zugleich

---

[37] Dies legt nahe, auf Kommunikationstheorie zu setzen, weil diese in der Lage ist, beiden Gesichtspunkten Rechnung zu tragen.

[38] So sind z. B. ‚Absolventennetzwerke' an Universitäten sozial als Vereine verfasst, an denen im Prinzip jede Absolventin und jeder Absolvent der Universität teilnehmen kann. Der Zweck mag als ‚networking' beschrieben werden, aber ob und inwieweit das gelingt, ist eine zweite Frage.

erkennen, dass die Herstellung von Netzwerken nicht prinzipiell von Fragen der Legitimität abhängig ist, vielmehr auch aus Grenzen der Legalität und Legitimität Anreize für Netzwerkbildungen hervorgehen können. Umgekehrt aber gelten für die Darstellbarkeit von Netzwerken offenbar Einschränkungen, die auf Fragen der sozialen Erwünschtheit und Legitimität verweisen.

Weil Netzwerke auf adressenbezogenem Partikularismus beruhen, ist im Übrigen bemerkenswert, dass sich sehr viele (wenn auch längst nicht alle) Exemplare der Sozialform ‚Netzwerk' heute in der Gesellschaft öffentlich als solche darstellen können, ohne erkennbare Probleme der Legitimität. Immerhin geschieht dies in einer Gesellschaft, die auf dem strukturellen Abbau partikularer Zugangsrestriktionen beruht und Inklusionsuniversalismus postuliert, dem Netzwerke konstitutiv nicht entsprechen. Das gilt auch für all jene Netzwerke, die sich als ‚Frauennetzwerke' oder ‚Männernetzwerke' darstellen und mit dieser Bezeichnung bereits einen ‚exklusiven' Gesichtspunkt der Inklusion bezeichnen: im einen Fall sind Männer, im anderen Frauen nicht vorgesehen.

Darstellbarkeit in der Gesellschaft gewinnen Netzwerke mit geschlechtlich exklusiv deklarierter Inklusionsbedingung im Rekurs auf einen universalistischen Gesichtspunkt, den der Gleichstellung der Geschlechter. Dies ist evident und naheliegend für sich selbst so bezeichnende und öffentlich darstellende ‚Frauennetzwerke', die ihre geschlechtliche Exklusivität durch geschlechtliche Ungleichheiten legitimieren, dabei die Paradoxie zwangsläufig mitführend, dass eine Gleichbehandlung der Geschlechter durch deren Ungleichbehandlung erreicht werden soll. Der universalistische Bezugspunkt geschlechtlicher Gleichstellung scheint dabei auch die partikularistische Sozialform des Netzwerkes mit Legitimität zu versorgen. Der Unterschied und (in historischer Perspektive) Wandel vom Frauenverein zum Frauennetzwerk markiert jedenfalls keine erkennbaren Probleme der Legitimität und Darstellbarkeit, auch wenn die Inklusionsbedingungen von Vereinen (Universalismus) und Netzwerken (Partikularismus) sich deutlich unterscheiden. Der universalistische Zweck scheint die partikularistischen Mittel zu heiligen.

Für ‚Männernetzwerke', soweit sie sich öffentlich als solche darstellen, gilt Vergleichbares. Sieht man sich Internetauftritte von ‚Männernetzwerken' an, wird schnell sichtbar, dass auch sie Inklusionsuniversalismus beanspruchen und auf geschlechtliche Benachteiligungen und Diskriminierungserfahrungen rekurrieren (etwa als Homosexuelle oder als alleinerziehende Väter).[39] Darüber

---

[39] Und auch bei den sich darstellenden Männernetzwerken spielt die Gleichstellung von Frauen eine Rolle – sei es anpassend (‚neues Männerbild') oder auch reflexiv (‚Übervor-

hinaus scheinen Netzwerke aber aus der ‚Männlichkeit' ihrer Teilnehmer keine Gesichtspunkte für gesellschaftlich abnahme- und legitimierungsfähige Selbstdarstellungen gewinnen zu können. Explizite Selbstbezeichnungen als ‚Männernetzwerk' sind entsprechend auch vergleichsweise wenig zu finden. Im Internet etwa stehen rund 50.000 Einträgen zum Stichwort ‚Frauennetzwerk' nur rund 200 Einträge zu ‚Männernetzwerk' gegenüber.[40] Damit ist allerdings zunächst nur die Darstellungsseite angesprochen – und zwar auf beiden Seiten.

So besagt die vergleichsweise geringe Zahl dargestellter ‚Männernetzwerke' – um mit diesen zu beginnen – weder, dass ‚Männernetzwerke' auf den gesellschaftlichen ‚Hinterbühnen' beliebig entstehen können, noch dass die Herstellung geschlechtshomogen männlicher Netzwerke zwangsläufig sozial misslingen muss. Zum einen sind Einschränkungen der Darstellbarkeit von (Männer-)Netzwerken durchaus auch mit Einschränkungen ihrer Herstellbarkeit verbunden, insofern Netzwerkbildung und -kommunikation nicht außerhalb, sondern stets in der Gesellschaft stattfindet. Die explizite Mitteilung etwa, dass der Einbezug in ein z. B. professionelles oder kollegiales Netzwerk auf dem männlichen Geschlecht des Adressierten beruht und Frauen als relevante Netzwerkadressen prinzipiell ausgeschlossen sind, muss (jedenfalls in der westlichen Welt) mit dem kommunikativen Risiko der Peinlichkeit sowie der Möglichkeit der Ablehnung von Teilnahme, auch unter ‚Geschlechtsgenossen', rechnen. Umgekehrt müssen solche Risiken in der Kommunikation aber nicht auftreten. Gemeint ist damit nicht, dass sie ‚bewusst' umgangen werden, sondern dass es soziale Mechanismen gibt, die sie ausschalten, sodass die Netzwerkherstellung nicht explizit und primär – wohl aber sekundär und implizit – dem Gesichtspunkt der Vergeschlechtlichung folgt. Im Folgenden soll es dabei weder um rein quantitativ-differenzielle Effekte der Vergeschlechtlichung von Netzwerken gehen (die etwa aus der relativen Unterrepräsentanz von Frauen in z. B. organisatorischen Führungspositionen oder bestimmten Berufszweigen resultieren), noch um die bereits behandelten allgemeinen Bedingungen der Aktualisierung des Geschlechts von Personen.

Betrachtet werden soll vielmehr die Möglichkeit, dass homogen vergeschlechtlichte Netzwerke sich im Kontext von Funktionssystemen der

---

teilung von Frauen').Ungeklärt bleiben muss hier, dass eine größere Zahl der Internet-Einträge zum Stichwort ‚Männernetzwerk' im Kontext der beiden christlichen Kirchen auftaucht.

[40] Die Auswahl (Google) bezog sich auf „Seiten aus Deutschland".

Gesellschaft und ihren Organisationen bilden und erhalten, wobei diese dazu beitragen, sie vor Beobachtungen der Illegitimität zu schützten bzw. sie mit ausreichender Legitimität versorgen. Zwei Beispiele sollen dies abschließend illustrieren. Sie betreffen die Herstellungs- und Darstellungsbedingungen eines ‚Männernetzwerkes' und eines ‚Frauennetzwerkes'.

Das ‚Männernetzwerk'

Der gewählte Fall des ‚Männernetzwerkes' bezieht sich auf den Kontext des Sports. Wie oben bereits erwähnt, ist die Geschlechterdifferenz im Sport prinzipiell neutralisiert. Dem widerspricht nicht, dass im Sportsystem – zumal im Bereich des Profisports – männliche und weibliche Körper regelmäßig unterschieden werden. Vielmehr geschieht dies auf der Grundlage der funktionsrelevanten Zurechnung unterschiedlicher Ausstattungen der Geschlechter mit körperlicher Leistungsfähigkeit, also im Rekurs auf die systemspezifische Leistungskommunikation.[41] Erkennbar setzen sich diese geschlechtlichen Differenzierungen auch im Amateursport in Vereinen sowie im kollegialen Freizeitsport in Organisationen fort. Ist die geschlechtliche Segregation im Amateursport einerseits nicht zwingend, ist andererseits geschlechtliche Exklusivität auch hier im Allgemeinen nicht mit Verlusten an Legitimität verbunden. Anders gesagt und auf das gewählte Beispiel bezogen: Wenn Professoren sich in Universitäten wöchentlich zum Fußball treffen und dafür ausschließlich männliche Kollegen rekrutieren, ist das kein Fall für die Gleichstellungsbeauftragte. Zugleich sind solche wiederkehrenden Kommunikationen typische Gelegenheiten für soziale Netzwerkbildung. Und nicht zuletzt am Wissen um solche Gelegenheitsstrukturen entstehen häufig Sekundärmotive für Teilnahme, die im Allgemeinen der Kommunikation entzogen bleiben. Gelegentlich wird das Sekundärmotiv aber auch offen thematisiert: So wurde im vorliegenden Falle an einen neu berufenden Professor das Angebot heran getragen, am wöchentlichen Professorenfußballspiel teilzunehmen. Als der Kollege mit der Begründung ablehnte, er bevorzuge eine andere Sportart, wurde ihm als Motiv angeboten, dass dort wichtige Personen aus universitären Entscheidungsgremien und Universitätsleitung mitspielen.

---

[41] Denn jenseits der Differenz leistungsfähig/nicht leistungsfähig wird im System von allem anderen abgesehen, was an geschlechtlichen Personen und sexuierten Körpern aktualisiert werden könnte. Das heißt: Auf dem Siegertreppchen zählen allein sportliche Differenzen körperlicher Leistungsfähigkeit, nicht aber (wie gleichwohl in der massenmedialen Beobachtung des professionellen Sports) auch Zurechnungen systemexterner Rollenverpflichtungen oder Gesichtspunkte der Attraktivität von Körpern.

Soweit solche Gelegenheitsstrukturen im Kontext des geschlechtlich differenzierten Sports entstehen, setzt sich die geschlechtliche Differenzierung auch in dem entsprechenden Netzwerk fort, obgleich dieses mit dem Sport und seiner Vergeschlechtlichung nichts mehr zu tun hat. Die reziproken Leistungen, die z. B. in einem Professorennetzwerk kommuniziert werden, das aus sportlichen Kontakten hervorgeht, werden nicht selbst dem Sport angehören, sondern – wie das angebotene Sekundärmotiv belegt – auf die Universität als Organisation und ihre Entscheidungen bezogen sein.

Der Sport bildet mit seiner legitimen geschlechtlichen Segregation nicht nur die Gelegenheit für geschlechtlich exklusive Netzwerkbildung, sondern sorgt auch dafür, dass dieser geschlechtliche Bias der Kommunikation entzogen bleiben kann. Der geschlechtliche Bias kann thematisiert werden, muss es aber nicht. Und soweit Begründungszwänge überhaupt anfallen, steht der sportliche Zusammenhang mit seinen Darstellungsmöglichkeiten zur Verfügung. Das Netzwerk ist kein ‚Männernetzwerk', sondern, sofern es sich überhaupt als Netzwerke bezeichnet, z. B. ein ‚Fußballnetzwerk'. Unter dem Gesichtspunkt der geschlechtlichen Exklusivität wird der Sport zum Träger eines ‚invisibilisierten Nein' (vgl. Stichweh, 2004, S. 355 ff.).

Man kann das Beispiel des sportlichen Kontextes noch weitergehend soziologisch ausbeuten, wenn man hinzu nimmt, dass Sport auf vergeschlechtlichten Körperbezügen beruht. Bedeutsam ist dabei, dass sich mit dem Sport nicht nur die oben bereits im Zusammenhang der Interaktion behandelten geschlechtlichen ‚Erkennungsdienste' verbinden,[42] sondern auch Potenziale der Erzeugung sozialer Bindung. Netzwerke beruhen zwar konstitutiv auf selbst erzeugten Bindungen (Reziprozität), empirisch ist jedoch ersichtlich, dass sie für ihre prekäre Stabilisierung regelmäßig auch fremderzeugte Potenziale sozialer Bindung verwenden. Verwandtschaft oder Ethnizität sind einschlägige Beispiele für solche Abstützungen (vgl. Bommes & Tacke, 2006); in vergleichbarer Weise stellen auch körperbezogene Formen von Kommunikation Potenziale der Abstützung und Stabilisierung von sozialen Netzwerken bereit. Dem Wissen um dieses Potenzial entspricht, dass die wiederkehrende Fußballveranstaltung unter Professoren – jedenfalls dort, wo mit ihr im universitätsinternen Klatsch

---

[42] Auch im ‚gemischten' Freizeitsport ist der geschlechtliche Erkennungsdienst permanent präsent, z. B. in Fragen der Zusammenstellung von ‚Mannschaften', in der kommentierenden Beobachtung von individuellen Leistungen oder spätestens, wenn es zur Dusche oder Sauna geht – sei es getrennt oder gemeinsam.

organisatorisch relevante Netzwerkbildung verbunden wird – nicht als ‚Fußballnetzwerk', sondern als „die Dusche" oder „Duschmafia" bezeichnet wird. Empirisch legen die Kommentierungen des ‚Professorenfußballs' noch einen zusätzlichen Gesichtspunkt frei,[43] der in zweiter Instanz auf den Gesichtspunkt der Abstützung und Vergeschlechtlichung des Netzwerkes verweist. Denn man muss die Bezeichnung nur marginal variieren – ‚*Lehrkörper*-Fußball' statt ‚Professoren-Fußball' – um zu sehen, dass in diesem Fall nicht nur individuelle Körper, sondern auch ein sozialer Körper ‚im Spiel ist', den man klassisch als Korporation bezeichnet – und der in seiner Historizität seinerseits auf den Ausschluss von Frauen verweist. Im strukturellen Sinne gibt es Korporationen in der modernen Gesellschaft nicht mehr (vgl. Stichweh, 2000), durchaus aber fallen sie mitunter im Sinne kultureller Fortschreibungen auf.

Soziologisch ist mit dem Stichwort ‚korporativer Kultur' nicht auf Motive und Einstellungen von Teilnehmern verwiesen, sondern im strengen Sinne auf eine Beobachtung, die auf Vergleichen beruht.[44] Zugespitzt: Nicht zuletzt der Vergleich des geschlechtlich segregierten Lehrkörper-Fußballs mit den formalen Bedingungen der Inklusion in Professorenämter, die dem Anspruch nach versachlicht und geschlechtlich neutral sind, bringt die Beobachtung einer korporativen Kultur hervor.[45] Ob diese Beobachtung eine lediglich externe ist oder ob sie als Aspekt der Selbstbeschreibung auch im Netzwerk selbst relevant wird (also auch der ‚soziale Körper' zur Abstützung kommunikativer Anschlüsse im Netzwerk beiträgt), muss hier empirisch offen bleiben. Unterstellt sei aber einmal, dass die ‚koporative Kultur' auch intern beobachtungsrelevant ist. Sichtbar wird dann, dass sie sich nicht auf den Sport selbst, sondern letztlich nur auf das Netzwerk beziehen kann (was diese Differenz unterstreicht). So mag der korporative Gesichtspunkt zwar *am* wiederkehrenden sozialen Ereignis ‚Professorenfußball' auffallen und auch in begleitenden Interaktionen thematisiert werden, er bleibt aber *für* die sportliche Kommunikation doch folgenlos, weil er weder leistungsbezogen noch spielentscheidend ist.[46] Anders dagegen im Netzwerk. Hier kann die ‚Sozialkörper-Kultur' durchaus netzwerkrelevante Potenziale sozialer Bindung bereitstellen und der Abstützung netzwerkeigener Reziprozitäten

---

[43] Diese Beobachtung geht auf einen ehemaligen Teilnehmer zurück.

[44] Wobei Beobachtung im Kontext des Sozialen Kommunikation bedeutet.

[45] Für den Begriff der Kultur ist die vergleichende Beobachtung konstitutiv. Vgl. Baecker (1999), Tacke (2000b).

[46] In diesem Sinne können am Professorenfußball durchaus auch Mitglieder anderer Statusgruppen teilnehmen – sofern sie gut Fußball spielen können.

dienen. Einschränkungen kann sie sowohl hinsichtlich des partikularen Einbezugs weiterer Adressen bereitstellen wie auch hinsichtlich der thematischen Ansinnen und sachlichen Leistungen, die in einem universitären Netzwerk mit korporativer Kultur infrage kommen. Sofern es sich um ‚kognitive kulturelle Schemata' handelt (Hiller, 2005), werden sie als implizite Einschränkungen in der Kommunikation mitgeführt und relevant.

Das gewählte Beispiel beruht nicht auf methodisch kontrollierter empirischer Analyse der Herstellung des Netzwerkes und seiner beobachtbaren Kultur. Exemplarisch aber macht das Beispiel deutlich, dass die *Herstellung* partikularer, hier exklusiv männlicher Netzwerke im Anschluss an legitime geschlechtliche Differenzierungen im Kontext gesellschaftlicher Funktionskomplexe möglich ist. Und auch wenn im Zuge dessen strukturelle Geschlechterdifferenzierungen in auch kulturelle Netzwerkselektivitäten übersetzt werden, müssen diese intern nicht zum Thema der Kommunikation werden. Generell wird das Netzwerk durch seine Kontextuierung und Abstützung im Sport vor Problematisierungen seines – geschlechtlichen wie entscheidungsbezogenen – Partikularismus geschützt (was wäre gegen Sport zu sagen?) und zugleich, wie gezeigt, mit Potenzialen ausgestattet, die seine Herstellung nicht realisieren, aber abstützen können. Dass der Partikularismus des Netzwerkes auch ein vergeschlechtlichter ist, bleibt der Kommunikation entzogen – bzw. wird der Folgenlosigkeit des Klatsches überantwortet.

Der erkennbare Verzicht auf öffentliche Selbst*darstellung* als Netzwerk hängt aber weder allein noch primär mit seiner Geschlechtshomogenität zusammen. Der Grund ist im vorliegenden Beispiel vielmehr darin zu finden, dass das Netzwerk aus dem spezifischen funktionalen und legitimen Zusammenhang, aus dem es hervorgeht (Sport), keinerlei Legitimität auch für den Kontext beziehen kann, in dem es seinen Partikularismus – dem Vernehmen nach – entfaltet (vor allem: reziproke Unterstützungen und Rücksichten im Kontext von Entscheidungen der Organisation Universität).

Das ‚Frauennetzwerk'

Im Unterschied zum zuvor gewählten Fall, können soziale Netzwerke funktionale und organisatorische Kontexte in Anspruch nehmen, um sich Legitimität und Darstellbarkeit zu verschaffen. Auch hier soll ein vergeschlechtlichtes und ‚professorales' Netzwerk als Beispiel dienen: das „Netzwerk Frauenforschung NRW", wie es sich selbst bezeichnet und öffentlich im Internet darstellt.

Hält man sich zunächst lediglich an die Namensgebung, so steht der Gesichtspunkt der ‚Frauenforschung' zentral, der begleitet ist durch eine dem Sinn nach politische Einschränkung auf ein Bundesland. Was die damit angedeutete Ver-

knüpfung von Wissenschaft und Politik besagt, lässt sich dem Namen nicht entnehmen. Zwei Extreme sind denkbar: Im einen Falle handelte es sich um ein
Forschungsnetzwerk, dessen Teilnehmerinnen im Rahmen eines spezifischen
Forschungsprogramms koordinierte Forschung betreiben, wobei die Politik (das
Land NRW) Forschungsmittel im Rahmen entsprechender Förderprogramme
gewährt. Wie man sich etwa am Beispiel der sogenannten „Exzellenznetzwerke"
vor Augen führen kann, die die EU fördert, setzt diese Variante hohe Formalität (der Beantragungen, Zuständigkeiten, Beteiligungen, Abwicklung etc.)
voraus, also Bedingungen formaler Organisation. In Fällen dieser Art impliziert
die Projektförmigkeit, dass es sich um eine zeitlich befristete Ordnungsbildung
handelt. Im anderen Extrem handelte es sich um ein personales Netzwerk, dass
Adressen von Personen mit Rollen in Wissenschaft und Politik verknüpft, wobei
das Netzwerk keine Struktur für die Durchführung und Koordination eines
deklarierten Forschungsprogramms ist, sondern der partikularen Mobilisierung
von Ressourcen dient, über die nicht das soziale Netzwerk verfügt, sondern
formale Organisationen wie Landesministerien und Hochschulen. Für eine zeitliche Befristung gäbe es in diesem Fall keine Anhaltspunkte, nur solche, die mit
den personalen Adressen und ihren Möglichkeiten verknüpft sind.[47]

Ersichtlich schließen die Extremtypen sich empirisch einerseits in dem
generellen Sinne nicht aus, dass formalisierte Kooperationsstrukturen des ersten
Typs aus personalen Netzwerken des zweiten Typs hervorgehen können – wie
auch umgekehrt. Andererseits können die Legitimitätsvorteile und Möglichkeiten
der öffentlichen *Darstellbarkeit,* die ersichtlich dem ersten Typ zukommen, auch
eingesetzt werden, um eine Strukturbildung des zweiten Typs in ihren Möglichkeiten abzustützen.

Betrachtet man den vorliegenden Fall, fällt zum einen auf, dass es sich im
engeren Sinne nicht um ein Forschungsnetzwerk handelt, sondern um eine
politisch gestützte Strukturbildung, die sich einerseits auf ‚Claims' in Bezug auf
Professuren in Universitäten bezieht und die andererseits auf der ‚Assoziierung'
bzw. Kooptation von Personen in Stellen beruht, für die solche politischen
‚Claims' nicht gelten können: „Kern des Netzwerks sind 40 vom nordrhein-west-

---

[47] Da der Fall hier exemplarische Relevanz hat, können zwei landespolitisch relevante
Ereignisse unberücksichtigt bleiben, die die Operationsbedingungen und Einfluss-
strukturen des betrachteten Netzwerkes faktisch aber verändert haben dürften: zum einen
der Regierungswechsel, der die Ablösung der SPD nach 50 Jahren bedeutete (2005), zum
anderen das sogenannte ‚Hochschulfreiheitsgesetz', das die Möglichkeiten der direkten
Steuerung der Personalpolitik der Hochschulen durch das Ministerien einschränkte (2007).

fälischen Wissenschaftsministerium in den Jahren 1986 bis 1999 an insgesamt 21 Hochschulen in unterschiedlichen Disziplinen neu eingerichtete ‚Netzwerk-Professuren'. Dazu kommen ca. 20 assoziierte Professuren[48] sowie rund 100 wissenschaftliche Mitarbeiterinnen in unterschiedlichen Positionen" (Internetauftritt Juni 2007).

Zum anderen zeigt sich, dass die oben in den Extremtypen getrennten Gesichtspunkte im *Selbstverständnis* sozialer Netzwerke nicht scharf geschieden sein müssen: Vielmehr geht aus selbstbeschreibenden Texten hervor, dass einerseits Wissenschaft und Politik nicht prinzipiell auseinander gehalten werden, so wenn die Frauen- und Geschlechterforschung in ihrem Erkenntnisinteresse „emanzipatorisch" definiert wird (Kortendiek, 2003, S. 129), die Forschung selbst also schon mit politischem Bias antritt. Zum anderen wird der Unterschied von „formellen und informellen Netzwerken" (ebd.) zwar genannt und somit gesehen, allerdings wird die damit angesprochene Differenz zwischen organisatorischer Formalität (Versachlichung) und personenbezogener Reziprozität (Partikularismus) im zusammenfassenden Rekurs auf das Netzlabel minimiert: „Das Garn der Netze besteht aus dem Austausch an Informationen und Kenntnissen sowie aus der Verfolgung inhaltlicher Forschungsinteressen und politischer Ziele" (ebd.).

Die Selbstdarstellung des Netzwerkes im Internet betont gleichwohl eher die funktionale und formale Seite. Es gibt eine organisatorische Koordinationsstelle des Netzwerkes, es werden die universitären Adressen der Zugehörigen genannt, Forschungskooperationen und -projekte werden ausgewiesen, die auch dann als Leistungen des Netzwerkes erscheinen, wenn begründet zu vermuten ist, dass sie nicht ihm zuzurechnen sind. Das Netzwerk signalisiert zudem die Adressierbarkeit und Erreichbarkeit aller Teilnehmerinnen – und in diesem Sinne keine Schließung, sondern Offenheit: Alle zugehörigen Personen werden namentlich mit ihrer universitären (also funktionalen und organisatorischen, nicht persönlichen) Adresse ausgewiesen. Neben der vermutlich einzigartigen Bezeichnung von Universitätsprofessuren als „Netzwerkprofessuren", die ihre politische Absicherung als ‚Claim' für zukünftige Besetzungsfragen markiert, dürfte darin die wichtigste Bedingung zur Entlastung des Netzwerkes von Fragen der Legitimität bestehen.

Offenheit für Kommunikation ist allerdings nicht gleichbedeutend mit Offenheit für Teilnahme. Generell weisen Netzwerke, sofern es sich dabei nicht um

---

[48] Korrekt müsste es hier eigentlich heißen: Professorinnen, weil nicht Stellen, sondern Personen gemeint sind.

eine Ersatzbezeichnung für eingetragene Vereine handelt, keinen *formalen* Modus für den Erwerb einer Mitgliedschaft aus. Zwar werden im vorliegenden Fall Offenheit betont und sachliche Kriterien für eine mögliche Teilnahme genannt,[49] aber das besagt nicht, das es formale Zuständigkeiten für entsprechende Fragen und mögliche Konflikte gibt – wie in Organisationen qua Hierarchie oder in Vereinen, die über demokratisch gewählte Vorstände und Mitgliederversammlungen verfügen. Dies deutet zum einen darauf hin, dass man es tatsächlich mit der Sozialform ein sozialen Netzwerkes zu tun hat.[50] Zum anderen ist dieses soziale Netzwerk nicht mit seiner Darstellung zu verwechseln. Der Zuwachs von Adressen im Internetauftritt und die Forschungen, die mit diesen Adressen verknüpft sind, dienen der Darstellung und Fortschreibung von Ansprüchen, repräsentieren aber nicht die sozialen Bedingungen der Herstellung eines (bzw. des eigentlichen) sozialen Netzwerkes, das diese Struktur reproduziert.

Der Darstellung von Netzwerken entspricht selten auch die Herstellung als Netzwerk, zumal öffentliche Selbstdarstellungen im Allgemeinen keine Auskunft über ihre faktischen Leistungskommunikationen und Bedingungen der Reziprozität geben. Sichtbar wird ein Adressbuch bzw. Adressenzusammenhang, aber kein soziales Netzwerk (vgl. dazu Tacke, 2000a). Ob und in welcher Weise die 60 Professorinnen und 100 Mitarbeiterinnen als Adressen an netzwerkspezifischer Leistungs- und Reziprozitätskommunikation teilnehmen, wird nicht erkennbar.

Folgt man der (Selbst-)Platzierung des Netzwerkes zwischen Wissenschaft und Politik, kann erwartet werden, dass nicht allein die im Internet als erreichbar ausgewiesenen Adressen der Wissenschaftlerinnen für den Erfolg des sozialen Netzwerkes entscheidend sind. Dem Selbstverständnis nach bedarf es auch ansprechbarer Adressen in politischen und wissenschaftsrelevanten Organisationen, um Ressourcen zu mobilisieren und sich über Lobbying mit Unterstützung zu versorgen. Folgt man dem Internetauftritt, werden politisch relevante Adressen wesentlich nur historisch sichtbar gemacht. Dabei dient der Rekurs auf Spitzenpositionen und -organisationen (Ministerin, Wissenschaftsrat, Expertenrat, DFG) erkennbar nicht der Darstellung von faktisch hergestellten, partikular funktionierenden sozialen Netzwerkbeziehungen, vielmehr bedienen

---

[49] Kortendiek (2003, S. 129) nennt als Aufnahmekriterien: 1. Professorin oder wissenschaftliche Mitarbeiterin, 2. an einer Hochschule NRWs, 3. Im Bereich der Geschlechter- und Genderforschung. Es fehlt aber jeder Hinweis, wer über Aufnahme, also das Vorliegen der Kriterien, legitim entscheidet.

[50] Diesem Fehlen an Formalität korrespondiert, wenn anstelle von „Mitgliedschaft" lieber von „Mitnetzwerkschaft" gesprochen wird (Kortendiek, 2003, S. 129).

Adressen dieser Art den historischen Gründungsmythos des sozialen Netzwerkes und versorgen seine Darstellung mit Legitimitätsmarkern.[51] Leicht zu sehen ist, dass in dieser symbolischen Funktion nicht Personen, sondern nur funktionale Spitzenpositionen und Organisationen als Adressen einsetzbar sind.

Es scheint, dass hier ein Netzwerk vorliegt, das sich geschickt zwischen Wissenschaft und Politik (samt ihren Rollen und Organisationen) platziert hat, und im changierenden Rekurs auf organisatorische und netzwerkförmige Kommunikationen nicht nur materielle und symbolische Ressourcen für sich zu mobilisieren versteht, sondern zugleich latent zu halten vermag, dass es sich – trotz der kommunikativen Inanspruchnahme universalistischer Gesichtspunkte geschlechtlicher Gleichstellung – um eine partikularistische Strukturbildung handelt. Der Thematisierung entzogen ist in diesem Falle nicht das Geschlecht der Teilnehmerinnen, wohl aber der Umstand, dass das Netzwerk – im Namen des Universalismus und unter Inanspruchnahme funktionaler Kontexte – auf einem Primat sozialer Adressen beruht.

Schluss

Im Rahmen eines systemtheoretischen Zugriffs hat dieser Beitrag vorgeschlagen, die Frage der Aktualisierung und Fortschreibung geschlechtlicher Differenzen in der modernen Gesellschaft nicht ausschließlich mit Bezug auf die Systemtypen Funktionssystem, Organisation und Interaktion zu behandeln, sondern neben den primären Sozialsystemen auch sekundäre Formen der Strukturbildung in die Analyse einzubeziehen, die sich auf die Primärsysteme stützen. Netzwerke wurden dabei als eine sekundäre Sozialform mit einschlägiger Relevanz für die Frage nach geschlechtlichen Differenzierungen in der Gesellschaft vorgeführt. Dabei hat sich der Beitrag nicht auf ein einziges Argument festgelegt, sondern im Verhältnis von System, Netzwerk und Geschlecht mögliche Zusammenhänge ausgelotet und diese in wechselnden Perspektiven und Kontexten ausgeleuchtet.

Eine einfache und einheitliche Problemperspektive auf den Zusammenhang hat sich daraus nicht ergeben. Das liegt nicht nur an der Differenzierung der Kontexte, in denen sich Netzwerke bilden; vielmehr scheint für den Problemzusammenhang – System, Netzwerk, Geschlecht – kennzeichnend zu sein, dass er sich der gesellschaftlichen Sichtbarkeit und Thematisierung in verschiedenen

---

[51] Die Frage, in welcher Weise die Ablösung der 50-jährigen Regierungsmehrheit der SPD und die sogenannte ‚Hochschulfreiheit' in NRW relevante Bedingungen des Netzwerkeinflusses geändert haben, muss hier offen bleiben.

Hinsichten auch entzieht. So schließen Netzwerke, aber auch die geschlechtlich ‚neutralisierten' Primärsysteme der Gesellschaft nicht aus, dass es, sobald
Personen bedeutsam werden, zu *impliziten* und stereotypen Aktualisierungen des
Geschlechts kommt. Darüber hinaus wurde vorgeführt, dass Netzwerke an den
Inklusionsverhältnissen in Organisationen aus strukturspezifischen Gründen *stillschweigend* beteiligt sind, wenngleich ihr Partikularismus dabei nicht zwingend
geschlechtlich ausfällt und Organisationen gelegentlich auch expliziten Gebrauch
von personalen Netzwerken machen. Und schließlich wurde an geschlechtlich
homogenen Netzwerkexemplaren sichtbar, dass nicht alle herstellbaren Netzwerke sich öffentlich *darstellen,* zugleich die Beobachtbarkeit ihrer homogenen
Vergeschlechtlichung nicht besagt, dass diese auch Thema im Netzwerk oder
sogar dessen zentraler Darstellungsgesichtspunkt sein muss. Ob und wie es zu
internen Thematisierungen und externen Darstellungen kommt, hängt nicht nur
vom Geschlecht, sondern auch von den spezifischen Kontexten ab, in denen
ein Netzwerk entsteht sowie von der Art und Weise, wie es sich mit seinem
Partikularismus in funktionalen und organisatorischen Kontexten verankern und
mit Legitimitäten versorgen kann.

Insgesamt hat der Beitrag vor diesem Hintergrund keine eindeutige und einheitliche Antwort auf die Ausgangsfrage liefern können, wohl aber erkennbare
Ansatzpunkte für weitere Forschungen. Für diese scheint die Systemtheorie
geeignet, weil sie über das differenzierungstheoretische Potenzial für kontextspezifische Analysen primärer und sekundärer Strukturen verfügt und zugleich
kommunikationstheoretisch in der Lage ist, Fragen der Herstellung und Darstellung bzw. der Thematisierung und Nicht-Thematisierung Rechnung zu tragen.

Zugleich hat der Beitrag nahegelegt, den Zusammenhang von Netzwerk
und Geschlecht nicht allein mit Bezug auf ‚good old boys'-networks und die
Exklusion von Frauen auszulegen (Ohlendiek, 2003), sondern mit Blick auf
Postulate des Inklusionsuniversalismus auch ‚Frauennetzwerke' mit soziologischer Distanz kritisch in den Blick zu nehmen. Denn auch sie beruhen
als Netzwerke auf partikularistischen Prinzipien: In Netzwerken gibt es keine
Satzungen und Möglichkeiten des Zugangs durch zweckbezogene Beitrittserklärung (wie in Vereinen), noch gelten formale Verfahren sowie versachlichte
Kriterien, denen gemäß die Möglichkeit der Teilnahme an Leistung und Qualifikation bemisst (wie in Organisationen). Netzwerke bilden sich partikular an
sozialen Adressen und im Hinblick auf deren Möglichkeiten, nicht an sachlichen
Problemstellungen – selbst wenn sie solche in den Vordergrund ihrer Selbstdarstellung rücken.

Literatur

Acker, J. (1991). Hierarchies, jobs, bodies: A theory of gendered organizations. In J. Lorber & S. Farrel (Hrsg.), *The social construction of gender* (S. 162–179). Sage.

Baecker, D. (1999). Unbestimmte Kultur. In A. Koschorke & C. Vismann (Hrsg.), *Widerstände der Systemtheorie. Kulturtheoretische Analysen zum Werk von Niklas Luhmann* (S. 29–46). Akademie.

Bommes, M. (1996). Ausbildung in Großbetrieben. Einige Gründe, warum ausländische Jugendliche weniger Berücksichtigung finden. In R. Kersten, D. Kiesel, & S. Sargut (Hrsg.), *Ausbilden statt Ausgrenzen. Jugendliche ausländischer Herkunft in Schule, Ausbildung und Beruf* (S. 31–44). Haag und Herchen.

Bommes, M., & Tacke, V. (2005). Luhmann's systems theory and network theory. In D. Seidl & K. H. Becker (Hrsg.), *Niklas Luhmann and organization studies*. John Benjamins.

Bommes, M., & Tacke, V. (2006). Das Allgemeine und das Besondere des Netzwerkes. In B. Hollstein & F. Straus (Hrsg.), *Qualitative Netzwerkanalyse* (S. 37–62). VS Verlag.

Brunsson, N. (1989). *The organization of hypocrisy, talk decisions and action in organizations*. Wiley.

Burt, R. S. (1982). *Towards a structural theory of action. Network models of social structure, perceptions, and action*. Academic.

Granovetter, M. (1985). Economic action and social structure. The problem of embeddedness. *American Journal of Sociology, 91*(3), 481–510.

Hellmann, K.-U. (2004). 1988 – Und was nun? Eine Zwischenbilanz zum Verhältnis von Systemtheorie und Gender Studies. In S. Kampmann, A. Karentzos, & T. Küpper (Hrsg.), *Gender Studies und Systemtheorie. Studien zu einem Theorietransfer* (S. 17–46). Transcript.

Heintz, B. (2001). Einleitung. In B. Heintz (Hrsg.), *Geschlechtersoziologie. Sonderheft für Soziologie und Sozialpsychologie*. Westdeutscher Verlag.

Heintz, B., & Nadai, E. (1998). Geschlecht und Kontext. De-Institutionalisierungsprozesse und geschlechtliche Differenzierung. *Zeitschrift für Soziologie, 27*(2), 75–93.

Hiller, P. (2005). *Organisationswissen. Eine wissenssoziologische Neubeschreibung der Organisation*. VS Verlag.

Kirchler, E., Wagner, J., & Buchleitner, S. (1996). Der langsame Wechsel in Führungsetagen – Meinungen über Frauen und Männer als Führungspersonen [Slow changes in leadership positions: Stereotypes about females and males as leaders]. *Zeitschrift für Sozialpsychologie, 27*(2), 148–166.

Luhmann, N. (1964). *Funktionen und Folgen formaler Organisation*. Duncker und Humblodt.

Luhmann, N. (1988). Frauen, Männer und George Spencer Brown. *Zeitschrift für Soziologie, 17*(1), 47–71.

Luhmann, N. (1995a). Inklusion und Exklusion. In N. Luhmann (Hrsg.), *Soziologische Aufklärung 6. Die Soziologie und der Mensch* (S. 237–264). Westdeutscher Verlag.

Luhmann, N. (1995b). Die Form Person. In N. Luhmann (Hrsg.), *Soziologische Aufklärung 6. Die Soziologie und der Mensch* (S. 142–154). Westdeutscher Verlag.

Luhmann, N. (1997). *Die Gesellschaft der Gesellschaft*. Suhrkamp.

Luhmann, N. (2000). *Organisation und Entscheidung*. Westdeutscher Verlag.

March, J. G., & Sevón, G. (1984). Gossip, information, and decision making. In L. S. Sproull & J. P. Crecine (Hrsg.), *Advances in information processing in organizations* (Bd. 1, S. 93–107). Jai Press.

Müller-Mahn, D. (2000). Ein Ägyptisches Dorf in Paris. Eine empirische Fallstudie zur Süd-Nord-Migration am Beispiel Ägyptischer „Sans-Papiers" in Frankreich. IMIS-Beiträge 15 (Dezember 2000). Universität Osnabrück.

Nassehi, A. (2003). Geschlecht im System. Die Ontologisierung des Körpers und die Asymmetrie der Geschlechter. In U. Pasero & C. Weinbach (Hrsg.), *Frauen, Männer, Gender Trouble* (S. 80–104). Suhrkamp.

Ohlendieck, L. (2003). Gender Trouble in Organisationen und Netzwerken. In U. Pasero & C. Weinbach (Hrsg.), *Frauen, Männer, Gender Trouble. Systemtheoretische Essays* (S. 171–185). Suhrkamp.

Pasero, U. (1994). Geschlechterforschung revisited. Konstruktivistische und systemtheoretische Perspektiven. In T. Wobbe & G. Lindemann (Hrsg.), *Denkachsen. Zur theoretischen und institutionellen Rede von Geschlecht* (S. 264–296). Suhrkamp.

Pasero, U. (1995). De-Thematisierung von Geschlecht. In U. Pasero & F. Braun (Hrsg.), *Konstruktion von Geschlecht* (S. 50–66). Centaurus.

Pasero, U. (2003). Gender, Individualität, Diversity. In U. Pasero & C. Weinbach (Hrsg.), *Frauen, Männer, Gender Trouble. Systemtheoretische Essays* (S. 105–124). Suhrkamp.

Pasero, U., & Weinbach, C. (Hrsg.). (2003). *Frauen, Männer, Gender Trouble. Systemtheoretische Essays*. Suhrkamp.

Stichweh, R. (2000). Soziologie des Vereins. Strukturbildung zwischen Lokalität und Globalität. In E. Brix & R. Richter (Hrsg.), *Organisierte Privatinteressen. Vereine in Österreich* (S. 19–31). Passagen.

Stichweh, R. (2004). Zum Verhältnis von Differenzierungstheorie und Ungleichheitsforschung am Beispiel der Systemtheorie der Exklusion. In T. Schwinn (Hrsg.), *Differenzierung und soziale Ungleichheit. Die zwei Soziologien und ihre Verknüpfung* (S. 353–367). Humanities Online.

Tacke, V. (2000a). Netzwerk und Adresse. *Soziale Systeme. Zeitschrift für soziologische Theorie, 6*(2), 291–320.

Tacke, V. (2000b). Das Risiko der Unsicherheitsabsorption. Ein Vergleich konstruktivistischer Beobachtungen des BSE-Risikos. *Zeitschrift für Soziologie, 29*(2), 83–102.

Tyrell, H. (1986). Geschlechtliche Differenzierung und Geschlechterklassifikation. *Kölner Zeitschrift für Soziologie und Sozialpsychologie, 38*, 450–489.

Weinbach, C. (2003). Die systemtheoretische Alternative zum Sex- und Gender- Konzept: Geschlecht als geschlechtsstereotypisierte Form ‚Person'. In U. Pasero & C. Weinbach (Hrsg.), *Frauen, Männer, Gender Trouble. Systemtheoretische Essays* (S. 144–170). Suhrkamp.

Weinbach, C. (2004). Systemtheorie und Gender: Geschlechtliche Ungleichheit in der funktional differenzierten Gesellschaft. In S. Kampmann, A. Karentzos, & T. Küpper (Hrsg.), *Gender Studies und Systemtheorie. Studien zu einem Theorietransfer* (S. 47–76). Transkript.

Weinbach, C., & Stichweh, R. (2001). Die Geschlechterdifferenz in der funktional differenzierten Gesellschaft. In B. Heintz (Hrsg.), *Geschlechtersoziologie. Sonderheft 41 der Kölner Zeitschrift für Soziologie und Sozialpsychologie* (S. 30–52). Westdeutscher Verlag.

Witz, A., & Savage, M. (1992). The gender of organizat:ions. In M. Savage & A. Witz (Hrsg.), *Gender and bureaucracy* (S. 3–62). Blackwell.

Achsen der Differenz – Aspekte und Perspektiven feministischer Grundlagenkritik

Gudrun-Axeli Knapp

1 Einleitung

Während die Frauenforschung institutionalisierungspolitisch ihre besten Jahre hinter sich hat, haben ihre – zumindest linguistisch innovativen – Reinkarnationen als *Gender Studies* in den vergangenen Jahren einen wahren Gründungsboom erlebt. Unter dem Institutionalisierungsgesichtspunkt könnte man insofern eine Erfolgsgeschichte erzählen, wenn man die länger werdenden Listen von Gender Studies-Einrichtungen an Hochschulen im deutschsprachigen Raum betrachtet: Forschungszentren, Zentraleinrichtungen, Koordinationsstellen, Interuniversitäre Vernetzungen, Forschungsschwerpunkte, competence centers, centers of excellence etc. Die Neugründungen präsentieren sich auf professionell gestalteten homepages oder im Hochglanz viel versprechender Broschüren mit einfallsreichem Marketing. Gender Studies erscheinen in dieser Perspektive als eine der Speerspitzen der Hochschul- und Verwaltungsmodernisierung. ‚Gender- Competences‘, ‚Gender Awareness‘ und wie sonst die Bezeichnungen heißen mögen, scheinen gefragt. Im europäischen Raum hat sich im Rahmen der Bestimmungen zum ‚Gender Main-

---

Bei diesem Text handelt es sich um eine überarbeitete und erweiterte Fassung des Aufsatzes.
„Grundlagenkritik und stille Post: Zur Debatte um einen Bedeutungsverlust der Kategorie ‚Geschlecht‘", in: Heintz, Bettina (Hg.) (2001): Geschlechtersoziologie. Sonderheft 41 der Kölner Zeitschrift für Soziologie und Sozialpsychologie, S. 53–75.

G.-A. Knapp (✉)
Leibniz Universität Hannover, Hannover, Deutschland
E-Mail: axeli.knapp@sozpsy.uni-hannover.de

S. M. Wilz (Hrsg.), *Geschlechterdifferenzen – Geschlechterdifferenzierungen,*
Studientexte zur Soziologie, https://doi.org/10.1007/978-3-658-32211-3_10

streaming' ein Markt entwickelt, der von den Gender Studies bedient wird. In einem gewissen Kontrast zu den Erfolgen im Feld der Professionalisierung stehen die anhaltenden Debatten feministischer Grundlagenkritik.

Angestoßen von den seit den 1980er Jahren geführten Auseinandersetzungen in der anglo-amerikanischen feministischen[1] Theorie verbreitet sich der Eindruck, dass die Frauen- und Geschlechterforschung in eine Krise geraten ist, die ihre zentralen Begriffe erfasst. Wenn Autorinnen wie Susan Bordo von einem „new scepticism about the use of gender as an analytical category" (Bordo, 1990, S. 135) sprechen, wenn bekannte Wissenschaftlerinnen wie Joan Wallach Scott, die einmal entscheidende Argumente zu seiner Etablierung als Analysekategorie in der Geschichtswissenschaft geliefert hat, nun über das ‚Veralten' des Gender-Begriffs nachdenkt, wenn die Philosophin Rosi Braidotti in einem Gespräch mit Judith Butler über die „Krise des Begriffs ‚gender' in Theorie und Praxis" (Braidotti, 1994, S. 7) räsoniert, wenn die Avantgarde feministischer Theorie in den USA mit dem Etikett ‚postfeministisch' ausgezeichnet wird, spricht all das nicht dafür, dass irgendetwas an sein Ende gekommen sein muss? Aber was?

Auch hierzulande beginnen inzwischen Autorinnen ihre Veröffentlichungen mit Erklärungen zu Fragen wie „Ist die Kategorie ‚Geschlecht' überholt?" (Maihofer, 1995, S. 11). Titel und Texte in der Geschlechterforschung sprechen von einem veränderten gesellschaftlichen Klima, von einer „entsicherten Situation" (Wobbe & Lindemann, 1994, S. 8), von „Umbruch und Krise" (Annuß, 1996), von der „Dezentralisierung" (Schein & Strasser, 1997, S. 10) oder vom relativen Wirksamkeitsverlust der Kategorie Geschlecht (Pasero, 1995, S. 59 ff.),

---

[1] Während die Bezeichnungen ‚Frauen'- oder ‚Geschlechterforschung' eher auf den Gegenstandsbereich verweisen, auf den sich das Erkenntnisinteresse richtet, hebt das Adjektiv ‚feministisch' den politischen Impetus dieser wissenschaftlichen Strömung hervor. ‚Feministische Theorie' bezeichnet keine Festlegung auf einen bestimmten Analyseansatz, wohl aber das Festhalten an einer kritischen Perspektive in Bezug auf androzentrische Züge in den Wissenschaften und soziale Disparitäten im Verhältnis der Geschlechter. In diesem Sinne ist nicht jede wissenschaftliche Beschäftigung mit der Geschlechterthematik als ‚feministisch' zu bezeichnen, ebenso wenig sind aber nicht-feministische Analysen zur Geschlechterthematik notwendig ‚unkritisch'. In einem historisch-wissenschaftssoziologischen Sinne verweist die Bezeichnung ‚feminist theory' auf eine internationale und transdisziplinäre Diskurskonstellation, die sich seit den Sechzigerjahren im Kontext der neuen Frauenbewegung entwickelt hat. Ich verwende den Begriff ‚feministisch' im weiten anglo-amerikanischen Verständnis: als in sich plurales Perspektivenspektrum kritischer Analysen von Geschlechterverhältnissen und deren Vermittlung mit anderen Formen von Ungleichheit und Differenz. Zu den Schwierigkeiten einer Begriffsbestimmung siehe Offen (1993).

von der „Auflösung der Geschlechterdifferenz" (Heintz, 1993), sogar vom „Verschwinden der Geschlechter" (Bock, 1994). Die Schwierigkeit, die produktiven Aspekte der Grundlagenkritik vom Überschwang postistischer Konjunkturen zu scheiden, zutreffende Beobachtungen von Phänomenen sozialen Wandels und überzogene Tendenzaussagen gesellschaftlicher Transformation auseinanderzuhalten, hängt mit der spezifischen Komposition dieses Diskurses zusammen. Der breitenwirksame Widerhall der vielstimmigen Reden vom Überholt- und Dezentriertsein der Kategorie Geschlecht übertönt die sachlichen Gehalte einzelner bedenkenswerter Aussagen und individuell zuordenbarer Positionen. Er produziert einen Überschuss an atmosphärischen Veränderungen und diskursiven Effekten, die nicht präzise auf einzelne Ansätze rückführbar sind, sondern die sich in eher schleichenden Sinnveränderungen, Aufmerksamkeitsverschiebungen und Neuausrichtungen der Botschaft auswirken.

Im Folgenden sollen einige Linien der Grundlagendebatte in der Frauen- und Geschlechterforschung nachgezeichnet werden mit der Intention, zur begrifflichen Klärung des Feldes beizutragen. Zwar lassen sich mit den Mitteln einer inhaltlichen Rekonstruktion überdeterminierte, teilweise gerüchtähnliche Phänomene kaum fassen. Dennoch scheint ein Blick auf einige der Original-Botschaften und Fragestellungen des ‚gender scepticism' angebracht, wenn wichtige Impulse der Kritik nicht im gängigen – je nach Sichtweise – Krisen-, Abschieds- und Wendegemurmel untergehen sollen. Auf dem Hintergrund einer kurzen Skizze der epistemischen Konstellation feministischer Forschung und Theoriebildung werden wissenschaftlich-politische Kontexte und Positionen beleuchtet, aus denen heraus die aktuelle Diskussion ihre Anstöße erhält. Die Ausgangsannahme ist, dass ein in seinen Dimensionierungen unterbestimmter Begriff von ‚Gender' oder ‚Geschlecht' sowie das Ausblenden der Kontexte und rhetorischen Positionierung von Argumenten impressionistischen Behauptungen eines Geltungsverlusts der Kategorie ‚Geschlecht' Vorschub leisten.

2 Zwischen den Stühlen – vernetzt

Die Besonderheiten der epistemischen Konstellation, in der sich feministische Forschung und Theoriebildung bis heute bewegen, resultieren historisch aus ihrer Herkunft aus einer gesellschaftlichen Emanzipationsbewegung und der damit verbundenen politischen Bestimmung ihres Erkenntnisinteresses, aus den Nachwirkungen der faktischen Aussperrung des weiblichen Geschlechts in der Formierungsgeschichte der modernen Wissenschaften sowie der anhaltenden Marginalisierung damit verbundener Problemstellungen in den Disziplinen und ihren theoretischen Traditionen. Angesichts der implizit androzentrischen Blickrichtungen in einem Großteil geistes- und sozialwissenschaftlicher Theorien und Analysen konnte kaum ein Ansatz ohne Revisionen übernommen werden.[2]

Der Minderheitenstatus von Frauen(forscherinnen) in der *scientific community* nötigte zu Formen der Vernetzung, die in eine ausgeprägt fachübergreifende und international orientierte Kommunikations- und Interessengemeinschaft mündeten. Auch die Verbindungen zwischen Wissenschaftlerinnen und politisch engagierten Frauen in unterschiedlichen Praxisfeldern stellen nach wie vor ein Spezifikum dieser Konstellation dar. Zwar sind in den vergangenen Jahren im deutschsprachigen Bereich deutlich Prozesse einer Re-Disziplinierung zu beobachten, die selbst Ergebnis einer Ausdifferenzierung und Professionalisierung der Frauen- und Geschlechterforschung sind. Dennoch gehört der inter- bzw. transdisziplinäre Zug noch immer ebenso zu den Charakteristika dieser Wissenschaftsströmung wie das viel diskutierte Spannungsverhältnis von Erkenntnis und Interesse, Engagement und Distanzierung. Dass sich in diesem Feld wissenschaftliche Klärungen und politische Selbstreflexion kaum trennen lassen, dokumentiert besonders auffällig der debattenförmige Verlauf der Geschichte feministischer Theoriebildung. Immer wieder gab es Themen, die Fächer und theoretische Richtungen übergreifend die Diskussion bestimmten. Seit den Neunzigerjahren gehört eine radikalisierte Reflexion der epistemischen und politischen Fundierungen feministischer Kritik zu den Veränderungen, die der Auseinandersetzung eine besondere Vehemenz und Dynamik verleihen. Zentrale Bestimmungsmomente dieser Verschiebung der „Denkachsen" (Wobbe & Lindemann, 1994) sind:

- Ein Internationalisierungsschub in der Frauen- und Geschlechterforschung, insbesondere der wachsende Einfluss der Rezeption von Grundlagendiskussionen aus Ländern wie den USA, in denen eine in vielen Fächern effektiv institutionalisierte Frauen- und Geschlechterforschung von einer nach Hautfarbe, Herkunftsgeschichte und Erfahrungshintergründen vergleichsweise

---

[2] Wenn Stefan Hirschauer (1995) mit Verweis auf Garfinkel, Goffman u. a. konstatiert, dass „ein Gutteil feministischer Grundlagenforschung außerhalb der Frauenforschung stattfand" (S. 67), so ist ihm einerseits – zumindest bezogen auf die konstruktivistische Strömung in der Gender- Diskussion – zuzustimmen. Andererseits unterschätzt er die Zentralität des herrschaftskritischen Fokus in der Geschichte feministischer Theorie. Diesbezüglich bleibt das Anregungspotenzial der genannten Autoren durchaus begrenzt.

heterogen komponierten Gruppe von Personen getragen wird, für die das
Thema der ‚Differenz' ins Zentrum der Theoriebildung gerückt ist;

- eine vehemente Auseinandersetzung zwischen Ansätzen aus dem Spektrum
der amerikanischen identity-politics und des Dekonstruktivismus, deren Nach-
hall die deutschsprachige Frauenforschung erfasste;
- die allmähliche Veränderung der Zusammensetzung der feministischen
scientific community auch im deutschsprachigen Raum, in dem sich
Frauen nicht-deutscher Herkunft und Töchter der ersten Generation von
ArbeitsmigrantInnen vernehmlicher zu Wort melden, sowie die nach wie vor
spürbaren Divergenzen in den Problemstellungen west- und ostdeutscher
Feministinnen;
- Institutionalisierungserfolge wissenschaftlich-politischer Strömungen wie
der ‚postcolonial studies', der ‚ethnic studies' sowie der sexualpolitisch ausgerichteten ‚queer studies' in verschiedenen Ländern und der auch durch
ihre Interventionen beförderten wachsenden Sensibilisierung gegenüber
universalisierenden Aussagen;
- technisch-wissenschaftliche Entwicklungen, in deren Zuge überlieferte Grenzziehungen zwischen Natur und Kultur neu definiert werden, Grenzziehungen,
die das im feministischen Kontext zentrale Problem der Bestimmung sexueller
Differenz und die Kritik ihrer Naturalisierung tangieren;
- und last but not least: Phänomene eines Generationenwechsels innerhalb der
Frauen- und Geschlechterforschung und die damit zusammenhängenden Ver-
gessens- und Lernprozesse einerseits, Absetzbewegungen und Positionierungs-
versuche jüngerer Wissenschaftlerinnen in einem unter zunehmendem
Konkurrenzdruck und Sparzwängen stehenden Wissenschaftsfeld andererseits.

Die genannten Veränderungen betreffen in der feministischen Frauen- und
Geschlechterforschung einen Zusammenhang, der von einer strukturellen Aporie durchzogen ist: der Unverzichtbarkeit und gleichzeitigen Unmöglichkeit einer
fundierenden Bezugnahme auf ein epistemisches und politisches Referenzsubjekt
(Frauen). Alle Versuche einer substanziellen Bestimmung dieser Grundlage,
wie sie insbesondere in der anglophonen ‚epistemology debate'[3] unternommen
wurden, stoßen auf Phänomene von Ungleichheit und Verschiedenheit innerhalb
der weiblichen Genus-Gruppe, an denen sie sich ebenso abzuarbeiten haben wie

---

[3] Für einen Überblick siehe z. B. Harding (1990), Ernst (1999), Singer (2002).

an den vielfältigen Formen von Disparitäten und Diskriminierung im Verhältnis der Geschlechter.

Von der Auseinandersetzung um Relationen von Ähnlichkeit, Verschiedenheit und Ungleichheit zwischen Frauen sowie der Nötigung, die eigenen Aussagen auf ihre Aussagebedingungen hin zu reflektieren und zu relativieren, gehen immer wieder Impulse zu einem spezifischen Suchverhalten aus, das die Grenzen zwischen Disziplinen und theoretischen Schulen überschreitet. Dieses unorthodoxe Verhalten kann eklektische Aneignungen begünstigen, aber auch anregende Synthetisierungsversuche inspirieren. Auf alle Fälle trägt die aporetische Grundstruktur dazu bei, dass feministische Wissenschaft zu den ‚heißen' epistemischen Kulturen zählt. Aussagekraft und Stellenwert der gegenwärtig kursierenden Reden über einen Bedeutungsverlust der Kategorie ‚Geschlecht' können nur mit Blick auf diese Gesamtkonstellation verstanden werden, die über die Soziologie und über den akademischen Rahmen insgesamt hinausreicht.

3   ‚Gender' als passepartout

Dass sich Begriffe und Theorien auf ihren Reisen verändern, ist bekannt. Die Arbeit an solchen Umschriften, ihre Re-Konstruktionen und immer vorläufig bleibenden Versuche, Umdeutungen zu begreifen und zu erklären, sind lehrreich und gehören zum Grundlagenrepertoire geistes- und sozialwissenschaftlicher Erkenntnisverfahren. Dies betrifft auch die Reisen des Begriffs ‚Gender', der zweifellos zu den ‚fast travelling notions' der vergangenen Jahre zählt. Er ist so schnell über die Ränder diverser Diskursuniversen hinausgelangt, als sollte er in einer Art reflexiver Kopplung sein eigenes ‚mainstreaming' verifizieren.

Schnellreisende Begriffe dürfen nicht allzu viel Bodenhaftung oder Konkretionsgrade haben, die Rezeptionsrichtungen vorgeben oder nahe legen. Das Reisetempo und die enorme Weltläufigkeit, die Reflexionskategorien wie ‚Differenz' entwickelt haben, sind dafür Beleg: Differenz ist von Grund auf indifferent, weil sie sich auf jedwede Relation von Unterschiedenem beziehen kann. Ihre Inhaltsleere macht sie fungibel und suggestiv zugleich, so lädt sie zu allerlei Verdichtungen ein. Auf seine Art hat auch der Gender-Begriff auf seinen Routen ein Stück weit abgehoben. ‚Gender' zirkuliert inzwischen als linguistisches passepartout, das sich mit changierenden Bedeutungen aufladen kann. Auf diesem Hintergrund wächst die Notwendigkeit der Explikation.

Thesen eines Bedeutungsverlusts *der* Kategorie ‚Geschlecht' bleiben unsinnig, solange nicht die Aspekte bestimmt sind, unter denen dies der Fall sein soll:

In welchen Hinsichten ist Geschlecht weniger relevant oder realitätsmächtig als zuvor? Um Hinsichten spezifizieren zu können, sollte zunächst deutlich gemacht werden, ob es sich bei der Rede vom Bedeutungsverlust um eine *sozialdiagnostische* oder um eine *epistemologische* Aussage handelt:

Sozialdiagnostisch intendierte Aussagen über einen Bedeutungsverlust der Kategorie ‚Geschlecht‘ sollten Auskunft darüber geben können, auf welche gesellschaftlichen und kulturellen Entwicklungen in welchen Zeiträumen sie sich beziehen, in welchen Dimensionen sie Geschlechterverhältnisse und deren Einbettung in die Gesellschaftsentwicklung theoretisch reflektieren und welche empirischen Indikatoren sie heranziehen, um einen Bedeutungsverlust zu belegen.

Im weitesten Verständnis *epistemologisch* intendierte Aussagen müssten darüber Auskunft geben, in welchem Sinne und für wen ‚Geschlecht‘ als Kategorie an Bedeutung verloren hat:

a) für die Selbstauslegungen der Menschen im Objektbereich der Analyse;
b) für die untersuchende Wissenschaftlerin, die ihre epistemologische Position und Kritik als ‚feministisch‘ oder ‚post-feministisch‘ begründen will oder
c) für den Betrachter der diversen Betrachtungen von Frauenforscherinnen, Gender-SoziologInnen und Feministinnen?

Eine weitere Voraussetzung für die Einschätzung von Aussagen über einen Relevanzverlust der Kategorie Geschlecht ist die inhaltliche Unterscheidung von Analysedimensionen, die der Geschlechtsbegriff unter sich befasst. In welchen Dimension und in welchen Konstellationen soll Geschlecht an Bedeutung verloren haben?

Ist die identitäts- und subjekttheoretische Bedeutung von Geschlechts*zugehörigkeit* relativiert, wie sie in der Sex/Gender-Diskussion im Zentrum steht, auch wenn stets unspezifisch von ‚Geschlecht‘ *an sich* die Rede ist? Für welche Gruppen und Milieus wird das behauptet?

Haben *Beziehungen* zwischen den Geschlechtern an Bedeutung verloren -oder haben sich lediglich ihre Formen teilweise gewandelt? Richtet sich die Diagnose auf die gesellschaftliche Organisation von *Geschlechterverhältnissen,* auf ‚Geschlecht‘ als Mediator sozialer Regulation, Strukturierung und Stratifizierung, auf die geschlechtstypische Distribution von Chancen auf Anerkennung und Aneignung, auf die geschlechtstypische Verteilung von Risiken der Missachtung und Ent-Eignung?

Für eine selbstreflexive Theorie ist es unabdingbar, Gesellschaftsdiagnose und Erkenntniskritik nicht zu separieren, da die Bedingungen des Erkennens selbst

dem Zusammenhang dessen angehören, was begriffen werden soll. Insofern gälte
es auch zu bestimmen, welche Interdependenzen zwischen sozialdiagnostischen
und epistemologischen Behauptungen eines Bedeutungsverlusts der Geschlechtskategorie gesehen werden. In Bezug auf all diese Probleme gibt es in der
Diskussion zum Bedeutungsverlust der Kategorie ‚Geschlecht‘ erheblichen
Klärungsbedarf.

4   Kontexte des ‚gender scepticism‘

Die theoretischen Impulse zur Grundlagenkritik gehen inhaltlich vor allem von
drei Themenfeldern aus, die sich teilweise überschneiden: a) der sogenannten
‚Sex/Gender-Debatte‘, in welcher die erkenntnistheoretische Problematik
einer Unterscheidung von körperlichem und sozialem Geschlecht verhandelt,
Annahmen einer naturgegebenen Zweigeschlechtlichkeit der menschlichen
Gattung befragt und Prozesse der Normierung von Geschlechtsidentität und
heterosexuellem Begehren beleuchtet werden; b) der Diskussion um die
soziale und kulturelle Heterogenität der Genus-Gruppe ‚Frauen‘ sowie c) den
unter Etiketten wie ‚Postmoderne‘ oder ‚Zweite Moderne‘ geführten sozialdiagnostischen Diskussionen um Prozesse der Individualisierung, Pluralisierung
von Soziallagen und sozialer Differenzierung.

Ich werde ausführlicher auf einige Positionen im weiteren Feld der Sex/
Gender-Debatte eingehen, um die unterschiedlichen Perspektiven zu verdeutlichen, aus denen hier eine Krise oder eine Dezentrierung von Geschlecht
thematisiert wird: Rosi Braidottis Zurückweisung der überdehnten Geltungs-
ansprüche der englischen Gender-Kategorie, Joan Scotts diskurspolitisch
motiviertes Plädoyer für eine Neu-Konfigurierung von ‚Sex‘ und ‚Gender‘;
Judith Butlers sexualpolitisch inspirierte Kritik der Sex/Gender-Unterscheidung
sowie Donna Haraways epistemologisch und zeitdiagnostisch angelegte Thesen
einer Implosion fundamentaler kultureller Dualismen, die auch die Geschlechterdifferenz tangieren. Danach werde ich einen der deutschsprachigen Beiträge zur
eher zeitdiagnostisch orientierten Strömung in dieser Diskussion kommentieren,
auf den in der hiesigen Diskussion häufiger Bezug genommen wird: Ursula
Paseros modernisierungstheoretisch ausgerichtete These eines Geltungsverlusts der Geschlechtskategorie. In einem abschließenden Ausblick soll auf
die jüngste Entwicklung in der feministischen Theoriebildung eingegangen
werden, in deren Mittelpunkt der von der us-amerikanischen Juristin Kimberlé
Crenshaw geprägte Begriff der ‚intersectionality‘ oder ‚intersectional analysis‘ steht. ‚Intersectionality‘ ist im englisch-sprachigen Diskurs inzwischen

zu einem Begriff geworden, der als paradigmatische Neuorientierung der Geschlechterforschung verstanden wird.

Kontext 1: Politik der Lokalisierung

Ein Blick auf die jüngere deutschsprachige Frauen- und Geschlechterforschung lässt erkennen, dass die Worte ‚Gender' und ‚Geschlecht' in einer merkwürdig opportunistischen Konfiguration von wechselseitiger Austauschbarkeit und Nichtaustauschbarkeit zueinander stehen. Wann wird ‚Gender' präferiert, wann ‚Geschlecht'? Welche Umschriften finden statt, wenn Übertragungen aus dem Englischen das Wort ‚Geschlecht' einsetzen, der übersetzte Diskurs sich aber präzise auf ‚Gender' bezieht?

In ihrem Aufsatz „Gender und Post-Gender. Die Zukunft einer Illusion" bezieht Rosi Braidotti, in Italien geborene, in Australien aufgewachsene, heute in Utrecht lebende und lehrende Theoretikerin kritisch Position zu dem aus den USA übernommenen Gender-Begriff und zu der damit zusammenhängenden Sex/Gender-Diskussion. Die „Krise des Begriffs ‚gender' in Theorie und Praxis" (Braidotti, 1994) hängt für die Philosophin damit zusammen, dass der Begriff Gender und seine Konnotationen stark durch den Kontext der englischen Sprache bestimmt sind. Er habe kaum eine Relevanz für die theoretischen Traditionen in romanischen Sprachen, weil er in seinem kulturspezifischen Horizont „nichtübersetzbar" sei (vgl. auch de Lauretis, 1994). Aber auch Braidotti spricht nicht aus dem Nirgendwo: Aus einer an Luce Irigarays Philosphie der sexuellen Differenz orientierten Position heraus problematisiert sie vor allem den Neutralismus des Gender-Begriffs, welcher die grundlegende dis-symmetrische Positionierung der Geschlechter in der symbolischen Ordnung verdecke, die der Begriff der ‚sexuellen Differenz' im Sinne Irigarays betont. Auch eine politisch-institutionelle Praxis, die sich des Gender-Begriffs bedient, sei problematisch, weil sie den radikalen Impetus feministischer Kritik unsichtbar mache. Es sei gerade dieses verschleiernde Moment, die „Verarmung des politischen Einsatzes", die den Erfolg von „Gender Studies" an Universitäten begünstigt habe (Braidotti, 1994, S. 12).

Braidottis Kritik der englischen Gender-Kategorie berührt auch die in der aktuellen Grundlagenkritik zentrale Sex/Gender-Unterscheidung. In vielen nicht-englischen europäischen und außereuropäischen Kontexten und Sprachen ergebe diese Unterscheidung keinen Sinn. Sie habe daher in Frankreich, Italien, Portugal, Spanien und den vielen Ländern ihres Sprachbereichs auch keine vergleichbare Debatte inspirieren können.

Bezugspunkt von Braidottis Kritik ist eine Art Blockbildung, die sie im feministischen Diskurs wahrnimmt: amerikanische Gender-Theorien auf der einen Seite, französische, psychoanalytisch orientierte Theorien der sexuellen Differenz auf der anderen. Diese Frontstellungen, welche zumindest die englischsprachige Theoriediskussion der Achtzigerjahre geprägt haben, geraten in den Neunzigerjahren in Bewegung, nicht zuletzt aufgrund der Kritik von „feminists of color" und postkolonialen TheoretikerInnen. Inzwischen würden beide Konzepte als „regulative Fiktionen" begriffen, die analytisch nur kritisch verwendet werden könnten (Braidotti, 1994, S. 20). Daher die ‚Krise der Kategorien'.

Braidottis Text liefert keine im engeren Sinne epistemologische oder zeitdiagnostische Begründung eines Bedeutungsverlusts von Geschlecht, sondern er versucht den Nachweis einer immer schon begrenzten Geltung des anglo-amerikanischen Gender-Konzepts bei gleichzeitig imperialen Geltungsansprüchen, deren Realisierung von einflussreichen Verlagen wie Routledge forciert würde. Die rhetorische und diskurspolitische Position, die Braidotti mit ihrer „politics of location" einnimmt, ist die einer europäischen Feministin, die sich dafür einsetzt, die verschiedenen Varianten europäischer Theoriebildung im US-amerikanisch dominierten Feld feministischer Theorie mehr als bisher zur Geltung zu bringen. Obwohl mir die identitätspolitische Imprägnierung ihrer Position eines kritischen Eurozentrismus ambivalent erscheint, halte ich Braidottis Kritiken für wichtig, weil sie die Aufmerksamkeit für die kulturelle Einbettung feministischer Theoriebildung erhöhen. Damit tragen sie bei zur Weiterentwicklung einer reflexiven epistemischen Kultur der Frauen- und Geschlechterforschung.

Kontext 2: ‚Gender' de-zentrieren, ‚Sex' historisieren
Die Krise des englischen Begriffs ‚Gender' ist keine Krise von ‚Gender' allein, sondern implizit eine der Konstellierung von ‚Sex' und ‚Gender'. Im anglo-amerikanischen Diskurs ist ‚Gender' in anderer Weise mit der Zwillingskategorie ‚Sex' verbunden als dies für die deutschsprachige Unterscheidung von körperlichem und sozialem Geschlecht (Geschlechtszugehörigkeit, Geschlechtsidentität, Geschlechterbeziehungen, Geschlechterrollen, Geschlechterverhältnisse) gilt. Dieser enge Zusammenhang ist nicht zufällig: Die begriffliche Unterscheidung von ‚Sex' und ‚Gender' stammt ursprünglich aus der medizinisch-psychiatrischen Diskussion um Transsexualität der Fünfzigerjahre, wo sie eingeführt wurde, um das Auseinandertreten von körperlichem Geschlecht und Geschlechtsidentität zu fassen (Money & Hampson, 1955; Stoller, 1968). Dass die Differenzierung von körperlicher Geschlechtszugehörigkeit als zugeschriebener Mitgliedschaftskategorie auf der einen, selbstempfundener Geschlechtsidentität auf der anderen Seite für feministische Kritik attraktiv war, liegt nahe, erlaubte sie es doch, biologistische Argumente zur ‚Natur der Frau' besser zurückweisen zu können. Die

Attraktivität des Gender-Konzepts im feministischen Diskurs seit den Siebzigerjahren ist wesentlich durch diesen antibiologistischen Impetus begründet, den die zuvor gängigen Begriffe wie ‚Sex Identity' oder ‚Sex Roles' nicht aufwiesen. Das Konzept präzisierte in seiner Absetzung gegenüber ‚Sex' eine politische Hauptachse feministischer Kritik. Diese Frontstellung im Zeichen von ‚Gender' führte allerdings dazu, dass der Bereich des ‚Sex' weitgehend außerhalb des Blickfeldes feministischer Theorie geriet (Klinger, 1995). Damit blieben relevante Entwicklungen im Bereich der Biowissenschaften und der „Technosciences" (Latour) in der breiteren feministischen Theoriebildung ausgeblendet, Entwicklungen, in deren Zuge traditionsreiche Grenzziehungen wie die zwischen Natürlichem und Kulturellem, Subjekt und Objekt revolutioniert werden (Gransee, 1999; Haraway, 1995a, b; Latour, 1995; Weber, 1998).

Auf diesem Hintergrund gewinnt die Rede über eine Krise oder einen Bedeutungsverlust der Kategorie ‚Geschlecht' (gemeint ist hier: ‚Gender') einen Sinn, der im deutschen Diskurs kaum auftaucht. Es handelt sich demnach nicht um einen Bedeutungsverlust von ‚Geschlecht' per se, sondern um gesellschaftlich induzierte, epistemologisch und politisch reflektierte Bedeutungs- und Relevanzverlagerungen im Spannungsfeld der Begriffe ‚Sex' und ‚Gender'. Die einfache Übersetzung von ‚Gender' in ‚Geschlecht' entnennt diese konstitutive Verknüpfung, weil im Deutschen der enge terminologische Zusammenhang, den die Sex/Gender-Unterscheidung aufruft, nicht in gleicher Weise gegeben ist. Die Debatte zur Krise der Gender-Kategorie reflektiert in diesem Spektrum die geschichtliche Entwicklung dieser Relation und darauf bezogener Kritikstrategien.

Dies wird überaus deutlich in der jüngsten theoretischen Umorientierung der amerikanischen Historikerin Joan Wallach Scott. Joan Scott, die in den Achtzigerjahren ihren inzwischen als klassisch geltenden Text „Gender: A Useful Category of Historical Analysis" (1986) publizierte, plädiert seit kurzem für eine Revision und eine Relativierung des Gender-Konzepts. In einem Vortrag anlässlich der Verleihung des *Hans-Sigrist*-Preises im Dezember 1999 in Bern führt sie die Gründe dieser Umorientierung an. Ähnlich wie Braidotti, Haraway und – in der Kulturanthropologie – Yanagisako (1997), verweist sie zum einen auf die Entwicklung, die der Gender-Begriff genommen hat. Sie kritisiert seine Karriere vom kritischen Konzept zum mainstream-label. Zum anderen reflektiert sie den sich verändernden institutionellen und wissenschaftspolitischen Kontext, in dem sie sich als feministische Wissenschaftlerin in den USA bewegt. Hier haben sich die Koordinaten nach ihrem Bericht in einer Weise verändert, welche die für die englischsprachige feministische Theorie zentrale Opposition von ‚Sex' und ‚Gender' grundlegend tangiert. Vor allem beunruhigt sie die schnelle Zunahme des Einflusses genetischer Erklärungsmuster für alle möglichen Phänomene sowie der wachsende Einfluss der evolutionistischen Psychologie in US-amerikanischen Universitäten. Angesichts dieser Entwicklungen sei die feministische Konzentration auf ‚Gender' nicht haltbar, da sie historische Konstruktionsweisen des Biologischen ausblende und damit gerade die aktuellen und zum Teil bedrohlichen Entwicklungen verfehle. Die begrifflichen Strategien feministischer Kritik hätten der veränderten historischen und diskurspolitischen Konstellierung von ‚Sex' und ‚Gender' Rechnung zu tragen. Ihrem Plädoyer „Give Sex a History" ist nur zuzustimmen; ebenso ihrem Aufruf zur Suche nach Theorietraditionen – sie nennt vor allem die Psychoanalyse –, die es ermöglichen, den „mind-body-split", der die Sex/Gender-Trennung regiert, zu überwinden.

Was aus dem Kontext gerissen als ‚Krise' oder ‚Bedeutungsverlust' des Begriffs ‚Geschlecht' aufgenommen und mit einem bestimmten Verständnis von postfeministischer Theorie vermischt wird, ist bei Scott ein wichtiger Beitrag zur Selbstreflexion feministischer Kritik. Sie erörtert die Möglichkeit des historischen Veraltens eines einstmals kritischen Begriffs mit Blick auf eine veränderte soziokulturelle und wissenschaftliche Konstellation, angesichts derer sich das analytische Potenzial der anglo-amerikanischen Dioskuren ‚Sex' und ‚Gender' zu erschöpfen scheint.

Kontext 3: ‚Sex' als ‚Gender' dekonstruieren
Der in der Sex/Gender-Diskussion geläufige Begriff von ‚Geschlecht' bezieht sich schwerpunktmäßig auf Fragen der Geschlechts*zugehörigkeit* und der Geschlechts*identität*. Dies betrifft sowohl den ethnomethodologisch-wissenssoziologischen Geschlechtsbegriff, der theoretisch wesentlich an Studien zu Transsexuellen entwickelt wurde, als auch Judith Butlers Geschlechtsbegriff, der ebenfalls aus einem sexualpolitischen Kontext stammt. Hier geht es um Geschlechts*zugehörigkeit,* Geschlechts*identität* und deren Normalisierung: Durch welche sprachlich vermittelten Praxen und innerhalb welcher symbolischen Matrix werden Menschen zu Frauen und Männern und was konstituiert und stabilisiert Geschlechtsidentität?

Die Untersuchungen der amerikanischen Philosophin Judith Butler, die als eine der wichtigen Vertreterinnen des dekonstruktiven Feminismus gilt, bewegen sich vorwiegend – und durchaus fachtypisch – im geschichts- und empiriefreien Raum einer metatheoretischen Befragung begrifflicher Grundlagen. Derartige Reflexionen haben ihren eigenen Stellenwert – sie können jedoch eine historisch konkrete Bestimmung von Geschlechterregimes und kulturellen Symbolisierungen von Differenz, deren Widersprüchlichkeit und Tendenzgehalte nicht ersetzen. Diese Differenz ist in der anfänglich emphatischen Aufnahme

von Butlers Thesen weitgehend eingeebnet worden. Ihre epistemologisch ausgerichteten Analysen von ‚Gender‘ wurden von Kritikerinnen wie Anhängerinnen
häufig missverstanden als ontologische Aussagen über Geschlechterdifferenz
(kritisch: Lorey, 1995).

Judith Butler geht es zum einen um die Analyse der heterosexuellen Matrix,
die den binären Rahmen des Begriffs ‚Geschlecht‘ sichert, und um die Untersuchung der normativen Prinzipien, die das biologische Geschlecht (Sex)
regulieren. Zum anderen betreibt sie eine vehemente Kritik der *identity-politics,*
d. h. aller Versuche, Politik über die Setzung eines mit bestimmten Eigenschaften versehenen Kollektivsubjekts ‚Frauen‘ zu fundieren. Butler würde
aber nie im sozialdiagnostischen Sinne von einem Bedeutungsverlust, einer De-
Institutionalisierung von Geschlecht oder einer Relativierung seiner strukturellen
Effekte sprechen – ganz im Gegenteil. Sie operiert mit ihrem sprachphilosophischen Zugang theoretisch an den Grenzmarkierungen der symbolischen
Ordnung, an denen Fundamentalnormen kultureller Geltung sich über den Ausschluss von „verworfenen Anderen" (abjects) begründen. Ihre Analysen kreisen
um die regulative Macht des Geschlechterdualismus für kulturell zentrale
Konzeptionen wie etwa die des Subjekts. Die Fragerichtung ist grundlagenkritisch, *antifoundationalist:* Wie wird die innere Stabilität des binären Rahmens
des Begriffs ‚Gender‘ gesichert, und wie muss man den Begriff ‚Gender‘
reformulieren, damit er auch jene Machtverhältnisse umfasst, die den Effekt
eines vordiskursiven Geschlechts (Sex) hervorbringen und dabei diesen Vorgang
der diskursiven Produktion selbst verschleiern? Die *Stabilität* dieses Grundrahmens und die Mechanismen seiner *Immunisierung* gegen Veränderung sind ihr
Thema, nicht Diagnosen seiner Aufweichung oder Relativierung. Alle Bedeutung
fixierenden Konstruktionen von Geschlechterdifferenz, und das schließt bei
ihr die biologischen Unterscheidungen mit ein, gelten als essenzialistisch und
diese Essenzialismen gilt es zu dekonstruieren. Der Dekonstruktionsbegriff, der
als Topos des Abschieds vom ‚klassischen Feminismus‘, sogar als Ausweis des
Postfeminismus gelesen wird, ist bei Butler geradezu per definitionem an die
Diagnose eines Zustandes gebunden, in dem Geschlecht als soziosymbolisches
Ordnungssystem stabil institutionalisiert ist.

Judith Butler hat weder die Geschlechtskategorie relativiert noch ihren
Bedeutungsverlust konstatiert. Sie hat aber die kritische Reflexion der Gender-
Kategorie in spezifischer Weise radikalisiert und erweitert, indem sie eine oft
vernachlässigte Perspektive ins Spiel gebracht hat: die Interdependenz von
Geschlechtskonstruktionen (Sex/Gender) und heterosexueller Normativität
(Begehren). Die Aufforderung zur Dekonstruktion von Geschlechterontologien
bezeichnet bei ihr eine entdinglichende Lektürepraxis, ein kritisches Verhalten, das

fixierte Bedeutungen von normaler Männlichkeit und Weiblichkeit in Bewegung bringt. *Praktisch* könnte ein Bedeutungsverlust der Kategorie Geschlecht im Rahmen ihres Ansatzes allenfalls als Erfolg massenhafter ‚Dekonstruktionen' vorstellbar sein, einer Kulturrevolution, die – um eine solche werden zu können – über den Einzugsbereich der Queer-Bewegung, dem politischen Kontext ihrer Interventionen, hinausreichen müsste. *Theoretisch* begründet Butler allerdings eher den kulturell fundamentalen Charakter der Geschlechternormen und die Unwahrscheinlichkeit eines (solchen) Ausgangs (Bublitz, 2002; Villa, 2003).

Kontext 4: Die Dualismen der Moderne erodieren
Die Arbeiten von Donna Haraway, einer weiteren wichtigen Bezugstheoretikerin im Diskurs über eine Krise der Kategorie Geschlecht, bewegen sich ein Stück weit quer sowohl zur Sex/Gender-Debatte als auch zur Diskussion um die soziale Heterogenität von Frauen. Beide Strömungen hat sie inspiriert durch ihre zeitdiagnostischen Thesen zum „Leben in der Technowissenschaft nach der Implosion" (Haraway, 1995b), in denen sie eindringlich beschreibt, wie radikal die ‚Technowissenschaften' seit dem Zweiten Weltkrieg die Welt verändern. Aus der Sicht der in Santa Cruz (Kalifornien) lehrenden Biologin und Wissenschaftshistorikerin erleben wir in den technologisch fortgeschrittenen Ländern eine schleichende Erosion der Unterscheidung von Natur und Kultur, die mit Neukonstellierungen von Natur, Technik und Kultur im Zusammenhang der revolutionären Entwicklungen der Technosciences einhergeht. Sie plädiert für eine intensivere Auseinandersetzung feministischer WissenschaftlerInnen mit den Technik- und Naturwissenschaften, deren Praktiken nach ihrer Auffassung entscheidend an der „Herausbildung von Ethnien, Konstruktion von Geschlecht, Formierung von Klassen und der diskursiven Produktion von Sexualität" (Haraway, 1996, S. 361) beteiligt waren und sind. Die Art und Weise dieser ‚Beteiligung' und deren historischer Veränderung betrachtet Haraway in einer Perspektive, die konstruktivistische und poststrukturalistische Zugangsweisen verbindet. WissenschaftsforscherInnen wie Donna Haraway und Bruno Latour, auf dessen Aktor-Netzwerktheorie sie sich bezieht, nehmen an, dass die Technowissenschaften eine Welt der hybriden Mischwesen hervorbringen, die sich mit den herkömmlichen theoretischen Mitteln nicht mehr begreifen lassen: Sie sind gleichzeitig real wie die Natur, erzählt wie der Diskurs, sozial wie Gesellschaftliches (Latour, 1995, S. 13).

Donna Haraway fragt nun, ob mit der technologisch induzierten Erosion der Natur/Kultur-Dichotomie, die als Tiefenstruktur sowohl der Sex/Gender-Trennung als auch Konstruktionen von ‚Rasse' zugrunde liegt, für das moderne Denken fundamentale Dualismen unterminiert werden, die historisch immer mit Herrschaft und Ungleichheit verwoben waren. Auf diesem Hintergrund entwickelt sie die vergleichsweise optimistische Vision, dass mit der angenommenen Implosion der Dualismen (Kultur/Natur, Subjekt/Objekt, Mensch/Tier) grundlegende Denkformen moderner Herrschaft zusammenbrechen könnten (zur Kritik: Becker-Schmidt, 1998b, 2003; Braun, 1998; Gransee, 1999; Weber, 1998).

In Haraways Ansatz geht es, ähnlich wie bei Butler und in konstruktivistisch-mikrosoziologischen Analysen des „doing difference" (West & Fenstermaker, 1995), eher um diskursive Politiken der Unterscheidung, die Grammatik von Markiertem/Unmarkiertem (Braun, 1998; Gottschall, 1997), die hierarchische Relationen zwischen Selbst und Anderem hervorbringen, als um deren ausgeführte historisch-soziologische Analysen im Rekurs auf gesellschaftliche Strukturzusammenhänge. Haraways Beobachtungen bestimmter Entwicklungen in den Technosciences sind scharfsinnig und anregend. Ohne eine Spezifizierung der gesellschaftlichen und institutionellen Bedingungen, unter denen diese Unterscheidungen relevant gemacht werden, können deren Konsequenzen letztlich jedoch nicht adäquat gewichtet werden: Welche gesellschaftliche Durchsetzungsmacht haben die Technosciences, durch welche Kräfte, Verhältnisse und Entwicklungen werden sie gestützt, welche Kräfte, Verhältnisse und Entwicklungen wirken ihnen entgegen, welche Widersprüche und Ungleichzeitigkeiten tun sich auf, welche Relevanz haben Geschlechterverhältnisse für die Verfasstheit dieser Konstellation?

Bezogen auf die Frage, in welchen Hinsichten Haraways Arbeiten Argumente für eine Relativierung oder einen Bedeutungsverlust der Kategorie Geschlecht enthalten, gilt es zu differenzieren:

• *Epistemologisch* plädiert Haraway für Politiken der Lokalisierung, Positionierung und Situierung, „bei denen Partialität und nicht Universalität die Bedingung dafür ist, rationale Ansprüche auf Wissen vernehmbar anzumelden" (Haraway, 1995b, S. 89). Ihr in diesem Zusammenhang entwickeltes Konzept des „situierten Wissens" setzt ein „multiples Subjekt" voraus, das sich in einer multidimensionalen Topographie bewegt.

„Es gibt keine Möglichkeit, an allen Positionen zugleich oder zur Gänze an einer einzigen, privilegierten (unterdrückten) Position zu ‚sein', die durch Gender, Rasse, Nation und Klasse strukturiert wird. Und dies ist nur eine kurze Aufzählung entscheidender Positionen" (Haraway, 1995b, S. 86).

Die hier vorgenommene epistemische Dezentrierung der Kategorie Geschlecht wird in der gegenwärtigen Diskussion – zu Unrecht – als Ausdruck einer Grundlagenkrise aufgefasst. Die von Haraway und anderen vorgenommene

Relationierung beinhaltet durchaus keine Relativierung der Bedeutung von Geschlecht, sondern eine Aufforderung, radikaler die Situiertheit und Begrenztheit der eigenen Erkenntnisperspektive einschließlich des Blicks auf Geschlechterverhältnisse zu reflektieren.

- Im Rahmen ihrer *zeitdiagnostischen* These, dass die technowissenschaftlichen Entwicklungen zu einer Erosion herrschaftsförmiger Dualismen führen könnten, ist die gesellschaftliche Bedeutung von Geschlechterverhältnissen in der Strukturierung sozialer Ungleichheit implizit vorausgesetzt. Unter dem Einfluss der technowissenschaftlich induzierten Auflösung tradierter Dichotomien würde nicht die Geschlechtskategorie als solche an Bedeutung verlieren, sondern eine rigide polarisierte Normierung von Männlichkeit und Weiblichkeit. Deren Grundstruktur, die sie mit anderen identitätslogisch verfassten Sozialkategorien – wie etwa den Rassenbegriffen – teilt, könnte in Bewegung geraten. Es geht Haraway eher um die historische Möglichkeit dieses Wandels als um einen allgemeinen Bedeutungsverlust von Geschlecht.

5   ‚Geltungsverlust' der Geschlechterdifferenz?

Zu den wenigen zeitdiagnostisch-gesellschaftstheoretisch orientierten Beiträgen zur aktuellen Grundlagendiskussion gehören die von Ursula Pasero. Die Kieler Soziologin geht der Frage nach, ob sich „die Thematisierung von Geschlecht in modernen Gesellschaften abschwächen, neutralisieren und damit wirkungsvoll in den sozialen Hintergrund geraten könne" (Pasero, 1995, S. 50) und ob dies gegenwärtig empirisch zu diagnostizieren sei. In der Frauen- und Geschlechterforschung hat ihr Ansatz einige Aufmerksamkeit gefunden. Zum einen aufgrund seiner pointierten Aussagen zum sozialen Wandel, zum anderen wegen des etwas vollmundig vertretenen Anspruchs, mit Hilfe (ihrer Lesart) der Systemtheorie Veränderungen anders und mit größerer „Tiefenschärfe" zu „beobachten", als sie es bisheriger Frauen- und Geschlechterforschung unterstellt (Pasero, 1994, S. 282).

Pasero mischt sich in die Auseinandersetzung um eine Frage ein, die Candace West und Don Zimmerman in ihrem vielzitierten ethnomethodologischen Text „Doing gender" aufwarfen: „Can we ever *not* do gender?" (West & Zimmerman, 1991, S. 24). Diese Frage ist sowohl von theoretischer, methodologischer als auch politischer Relevanz und hat eine Reihe von anregenden Diskussionsbeiträgen provoziert. Im Kern geht es in dieser Diskussion um das Problem, in welchen Hinsichten und in welchem Ausmaß Deutungsmuster von Geschlechterdifferenz institutionelle Ordnungen konstituieren und legitimieren. Zwei Aspekte stehen dabei im Mittelpunkt: Zum einen der Zusammenhang bzw. die angenommene Simultaneität binärer Unterscheidung von Genus-Gruppen und deren Hierarchisierung, zum anderen die Frage nach der Omnirelevanz und Omnipräsenz von ‚Geschlecht' (Feministische Studien 2/1993; Wetterer, 2002).

Ursula Pasero verschiebt die nur empirisch zu klärende Frage, ob ‚Geschlecht' omnirelevant und omnipräsent ist, in eine zeitdiagnostisch-historische Dimension.[4] Sie fragt nach der „Leistungsfähigkeit" von „Geschlechterdifferenz" als Beobachtungs- und Ordnungsschema, als „Leitdifferenz": „Ist eine solche rigide Aufteilung zwischen Frauen und Männern überhaupt noch zeitgemäß? Sind Auflösungsprozesse ablesbar?" (Pasero, 1994, S. 267). Ihre Argumentation folgt der Luhmannschen Prämisse, dass die primäre Differenzierung der modernen Gesellschaft eine funktionale ist und dass durch die neue Differenzierungsform der Gesellschaft das asymmetrische Geschlechterverhältnis nicht mehr vorstrukturiert sei. Die Semantik einer asymmetrischen Unterscheidung von Männern und Frauen werde zunehmend ersetzt durch die Semantik der Gleichheit. Damit sei die Inklusion aller, einschließlich der Frauen, in alle Funktionsbereiche der Gesellschaft realisierbar. Gestützt auf diese Beschreibung der Gesellschaftsentwicklung kommt sie zu der Einschätzung, dass die rigide Zweiteilung der Geschlechter im Alltagsleben der Moderne verblasse und „dass die asymmetrischen Wirkungen zwischen den Geschlechtern schwächer werden und letztlich keinen sozialen Sinn mehr haben" (Pasero, 1995, S. 274). Unsinnig erscheinen ihr auf diesem Hintergrund nicht nur die *Asymmetrien* zwischen

---

[4]Auch die von Bettina Heintz und Eva Nadai (1998) vertretene These einer „De-Institutionalisierung" von Geschlecht wird im Kontext dieser Debatte verortet. Anders als Pasero und Rezipientinnen wie etwa Funk (2000) gehen Heintz und Nadai in ihren theoretischen Überlegungen und ihrer empirischen Studie nicht unspezifisch von einem ‚Geltungsverlust' aus, sondern von *Verschiebungen* auf der Ebene der Reproduktionsmechanismen von ‚Geschlechterdifferenz'. Im Zuge historischer Prozesse der De-Institutionalisierung würde die Reproduktion von Geschlechterdifferenz stärker auf die interaktive Ebene verlagert und damit kontextabhängiger sowie potenziell fragiler werden. Während ich einigen ihrer Ausgangsbeobachtungen zum sozialen Wandel sowie der Intention, kontextuelle Variationen und das Ineinandergreifen unterschiedlicher Formen der ‚Differenzierung' und Ungleichheit ausdrücklich zustimme, scheint mir die These der ‚De-Institutionalisierung' sowohl theoretisch als auch empirisch differenzierungsbedürftig (vgl. auch Gottschall, 2000).

den Geschlechtern, sondern auch die Zweigeschlechtlichkeit selbst. Pasero erinnert daran, dass die Frauenforschung ihren Ausgang nahm von „eklatanten Erfahrungen der Subordination, Zweitrangigkeit, Unsichtbarkeit von Frauen". Unter der Last dieser Befunde sei die Frage nach der Notwendigkeit einer binären Ordnung der Geschlechter eher leise ausgefallen. Inzwischen habe jedoch der „Wechsel zur Frage nach Sinn und Geltung der Geschlechterdifferenz selbst längst eingesetzt" (Pasero, 1994, S. 267).

Zentrale Begriffe in Paseros systemtheoretischer „Lockerungsübung", wie es bei ihr heißt, sind die Begriffe der Inklusion, der funktionalen Differenzierung, Form Person/Form Geschlecht als komplexitätsreduzierende „soziale Adressen", der doppelten Kontingenz sowie die Thematisierung/De-Thematisierung, mit denen die soziale Geltung bzw. Geltungsverluste von ‚Geschlecht' erkundet werden sollen. Im Folgenden sollen insbesondere das Begriffspaar Thematisierung/De-Thematisierung und das Konzept der Inklusion kommentiert werden.

Pasero bindet die soziale Geltung von ‚Geschlecht' an Formen der ‚Thematisierung'. Die Regeln, die ein Geschlechterverhältnis konstituieren, sind prinzipiell kontingent, sie gelten nur so lange, wie sie mit anerkanntem sozialen Sinn belegt sind (Pasero, 1995, S. 52). „Die Form Geschlecht kann sich durch nichts anderes strukturieren als durch die soziale Resonanz auf ihre Beschreibungsmuster" (Pasero, 1995, S. 62).

Nun ist unstrittig, dass Geltung an soziale Resonanz gebunden ist. Das Begriffspaar Thematisierung/De-Thematisierung bleibt aber so abstrakt, dass die vielschichtigen Verhältnisse und Vorgänge, die im Raum der Möglichkeiten zwischen diesem binären ‚On' (Thematisierung) und ‚Off' (De-Thematisierung) nicht nur vorstellbar sind, sondern auch theoretisch und empirisch von der Frauen- und Geschlechterforschung bereits ausgeleuchtet wurden, in diesem Fokus nicht erfasst werden. Auf der Folie einer Gegenüberstellung von ‚Form Person' und ‚Form Geschlecht' klingt es so, als ginge es hauptsächlich darum, *ob* ‚Geschlecht' (überhaupt) thematisiert wird oder eben nicht. Für Analysen sozialen Wandels, und der steht ja bei Pasero zur Debatte, ist der angebotene begriffliche Rahmen viel zu grobrastrig.

Einwände ergeben sich a) gegenüber dem kognitivistischen Zuschnitt des Begriffspaars Thematisierung/De-Thematisierung, b) dem unausgeführten Verhältnis zwischen *Thematisierungen* von Geschlechterdifferenz und der gesellschaftlich-strukturellen Organisation des Geschlechterverhältnisses sowie c) dem gesellschaftsanalytischen Status des Inklusionsbegriffs. Dazu einige kurze Anmerkungen:

Ad a): Was Bezugnahmen auf Geschlechterdifferenz von vielen anderen möglichen Unterscheidungen unterscheidet, sind die brisanten Mischungen von Affekt und Rationalisierung, die sie begleiten; die Legierungen von Begehren und Kalkül, die libidinöse Besetzung und Aufladung der Geschlechtergrenzen, das psychische Unterfutter von Androzentrismus und Sexismus. Diese wirken nicht nur im Zusammenhang von Intimbeziehungen, sondern können potenziell in allen gesellschaftlichen Interaktionen und institutionellen Zusammenhängen relevant sein. Bekannt sind Schilderungen aus der Arbeitsmarkt- und Berufsforschung sowie der gleichstellungspolitischen Praxis, wonach Bezüge auf ,Geschlechterdifferenz' auf der verbalen Ebene einer Kommunikation abwesend, auf der affektiven Ebene anwesend sein können. Derartige Verdichtungen und Verschränkungen von unterschiedlichen Aspekten in Kommunikations- und Interaktionsprozessen sind mit systemtheoretischer Begrifflichkeit, die nicht geeicht ist auf überdeterminierte Austauschprozesse, kaum zu erfassen.

Ad b): Pasero verwendet einen wissenssoziologisch-formtheoretisch angelegten Begriff von ,Geschlecht', hat aber keinen erkennbaren gesellschaftstheoretischen Begriff von ,Geschlechterverhältnissen'. Das hat zur Folge, dass in dem von ihr eingenommenen Deutungsrahmen das spezifische Gewicht und die Folgen von ,Kommunikationen' im Kontext von Interaktionen, Organisationen/ Institutionen, ,funktionalen Teilsystemen', die sich der Geschlechterunterscheidung bedienen, nicht geklärt werden. Es ist daher nicht zufällig, dass ihre Antwort auf die von ihr aufgeworfene Frage „Ist eine solche rigide Aufteilung zwischen Frauen und Männern überhaupt noch zeitgemäß? Sind Auflösungsprozesse ablesbar?" nicht nur, wie sie schreibt, „paradox" ist, sondern auch vage. Der Vorschlag, „die disparaten sozialen Orte der modernen Gesellschaft" zu durchstreifen und zu kontrastieren, „an denen sowohl mit einer gesteigerten Thematisierung der Geschlechterdifferenz als auch mit einer Dethematisierung zu rechnen ist" (Pasero, 1994, S. 267), erscheint auf diesem Hintergrund wie eine Aufforderung zu einer Reise ins Blaue, weil theoretisch nicht offen gelegt wird, auf welcher Grundlage sie mit dem einen oder dem anderen (immerhin noch) ,rechnen' zu können glaubt.

Wenn *Pasero* von der These ausgeht, dass die moderne Differenzierungsform der Gesellschaft das asymmetrische Geschlechtermodell der „komplementären Vervollständigung nicht mehr vorgibt" (Pasero, 1995, S. 64), so schiebt sie Aspekte zusammen, die zumindest heuristisch differenziert werden sollten, um überhaupt unterscheiden zu können, ob *Disparitäten* zwischen Männern und Frauen an Bedeutung verlieren oder die *Unterscheidung* zweier Genus-Gruppen selbst.

In dem, was sie gesellschaftliche „Vorgaben" nennt, wird nicht klar, ob es sich dabei ausschließlich um normative Präskriptionen oder auch um objektivierte Strukturzusammenhänge handeln soll, die Verhaltensspielräume einschränken. Damit verstellt sie systematisch die Möglichkeit, Diskrepanzen und Widersprüche zwischen historisch sedimentierten Organisationsformen von Institutionen und den sich partiell modernisierenden normativen Auffassungen von ‚Geschlechterrollen' zu erfassen. In derartigen *Widersprüchen* manifestieren sich die typischen Konstellationen aktueller Wandlungsprozesse im Geschlechterverhältnis. So ist, wie insbesondere Helga Krüger und ihre Forschungsgruppe im Bremer Sonderforschungsbereich „Statuspassagen und Risikolagen im Lebenslauf" für westdeutsche Verhältnisse belegt haben, die Funktionslogik lebenslaufrelevanter Institutionen (Kindergarten, Institutionen des Bildungs- und des Gesundheitssystems, Arbeitsmarkt) nach wie vor auf eine bestimmte Form geschlechtlicher Arbeitsteilung bezogen. Sie setzt sie geradezu voraus, bedarf aber nicht notwendig ihrer ‚Thematisierung'. Geschlechtersemantiken haben eine konstitutive Rolle gespielt in der Entstehungsgeschichte dieser institutionellen Arrangements in den politischen Auseinandersetzungen um die Wende zum 20. Jahrhundert. Diese Geschichte kann jedoch vergessen, verdrängt und umgeschrieben werden. Ursprünglich offensiv sexuierte Arrangements und Funktionslogiken erscheinen dann später als ‚Sachzwänge' oder institutionelle ‚Rationalitäten'. Feministische Kritik hätte die irrationale Seite dieser Rationalitäten offen zu legen (Krüger, 1995, 2001; Krüger et al., 1996).

Ad c): Während in der neueren systemtheoretischen Diskussion der Inklusionsbegriff meist differenztheoretisch gefasst wird, wobei Inklusions- und Exklusionsverhältnisse stets in ihrem Zusammenhang mit unterschiedlichen Referenzen diskutiert werden (‚Psychische Systeme', ‚soziale Systeme'), verwendet Pasero ihn in einem zeitlich unbestimmten und inhaltlich recht allgemeinen Sinne. Charakteristisch sind Aussagen wie die folgenden:
„Frauen und Männer haben Zugang zu allen funktionalen Subsystemen – asymmetrische Zugänge eingeschlossen. Symmetrie-Effekte ebenso wie Asymmetrie-Effekte werden als paradoxe Wirkungen der Inklusion angenommen" (Pasero, 1995, S. 60).

Durch die kurzschlüssige Rückbindung an das Gerüst einer modernisierungstheoretischen Grundargumentation (‚Umstellung' von stratifikatorischer auf funktionale Differenzierung) bleibt unbestimmt, in welchem Maße der Zusammenhang funktional differenzierter Bereiche in modernen Gesellschaften selbst stratifiziert ist. Die von Pasero registrierten Widersprüche können so in ihrer Genese, in ihren sozialen Implikationen und Konsequenzen nicht erschlossen werden (vgl. ähnlich auch Gottschall, 2000, S. 324 ff.). Dies verweist nicht nur auf mangelnde argumentative Entfaltung ihres Zugangs, sondern ebenso auf ungelöste Probleme in ihrer Bezugstheorie (Becker-Schmidt, 1995).[5]

Bei Pasero klingt es zuweilen so, als wäre vollständige Inklusion in die funktional differenzierte Gesellschaft gleichbedeutend mit der Irrelevanz von ‚Geschlecht' als ‚sozialer Adresse', ohne dass dafür Gründe bzw. ‚Systemreferenzen' angegeben würden, die das nachvollziehbar machen könnten.

Dass Geschlechternormen/Semantiken und Strukturen des Geschlechterverhältnisses in einem Vermittlungszusammenhang stehen, aber auch auseinander treten können, haben Krüger und andere materialreich dokumentiert (vgl. auch: Gottschall, 2000; Dölling, 1998). Ländervergleichende Analysen haben ergeben, dass die institutionellen Arrangements in Deutschland (West) von einem besonders konservativen Zuschnitt sind (Pfau-Effinger, 1994; Ostner, 1998). Dies spricht für die Bedeutung einer genaueren Betrachtung solcher institutioneller Dispositive und ihrer spezifischen Entstehungsgeschichten. Gleichzeitig ist aber zu berücksichtigen, dass länderspezifische Entwicklungen nicht in Isolation voneinander stattgefunden haben, sondern dass sie eingebunden sind in den weiteren Zusammenhang gesellschaftlicher Entwicklungen, in Prozesse von Austausch, Verflechtung und Abgrenzung sowohl auf ökonomischer, sozialstruktureller, politischer als auch im weiten Sinne kultureller Ebene.

Regina Becker-Schmidt schlägt mit Blick auf derartige Zusammenhänge und deren Unwuchten ergänzend vor, einen Schritt über die Ebene institutioneller Konfigurationen, wie sie Krüger und andere anvisieren, hinauszugehen und eine weiter gefasste gesellschaftstheoretische Dimension einzubeziehen. Ich will abschließend wenigstens die Richtung dieser programmatischen Erweiterung andeuten, weil auch hier ein wichtiger Unterschied zur systemtheoretischen

---

[5] So gehört ‚Inklusion' zu den in der systemtheoretischen Diskussion zwar gängigen, aber nicht zureichend geklärten Konzepten. Markus Göbel und Johannes F. K. Schmidt sprechen von einer „Vielfalt unterschiedlicher, zum Teil unkoordinierter Begriffverwendungen" (Göbel & Schmidt, 1998, S. 88). Göbel und Schmidt, selbst Anhänger der Systemtheorie, gehen davon aus, dass man „die fehlende gesellschaftsanalytische Tiefenschärfe des Begriffs" darauf zurückführen könne, dass „die primär wissenssoziologisch fundierte Luhmannsche Gesellschaftstheorie bei der Frage von Inklusion und Exklusion den Zusammenhang (und die Differenz) von Semantik und Struktur nicht klar benennt. Es müßte zumindest geklärt werden, wie strukturelle Sachverhalte, die Teilhabe an funktionssystemspezifischer Kommunikation und das semantische Inklusionspostulat der modernen Gesellschaft korrelieren" (Göbel & Schmidt, 1998, S. 92). In der neueren systemtheoretischen Diskussion, die sich zunehmend auch der Ungleichheitsthematik zuwendet, werden diese Probleme intensiv diskutiert (Kronauer, 2002; Nassehi, 2000, 2004).

Konzeption in Paseros Lesart angelegt ist, gleichzeitig aber eine Dimension der Vergesellschaftung angesprochen ist, auf die sich auch Theorien funktionaler Differenzierung beziehen.

Da das Geschlechterverhältnis ein Verhältnis innerhalb sozialer Verhältnisse ist, kann es nicht isoliert betrachtet werden; die im Geschlechterverhältnis herrschenden Relationierungen sind nicht über den Geschlechteraspekt allein zu erschließen. Der Begriff der ‚Relationalität' bezieht sich auf Verhältnisbestimmungen, die zum einen die Bewertungen von Männlichkeit und Weiblichkeit im Vergleich betreffen, zum anderen die Positionierungen der Genus-Gruppen in hierarchischen Sozialgefügen, wobei in der Regel der Status der einen Gruppe vom Status der anderen Gruppe abhängt, zumeist zuungunsten von Frauen. Die Relationierungen im Geschlechterverhältnis sind aber auch bestimmt durch Relationen, die zwischen den Sektoren des gesamtgesellschaftlichen Reproduktionszusammenhangs herrschen (Becker-Schmidt, 1998a, 2001; Becker-Schmidt & Knapp, 2000). Um diese Vermittlungen bestimmen zu können, ist nach der Art und Weise zu fragen, in der die gesellschaftlichen Sphären im arbeitsteiligen Prozess der gesellschaftlichen Reproduktion miteinander in wechselseitiger Abhängigkeit verflochten sind. Geschlechterverhältnisse sind zum einen historisch als Konstituenzien in diese Formation eingegangen, zum anderen werden sie auch in ihrer gegenwärtigen Gestalt durch diese Formation vermittelt. Danach sind nicht nur die Relationen zwischen den Genus-Gruppen, sondern auch die Relationen zwischen einzelnen gesellschaftlichen Bereichen, die ‚sektoralen Konnexionen' durch Verhältnisbestimmungen wie Differenzsetzung, Disproportionalität und Machtgefälle charakterisiert, die historisch rekonstruiert werden können. Die sektoralen Über- und Unterordnungen wirken sich – vermittelt über die unterschiedlichen Formen der Vergesellschaftung der Genus-Gruppen – auch im Geschlechterverhältnis aus. So schlägt zum Beispiel das Macht- und Statusgefälle zwischen der Erwerbssphäre und dem Bereich der privaten Reproduktion (Hauswirtschaft und Familie) durch auf die relativen Bewertungen der dort erbrachten Leistungen. Der gesellschaftliche Organisationszusammenhang von Arbeit und Elternschaft bezeichnet dabei nach wie vor so etwas wie einen Kernkomplex für die Analyse von Disparitäten zwischen den Geschlechtern, der ein besonders hohes Beharrungsvermögen aufweist auch durch Prozesse sozialen Wandels hindurch. In beiden Bereichen (Arbeitsmarkt/privater Reproduktionsbereich) mag es, ebenso wie in anderen (Bildungssystem, Staatliche Wohlfahrt, Politik) Veränderungen geben; wenn diese aber nicht auf die Art der *strukturellen Verknüpfung* zwischen ihnen durchschlagen und darüber hinaus auch den Nexus nicht erfassen, der zwischen ‚gender regimes' und anderen Formen von Herrschaft existiert (Becker-Schmidt,

1996), bleibt eine Grundfiguration von Ungleichheit zwischen den Genus-Gruppen in Kraft.

So mögen Ehe und Familie ihre Gestalt verändern, neue Formen des Zusammenlebens sich entwickeln – am gesellschaftlichen Ort generativer und regenerativer Reproduktion und dessen Formbestimmung als Privatraum, mit Frauen als Gebärerinnen und primären Versorgerinnen, Pflegerinnen, Erzieherinnen und Hausarbeiterinnen, hat sich relativ wenig geändert, ebenso wenig an der mangelnden gesellschaftlichen Anerkennung der in diesem Bereich erbrachten Leistungen (Becker-Schmidt, 1991, S. 186, 1996). Die sukzessive Rückverlagerung von Dienstleistungen, insbesondere Pflegeleistungen, im Zuge der Aushöhlung des Wohlfahrtsstaats ist ein deutlicher Indikator für derartige Machtungleichgewichte zwischen den Sphären. Diese scheinen sich gegenwärtig sogar zu verschärfen.

Der Hinweis auf die Beharrlichkeit dieser Ungleichgewichte und Herrschaftsverhältnisse soll nicht bedeuten, tatsächlich stattfindende Veränderungsprozesse gering zu schätzen. Ich halte einen gesellschaftstheoretisch und historisch-kulturell spezifizierten Analyserahmen für Veränderungen allerdings für unverzichtbar. Die unterschiedlichen Institutionen, die man unter dem Geschlechter-Aspekt untersuchen kann, haben sowohl im Hinblick auf den gesellschaftlichen Zusammenhang als auch in ihrem Beitrag zur Fortschreibung sozialer Ungleichheit nicht dasselbe Gewicht. Ohne solche zunächst gesellschaftstheoretisch vorzunehmenden Gewichtungen wäre im Grunde jede Form der ‚Inklusion' in Teilsysteme oder die in diversen Bereichen beobachtbaren Formen der ‚De-Thematisierung von Geschlecht' gleich nah zum Mittelpunkt. Man registriert sie – aber man kann ihren Stellenwert bezogen auf die gesellschaftliche Entwicklung nicht einschätzen.

6   ‚Intersectionality': ein neues Paradigma feministischer Theorie

Fragen sozialer Ungleichheit und kultureller Differenz unter Frauen sind in den vergangenen Jahren zum zentralen Fokus der anglo-amerikanischen Geschlechterforschung geworden. Symbolisiert wird diese Entwicklung in der vielzitierten *Triade* von ‚Race, Class, Gender'. Die *systematische* Bedeutung dieser Diskussion, die über den Bereich feministischer Theorie, Epistemologie und Politik hinausweist, rückt jedoch erst allmählich stärker ins Bewusstsein. Im anglophonen Diskurs markiert das Konzept der ‚intersectionality' oder ‚intersectional analysis' eine neue Phase der feministischen Diskussion. Ausgehend von den frühen Interventionen des Black Feminism (Patricia Hill Collins und vielen anderen) steht der Begriff heute für das umfassende Programm einer integralen Analyse von unterschiedlichen Achsen strukturierter Ungleichheit und kultureller Differenz. So formuliert etwa die Soziologin Leslie McCall, Autorin der 2001 erschienenen Studie „Complex Inequality. Gender, Class and Race in the New Economy":

„(...) feminists are perhaps alone in the academy in the extent to which they have embraced intersectionality (– the relationship between multiple dimensions of social relations and social identities –) as itself a central category of analysis. One could even say that intersectionality is the most important theoretical contribution of women's studies along with racial and ethnic studies so far" (McCall, 2003, S. 3).[6]

Das Konzept der Intersektionalität wurde Mitte der 1980er Jahre von der US-amerikanischen Juraprofessorin Kimberlé Crenshaw in zwei Artikeln über Arbeitserfahrungen schwarzer Frauen und Gewalt gegen Frauen nicht-weißer Hautfarbe eingeführt. Für Crenshaw bestand das Hauptproblem feministischer Politik (gefaßt als identity-politics) nicht darin, „that it fails to transcend difference, as some critics charge, but rather the opposite-that it frequently conflates or ignores intragroup differences" (Crenshaw, 1991, S. 1242). Die politische Beobachtung, dass das Ignorieren von Differenzen *innerhalb* von Gruppen zu Spannungen *zwischen* den Gruppen beiträgt, veranlasste sie dazu, intersektionelle Perspektiven zu entwickeln, „as a way of mediating the tension betweeen assertions of multiple identity and the ongoing necessity of group politics." (Crenshaw, 1991, S. 1296). Seit Crenshaws frühen Formulierungen wurde das Konzept der Intersektionalität

---

[6] In einem Report über „Work at the Intersections of Race, Gender, Ethnicity, and Other Dimensions of Difference in Higher Education" hat Bonnie Thornton Dill, eine der Direktorinnen des Consortiums on Race, Gender and Ethnicity an der University of Maryland, eine empirische Bestandsaufnahme zur Verbreitung und zum Institutionalisierungsgrad neuer Formen intersektioneller Analyse in den USA vorgelegt. Ihre Untersuchung dokumentiert zum einen die zunehmende Bedeutung dieses Gebiets in Forschung und Lehre an amerikanischen Hochschulen, zum anderen, dass seine disziplinäre Zusammensetzung aus unterschiedlichen Feldern sogenannter minority studies je nach lokalen Gegebenheiten stark variiert und dass es sich bei den Personen, die diese Netzwerke mit ihrem Engagement tragen, überwiegend um women of color handelt. Alle der 70 GesprächspartnerInnen, die Thornton Dill an 17 Universitäten interviewt hat, betonen den starken Erfahrungs- und Identitätsbezug ihrer Arbeit, deren Ziel es sei, zur Schaffung einer gerechteren Gesellschaft beizutragen (Dill, 2002).

in vielfältiger Weise aufgegriffen und ausformuliert. Im politiknahen Kontext bezeichnet der Terminus der ‚Intersectionality' eine integrierte Sicht auf Probleme von Diskriminierung, Gewalt, Ausbeutung, Armut und auf die Verletzbarkeit durch Nicht-Anerkennung von Differenz. Vor allem in der internationalen Arena der Frauenrechtspolitik ist ‚intersectionality' zu einem Analysemodell geworden, auf das sich zahlreiche Institutionen und NGO's innerhalb der Vereinten Nationen beziehen.[7] *Wissenschaftsprogrammatisch* ist der mit dem Konzept der Intersektionalität anvisierte Horizont jedoch weiter gefasst als der Blick auf Formen multipler Benachteiligung. Das Projekt zielt perspektivisch darauf ab, die Erforschung großrahmiger gesellschaftlicher Herrschaftsverhältnisse, historischer Machtdispositive, institutioneller Arrangements und Formen der governance auf einer Meso-Ebene zu verbinden mit der Analyse von Interaktionen zwischen Individuen und Gruppen, einschließlich der damit verbundenen symbolischen Prozesse der Repräsentation, Legitimation und Sinngebung (Glenn, 1999, 2002; Weber, 2001). Das ist das volle Programm soziologischer Gesellschaftsanalyse – ein nicht geringer Anspruch.

In ihrer Diskussion über intersektionelle Analysen unterscheidet Leslie McCall drei Zugangsweisen: *anti-kategoriale* Zugangsweisen, die sie vor allem in dekonstruktivistischen und poststrukturalistischen Theorien vertreten sieht; *intra-kategoriale* Zugangsweisen, die Fragen von Differenz und Ungleichheit im Rahmen einer der jeweiligen Kategorien in den Blick nehmen, sei es Klasse, Race, Ethnizität oder Geschlecht und drittens, *inter-kategoriale* Zugangsweisen, die die Verhältnisse und Wechselwirkungen zwischen den Kategorien zu analysieren suchen (McCall, 2003).

Dabei scheint sich in der US-amerikanischen feministischen Diskussion – nach dem oben skizzierten Krisendiskurs über den Bedeutungsverlust der Kategorie ‚Geschlecht' – ein Konsens über eine „both/and-strategy", wie es Collins genannt hat, herauszukristallisieren:

„We cannot study gender in isolation from other inequalities, nor can we only study inequalities' intersection and ignore the historical and contextual specificity that distinguishes the mechanisms that produce inequality by different categorial divisions, wheter gender, race, ethnicity, nationality, sexuality, or class." (Risman, 2004, S. 443).

---

[7] So hat beispielsweise das Konzept der Intersektionalität die Diskussionen auf der Weltkonferenz gegen Rassismus und in den parallel laufenden NGO-Foren 2001 in Durban stark beeinflusst (Raj, 2002).

Bislang spiegelt das sozialwissenschaftliche Projekt einer intersektionellen Analyse von „Geschlecht/Sexualität; Klasse; Race/Ethnizität" in seinen Schwerpunktsetzungen und Ausformulierungen in hohem Maße Probleme der Sozialstruktur und Kultur der USA. Einige, vor allem jüngere Wissenschaftlerinnen, haben auch im deutschsprachigen Kontext die Diskussion um Ungleichheit und Differenzen unter Frauen aufgenommen. Hier stehen Fragen der Ethnizität und der Sexualität im Vordergrund (im Überblick: Bednarz-Braun & Heß-Meining, 2004; Hark, 2004). Dabei überwiegt jedoch bislang eine eher subjektbezogene Perspektive auf die Frage, wie unterschiedliche Formen von Ungleichheit und Differenz erfahren werden und welche Rolle sie in den Selbstwahrnehmungen und Identitätskonstruktionen der Menschen spielen. Die gesellschafts- und ungleichheitstheoretischen Herausforderungen, die mit dem Programm verbunden sind, sind jedoch bislang kaum diskutiert worden. Dabei ginge es, wie Cornelia Klinger formuliert, um eine Rückverlagerung dieser Kategorien von der Ebene der ‚identities' auf das Gebiet der Gesellschaftsanalyse.

„Es ist sinnlos, auf die sich überlagernden oder durchkreuzenden Aspekte von Klasse, Rasse und Geschlecht in den individuellen Erfahrungswelten hinzuweisen, ohne angeben zu können, wie und wodurch Klasse, Rasse und Geschlecht als gesellschaftliche Kategorien konstituiert sind." (Klinger, 2003, S. 25)

Das würde bedeuten, die in der Frauenforschung vorherrschenden Analysen, die auf einer Mikro- und Mesoebene ansetzen, um makrotheoretische Perspektiven zu erweitern. Die Erweiterung ist nötig, um sowohl die je spezifische Verfasstheit als auch die Vermittlungen und Gewichtungen zwischen unterschiedlichen Kategorien sozialer Strukturierung und Ungleichheit in den Blick zu bekommen. Zentral wird dabei des Weiteren eine komparative Perspektive auf unterschiedliche räumlich-geographische Konfigurationen – etwa im europäischen Vergleich – um transnational differierende aber auch sich durchziehende Muster von Ungleichheit und Differenz erkennen zu können.

Die Gesellschaften Europas formieren bzw. entfalten sich mit dem 19. Jahrhundert als *zugleich* moderne, bürgerlich-patriarchale, politisch-kulturell nationalstaatlich verfasste kapitalistische Gesellschaften. Gesellschaftsanalysen, die jeweils nur *eines* dieser Merkmale zugrunde legen (das Moderne, die bürgerlich-patriarchale Kultur und Herrschaft, die nationalstaatliche Verfasstheit, die Wirtschaftsweise) können diesen Strukturzusammenhang nicht begreifen, dessen Transformationen wir im „short century" (Hobsbawm) erleben. Versuche, die gegenwärtigen Veränderungen im Gesellschaftsgefüge, ihre Statik und Dynamik zu bestimmen und ihre Einflussfaktoren zu gewichten, setzen eine angemessen komplexe Beschreibung der historischen *Ausgangskonstellation* voraus. Das aus der kritischen Selbstreflexion des Feminismus hervorgegangene Programm

einer integrierten Sicht auf die großen Strukturgeber und -prinzipien der Gesellschaft kann eine Orientierung bieten, diese Fragen auf der Höhe gegenwärtiger
Problemlagen anzugehen.

Für die hiesige Gender-Forschung mag angesichts der Schwerpunktsetzungen
in der jüngeren Zeit eine solche Ausweitung des Analyserahmens wie eine
Überforderung klingen. Ich begreife das kritische Projekt einer integrierten
Analytik von Klasse, Ethnizität und Geschlecht jedoch auch als Chance. Es
verdeutlicht die Notwendigkeit, sich stärker als bisher auf die Großbaustellen
der Ungleichheits- und Gesellschaftstheorie einzulassen und die Erträge
feministischer Forschung dort einzubringen. Dass sie dort gebraucht werden,
belegen zwei vertraute Muster im Umgang mit der Kategorie Geschlecht: ihre
Reduktion auf ein askriptives Merkmal und ihre gesellschaftstheoretische
Depotenzierung durch eine Verortung im Bereich des Privaten (zur Kritik:
Becker-Schmidt, 2004; Beer, 1992; Aulenbacher, 1994, 2001, 2004; Gottschall,
2000). Für die Frauen- und Geschlechterforschung eröffnet es einen Raum
kritischer Selbstreflexion, der es erlaubt, über Diskrepanzen nachzudenken
zwischen der Komplexität der Probleme, die sich im Zuge von kultureller und
ökonomischer Globalisierung aufdrängen, und der institutionellen Begünstigung
pragmatisch verengter ‚Gender-Kompetenzen‘, die diesen Herausforderungen
nicht entsprechen *können*.

7   Ausblick

Thesen vom Bedeutungsverlust der Kategorie ‚Geschlecht‘ haben einen Widerhall gefunden, der fasziniert und entgeistert. Mein Verfahren einer punktuellen
Rekonstruktion von Argumenten, der Klärung von Hinsichten, um die es dabei
geht, setzt auf inhaltliche Auseinandersetzung und darauf, dass es sich lohnt,
die produktiven Aspekte der Diskussion vom inflationären Wende- und Krisen-
gemurmel zu unterscheiden. Dazu gehörte besonders die Herauspräparierung
jener Gesichtspunkte der Grundlagenkritik, welche das selbstreflexive Potenzial
feministischer Theorie stärken. Deutlich werden sollte, dass die gängige
Adaptation von ‚Gender‘ oder die Gleichsetzung von ‚Gender‘ und ‚Geschlecht‘
kontextspezifische Konfigurationen des Gender-Begriffs verdecken kann, darunter
auch solche, aus denen heraus sich der amerikanische Diskurs zum ‚gender
scepticism‘ vorwiegend speist. Es sollte gezeigt werden, wo Autorinnen zu
Unrecht als Kronzeuginnen eines Bedeutungsverlusts der Kategorie ‚Geschlecht‘
in Anspruch genommen werden und worin ihre spezifischen Beiträge zur Weiterentwicklung feministischer Theorie bestehen. Eine systematisch angelegte

Untersuchung hätte die verschiedenen Felder des „gender scepticism" (Bordo) und die gesellschaftlichen Erfahrungen, die darin reflektiert werden, genauer auszuleuchten. Es ist nicht ausgemacht, ob es sich bei der Diskussion um den Geltungsverlust von ‚Geschlecht' um ein flüchtiges Phänomen handelt oder ob diejenigen Recht behalten, die darin Symptome eines tiefer greifenden Wandels von Geschlechterverhältnissen zu erkennen glauben. Um diese Unterscheidung überhaupt treffen zu können, bedarf es allerdings theoretischer Mittel, die nicht nur festzustellen erlauben, was der Fall ist, sondern die uns gesellschaftstheoretisch differenzierte und selbstreflexive Antworten auf die alte Frage ermöglichen: Was steckt dahinter?

In der Einleitung bin ich von einem gewissen Kontrastverhältnis zwischen den Institutionalisierungserfolgen zunehmend marktbewusster Gender Studies und der feministischen Grundlagenkritik ausgegangen. Im Gegensatz zu denjenigen, die die radikale Befragung der eigenen Denkvoraussetzungen als Anzeichen einer *Erosionskrise* der feministischen Frauen- und Geschlechterforschung verstehen, sehe ich gerade darin den Ausdruck ihrer Vitalität. Der Verlauf der Diskussion über Ungleichheit und Differenzen unter Frauen und die Entwicklung des Paradigmas der Intersektionalität ist das jüngste Beispiel für die spezifische Poduktivität dieser ‚heißen' epistemischen Kultur. Eine Geschlechterforschung, die sich im Prozess ihrer Professionalisierung abkoppelt oder lossagt von der politisch-epistemischen Konstellation des Feminismus, wird sich nicht nur von – zweifellos vorhandenen – Konfliktpotenzialen befreien, wie sie im Spannungsfeld von Engagement und Distanzierung unvermeidlich sind, sondern sie wird sich zugleich von einer Quelle der Kritik abschneiden, die immer wieder zu ReVisionen nötigt.

Literatur

Annuß, E. (1996). Umbruch und Krise in der Geschlechterforschung. Judith Butler als Symptom. *Das Argument, 216*, 505–527.

Aulenbacher, B (1994). Das Geschlechterverhältnis als Gegenstand von Ungleichheitsforschung. In C. Görg (Hrsg.), *Gesellschaft im Übergang. Perspektiven Kritischer Soziologie* (S. 141–157). Darmstadt.

Aulenbacher, B. (2001). Die „zweite Moderne", ein herrenloses Konstrukt – Reichweite und Grenzen modernisierungstheoretischer Zeitdiagnosen. In G.-A. Knapp & A. Angelika (Hrsg.), *Soziale Verortung der Geschlechter. Gesellschaftstheorie und feministische Kritik* (S. 188–225). Westfälisches Dampfboot.

Aulenbacher, B. (2004). *Rationalisierung und Geschlecht. Eine Bestimmung und Betrachtung ihres Zusammenhangs entlang soziologischer Gegenwartsanalysen.* Hannover (Habilitationsschrift).

Becker-Schmidt, R. (1991). Wenn die Frauen erst einmal Frauen sein könnten. In J. Früchtl & M. Calloni (Hrsg.), *Geist gegen den Zeitgeist, Erinnern an Adorno*. Suhrkamp.

Becker-Schmidt, R. (1995). Homo-Morphismus. Autopoietische Systeme und gesellschaftliche Rationalisierung. In B. Aulenbacher & T. Siegel (Hrsg.), *Diese Welt wird völlig anders sein. Denkmuster der Rationalisierung* (S. 99–119). Centaurus.

Becker-Schmidt, R. (1996). Transformation und soziale Ungleichheit, soziale Ungleichheit und Geschlecht. In S. Metz-Göckel & A. Wetterer (Hrsg.), *Vorausdenken – Querdenken – Nachdenken. Texte für Ayla Neusel* (S. 183–196). Campus.

Becker-Schmidt, R. (1998a). Geschlechterdifferenz – Geschlechterverhältnis: Soziale Dimensionen des Begriffs ‚Geschlecht'. *Zeitschrift für Frauenforschung, 11*(1/2), 37–46.

Becker-Schmidt, R. (1998b). Trennung, Verknüpfung, Vermittlung: Zum feministischen Umgang mit Dichotomien. In G.-A. Knapp (Hrsg.), *Kurskorrekturen. Feminismus zwischen Kritischer Theorie und Postmoderne* (S. 84–126). Campus.

Becker-Schmidt, R. (2001). Was mit Macht getrennt wird, gehört gesellschaftlich zusammen. Zur Dialektik von Umverteilung und Anerkennung in Phänomenen sozialer Ungleichheit. In G.-A. Knapp & A. Wetterer (Hrsg.), *Soziale Verortung der Geschlechter. Gesellschaftstheorie und feministische Kritik* (S. 91–132). Westfälisches Dampfboot.

Becker-Schmidt, R. (2003). *Erkenntniskritik, Wissenschaftskritik, Gesellschaftskritik. Positionen von Donna Haraway und Theodor W. Adorno kontrovers diskutiert*. IWM Working paper No. 1/2003.

Becker-Schmidt, R. (2004). Selbstreflexion als wissenschaftliche Urteilskraft, Reflexivität als soziales Potential. Notizen zu Ansätzen einer kritischen Theorie. In A. Poferl & N. Sznaider (Hrsg.), *Ulrich Becks kosmopolitisches Projekt auf dem Wege in eine andere Soziologie* (S. 53–72). Nomos.

Becker-Schmidt, R., & Knapp, G.-A. (2000). *Feministische Theorien zur Einführung*. Junius.

Beer, U. (1992). Das Geschlechterverhältnis in der „Risikogesellschaft". Überlegungen zu den Thesen von Ulrich Beck. *Feministische Studien, 1/1992*, 99–105.

Bednarz-Braun, I., & Heß-Meining, U. (Hrsg.). (2004). *Migration, Ethnie und Geschlecht. Theorieansätze – Forschungsstand – Forschungsperspektiven*. VS Verlag.

Bock, U. (1994). Wenn die Geschlechter verschwinden. In H. Muesmann & B. Sill, Bernhard (Hrsg.), *Androgyn. „Jeder Mensch in sich ein Paar?" Androgynie als Ideal geschlechtlicher Identität* (S. 19–34). Beltz.

Bordo, S. (1990). Feminism, postmodernism, and gender-scepticism. In L. Nicholson (Hrsg.), *Feminism/postmodernism* (S. 133–156). Routledge.

Braidotti, R. (1994). Gender und Post-Gender. Die Zukunft einer Illusion. In Verein Sozialwissenschaftliche Forschung und Bildung für Frauen (Hrsg.), *Facetten feministischer Theoriebildung: Bd. 14. Zur Krise der Kategorien: Frau, Lesbe, Geschlecht* (S. 7–31).

Braun, K. (1998). Mensch, Tier, Schimäre: Grenzauflösung durch Technologie. In G.-A. Knapp (Hrsg.), *Kurskorrekturen. Feminismus zwischen Kritischer Theorie und Postmoderne* (S. 153–178). Campus.

Bublitz, H. (2002). *Judith Butler zur Einführung*. Junius.

Butler, J. (1991). *Das Unbehagen der Geschlechter*. Suhrkamp.

Butler, J (1994). Unter Feministinnen: „The Trouble with Gender". In Verein Sozialwissenschaftliche Forschung und Bildung für Frauen (Hrsg.), *Facetten feministischer Theoriebildung: Bd. 14. Zur Krise der Kategorien: Frau, Lesbe, Geschlecht* (S. 145–177).

Crenshaw, K. (1991). Mapping the margins: Intersectionality, identity politics and violence against women of color. *Stanford Law Review, 43*(6), 1241–1299.

Collins, P. H. (1998). *Fighting words: Black women and the search for justice.* University of Minnesota.

Collins, P. H. (1999). Moving beyond gender: Intersectionality and scientific knowledge. In M. M. Ferree, J. Lorber, & B. Hess (Hrsg.), *Revisioning gender* (S. 261–285). Sage.

de Lauretis, T. (1994). *Technologies of gender. Essays on theory, film and fiction.* Macmillan.

Dill, B. T. (2002). Work at the intersections of race, gender, ethnicity, and other dimensions of difference In higher education. In *Connections. Newsletter of the consortium on race, gender & Eehnicity* (S. 5–7). University of Maryland.

Dölling, I. (1998). Structure and eigensinn. Transformation processes and continuities of Eastern German women. In P. J. Smith (Hrsg.), *After the wall. Eastern Germany since 1989* (S. 183–202). Westview Press.

Dölling, I. (2001). 10 Jahre danach: Geschlechterverhältnisse in Veränderung. *Berliner Journal für Soziologie, 11*(1), 19–30.

Ernst, W. (1999). *Diskurspiratinnen. Wie feministische Erkenntnisprozesse die Wissenschaft verändern.* Milena.

Feministische Studien. (1993). Kritik der Kategorie Geschlecht, 11/2

Funk, J. (2000). Das iterative Geschlecht. Zur verzögerten Historizität von Geschlechterdifferenz. In metis. *Zeitschrift für historische Frauenforschung und feministische Praxis 9*(17), 67–87 Jahrhundertwende – Geschlechterwende?

Gildemeister, R., & Wetterer, A. (1992). Wie Geschlechter gemacht werden. Die soziale Konstruktion der Zweigeschlechtlichkeit und ihre Reifizierung in der Frauenforschung. In G.-A. Knapp & A. Wetterer (Hrsg.), *Traditionen Brüche. Entwicklungen feministischer Theorie* (S. 201–254). Kore.

Glenn, E. N. (1999). The social construction and institutionalization of gender and race. An integrative framework. In M. M. Ferree, J. Lorber, & B. Hess (Hrsg.), *Revisioning gender* (S. 3–43). Sage.

Glenn, E. N. (2002). *Unequal freedom. How race and gender shaped American citizenship and labor.* Cambridge University Press.

Göbel, M., & Schmidt, J. F. K. (1998). Inklusion/Exklusion: Karriere, Probleme und Differenzierungen eines systemtheoretischen Begriffspaars. *Soziale Systeme, 4*(1), 87–117.

Gottschall, K. (1997). Zum Erkenntnispotential sozialkonstruktivistischer Perspektiven für die Analyse von sozialer Ungleichheit und Geschlecht. In S. Hradil (Hrsg.), *Differenz und Integration. Die Zukunft moderner Gesellschaften. Verhandlungen des 28. Kongresses der Deutschen Gesellschaft für Soziologie in Dresden 1996,* (S. 479–497).

Gottschall, K. (2000). *Soziale Ungleichheit und Geschlecht. Kontinuitäten und Brüche, Sackgassen und Erkenntnispotentiale im deutschen soziologischen Diskurs.* Leske + Budrich.

Gransee, C. (1999). *Grenz-Bestimmungen. Zum Problem identitätslogischer Konstruktionen von ‚Natur' und ‚Geschlecht'.* Edition Diskord.

Haraway, D. (1995a). *Die Neuerfindung der Natur.* Campus.

Haraway, D. (1995b). *Monströse Versprechen. Coyote-Geschichten zu Feminismus und Technowissenschaft.* Argument.

Harding, S. (1990). *Feministische Wissenschaftstheorie. Zum Verhältnis von Wissenschaft und sozialem Geschlecht.* Argument.

Hark, S. (2004). *Dissidente Partizipation. Soziologie einer umstrittenen Wissensformation.* Habilitationsschrift.

Heintz, B. (1993). Die Auflösung der Geschlechterdifferenz. Entwicklungstendenzen in der Theorie der Geschlechter. In E. Bühler et al. (Hrsg.), *Ortssuche. Zur Geographie der Geschlechterdifferenz* (S. 17–49). Efef-Verl.

Heintz, B., & Nadai, E. (1998). Geschlecht und Kontext. De-Institutionalisierungsprozesse und geschlechtliche Differenzierung. *Zeitschrift für Soziologie, 27*(2), 75–93.

Hirschauer, S. (1993). Dekonstruktion und Rekonstruktion. Plädoyer für die Erforschung des Bekannten. *Feministische Studien, 11*(2), 55–67.

Hirschauer, S. (1994). Die soziale Fortpflanzung der Zweigeschlechtlichkeit. *Kölner Zeitschrift für Soziologie und Sozialpsychologie, 46,* 668–692.

Hirschauer, S. (1995). Dekonstruktion und Rekonstruktion. Plädoyer für die Erforschung des Bekannten. In U. Pasero & F. Braun (Hrsg.), *Konstruktion von Geschlecht* (S. 67–89). Centaurus.

Honegger, C. (1991). *Die Ordnung der Geschlechter. Die Wissenschaften vom Menschen und das Weib.* Campus.

Irigaray, L. (1980). *Speculum. Spiegel des anderen Geschlechts.* Suhrkamp.

Klinger, C. (1995). Zwei Schritte vorwärts, einer zurück – Und ein vierter darüber hinaus. Die Etappen feministischer Auseinandersetzung mit der Philosophie. *Die Philosophin, 10*(12), 81–97.

Klinger, C. (2003). Ungleichheit in den Verhältnissen von Klasse, Rasse und Geschlecht. In G.-A. Knapp & A. Wetterer (Hrsg.), *Achsen der Differenz. Gesellschaftstheorie und feministische Kritik II* (S. 14–49). Westfälisches Dampfboot.

Knapp, G.-A. (1998). Postmoderne Theorie oder Theorie der Postmoderne? Anmerkungen aus feministischer Sicht. In G.-A. Knapp (Hrsg.), *Kurskorrekturen. Feminismus zwischen Kritischer Theorie und Postmoderne* (S. 25–84). Campus.

Knapp, G.-A. (2001). Dezentriert und viel riskiert. Anmerkungen zur These vom Bedeutungsverlust der Kategorie Geschlecht. In G.-A. Knapp & A. Wetterer (Hrsg.), *Soziale Verortung der Geschlechter. Gesellschaftstheorie und feministische Kritik* (S. 15–62). Westfälisches Dampfboot.

Knorr Cetina, K. (1989). Spielarten des Konstruktivismus. Einige Notizen und Anmerkungen. *Soziale Welt, 40,* 86–97.

Kronauer, M. (2002). *Exklusion. Die Gefährdung des Sozialen im hoch entwickelten Kapitalismus.* Campus.

Krüger, H. (1995). Prozessuale Ungleichheit, Geschlecht und Institutionenverknüpfung im Lebenslauf. In P. A. Berger & P. Sopp (Hrsg.), *Sozialstruktur und Lebenslauf.* Leske + Budrich.

Krüger, H. (2001). Gesellschaftsanalyse.: Der Institutionenansatz in der Geschlechterforschung. In G.-A. Knapp & A. Wetterer (Hrsg.), *Soziale Verortung der Geschlechter. Gesellschaftstheorie und feministische Kritik* (S. 63–91). Westfälisches Dampfboot.

Krüger, H., Born, C., & Lorenz-Meyer, D. (1996). *Der unentdeckte Wandel. Annäherung an das Verhältnis von Struktur und Norm im weiblichen Lebenslauf.* Edition Sigma.

Latour, B. (1995). *Wir sind nie modern gewesen. Versuch einer symmetrischen Anthropologie.* Akademie.

Lorber, J., & Farrell, S. A. (Hrsg.). (1991). *The social construction of gender.* Sage.

Lorey, I. (1995). Immer Ärger mit dem Subjekt. Warum Judith Butler provoziert. In E. Haas (Hrsg.), *„Verwirrung der Geschlechter". Dekonstruktion und Feminismus* (S. 19–35). Profil.

Luhmann, N. (1997). *Die Gesellschaft der Gesellschaft.* Suhrkamp.

Maihofer, A. (1995). *Geschlecht als Existenzweise. Macht, Moral, Recht und Geschlechterdifferenz.* Ulrike Helmer.

McCall, L. (2001). *Complex inequality. Gender, class and race in the new economy.* Routledge.

McCall, L. (2003). Managing the complexity of intersectionality. www.rci.rutgers.edu/lmccall/signs1f-ext.pdf (vis. 5.7.2004).

Money, J., & Hampson, J. G. (1955). An examination of some basic sexual concepts. The evidence of human hermaphroditism. *Bulletin of John Hopkins Hospital, 97.*

Nassehi, A. (1992). Wie wirklich sind Systeme? Zum ontologischen und epistemologischen Status von Luhmanns Theorie selbstreferentieller Systeme. In W. Krawietz & M. Welker (Hrsg.), *Kritik der Theorie sozialer Systeme. Auseinandersetzung mit Luhmanns Hauptwerk* (S. 43–71). Suhrkamp.

Nassehi, A. (1997). Inklusion, Exklusion – Integration, Desintegration. Die Theorie funktionaler Differenzierung und die Desintegrationsthese. In W. Heitmeyer (Hrsg.), *Was hält die Gesellschaft zusammen?* (S. 113–148). Suhrkamp Verl.

Nassehi, A. (1998). Gesellschaftstheorie und empirische Forschung. Über die „methodologischen Vorbemerkungen" in Luhmanns Gesellschaftstheorie. *Soziale Systeme, 4*(1), 199–207.

Nassehi, A. (2000). „Exklusion" als soziologischer oder sozialpolitischer Begriff? *Mittelweg, 36*(9), 18–25.

Nassehi, A. (2004). Inklusion, Exklusion, Ungleichheit. Eine kleine theoretische Skizze. In T. Schwinn (Hrsg.), *Differenzierung und soziale Ungleichheit. Die zwei Soziologien und ihre Verknüpfung.* Humanities online.

Nicholson, L. J. (Hrsg.) (1990). *Feminism/Postmodernism.* Routledge.

Offen, K. (1993). Feminismus in den Vereinigten Staaten und in Europa. Ein historischer Vergleich. In H. Schissler (Hrsg.), *Geschlechterverhältnisse im historischen Wandel* (S. 97–139). Campus.

Ostner, I. (1998). Quadraturen im Wohlfahrtsdreieck. Die USA, Schweden und die Bundesrepublik im Vergleich. In S. Lessenich & I. Ostner (Hrsg.), *Welten des Wohlfahrtskapitalismus. Der Sozialstaat in vergleichender Perspektive* (S. 225–252). Campus.

Pasero, U. (1994). Geschlechterforschung revisited: konstruktivistische und systemtheoretische Perspektiven. In T. Wobbe & G. Lindemann (Hrsg.), *Denkachsen. Zur theoretischen und institutionellen Rede von Geschlecht* (S. 264–296). Suhrkamp.

Pasero, U. (1995). Dethematisierung von Geschlecht. In U. Pasero & F. Braun (Hrsg.), *Konstruktion von Geschlecht* (S. 50–66). Centaurus Verl.

Pfau-Effinger, B. (1994). Erwerbspartnerin oder berufstätige Ehefrau. Sozio-kulturelle Arrangements der Erwerbstätigkeit von Frauen im Vergleich. *Soziale Welt, 45,* 322–337.

Raj, R. (Hrsg.) (2002). *Women at the intersection. Indivisible rights, identities and oppressions.* Center for Women's Global Leadership.

Risman, B. (2004). Gender as a social structure: Theory wrestling with activism. *Gender & society, 18*, 429–451.

Scott, J. W. (1986). Gender: A useful category of historical analysis. *The American Historical Review, 91*(5), 1053–75.

Schein, G., & Strasser, S. (Hrsg.) (1997). *Intersexions. Feministische Anthropologie zu Geschlecht, Kultur und Sexualität*. Milena.

Schissler, H. (Hrsg.) (1993). *Geschlechterverhältnisse im historischen Wandel*. Campus.

Singer, M. (2002). *Epistemologien des situierten Wissens*. Habilitationsschrift.

Stichweh, R. (1997). Inklusion/Exklusion, funktionale Systeme und die Theorie der Weltgesellschaft. *Soziale Systeme, 3*, 123–136.

Stoller, R. (1968). *Sex and gender. The development of masculinity and femininity*. Hogarth.

Teubner, U. (2001). Soziale Ungleichheit zwischen den Geschlechtern – Kein Thema innerhalb der Systemtheorie? In G.-A. Knapp & A. Wetterer (Hrsg.), *Soziale Verortung der Geschlechter. Gesellschaftstheorie und feministische Kritik* (S. 288–317). Westfälisches Dampfboot.

Villa, P.-I. (2003). *Judith Butler*. Campus.

Weber, J. (1998). Feminismus & Konstruktivismus. Zur Netzwerktheorie bei Donna Haraway. *Das Argument, 227*, 699–712.

Weber, L. (2001). *Understanding race, class, gender, and sexuality: A conceptual framework*. McGraw-Hill.

West, C., & Zimmerman, D. H. (1991). Doing gender. In J. Lorber & S. A. Farrell (Hrsg.), *The social construction of gender* (S. 13–37). Sage.

West, C., & Fenstermaker, S. (1995). Doing difference. *Gender and society, 9*, 497–499.

Wetterer, A. (2002). *Arbeitsteilung und Geschlechterkonstruktion. „Gender at Work" in theoretischer und historischer Perspektive*. UVK.

Wobbe, T., & G. Lindemann (Hrsg.). (1994). *Denkachsen. Zur theoretischen und institutionellen Rede vom Geschlecht*. Suhrkamp.

Yanagisako, S. J. (1997). Geschlecht, Sexualität und andere Überschneidungen. In G. Schein & S. Strasser (Hrsg.), *Intersexions. Feministische Anthropologie zu Geschlecht, Kultur und Sexualität* (S. 33–67). Milena.

Verzeichnis der Autorinnen

Juliane Achatz, Dipl.-Soz., geb. 1959, wissenschaftliche Mitarbeiterin am Institut für Arbeitsmarkt- und Berufsforschung der Bundesagentur für Arbeit in Nürnberg. Forschungsschwerpunkte: Arbeitsmarktsoziologie, Perspektiven der Arbeitsmarktintegration von Frauen, die Dynamik des Bezugs von Leistungen aus der Grundsicherung für Arbeitsuchende, Jugendliche und Erwachsene im Rechtskreis des SGB II sowie die berufliche Geschlechtersegregation.

Brigitte Aulenbacher, Prof. Dr., geb. 1959, Professorin für Soziologische Theorie und Sozialanalyse an der Johannes Kepler Universität Linz. Forschungsschwerpunkte: Gesellschaftstheorie und Kapitalismusanalyse, Arbeits-, Care- und Geschlechterforschung.

Elisabeth Beck-Gernsheim, Prof. em. Dr., geb. 1946, Professorin für Soziologie an der Friedrich-Alexander-Universität Erlangen-Nürnberg. Forschungsschwerpunkte: Arbeit und Beruf, Familie und Geschlechterverhältnisse, Migration und multikulturelle Gesellschaft; Techniken und Technikfolgen.

Regine Gildemeister, Prof. em. Dr., geb. 1949, Professorin am Institut für Soziologie der Universität Tübingen. Forschungsschwerpunkte: Prozesse der sozialen Konstruktion von Geschlecht: Interaktion und Geschlecht, Beruf und Geschlecht; Analyse von Professionalisierungsprozessen insbesondere in Sozial- und Gesundheitsberufen, Interaktions-, Organisations- und Institutionenanalysen, rekonstruktive Sozialforschung.

© Der/die Herausgeber bzw. der/die Autor(en), exklusiv lizenziert durch Springer Fachmedien Wiesbaden GmbH, ein Teil von Springer Nature 2021
S. M. Wilz (Hrsg.), *Geschlechterdifferenzen – Geschlechterdifferenzierungen,*
Studientexte zur Soziologie, https://doi.org/10.1007/978-3-658-32211-3

Bettina Heintz, Prof. em. Dr., geb. 1949, Professorin für Soziologische Theorie und Allgemeine Soziologie an der Kultur- und Sozialwissenschaftlichen Fakultät der Universität Luzern. Forschungsschwerpunkte: Weltgesellschaftstheorie, Historische Soziologie, Soziologie des Vergleichs und der Quantifizierung, Verbindung von gesellschafts- und interaktionstheoretischen Analysen der Weltgesellschaft.

Karin Jurczyk, Dr., geb. 1952, bis April 2019 Leiterin der Abteilung Familie und Familienpolitik am Deutschen Jugendinstitut e. V. in München. Forschungsschwerpunkte: Lebensführung, Zeit, Arbeit, Familienpolitik.

Gudrun-Axeli Knapp, Prof. em. Dr., geb. 1944, Professorin am Institut für Soziologie und Sozialpsychologie der Leibniz Universität Hannover. Forschungsschwerpunkte: Sozialpsychologie der Geschlechterdifferenz und Soziologie des Geschlechterverhältnisses, Feministische Theorie und Erkenntniskritik.

Veronika Tacke, Prof. Dr., geb. 1961, Professorin für Organisationssoziologie an der Fakultät für Soziologie der Universität Bielefeld. Forschungsschwerpunkte: Organisationssoziologie, Soziologische Theorie/Gesellschaftstheorie.

Paula-Irene Villa, Prof. Dr., geb. 1968, Professorin für Soziologie/Gender-Studies an der Ludwig-Maximilians-Universität München. Forschungsschwerpunkte: Soziologische und Gender-Theorien, Körpersoziologie, Biopolitik, Populärkulturen/Cultural Studies, Care.

Sylvia Marlene Wilz, Prof. Dr., geb. 1964, Professorin für Organisationssoziologie und qualitative Methoden an der Fakultät für Kultur- und Sozialwissenschaften der FernUniversität in Hagen. Forschungsschwerpunkte: Organisation und Entscheidung, Organisation und Kommunikation, Personalrekrutierung, Hermeneutische Grounded Theory.

Printed by Printforce, the Netherlands